海陽中等教育学校

(特別給費生)

〈収録内容〉

■ 平成28・29年度は、弊社ホームページで公開しております。
本ページの下方に掲載しておりますQRコードよりアクセスし、データをダウンロードしてご利用ください。

2023 年度 ……………… 算・理・社・国

2022 年度 ……………… 算・理・社・国

2021 年度 ……………… 算・理・社・国

2020 年度 ……………… 算・理

※国語の大問 2 は、問題に使用された作品の著作権者が二次使用の
ため問題を掲載しておりません。

2019 年度 ……………… 算・

平成 30 年度 ……………… 算・理・国

平成 29 年度 ……………… 算・理・社

平成 28 年度 ……………… 算・理・社

解答用紙データ配信ページへスマホでアクセス! ⇒

※データのダウンロードは 2024 年 3 月末日まで。
※データへのアクセスには、右記のパスワードの入力が必要となります。 ⇒ 839267

〈合格者平均点〉

	算　数	理　科	社　会	国　語
2023年度	81.9	30.3	28.3	68.4
2022年度	76.9	32.6	33.4	68.4
2021年度	83.9	28.1	29.4	59.5
2020年度	70.4	35.0	27.7	66.1
2019年度	72.2	29.4	34.1	72.7
2018年度	71.8	36.1	—	63.5
2017年度	71.0	29.9	24.6	66.7

本書の特長

実戦力がつく入試過去問題集

- ▶ 問題 ………… 実際の入試問題を見やすく再編集。
- ▶ 解答用紙 …… 実戦対応仕様で収録。
- ▶ 解答解説 …… 詳しくわかりやすい解説には、難易度の目安がわかる「基本・重要・やや難」の分類マークつき（下記参照）。各科末尾には合格へと導く「ワンポイントアドバイス」を配置。採点に便利な配点つき。

入試に役立つ分類マーク

基本 確実な得点源！
受験生の90％以上が正解できるような基礎的、かつ平易な問題。
何度もくり返して学習し、ケアレスミスも防げるようにしておこう。

重要 受験生なら何としても正解したい！
入試では典型的な問題で、長年にわたり、多くの学校でよく出題される問題。
各単元の内容理解を深めるのにも役立てよう。

やや難 これが解ければ合格に近づく！
受験生にとっては、かなり手ごたえのある問題。
合格者の正解率が低い場合もあるので、あきらめずにじっくりと取り組んでみよう。

合格への対策、実力錬成のための内容が充実

- ▶ 各科目の出題傾向の分析、合否を分けた問題の確認で、入試対策を強化！
- ▶ その他、学校紹介、過去問の効果的な使い方など、学習意欲を高める要素が満載！

解答用紙ダウンロード 解答用紙はプリントアウトしてご利用いただけます。弊社ＨＰの商品詳細ページよりダウンロードしてください。トビラのＱＲコードからアクセス可。

見やすく読みまちがえにくいユニバーサルデザインフォントを採用しています。

海陽 中等教育学校

〒443-8588　愛知県蒲郡市海陽町3-12-1
☎0533-58-2406
交通　ＪＲ三河大塚駅　徒歩20分

https://www.kaiyo.ac.jp/

［プロフィール］

・2006（平成18）年４月に開校した**中等教育学校**。
・**全寮制学校（ボーディングスクール）**であり、生徒や教師が寝食をともにする。これはイギリスのパブリックスクールやアメリカのプレップスクールといった海外のリーダー養成校、過去に日本の指導者を輩出した旧制高校と同じ。

［資　格］

・英語検定では準１級合格者を輩出。本校入学後、３年で準１級に合格する生徒も。

［カリキュラム］

・１クラス30名。英語や数学では**習熟度別**でさらに**少人数**に分かれて授業を行うので、理解の深度に応じたきめ細かな指導が受けられる。
・卒業までの６年間を通じ、体系的なカリキュラムに基づいた授業を展開。前期課程（中学３年間に相当）の２年次までに中学校の課程を修了する。
・授業時数は平日８時限、土曜日は午前授業。
・数学は、基礎から応用まで体系的に理解するため、特に高学年では連続した２コマで授業を行う。
・英語は、１年次より週６時間の授業を実施。Core Englishの授業で「聞く・話す・読む・書く」の能力を養うと同時に、ネイティブスピーカーによるListening & Speakingの授業で英会話能力を鍛える。

［部活動］

・週３日実施される課外活動には、曜日によって異なる種目に参加することも可能。
・2022年度は、科学の甲子園ジュニアで全国２位入賞を果たした。

★設置部（※は同好会）
硬式テニス、硬式野球、軟式野球、サッカー、卓球、柔道、剣道、バドミントン、バスケットボール、アメリカンフットボール、陸上、囲碁将棋、ロボット、舞台芸術、数学、音楽、サイエンス、放送、※模擬国連、※あかでみっく、※ボランティア、※プログラミング、※水泳、※鉄道、※演劇、※芸術

［行　事］

・学校行事以外に、週末には寮（ハウス）ごとの**ハウスイベント**が行われる。
・ハウスイベントにはバーベキュー、餅つきなどがある。

５月　スポーツフェスタ（体育祭）
９月　海陽祭（文化祭）
２月　マラソン大会、時事調査発表会

［進　路］

★卒業生の主な合格実績
東京大、京都大、北海道大、名古屋大、東京医科歯科大、横浜国立大、福井大、信州大、防衛医科大学校、慶應義塾大、早稲田大、上智大、東京理科大、明治大、法政大、立命館大、同志社大

［トピックス］

・建学の精神は、**「将来の日本を牽引する、明るく希望に満ちた人材の育成」**。
・学園内のどこからでもネットワークに接続でき、入学後に全員にiPadが貸与される。学園内の買い物が顔認証で可能。
・**帰国生入試**については、国語・算数（200点満点に200分の300を乗じる（×1.5））、または国語・算数・英語（300点満点）により合否が決定され、国語と算数は同日実施の入試と同じ問題が使用された。

入試！インフォメーション

※本欄の内容は2023年度入試のものです。

受検状況

	募集定員	出願者数	受験者数	合格者数
特別給費生（東京・横浜・本校蒲郡・名古屋・大阪・デマンド会場）	約20	345	343	97
入試Ⅰ・帰国生入試Ⅰ（東京・横浜・本校蒲郡・名古屋・大阪・デマンド会場）	約70	447	433	338
入試Ⅱ・帰国生入試Ⅱ（東京・横浜・本校蒲郡・名古屋・大阪・デマンド会場）	約30	78	69	53

※入試Ⅰのうち約10名を特待生に認定。
※入試Ⅲ（東京・本校蒲郡）の募集は若干名。

過去問の効果的な使い方

① **はじめに**　ここでは，受験生のみなさんが，ご家庭で過去問を利用される場合の，一般的な活用法を説明していきます。もし，塾に通われていたり，家庭教師の指導のもとで学習されていたりする場合は，その先生方の指示にしたがって，過去問を活用してください。その理由は，通常，塾のカリキュラムや家庭教師の指導計画の中に過去問学習が含まれており，どの時期から，どのように過去問を活用するのか，という具体的な方法がそれぞれの場合で異なるからです。

② **目的**　言うまでもなく，志望校の入学試験に合格することが，過去問学習の第一の目的です。そのためには，それぞれの志望校の入試問題について，どのようなレベルのどのような分野の問題が何問，出題されているのかを確認し，近年の出題傾向を探り，合格点を得るための試行錯誤をして，各校の入学試験について自分なりの感触を得ることが必要になります。過去問学習は，このための重要な過程であり，合格に向けて，新たに実力を養成していく機会なのです。

③ **開始時期**　過去問との取り組みは，通常，全分野の学習が一通り終了した時期，すなわち6年生の7月から8月にかけて始まります。しかし，各分野の基本が身についていない場合や，反対に短期間で過去問学習をこなせるだけの実力がある場合は，9月以降が過去問学習の開始時期になります。

④ **活用法**　各年度の入試問題を全問マスターしよう，と思う必要はありません。完璧を目標にすると挫折しやすいものです。できるかぎり多くの問題を解けるにこしたことはありませんが，それよりも重要なのは，現実に各志望校に合格するために，どの問題が解けなければいけないか，どの問題は解けなくてもよいか，という眼力を養うことです。

算数

どの問題を解き，どの問題は解けなくてもよいのかを見極めるには相当の実力が必要になりますし，この段階にいきなり到達するのは容易ではないので，この前段階の一般的な過去問学習法，活用法を2つの場合に分けて説明します。

☆偏差値がほぼ55以上ある場合

掲載順の通り，新しい年度から順に年度ごとに3年度分以上，解いていきます。

ポイント1…問題集に直接書き込んで解くのではなく，各問題の計算法や解き方を，明快にわかるように意識してノートに書き記す。

ポイント2…答えの正誤を点検し，解けなかった問題に印をつける。特に，解説の **基本** **重要** がついている問題で解けなかった問題をよく復習する。

ポイント3…1回目にできなかった問題を解き直す。同様に，2回目，3回目，…と解けなければいけない問題を解き直す。

ポイント4…難問を解く必要はなく，基本をおろそかにしないこと。

☆偏差値が50前後かそれ以下の場合

ポイント1～4以外に，志望校の出題内容で「計算問題・一行問題」の比重が大きい場合，これらの問題をまず優先してマスターするとか，例えば，大問2までをマスターしてしまうとよいでしょう。

理科

理科は1から順番に解くことにほとんど意味はありません。理科は，性格の違う4つの分野が合わさった科目です。また，同じ分野でも単なる知識問題なのか，あるいは実験や観察の考察問題なのかによってもかかる時間がずいぶんちがいます。記述，計算，描図など，出題形式もさまざまです。ですから，解く順番の上手，下手で，10点以上の差がつくこともあります。

過去問を解き始める時も，はじめに1回分の試験問題の全体を見通して，解く順番を決めましょう。得意分野から解くのもよいでしょう。短時間で解けそうな問題を見つけて手をつけるのも効果的です。くれぐれも，難問に時間を取られすぎないように，わからない問題はスキップして，早めに全体を解き終えることを意識しましょう。

社会

社会は1から順番に解いていってかまいません。ただし，時間のかかりそうな，「地形図の読み取り」，「統計の読み取り」，「計算が必要な問題」，「字数の多い論述問題」などは後回しにするのが賢明です。また，3分野（地理・歴史・政治）の中で極端に得意，不得意がある受験生は，得意分野から手をつけるべきです。

過去問を解くときは，試験時間を有効に活用できるよう，時間は常に意識しなければなりません。ただし，時間に追われて雑にならないようにする注意が必要です。"誤っているもの" を選ぶ設問なのに "正しいもの" を選んでしまった，"すべて選びなさい" という設問なのに一つしか選ばなかったなどが致命的なミスになってしまいます。問題文の "正しいもの"，"誤っているもの"，"一つ選び"，"すべて選び" などに下線を引いて，一つ一つ確認しながら問題を解くとよいでしょう。

過去問を解き終わったら，自己採点し，受験生自身でふり返りをしましょう。できなかった問題については，なぜできなかったのかについての分析が必要です。例えば，「知識が必要な問題」ができなかったのか，「問題文や資料から判断する問題」ができなかったのかで，これから取り組むべきことも大きく異なってくるはずです。また，正解できた問題も，「勘で解いた」，「確信が持てない」といったときはふり返りが必要です。問題集の解説を読んでも納得がいかないときは，塾の先生などに質問をして，理解するようにしましょう。

国語

過去問に取り組む一番の目的は，志望校の傾向をつかみ，本番でどのように入試問題と向かい合うべきか考えることです。素材文の傾向，設問の傾向，問題数の傾向など，十分に研究していきましょう。

取り組む際は，まず解答用紙を確認しましょう。漢字や語句問題の量，記述問題の種類や量などが，解答用紙を見て，わかります。次に，ページをめくり，問題用紙全体を確認しましょう。どのような問題配列になっているのか，問題の難度はどの程度か，などを確認して，どの問題から取り組むべきかを判断するとよいでしょう。

一般的に「漢字」→「語句問題」→「読解問題」という形で取り組むと，効率よく時間を使うことができます。

また，解答用紙は，必ず，実際の大きさのものを使用しましょう。字数指定のない記述問題などは，解答欄の大きさから，書く量を考えていきましょう。

算数　出題傾向の分析と合格への対策

●出題傾向と内容

近年の出題数は，大問が4題であり，小問数にして20～40題前後である。

単独の計算問題はなく計算に関連する問題の場合も，計算を工夫する力が試されていると考えよう。「数の性質」・「平面図形」・「立体図形」・「場合の数」・「割合と比」・「論理・推理」などがよく出題されている。

今後，「速さ」・「割合の文章題」についても出題される可能性は高く，分野を限定することなく練習しておこう。

特別給費生入試として，本校の問題の中では難しい問題が出題される場合が多く，「場合の数」がよく出題されるのが特徴である。

また，説明させる「論理」の問題が出題されており，知識のみならず記述の能力も求められている。

✔学習のポイント

応用・発展問題を意識して取り組み，記述問題を意識して，日頃から式や説明をわかりやすく書く練習をしておこう。

●2024年度の予想と対策

特別給費生入試の問題には難しい問題が含まれており，基本的な知識に基づく，よく工夫された問題が多く出題されている。「数の性質」・「場合の数」・「図形」・「論理・推理」の問題は毎年多く出題されているので，応用問題なども含め，幅広く学習しておくとよい。また，過去問を利用し，説明のための文章をわかりやすく書くことを日頃から練習しておくことも大切だ。

本校の入試Ⅰ・Ⅱの問題のなかにも，考えさせられる重要な問題が含まれており，自分でじっくりと取り組むことが実力養成につながる。試行錯誤が大切。

▼年度別出題内容分類表

※よく出ている順に☆，◎，○の３段階で示してあります。

	出題内容	2019年	2020年	2021年	2022年	2023年
数と計算	四則計算					
	概数・単位の換算		○			○
	数の性質	◎	☆	☆	☆	☆
	演算記号			☆		
図形	平面図形	☆	☆	☆	☆	☆
	立体図形		☆		☆	☆
	面積		○	☆	○	◎
	体積と容積		○		○	◎
	縮図と拡大図					☆
	図形や点の移動				◎	
速さ	三公式と比				☆	
	文章題 旅人算					
	文章題 流水算					
	文章題 通過算・時計算					
割合	割合と比		◎		☆	☆
	文章題 相当算・還元算					
	文章題 倍数算					
	文章題 分配算					
	文章題 仕事算・ニュートン算					
文字と式				☆		
2量の関係(比例・反比例)						
統計・表とグラフ						
場合の数・確からしさ		☆	☆		☆	☆
数列・規則性		○		○		○
論理・推理・集合		◎	☆	☆	☆	○
その他の文章題	和差・平均算					
	つるかめ・過不足・差集め算					
	消去・年令算					
	植木・方陣算	○	○			

海陽中等教育学校

算数 ――グラフで見る最近５ヶ年の傾向――

最近５ヶ年に出題されたすべての問題を内容別に分類・集計し，全体に対して何パーセントくらいの割合になっているかを示しました。

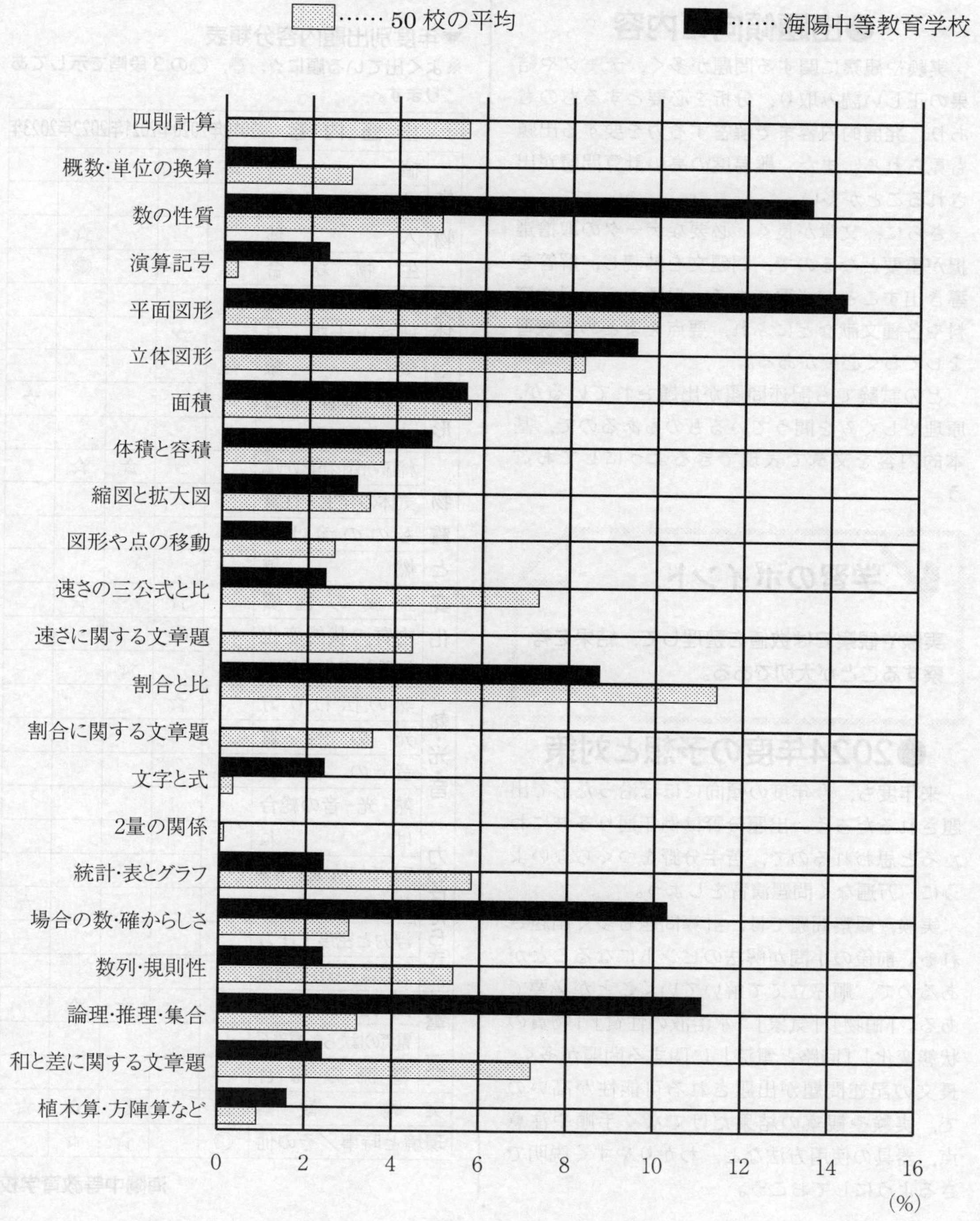

理科　出題傾向の分析と合格への対策

●出題傾向と内容

実験や観察に関する問題が多く，データや結果の正しい読み取り，分析を必要とするものもあり，発展的内容まで解答する力を要する出題も見られる。また，難易度の高い計算問題が出されることが多い。

さらに，文章が長く，必要なデータの取捨選択が重要となるので，問題文を熟読し，解答を導き出すことが必要である。日頃から，科学資料や各種文献などにふれ，要点をまとめる練習をしておく必要がある。

どの試験でも記述問題が出題されているが，原理やしくみを問うているものもあるので，基本的内容を文章で表現できるようにしておこう。

学習のポイント

実験や観察では数値を整理して，結果を考察することが大切である。

●2024年度の予想と対策

来年度も，今年度の傾向にほぼ沿った形で出題されるだろう。出題分野は例年通り多岐にわたると思われるので，苦手分野をつくらないように，万遍なく問題演習をしよう。

実験，観察問題では，計算問題も多く出題される。前後の小問が解法のヒントになることがあるので，順序立てて解いていくことが必要である。「植物」「気象」「水溶液の性質」「物質の状態変化」「回路と電流」に関する問題が多く，長文の記述問題が出題される可能性が高いので，実験や観察の結果だけでなく手順や注意点，器具の使用方法など，わかりやすく説明できるようにしておこう。

▼年度別出題内容分類表

※よく出ている順に☆，◎，○の３段階で示してあります。

	出題内容	2019年	2020年	2021年	2022年	2023年
生物	植物	☆				
	動物					
	人体				☆	
	生物総合				◎	
天体・気象・地形	星と星座					
	地球と太陽・月		☆			
	気象	☆				
	流水・地層・岩石					☆
	天体・気象・地形の総合					
物質と変化	水溶液の性質・物質との反応			☆	☆	
	気体の発生・性質					
	ものの溶け方					
	燃焼					
	金属の性質		☆		☆	
	物質の状態変化		◎			
	物質と変化の総合			☆		
熱・光・音	熱の伝わり方		☆			
	光の性質					
	音の性質					
	熱・光・音の総合					
力のはたらき	ばね					
	てこ・てんびん・滑車・輪軸				☆	
	物体の運動					☆
	浮力と密度・圧力					
	力のはたらきの総合					
電流	回路と電流			☆	☆	
	電流のはたらき・電磁石					
	電流の総合					
実験・観察		◎		◎	☆	☆
環境と時事／その他		◎		☆	☆	

海陽中等教育学校

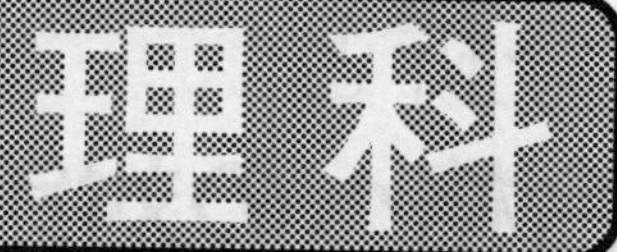

――グラフで見る最近５ヶ年の傾向――

最近５ヶ年に出題されたすべての問題を内容別に分類・集計し，全体に対して何パーセントくらいの割合になっているかを示しました。

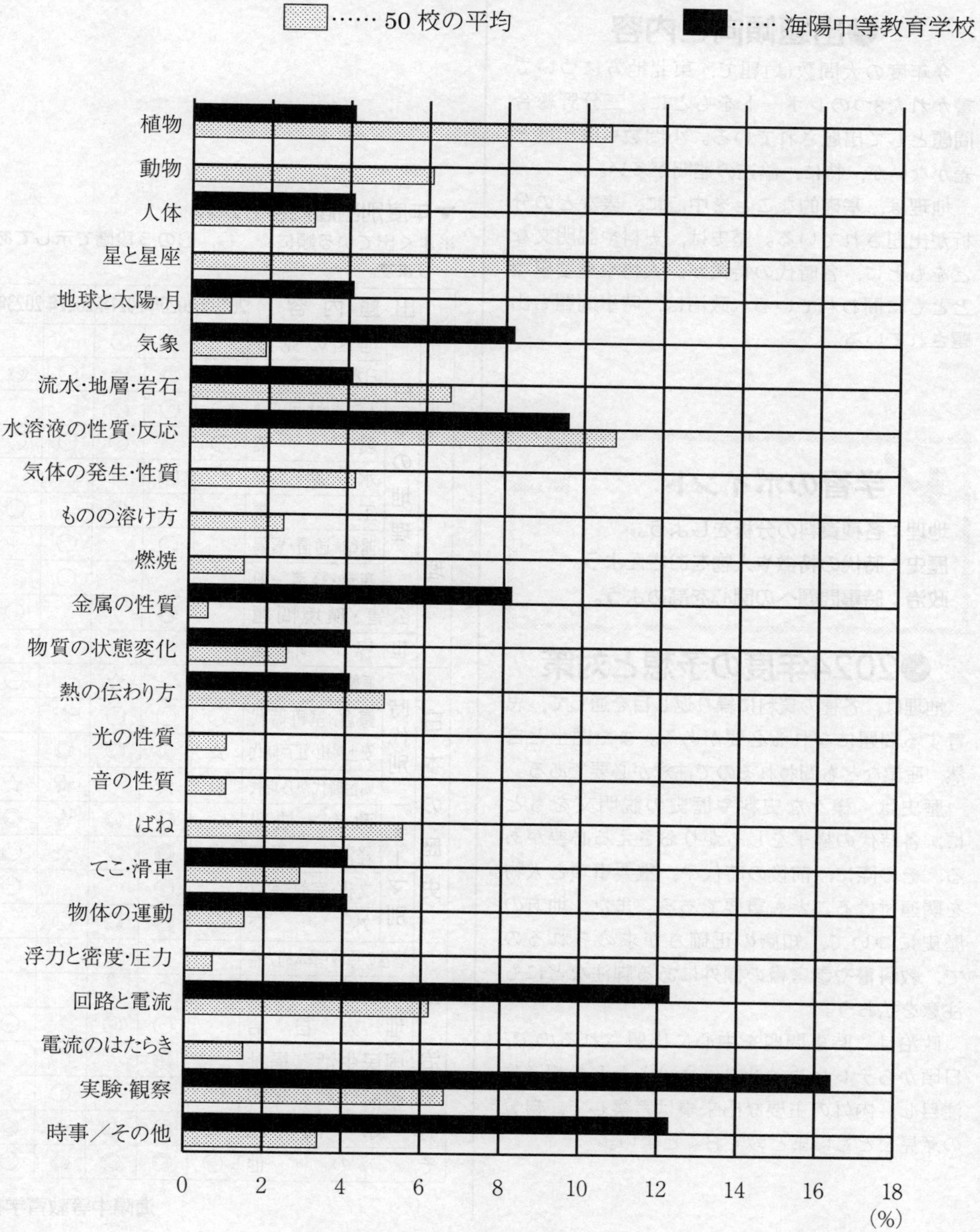

植物
動物
人体
星と星座
地球と太陽・月
気象
流水・地層・岩石
水溶液の性質・反応
気体の発生・性質
ものの溶け方
燃焼
金属の性質
物質の状態変化
熱の伝わり方
光の性質
音の性質
ばね
てこ・滑車
物体の運動
浮力と密度・圧力
回路と電流
電流のはたらき
実験・観察
時事／その他

0　2　4　6　8　10　12　14　16　18
(%)

社会 出題傾向の分析と合格への対策

●出題傾向と内容

今年度の大問数は1題で，東北地方について書かれた3つのレポートをもとに，三分野総合問題として出題されている。小問数も昨年度と差がないが，特に，論述の難問が多い。

地理は，基礎的なことを中心に，表などの分析が出題されている。歴史は，史料や説明文などをもとに，各時代の特徴が，人物や重要事項とともに問われている。政治は，時事問題も出題されている。

学習のポイント

地理：各種資料の分析をしよう。
歴史：時代の特徴や人物をおさえよう。
政治：時事問題への関心を高めよう。

●2024年度の予想と対策

地理は，各種の資料に繰り返し目を通して，思考する問題になれる必要がある。また国土と自然，産業なども問われるので注意が必要である。

歴史は，様々な史料や歴史の説明文をもとに，各時代の様子をしっかりおさえる必要がある。その際に，前後の時代や，重要事項と人物を関連付けることも重要である。また，地方の歴史について，知識の正確さが求められるので，教科書や参考書の欄外にある脚注などにも注意を払おう。

政治は，時事問題を中心に出題されるので，日頃からテレビやインターネットなどの報道に注目し，内外の主要な出来事は考察して，自分の意見とともにまとめておくとよい。

▼年度別出題内容分類表

※よく出ている順に☆，◎，○の３段階で示してあります。

出題内容			2019年	2020年	2021年	2022年	2023年
地理	日本の地理	地図の見方			○		
		日本の国土と自然	◎	◎	☆	○	◎
		人口・土地利用・資源	○	○	◎		
		農業	○		○	○	○
		水産業		○			
		工業			○		○
		運輸・通信・貿易		○		○	
		商業・経済一般				○	
	公害・環境問題			◎			○
	世界の地理						
日本の歴史	時代別	原始から平安時代			☆		○
		鎌倉・室町時代	○	○	○	☆	
		安土桃山・江戸時代	☆	◎	◎	◎	
		明治時代から現代	☆	☆		☆	☆
	テーマ別	政治・法律	◎	◎	◎	☆	◎
		経済・社会・技術	◎	◎	◎	☆	○
		文化・宗教・教育		○			○
		外交	○	◎	◎	○	
政治	憲法の原理・基本的人権						
	政治のしくみと働き		○	○			
	地方自治			○	○		○
	国民生活と福祉			◎		○	
	国際社会と平和		○			○	
時事問題			☆	◎	◎	☆	◎
その他			○	◎	◎	◎	○

海陽中等教育学校

社会 ―グラフで見る最近５ヶ年の傾向―

最近５ヶ年に出題されたすべての問題を内容別に分類・集計し，全体に対して何パーセントくらいの割合になっているかを示しました。

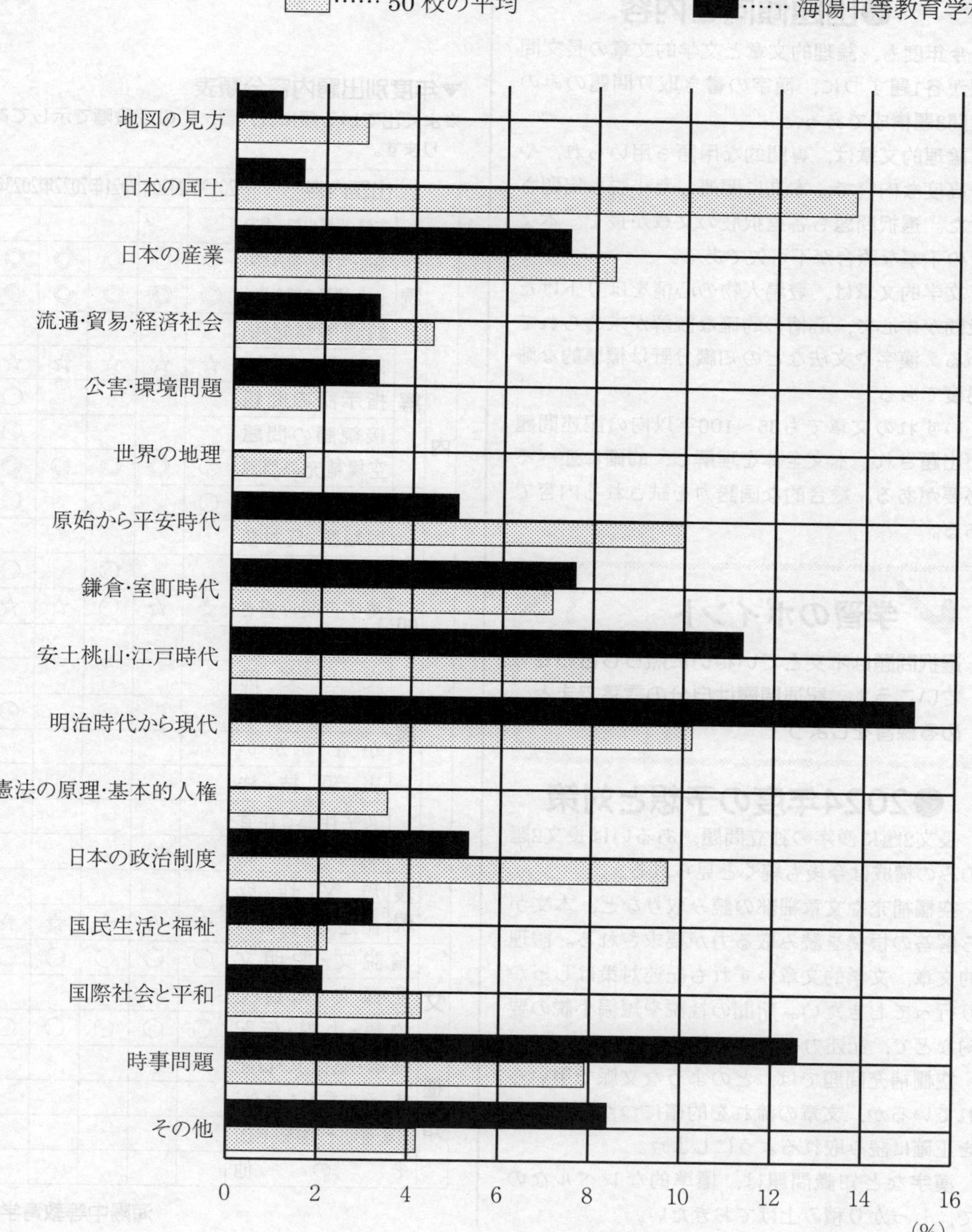

国語　出題傾向の分析と　合格への対策

●出題傾向と内容

今年度も，論理的文章と文学的文章の長文問題が各1題ずつに，漢字の書き取り問題のみの大問3題構成であった。

論理的文章は，専門的な用語も用いられ，やや高度な内容で，本文に関連した小説も出題された。選択問題も各選択肢の文章が長く，本文との丁寧な照合が不可欠である。

文学的文章は，登場人物の心情をほり下げた設問が中心で，心情の的確な読解が求められている。漢字や文法などの知識分野は標準的な難易度である。

いずれの文章でも35～100字以内の記述問題が出題され，本文全体を理解し，的確に述べる必要がある。総合的な国語力を試される内容である。

学習のポイント

選択問題は本文とていねいに照らし合わせていこう！　記述問題は自分の言葉でまとめる練習をしよう！

●2024年度の予想と対策

長文2題に漢字の独立問題，あるいは長文2題のみの構成は今後も続くと見られる。

空欄補充や文章細部の読み取りなど，本文から解答の根拠を読み取る力が要求される。論理的文章，文学的文章いずれも記述対策はしっかり行っておきたい。新聞の社説や短編小説の要約などで，記述力をつけておこう。

空欄補充問題では，どのような文脈で用いられているか，文章の流れを的確につかんで内容を正確に読み取れるようにしよう。

漢字など知識問題は，標準的なレベルなので，しっかり積み上げておきたい。

▼年度別出題内容分類表

※よく出ている順に☆，◎，○の３段階で示してあります。

		出題内容	2019年	2020年	2021年	2022年	2023年
内容の分類	読解	主題・表題の読み取り					
		要旨・大意の読み取り	◎	◎	◎	◎	◎
		心情・情景の読み取り	◎	◎	◎	◎	◎
		論理展開・段落構成の読み取り					
		文章の細部の読み取り	☆	☆	☆	☆	☆
		指示語の問題					○
		接続語の問題					○
		空欄補充の問題	○	◎	◎	◎	◎
	知識	ことばの意味	○		○		○
		同類語・反対語					
		ことわざ・慣用句・四字熟語			○		○
		漢字の読み書き	☆	☆	○	☆	☆
		筆順・画数・部首					
		文と文節					
		ことばの用法・品詞			○		○
		かなづかい					
		表現技法					
		文学作品と作者					
		敬語					
	表現	短文作成					
		記述力・表現力	☆	☆	☆	☆	☆
文の種類		論説文・説明文	○	○	○	○	○
		記録文・報告文					
		物語・小説・伝記	○	○	○	○	○
		随筆・紀行文・日記					
		詩（その解説も含む）					
		短歌・俳句（その解説も含む）					
		その他					

海陽中等教育学校

国　語　――グラフで見る最近５ヶ年の傾向――

最近５ヶ年に出題されたすべての問題を内容別に分類・集計し，全体に対して何パーセントくらいの割合になっているかを示しました。

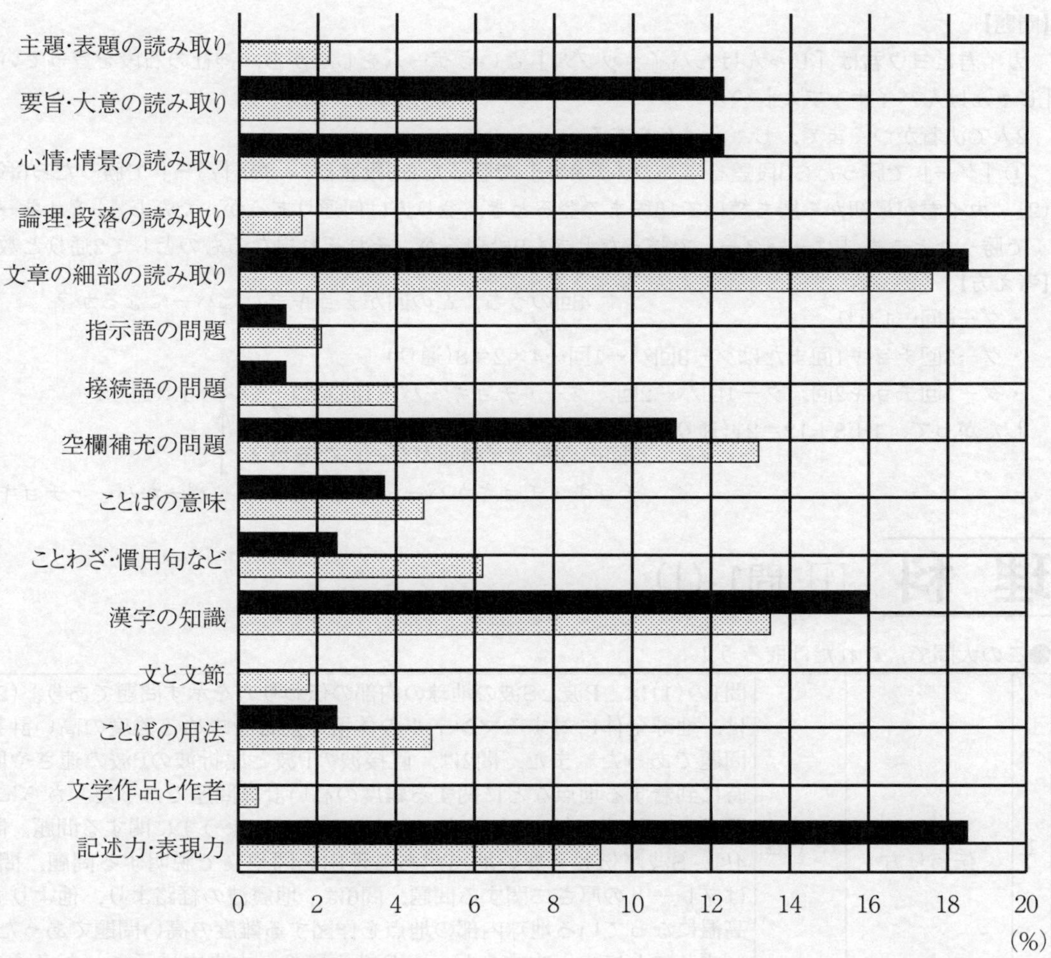

	論説文 説明文	物語･小説 伝記	随筆･紀行 文･日記	詩 （その解説）	短歌･俳句 （その解説）
海陽中等教育学校	50.0%	50.0%	0%	0%	0%
50校の平均	49.3%	34.0%	1.0%	5.0%	10.7%

2023年度 合否の鍵はこの問題だ!!

(特別給費生入試)

算 数 3 (2)

問題自体は難しくはなく，よく出題されるタイプの問題である。では，1回で正解できるか？ と問われたときに，自信をもって肯定できるようにしよう。

【問題】

カイ君とヨウ君は「じゃんけんパイナップル」というゲームをしながら，神社の石段を登っている。

「じゃんけんパイナップル」のルール

2人で決着がつくまで，じゃんけんをする。

①「グー」で勝ったら3段登る　②「チョキ」で勝ったら6段登る　③「パー」で勝ったら6段登る

(2)　カイ君が最初から勝ち続けて15段まで登るとき，登り方は何通りあるか。ただし，「チョキ→グー」で勝ったときも「パー→グー」で勝ったときも9段登るが，それぞれ異なるものとして2通りと数える。

【考え方】

・グー5回…1通り

・グー3回チョキ1回またはグー3回パー1回…4×2＝8(通り)　（←4回のうち，どの回がチョキまたはパーになるか？）

・グー1回チョキ2回，グー1回パー2回，グー・チョキ・パー1回ずつ…3×4＝12(通り)　（3←3回のうち，どの回がグーになるか？　4←チョキ・チョキかパー・パーかチョキ・パーかパー・チョキか）

したがって，1＋8＋12＝21(通り)

理 科 1 問1 (1)

●この大問で，これだけ取ろう！

1	地震の伝わり方	やや難	問1の(1)は，P波とS波の地球の内部の伝わり方を示す問題であり，(2)は，地球全体に対するマントルの体積の割合を求める難度の高い計算問題であった。また，問2は，直接波のP波と屈折波のP波の速さや同時に到着する地点などに関する難度の高い計算問題であった。さらに，問3は，P波やS波の伝わり方による地球内部のようすに関する問題，問4は，S波が伝わらない地点がある理由を図や文で説明する問題，問5はプレートの厚さに関する問題，問6は，地震波の経路より，他よりも高温になっている地球内部の地点を作図する難度の高い問題であった。いずれにしても，本文をしっかり読み取り，本文中に示された多くの条件を読み取ることで，5問以上は解きたい。
2	振り子	やや難	問1は，ガリレオ・ガリレイに関する知識問題，問2は，振り子の振れ幅とおもりの速さに関する問題，問3は，おもりの位置とおもりの速さに関する問題，問4は，振り子の長さと周期に関する計算問題であった。また，問5と問6は，円すいの振り子のたての長さと同期に関する計算問題であった。さらに，問7と問8は，三角振り子の東西方向と南北方向の振れる回数に関する難度の高い問題であった。本文中に示された条件を読み取ることで，7問以上は解きたい。

●鍵になる問題は1だ！

問1の(1)は，P波とS波の地球の内部の伝わり方を示す問題であったが，文中に示されているように，S波は固体しか伝わらず，地球の核の外側が液体であることを理解する必要があった。(右図参考)

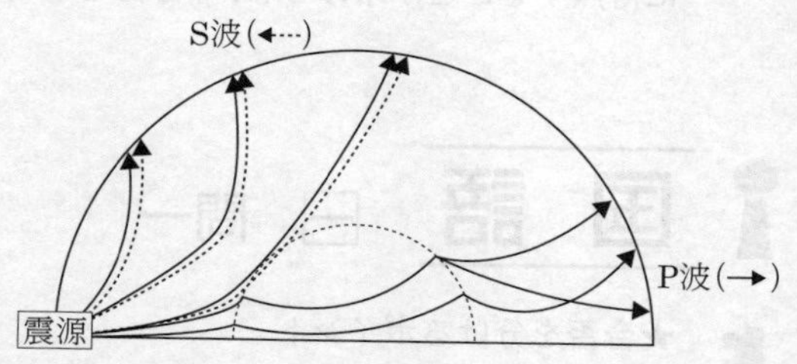

問1の(2)は，地球全体に占めるマントルの体積の割合に関する計算問題であった。この場合は，参考に示されているように，球の体積は「半径×半径×半径」に比例することを利用する必要があった。また，核の半径が，6400(km)－2900(km)＝3500(km)であることに気がつく必要があった。

問2の(1)・(2)は，A～Jの10箇所の地点のデータから，直接波のP波と屈折波のP波の速さを計算することで，直接波のP波と屈折波のP波が同時に到達する地点を求めることができた。

問2の(3)は，(2)で求めたP波の速さにもとづいて，地殻の厚さを求める計算問題であったが，本文に示された条件をしっかり読み取る必要があった。

問3は，本文に示された「地表からの深さとS波の地震波速度の変化」の関係や「震源からの距離とS波が伝わるのにかかる時間」の関係から読み取れることに関する思考力を試す問題であった。

また，問4は，地震波が伝わらない地点が現れる理由を図を用いて説明する難度の高い問題であり，問5は，その場合，プレートが，どのくらいの厚さであったのかを求める問題であった。

図6は，地震波の経路より，高温になっていて，やわらかくなっているため，地震波の到達がおそくなっている部分を図から推定する思考力を試す問題であった。

社 会　問19 (2)

本校は，地理・歴史・政治問わず本格的な記述問題が頻出となる。受験生自身の考えをまとめさせる「意見論述」問題も出題されている。基本的な知識事項の丸暗記だけでは対応できない「思考力」が試される問題が多いといえる。自分自身で持っている知識をいかに活用したり，組み合わせたりするかという視点が大切になる。このような力は一朝一夕では身につかないものなので，日々の継続的なトレーニングの積み重ねが不可欠となってくる。また自身で作成した記述答案を添削してもらいながら，解答のポイントをおさえる訓練を行うことが望ましい。設問が変わっても，「記述問題で評価される答案を作成するには」という視点は汎用性があるといえる。

問19(2)の設問は，以上のような出題傾向を象徴している問題であり，過去問演習等で対策してきた受験生とそうでない受験生とではっきり差がつくことが予想される。このような形式の問題に不慣れな受験生にとっては負担のある設問であろう。「東北地方の未来」というテーマのなかで，リード文や資料を参照しながら，考えを答えさせる問題である。2011年3月の東日本大震災とも絡めて，「震災後の復興」「地域活性化」「地方創生」「観光」「まちづくり」といったポイントに着目しながらまとめていけるかどうかが勝負の分かれ目となる。コロナ禍等でこのような観点がますます注目されてきている。リード文や資料の解読・解釈をする力や答案内容の論理の一貫性や説得力も採点のポイントとなる。

この設問の配点は他の設問と比べて高く，合格ラインに到達するためにはこのような問題で確実に得点することが求められ，「合否を左右する設問」といっても過言ではない。

国語 ㈠ 問一

★合否を分けるポイント

傍線部①「ある刑事事件の容疑者の行動について，意見を聞かせてほしい」とあるが,「刑事さん」が話したのはなぜだと筆者は考えているか，その理由を設問の指示に従って抜き出す問題である。論の流れをふまえて，①の理由を的確に読み取れているかがポイントだ。

★直接的な形で述べていないことを論の流れから読み取る

本文は，傍線部①の話から私たちはどの程度ウソを見抜くことができるかという話題につなげる→ウソを見抜く能力に関する研究からウソを見抜くことの難しさの説明→その理由として，真実バイアスとウソバイアスの説明→さらにウソを見抜く能力の過大評価⇒この説明で「警察官であっても他人のウソを見抜くことは難しい(23字)」のに，彼らはウソを上手に見抜くと考えている，と述べている→現実逃避効果もウソが気づかれにくい要因→これらの要因からウソを見抜くのはほぼ不可能に思える→ただし，ウソはばれないという結論は誤りという筆者の考えのまとめ，という流れになっている。注意しなくてはならないのは，①の理由と筆者が考えている部分が，①よりかなり離れた段落で述べられていることだ。さらに①のように考えるのは○○だからだ，という形で直接的に述べていないので，論の流れをていねいに追っていく必要がある。傍線部付近だけでなく，全体の流れをしっかりと追っていくことが重要だ。

大切なことはメモしておこうネ！

T.G

ダウンロードコンテンツのご利用方法

※弊社 HP 内の各書籍ページより，解答用紙などのデータダウンロードが可能です。

※巻頭「収録内容」ページの下部 QR コードを読み取ると，書籍ページにアクセスが出来ます。（ **Step 4** からスタート）

Step 1 東京学参 HP（https://www.gakusan.co.jp/）にアクセス

Step 2 下へスクロール『フリーワード検索』に書籍名を入力

Step 3 検索結果から購入された書籍の表紙画像をクリックし，書籍ページにアクセス

Step 4 書籍ページ内の表紙画像下にある『ダウンロードページ』を

クリックし，ダウンロードページにアクセス

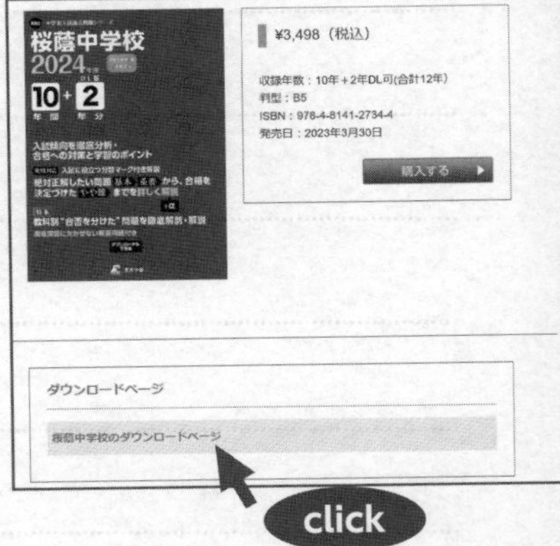

click

Step 5 巻頭「収録内容」ページの下部に記載されている

パスワードを入力し，『送信』をクリック

解答用紙・+αデータ配信ページへスマホでアクセス！ ⇒

※データのダウンロードは 2024 年 3 月末日まで。

※データへのアクセスには，右記のパスワードの入力が必要となります。 ⇒ ●●●●●●

書籍を購入したお客様

「ダウンロード」ページを閲覧したい場合は，書籍に記載されているパスワードを入力してください。
「ダウンロード」ページでは，各学校のリスニングデータや書籍に収まりきらなかった問題・解答・解説などがダウンロードできます。

送信

Step 6 使用したいコンテンツをクリック

※ PC ではマウス操作で保存が可能です。

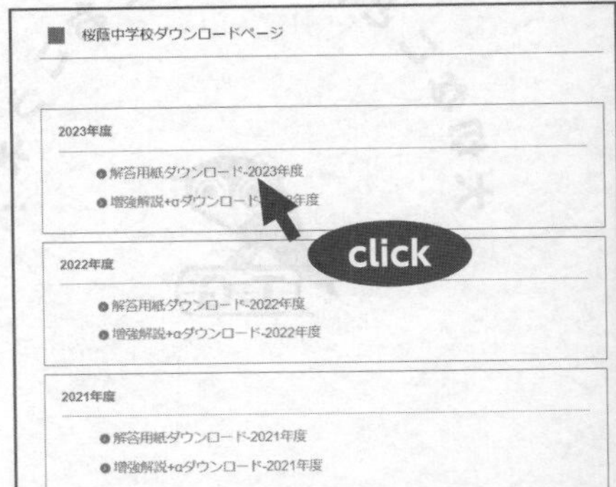

click

2023年度

★★★★★★★★★★★★★★★★★★★★★★★★★★

入　試　問　題

2023年度

海陽中等教育学校(特別給費生入試)

【算　数】（60分）〈満点：100点〉

1

（１）　次の問いに答えなさい。

（あ）　2023を2回かけあわせたものを23で割った余りを求めなさい。

（い）　2023を2023回かけあわせたものを23で割った余りを求めなさい。

（２）　三角形ABCの面積と斜線(しゃせん)部分の面積の比を最も簡単な整数の比で答えなさい。ただし，三角形ABCの中にある線はすべて辺AB, BCと平行とします。

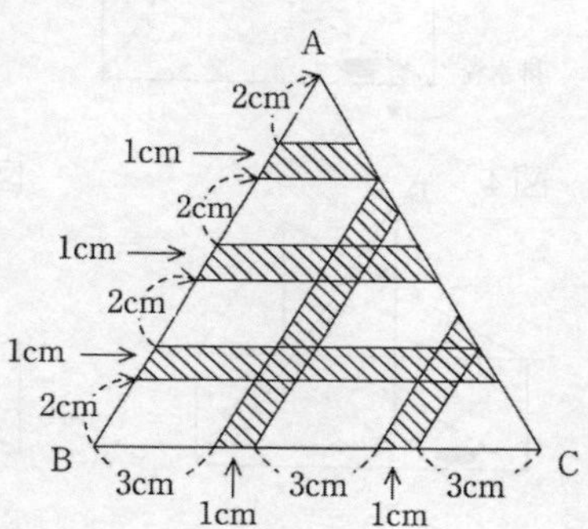

（３）　次の□に当てはまる整数を2組答えなさい。

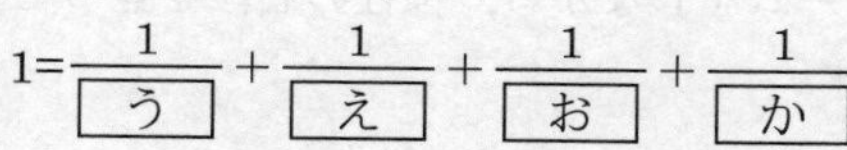

$$1=\frac{1}{\boxed{う}}+\frac{1}{\boxed{え}}+\frac{1}{\boxed{お}}+\frac{1}{\boxed{か}}$$

ただし □う ＜ □え ＜ □お ＜ □か であり，□には2けたの数が入ってもよい。

2

図1の三角すいは，底面は図2の直角二等辺三角形ア，側面のうち2面は図2の直角三角形イ，残りの側面は図2の二等辺三角形ウのようになっています。

また，図3のような，底に排水栓(せん)のついた三角柱の水槽(すいそう)を用意します。

（１）　図1の三角すいの体積および表面積を求めなさい。ただし，角すいの体積は，(底面積)×(高さ)÷3で求められます。

（２）　水槽に水を満たし，図4のようにアの面が底面になるように三角すいを静かに沈めたところ，4392cm^{3}の水があふれ出しました。この水槽の高さを求めなさい。

（３）　図4の状態から，図5のように，ウの面が底面になるように水槽の中で三角すいの向きを変えながら静かに倒しました。このとき，さらにあふれた水の体積を答えなさい。

（４）　図5の状態から，水槽の底面にある排水栓を開けて一定の割合で水を排出したところ，20分21秒後には水面が水槽の高さの半分になり，排出し始めて34分24秒後に水槽の水が完全に無くなりました。

この水槽の底面積を求めなさい。求め方も説明すること。

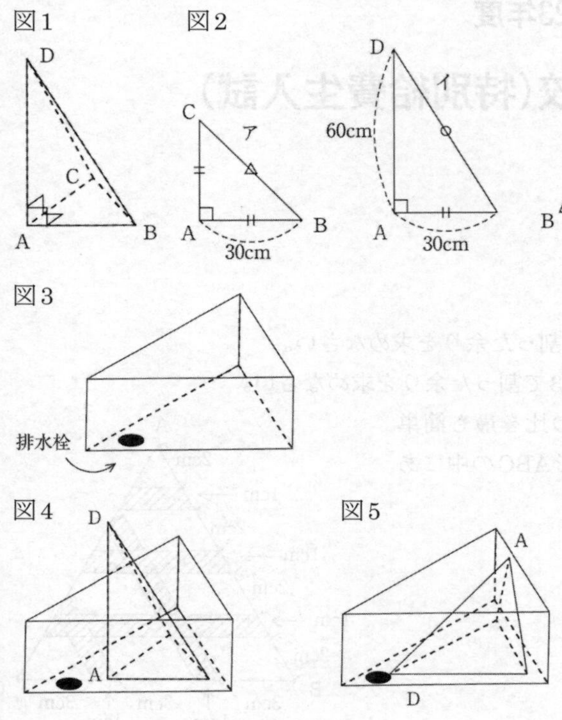

3

カイ君とヨウ君は「じゃんけんパイナップル」というゲームをしながら，神社の石段を登っています。「じゃんけんパイナップル」のルールは以下の通りです。

<ルール>　2人で決着がつくまでじゃんけんをする。

① 「グー」で勝ったら3段登る

② 「チョキ」で勝ったら6段登る

③ 「パー」で勝ったら6段登る

以下の問いに答えなさい。

（1） どのような進みかたをしても止まることのない段は100段目までに何段ありますか。

（2） カイ君が最初から勝ち続けて15段まで登るとき，その登り方は何通りありますか。ただし，「チョキ→グー」で勝ったときも「パー→グー」で勝ったときも9段登りますが，それぞれ異なるものとして2通りと数えることとします。

（3） じゃんけんを6回したあとに，カイ君もヨウ君も15段目にいました。このとき，2人のじゃんけんの決着の仕方は何通りありますか。ただし，以下の例のように登り方が同じでもじゃんけんの決着の仕方が異なる場合は，それぞれ別の場合として2通りと数えることとします。

例		1回目	2回目	3回目
A	カイ君	グー	グー	グー
	ヨウ君	チョキ	チョキ	パー
B	カイ君	グー	グー	パー
	ヨウ君	チョキ	チョキ	チョキ

（4） ルール②と③を,

② 「チョキ」で勝ったら7段登る

③ 「パー」で勝ったら7段登る

と変更すると，どのような進みかたをしても止まることのない段は100段目までに何段ありますか。理由を付けて答えなさい。

4

次の問いに答えなさい。

（1） 2つの数を1より大きな数で割った余りを考えます。

(あ) 83と135をある数で割ると，余りが同じになりました。このようなある数と余りの組合わせを(割る数，余り)の形ですべて答えなさい。

(い) 次の条件を満たすような□に入る最も小さい数を答えなさい。

「41と□をある数で割ると，余りが同じになりました。このようなある数と余りの組合せは5組あります。」

（2） リンゴがAの箱には219個，Bの箱には325個，Cの箱には410個入っています。Aの箱に入っているリンゴを一袋に入れる個数が同じになるように袋詰(ふくろづ)めしたところ，いくつかリンゴが残りました。B，Cの箱に入っているリンゴについてもAの箱の場合と同じ個数のリンゴを袋詰めしたところ，Bの箱には，Aの箱よりも1個多く，Cの箱にはBの箱よりも1個多くリンゴが残りました。そこで，この3つの箱に残ったリンゴを集めて同じように袋詰めをしたら，やはりいくつか残りましたが，その残りは作業をしてくれたみんなで分けました。

「あらかじめBの箱から1個，Cの箱から2個のリンゴを取り出しておけば，Aの箱のリンゴと同じ個数ずつ袋詰めしたときの余りは同じになる。」ことを使って(1袋に詰めたリンゴの個数，袋詰めに使った袋の枚数)の組合せをすべて答えなさい。

【理　科】（40分）〈満点：50点〉

1　地球の内部を調べる方法について，次の文章を読み，あとの問いに答えなさい。

地球は半径およそ6400kmのほぼ球形で，地表から中心に向かって，地殻（ちかく），マントル，核（かく）の3層に分かれています。

核は地表から深さ約2900kmより深い部分で，主に鉄からなります。さらに核は，状態により2つの層に分けることもできます。深さ約5100kmまでは液体，そこから中心までは固体になっています。

マントルと地殻は，主に岩石でできており，岩石のちがいにより区分されています。直接掘（ほ）って調べたわけではないのに，どうしてわかるのでしょうか。

地震（じしん）が起こると，震源（しんげん）から振動（しんどう）が四方八方に伝わっていきます。これが地震波です。人工地震でも同様で，地震波が発生した時刻が正確にわかるため，弱い地震波でも観測することができます。地震波にはP波とS波があり，P波は固体・液体・気体いずれの状態でも伝わりますが，S波は固体にしか伝わりません。

震源が地表にあり，地球全体を伝わる人工地震について考えていきます。地球の反対側までは数十分かかって伝わります。

問1　次の**図1**は地球の断面の半分を，内部の構造とともに示したものです。ただし，地殻はうすいため，ここでは省略しています。

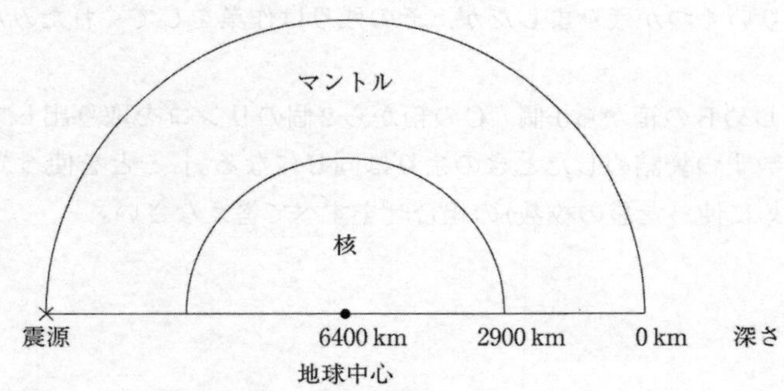

図1　地球の内部構造

（1）　震源(×印)から地震波が地球全体を伝わるとき，P波・S波がそれぞれ最も遠くまで伝わる経路を解答欄（らん）の図にかき入れなさい。P波の経路は実線の矢印(───>)で，S波の経路は点線の矢印(---->)でかきなさい。ここでは地球内部を伝わる地震波速度は一定であるものとします。

（2）　地球全体に占（し）めるマントルの体積の割合は何%になるか，計算しなさい。答えは小数第1位を四捨五入して整数で答えなさい。**図1**のように，地球は半径6400kmの球形で，マントルと核の境界までの深さは2900km，地殻の厚さは無視するものとします。また，体積は半径×半径×半径に比例します。

(参考)

球の体積$=\frac{4}{3}\times 3.14\times$半径$\times$半径$\times$半径

$64\times 64\times 64=262144$

$29\times 29\times 29=24389$

実際には，地震波速度はかたい物質中で大きく，やわらかい物質中で小さくなります。地球内部の地震波速度は一定ではなく，一般に地球の深部ほど地震波速度は大きくなります。深部に行くほど圧力が大きくなり，岩石はかたくなるためです。ただし，液体になるとP波の地震波速度は急に小さくなります。また，岩石であっても温度が高くなるとやわらかくなるため，地震波速度は小さくなります。

地震波が伝わっていくとき，状態が固体から液体に変わったり，岩石から金属へ物質そのものが変わったりするところでは，地震波は屈折(くっせつ)して方向を変えて伝わっていきます。地震波の屈折の関係は**図2**のようになることが知られています。

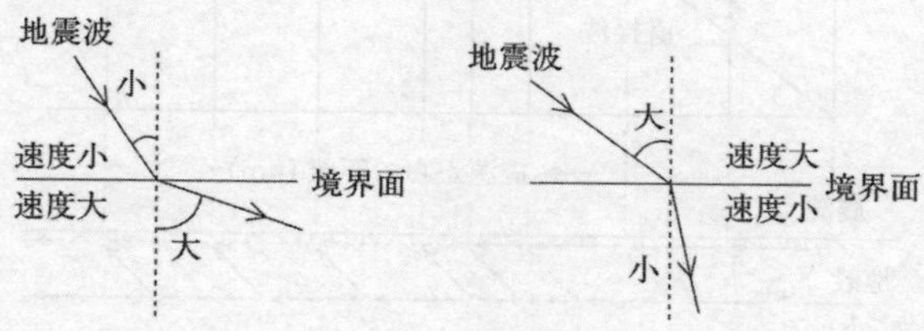

図2　地震波の屈折

地球表層は，地殻とマントルからなります。地殻の厚さは場所により大きく異なりますが，それでもおよそ5 ~ 60kmほどです。地殻をつくる岩石よりも，マントルをつくる岩石の方がかたいので，地震波速度は大きくなっています。

次の**表1**は，8時48分50秒に発生したある地震で，観測点までの距離(きょり)とP波到達(とうたつ)時刻をまとめたものです。

表1　観測点までの距離とP波到達時刻

観測点	震源距離(km)	P波到達時刻
A	410	8時49分50秒
B	360	8時49分44秒
C	330	8時49分40秒
D	280	8時49分34秒
E	210	8時49分25秒
F	160	8時49分17秒
G	120	8時49分10秒
H	90	8時49分05秒
I	70	8時49分02秒
J	50	8時48分57秒

この結果から，地震波速度が途中で変化していることが分かります。直接地殻だけを伝わったP波

が観測される場合(直接波という)と，地殻からマントルに地震波が伝わって屈折し，マントルを速く伝わった地震波が再び地表まで到達して観測される場合(屈折波という)があり，より速く伝わった方の波がP波の到達時刻として記録されます。つまり，屈折波が直接波を追いこすと，記録は屈折波のものとなります。**図3**はこのようすを説明したものです。

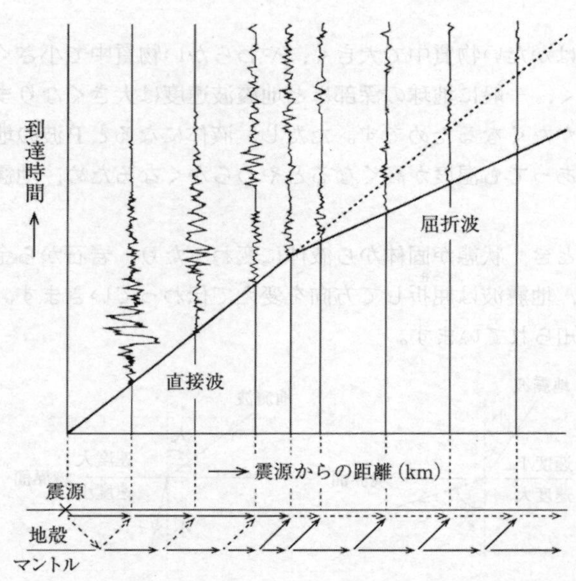

図3　地表付近の地震波の伝わり方

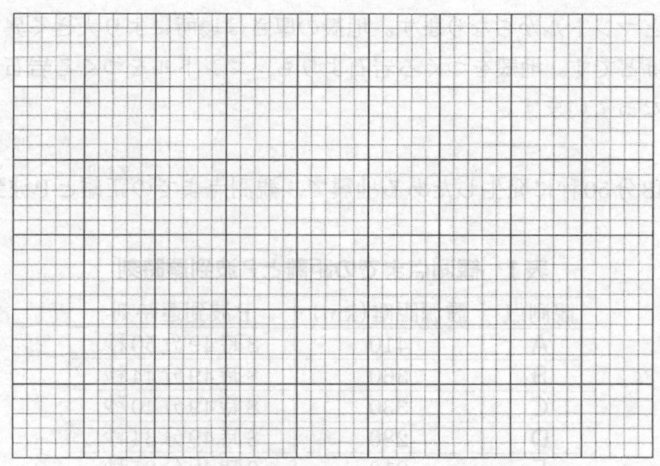

(方眼は自由に使ってよい)

問2　**表1**の結果から，次の(１)～(３)の問いに答えなさい。

(１)　直接波と屈折波がほぼ同時に到達する(この観測点より遠方へは屈折波の方が先に届く)観測点は，**A**～**J**のどこが最も近いと考えられますか。**A**～**J**の記号で答えなさい。

(２)　①直接波のP波速度(秒速)と，②屈折波のマントル内を伝わるP波速度をそれぞれ求めなさい。答えは小数第1位を四捨五入して整数で答えなさい。

(3) この地域での地殻の厚さ(地殻とマントルの境界面までの深さ)を考えます。次の**図4**のように地震波が地殻やマントルを伝わっていくものとして，地殻の厚さを求めなさい。求め方も説明し，答えは小数点以下を四捨五入して整数で答えなさい。なお，直角二等辺三角形の辺の長さの比は右図の通りです。

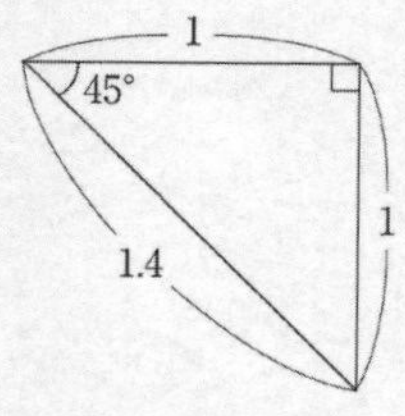

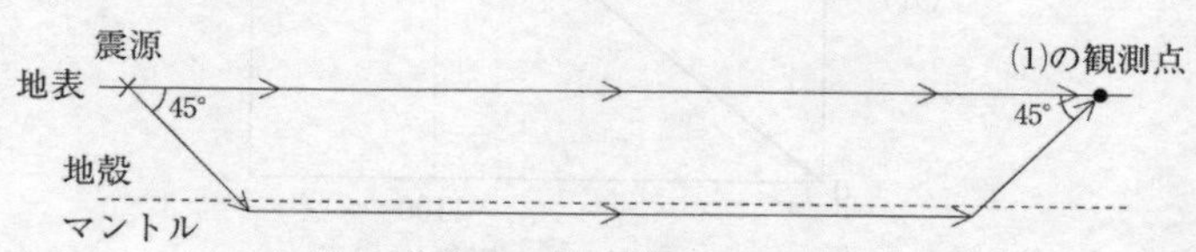

図4 直接波と屈折波の伝わり方

境界面で地震波速度が大きく変化しなくても，同じ層内であっても深部ほど速度が大きくなるため，地震波は曲がって伝わっていきます。さらに，地震波が核に到達すると，地震波速度が大きく変化するため，**図5**のように進む方向が大きく屈曲して伝わります。

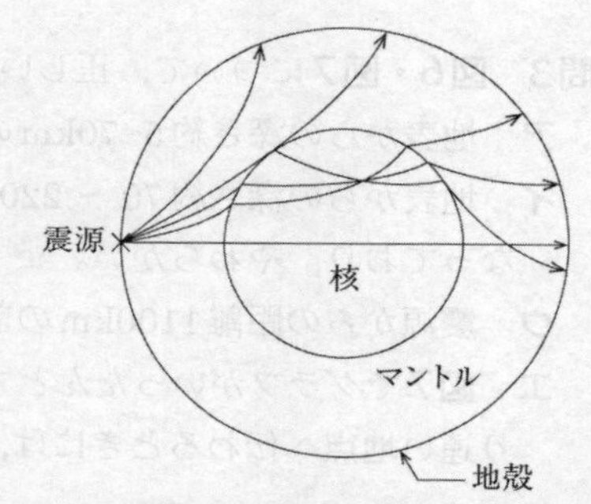

図5 地球内部を伝わるP波の様子

次の**図6**は，地表付近の地表からの深さとS波の地震波速度の変化を表したものです。

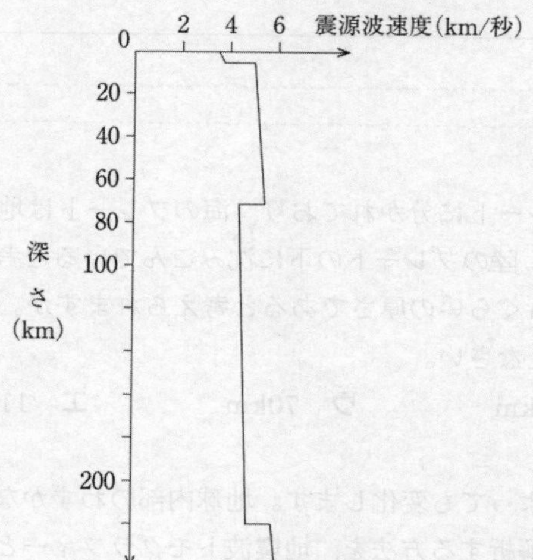

図6 S波の地震波速度の変化

また，**図7**は地表付近で発生した地震波のS波が伝わるのにかかる時間を表したグラフです。震源からの距離1100km前後のところでグラフがとぎれていますが，これは地震波が伝わっていないことを示しています。

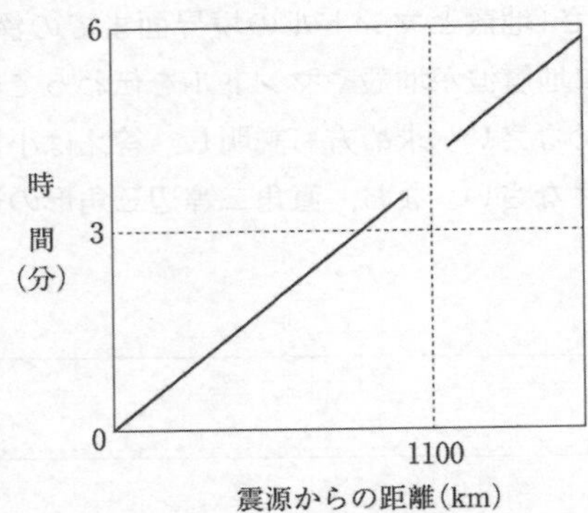

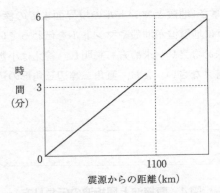

図7　震源からの距離とS波が伝わるのにかかる時間

問3　**図6・図7**について，正しい説明をしている文を次の**ア**～**エ**から1つ選び，記号で答えなさい。

ア　地表からの深さ約5~70kmの層は，その上下の層より岩石がかたくなっている。

イ　地表からの深さ約70 ～ 220kmは，マグマが発生している層であるので，すべてとけて液体になっており，やわらかい。

ウ　震源からの距離1100kmの前後は海になっているため，地震波が伝わらない。

エ　**図7**でグラフがいったんとぎれた後，再び現れるとき上にずれて現れるため，とぎれた地点より遠い地点へ伝わるときには，地震波速度が増加していると考えられる。

問4　**図7**においてグラフがとぎれる理由を，**図2・図5**を参考に，次の図を使って説明しなさい。深さの縮尺が異なりますが，図の通り考えてください。

震源
地表
70km
220km

問5　地球表層は十数枚のプレートに分かれており，海のプレートは地球表層をすべるように動き，陸のプレートにぶつかって，陸のプレートの下に沈みこんでいると考えられています。これまでの内容から，プレートは何kmぐらいの厚さであると考えられますか。最も適当なものを，次の**ア**～**オ**から1つ選び，記号で答えなさい。

ア 10km　　**イ**　40km　　**ウ**　70km　　**エ**　110 km　　**オ**　220 km

地震波速度は温度の違いによっても変化します。地球内部のわずかな地震波速度の変化をとらえ，地球の内部構造を三次元的に解析する方法を，地震波トモグラフィーといいます。これによって海のプレートが陸のプレートの下にしずみこむようすが証拠としてとらえられています。

問6　**図8**は，地表付近の2地点を震源とする人工地震で発生した地震波の経路と，地表の観測点を示したものです。図中の矢印で示した観測点では，この地域の地下の岩石が均質であった場合と比べて地震波の到達がおそくなりました。このことから，地下には周囲より温度が高く，やわらかい部分があると推定されます。その部分を図中に1つのだ円と斜線(しゃせん)(⊘)で示しなさい。

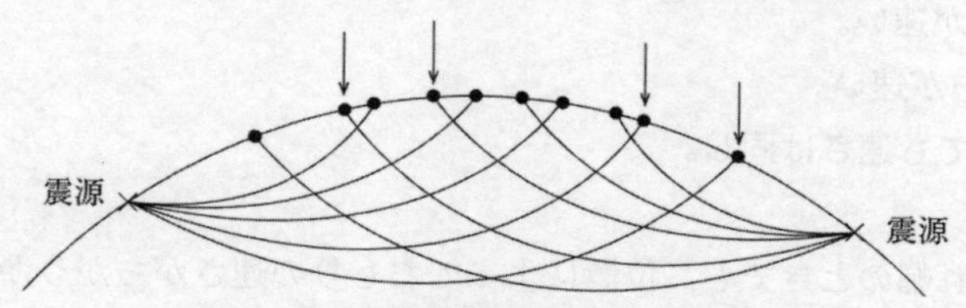

図8　地震波の経路と地表の観測地点

2　振(ふ)り子について，次の文章を読み，あとの問いに答えなさい。

ひろし君が振り子の実験をしています。糸におもりを付けて，糸のはしを**図1**のように**A**点に固定します。おもりを**B**点から放すと，**B→C→D→C→B**のように振れました。**B**，**C**，**D**はおもりの中心の点で，**C**は**A**の真下にあります。**AB**を振り子の長さといい，**B**から**C**までを水平に測った長さを振れ幅(はば)ということにします。**B→C→D→C→B**と一往復する時間を周期と言います。

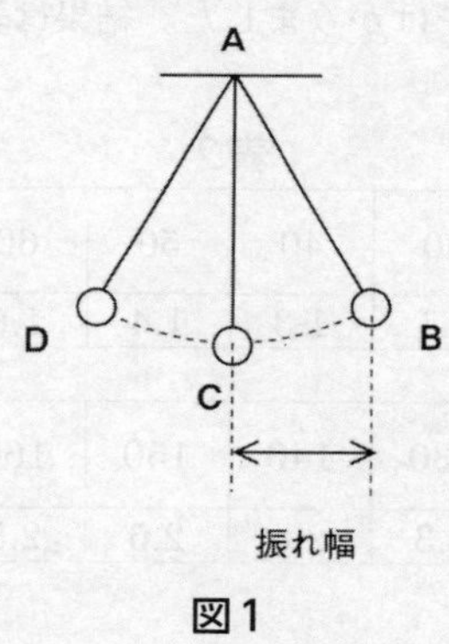

図1

実験1　振り子の長さを30cmにして，振れ幅を変えて，周期をはかりました。結果は**表1**のようになりました。振れ幅を変えても周期は変わらないことがわかりました。

表1

振れ幅[cm]	5	10	15
周期[秒]	1.1	1.1	1.1

問1　振れ幅を変えても周期は変わらないことを振り子の等時性といいます。振り子の等時性を発見した人はだれですか。次の**ア**～**カ**から1つ選び，記号で答えなさい。

ア　アルキメデス　　**イ**　ガリレオ　　**ウ**　コペルニクス
エ　ニュートン　　**オ**　パスカル　　**カ**　ワット

ひろし君は，往復の距離(きょり)がちがうのに，同じ時間で往復するのは変だと思い，その理由を考えてみました。

問2　振れ幅5cmの場合と振れ幅15cmの場合について，**C**点でのおもりの速さはどちらが速いでしょうか。次の**ア**～**ウ**から正しいものを1つ選び，記号で答えなさい。

ア　振れ幅5cmの方が速い。

イ　振れ幅15cmの方が速い。

ウ　振れ幅がちがっても速さは同じ。

ひろし君は，同じ振れ幅のときでも，位置によっておもりの速さがちがうかもしれないと考えました。

問3　**B**，**C**，**D**でのおもりの速さを比べるとどうなりますか。次の**ア**～**ウ**から正しいものを1つ選び，記号で答えなさい。

ア　同じ速さ

イ　**B**と**D**が最も速い

ウ　**C**が最も速い

実験2　振り子の長さを変えて，周期をはかりました。結果は**表2**のようになりました。

表2

振り子の長さ[cm]	10	20	30	40	50	60	70	80	90	100
周期[秒]	0.63	0.9	1.1	1.3	1.4	1.6	1.7	1.8	1.9	2

振り子の長さ[cm]	110	120	130	140	150	160	170	180	190	200
周期[秒]	2.1	2.2	2.3	2.4	2.5	2.5	2.6	2.7	2.8	2.8

問4　振り子の長さと周期にはどのような関係がありますか。次の文の［　　］内に適する値を入れなさい。①，④については下の選択肢(せんたくし)から選び，答えなさい。

（1）　振り子の長さを［①］倍にすると，周期が3倍になる。そのことは振り子の長さが［②］cmと［③］cmの場合を比べるとわかる。

ただし，［②］は［③］より小さいとする。答えが2組以上ある場合は，そのうちの1組だけを答えればよい。

（2）　振り子の長さを2倍にすると，周期が［④］倍になる。

①，④の選択肢

1　2　3　4　5　6　7　8　9

$\frac{1}{2}$　$\frac{1}{3}$　$\frac{1}{4}$　$\frac{1}{5}$　$\frac{1}{6}$　$\frac{1}{7}$　$\frac{1}{8}$　$\frac{1}{9}$

0.4　0.6　0.8　1.2　1.4　1.6　1.8

実験3　振り子の長さを細かく変えて，周期をはかりました。結果は**表3**のようになりました。

表3

振り子の長さ[cm]	13	14	15	19	21	23	26	28
周期[秒]	0.72	0.75	0.78	0.87	0.92	0.96	1	1.1

次に，ひろし君は，振り子の長さを30cmにして，おもりが真上から見て，円をえがくように回してみました。**図2A**は斜(なな)め上から見たところで，円すいの形になっています。そこでこれを円すいの振り子ということにします。**図2B**は横から，**図2C**は真上から見たところです。おもりが一周する時間を周期といいます。

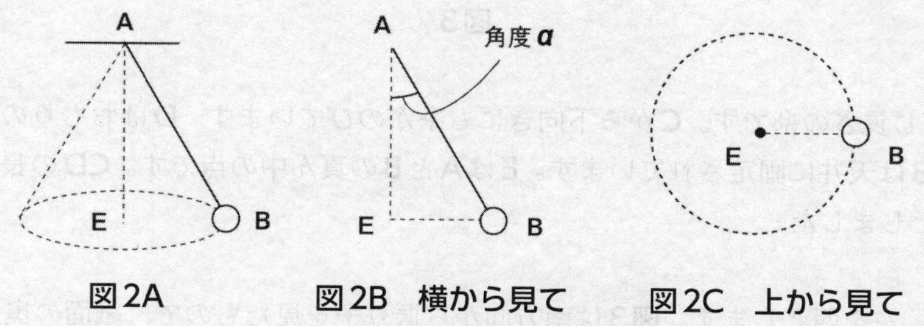

図2A　**図2B　横から見て**　**図2C　上から見て**

実験4　振り子の長さを30cmにして，糸のかたむきの角度(**図2B**の角度a)を変えて，おもりの周期をはかりました。**図2B**の**AE**間の長さをたての長さ，**EB**間の長さを円の半径ということにします。結果は**表4**のようになりました。

表4　円すいの振り子

たての長さ[cm]	28	26	23	21	19	15	14	13
円の半径[cm]	10	15	19	21	23	26	27	27
周期[秒]	1.1	1	0.96	0.92	ア	0.78	0.75	0.73

問5　**表4**からわかることは何ですか。次の文の□内に適する語や値を，それぞれ選択肢から選び，答えなさい。

(1)　たての長さが長いほど，周期が［①］。

(2)　たての長さが2倍になると，周期が［②］倍になる。

①の選択肢

長い　短い

②の選択肢

1　2　3　4　5　6　7　8　9

$\frac{1}{2}$　$\frac{1}{3}$　$\frac{1}{4}$　$\frac{1}{5}$　$\frac{1}{6}$　$\frac{1}{7}$　$\frac{1}{8}$　$\frac{1}{9}$

0.4　0.6　0.8　1.2　1.4　1.6　1.8

問6　円すいの振り子で，たての長さが19cm，円の半径が23cmの場合(**表4**の**ア**)の周期は何秒か答えなさい。**表3**を参考にしてよい。

ひろし君は，次に**図3**のような振り子を作りました。これを三角振り子とよびます。

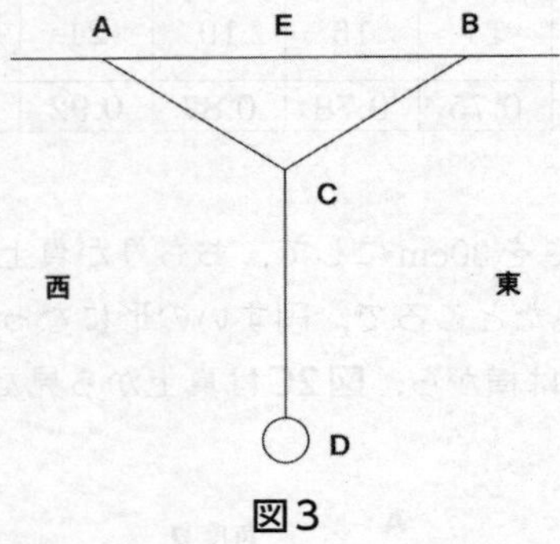

図3

ACと**BC**は同じ長さの糸です。**C**から下向きにも糸がのびています。**D**はおもりの中心の点を表しています。**A**と**B**は天井に固定されています。**E**は**A**と**B**の真ん中の点です。**CD**の長さを25cm，**ED**の長さを36cmとしました。

図3の右を東，左を西とします。**図3**は南方向から振り子を見たもので，紙面の奥(おく)が北です。

実験5　三角振り子を東西方向に振らせました。すると，**図4**のように長さ25cmの振り子として振れました。

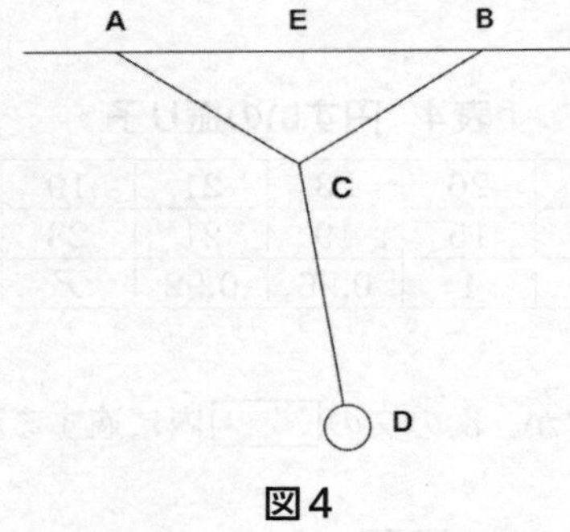

図4

実験6　次に，三角振り子を南北方向に振らせました。すると，長さ36cmの振り子として振れました。**図5A**はそれを上から見た図で，**図5B**は東から見た図です。**ECD**はつねにまっすぐになっています。

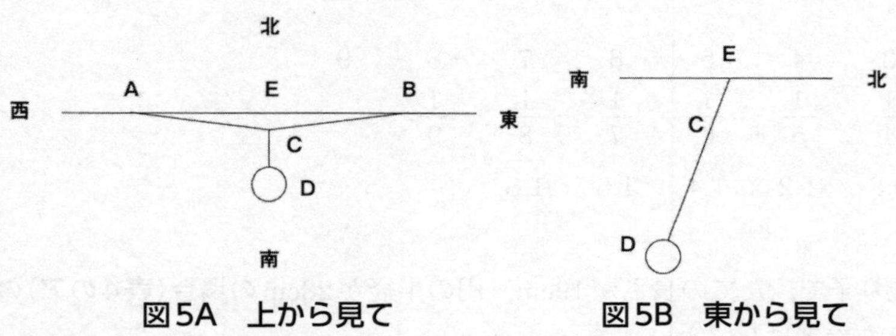

図5A　上から見て　　**図5B　東から見て**

実験7　ひろし君は，**図6A**の位置におもりを置きました。東から見ると**図6B**です。どの糸もぴんと張っています。この位置でおもりをはなしました。

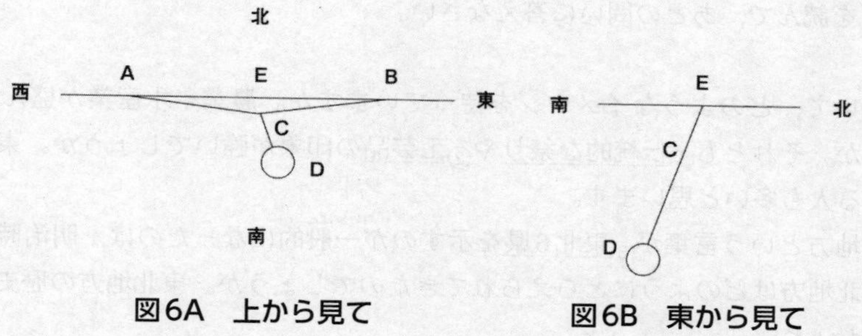

図6A　上から見て　　**図6B　東から見て**

問7　三角振り子は東西方向に3回振れる(3往復する)間に南北方向に何回振れますか。整数または小数で答えなさい。

問8　上から見るとおもりはどのような軌道(きどう)をえがきますか。次の**ア**～**シ**から1つ選び，記号で答えなさい。選択肢の図は，右が東，上が北です。

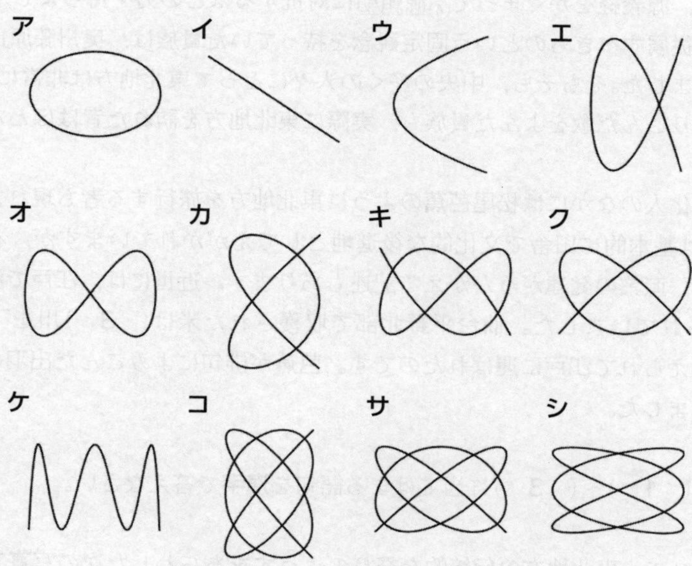

【社　会】(40分)〈満点：50点〉

次の文章**A**～**C**を読んで，あとの問いに答えなさい。

A

東北地方について，どのようなイメージを持っていますか。農業や水産業が盛んな地域というイメージでしょうか。それとも①伝統的な祭りや②工芸品の印象が強いでしょうか。東日本大震災(だいしんさい)のことがうかんでくる人も多いと思います。

そもそも東北地方という言葉が③東北6県を示すのが一般(いっぱん)的になったのは，明治時代のなかば以降です。では，東北地方はどのようにとらえられてきたのでしょうか。東北地方の歴史から，そのことを考えていきましょう。

古代には，東北地方は辺境地域と見なされていました。中央の支配者は，中国の考え方にならって東北地方の人々を蝦夷とよび，これらの人々を服属させることで国家の権威(けんい)を高めようとしました。8世紀前半には，陸奥国の国府となる(　1　)が築かれて蝦夷対策の拠点(きょてん)となり，8世紀後半には坂上田村麻呂が征夷大将軍に任命されました。

古代の終わりから中世のはじめにかけて東北地方を支配していた奥州藤原氏は，中央の政権と一定の距離(きょり)を取りながら，自立的な政権を樹立しようとしました。とくに，3代目の(　2　)は朝廷(ちょうてい)から鎮守(ちんじゅ)府将軍に任命され，源義経をかくまって④源頼朝に対抗するほどの力を持ちました。

東北地方は中央に従属すべきものという固定観念を持っていた貴族は，奥州藤原氏のこのような姿勢を警戒(けいかい)し，おそれました。そもそも，中央の多くの人々にとって東北地方は非常に遠い存在でした。東北地方の地名を織りこんだ歌をよんだ貴族も，実際に東北地方を訪れた者はほとんどいなかったのです。

近世になると，文化人のなかには松尾芭蕉のように東北地方を旅行する者も現れました。⑤『奥の細道』では，東北地方は基本的に田舎で文化的な後進地としてえがかれていますが，石巻港のにぎわいにおどろく場面など，産業の発達がうかがえる記述もあります。近世には，江戸で消費される米の多くが仙台藩から送られていました。仙台平野北部で収穫(しゅうかく)された米は(　3　)川を下り，その河口にあった石巻で積みかえられて江戸に運ばれたのです。芭蕉が俳句によみこんだ出羽の紅花も，特産品として京都に運ばれました。

問1　文中の空らん(　1　)～(　3　)に当てはまる語句を**漢字**で答えなさい。

問2　下線部①について，東北地方の伝統的な祭りのようすをあらわした次の写真Ⅰ・Ⅱと，それぞれの祭りが開かれている地図中の都市**a**～**d**との組み合わせとして適当なものを，あとの**ア**～**エ**から1つ選び，記号で答えなさい。

Ⅰ

Ⅱ

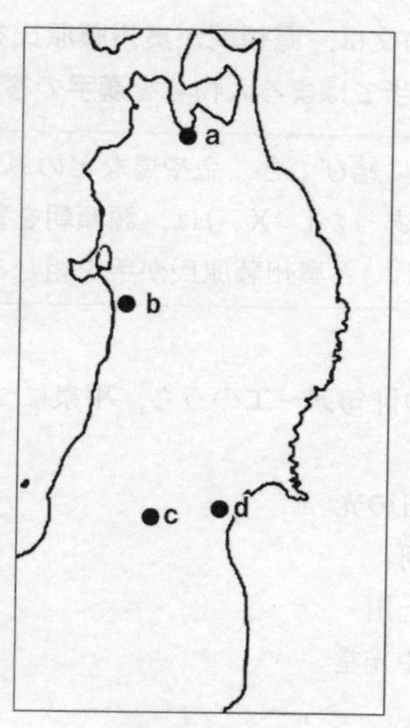

ア Ⅰ－a Ⅱ－c　　イ Ⅰ－a Ⅱ－d
ウ Ⅰ－b Ⅱ－c　　エ Ⅰ－b Ⅱ－d

問3 下線部②について，次の**(あ)**～**(う)**は，東北地方の伝統工芸品についてのべたものです。それぞれの伝統工芸品が指定されている県名を、**解答らんにあうように漢字**で答えなさい。

(あ)「大館曲げわっぱ」とは，この地方でとれる杉(すぎ)の木をうすくそいで筒(つつ)状にまるめてつくる「せいろ」や「おひつ」のことである。

(い)「南部鉄器」とは，江戸時代にこの地方でとれた砂鉄を加工してつくられてきた鋳物(いもの)のことで，茶がまや鉄びんが有名である。

(う)「天童将棋駒(しょうぎこま)」は，江戸時代に藩の財政がきびしくなった際に武士の内職としてはじまり，現在も将棋駒の国内生産の大部分を占めている。

問4 下線部③について，次の表は，東北6県の人口等のデータを記したものです。表中の**ア**～**カ**のうち，青森県・宮城県・山形県にあたるものはどれですか，それぞれ記号で答えなさい。

	人口(千人)	面積(km^2)	1人当たりの県民所得(万円)	製造品出荷額等(億円)	米の収穫量(トン)
ア	1,833	13,784	294.3	51,232	335,800
イ	1,211	15,275	284.1	26,435	268,600
ウ	2,302	7,282	294.5	45,590	353,400
エ	960	11,638	269.7	12,998	501,200
オ	1,068	9,323	289.7	28,679	393,800
カ	1,238	9,646	250.7	17,504	256,900

(『日本国勢図会2022/2023』より作成)

問5　下線部④について，次の文は，源頼朝が奥州藤原氏をほろぼした理由についてのべたものです。文中の空らん(　X　)に当てはまる人物名を**漢字**で答えなさい。

> 奥州藤原氏は，朝廷と独自に結びつき，金や馬などのみつぎ物を直接京都に送っていました。平氏滅亡後，朝廷の実力者であった(　X　)は，源頼朝を警戒し，勢力拡大をおさえようとしました。源頼朝にとって，(　X　)と奥州藤原氏が手を組むことは非常に脅威でした。

問6　下線部⑤に記された次の俳句**ア**～**エ**のうち，平泉についてよまれたものを1つ選び，記号で答えなさい。

ア　あらたふと青葉若葉の日の光
イ　荒海や佐渡に横たふ天河
ウ　五月雨を集めて早し最上川
エ　五月雨の降りのこしてや光堂

B

奥羽越列藩同盟を組織した東北諸藩が，薩長両藩を中心とする新政府軍に敗れた(　4　)戦争によって，東北地方が後進地であるという意識が強くなりました。新政府軍は天皇に属する官軍であり，東北諸藩は天皇にしたがわない賊軍とされたのです。⑥廃藩置県後には，薩長出身者が県令として派遣されましたが，薩摩藩出身の⑦三島通庸は東北地方の県令を歴任し，幹線道路を作る際に住民から多額の税金を取りました。こうしたことがきっかけとなり，住民が反対運動を起こしましたが，三島はこの運動を取りしまり，住民とともに自由党員の⑧河野広中を検挙しました。この福島事件は，自由民権運動が激化したものとして知られていますが，背景には藩閥政府より派遣された県令と東北地方の人々という支配・被支配の関係があったのです。

(　4　)戦争が起こった半世紀後に，(　5　)の総裁として政治を行っていた⑨原敬は，「白河以北一山百文(東北地方は1つの山が百文で買えるほど安い)」という東北地方をさげすんだ言葉をもとに「一山」と名乗りました。盛岡藩士の家に生まれた原にも，薩長への敵対心や反骨精神があったのでしょう。この気持ちが向上心につながり，東北地方出身者ではじめて首相となる原動力になったのかもしれません。

一方で，東北地方を後進地だとするイメージは，東北地方の開発が必要であるという考え方と結びついていきました。明治時代には，福島県で⑩安積疏水の工事がおこなわれ，米の生産量が飛躍的に増えたほか，日本鉄道会社によって上野～青森間の鉄道が全通しました。原が第一線に立っていた大正時代には，水力発電所が作られた猪苗代と東京とを結ぶ長距離送電に成功し，関東地方に電力を供給しました。⑪台湾，朝鮮，満州と，日本の対外膨張が進むにつれて，こうした開発の手法が各地で取り入れられていきました。

問7　文中の空らん(　4　)・(　5　)に当てはまる語句を**漢字**で答えなさい。

問8　下線部⑥について，版籍奉還のわずか2年後に廃藩置県が行われた理由を説明しなさい。

問9　下線部⑦について，三島通庸は初代山形県令として，植物栽培(さいばい)試験場を開設しました。そこで栽培された果物のなかには，今でも東北地方で多く生産されているものがあります。次の円グラフ**A**～**D**は，東北地方で生産がさかんな果物の全国生産量の都道府県別内訳(2020年)をしめしたものです。**B**と**C**にあてはまる果物をあとの**ア**～**エ**からそれぞれ1つ選び，記号で答えなさい。

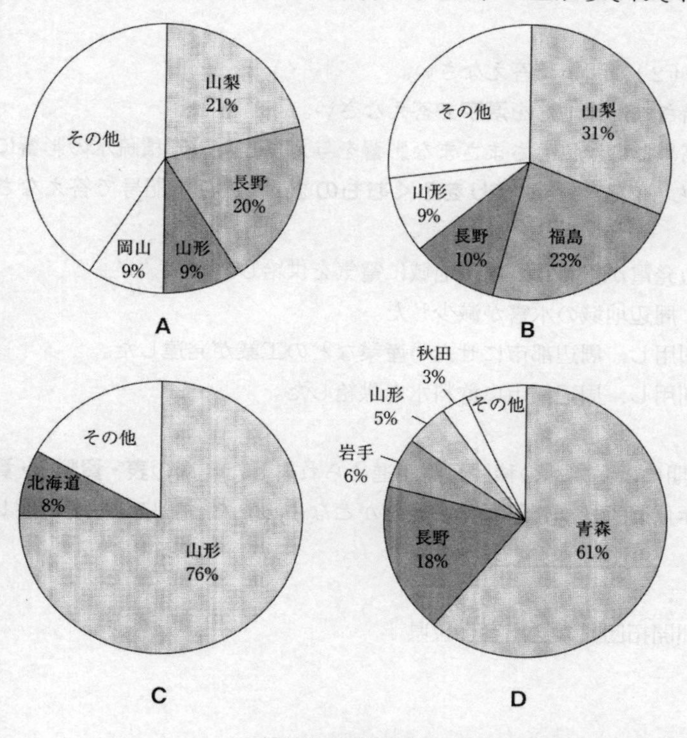

(『日本国製図会2022/2023』より作成)

ア　さくらんぼ　　**イ**　ぶどう　　**ウ**　もも　　**エ**　りんご

問10　下線部⑧について，次の文は1880年に河野広中らが政府に提出した請願(せいがん)書の一部を書き直したものです。これを読んで，あとの(1)・(2)の問いに答えなさい。

> わたしたちの国では，昔から政府だけが国の政治を担当し，人民もこれまでみずから国の政治に関わることがなく，無知であるといった感じです。どうしてこのことが良いことだといえるでしょうか。……わたしたちは，……今後，政治に参加する権利を得て，天皇陛下の多くのご心労を減らし，これまで国家の政治に関するすべてで政府をわずらわせ，政府を苦労させた罪をつぐなわなければなりません。

(『河野磐州伝』より)

(1)　この請願書が提出された時に，政治を動かしていた政府の人物として正しいものを，次の**ア**～**エ**より1つ選び，記号で答えなさい。

ア　板垣退助　　**イ**　西郷隆盛　　**ウ**　岩倉具視　　**エ**　大久保利通

(2) この請願書の一部は具体的にどのようなことを求めたものですか，答えなさい。

問11 下線部⑨について，原敬は首相在任中に衆議院議員選挙法を改正しています。これにより選挙権はどのような人々にあたえられましたか，答えなさい。

問12 下線部⑩について，次の(1)・(2)の問いに答えなさい。

(1) 安積疏水によって用水が供給された盆地名を**漢字**で答えなさい。

(2) 安積疏水は，米の生産量を高めたほかにもさまざまな影響を与えました。安積疏水の影響についてのべた次の文**ア**～**エ**のうち，内容に**あやまりをふくむもの**を1つ選び，記号で答えなさい。

ア 疏水の高低差を利用した水力発電が行われ，周辺地域に電気を供給した。

イ 疏水を排水路(はいすい)として利用し，周辺地域の水害が減少した。

ウ 疏水の水を工業用水として利用し，周辺都市にせんい産業などの工業が発達した。

エ 疏水の水を生活用水として利用し，周辺都市に飲料水を供給した。

問13 下線部⑪について，昭和戦前期には満州への移民政策が進められました。次の**表・資料1・資料2・資料3**を参考にして，1930年代前半に満州移民の必要性がとなえられた背景について説明しなさい。

表 1932年～1940年春までの満州開拓(かいたく)団員の送出者上位県

1位	長野県	1,659人
2位	山形県	1,288人
3位	宮城県	1,128人
4位	新潟県	739人
5位	福島県	681人
6位	群馬県	606人
7位	熊本県	550人
8位	石川県	515人
9位	秋田県	461人
10位	埼玉県	454人

(『満洲開拓統計集』より)

資料1 まゆ・生糸価格の推移(1929年を100とする)

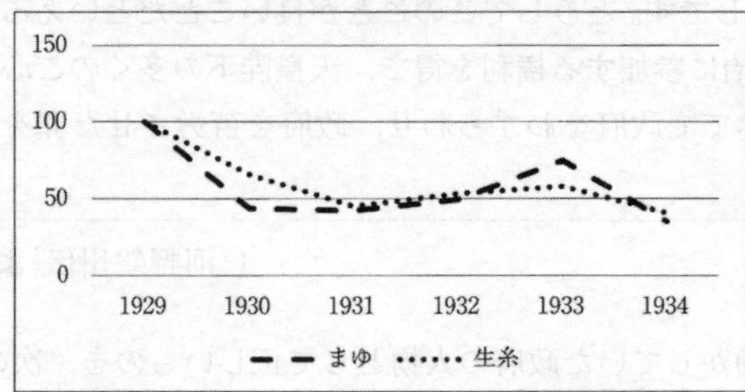

(『近代日本経済史要覧』より)

資料2　日本の生糸・絹織物の輸出額の推移(単位：百万円)

	1929年	1930年	1931年	1932年	1933年	1934年
生糸	789	417	354	382	391	287
絹織物	150	66	44	49	63	122

(『日本経済統計集』より)

資料3　1933年に作られたポスター

(名古屋市博物館ホームページより)

C

戦後，GHQは民主化政策の一環(いっかん)として(　6　)を推し進めました。具体的には，地主の大土地所有を制限し，自作農を増やすことによって農村における格差を縮めようとしたのです。(　6　)はもともとの目的を達成しましたが，東北地方が貧しいというイメージは残りました。日本が⑫高度経済成長をむかえ，工業化が進んだ大都市と農村の収入格差が大きくなったためです。政府は農業基本法を出し，農家の所得増大を目指しましたが，他産業のペースに比べると農業のそれはゆるやかでした。結果として，第一次産業の従事者が比較的多い東北地方が経済的におくれているという印象が残ったのです。

しかしながら，1970年代以降，東北地方のイメージは少しずつ変わっていきました。⑬高速道路や新幹線の開通・延伸(えんしん)などで移動が格段に便利になったのです。一方で，都市公害が社会問題化するなど，行き過ぎた開発に対する批判の声が上がりはじめると，カラーテレビから流れる歌謡(かよう)曲には，田園風景が残る東北地方を「古き良き日本のふるさと」のように肯定(こうてい)的にえがき出すものも多くなりました。

1980年代には，青森県で弥生時代中期の水田跡(あと)が見つかり，本州の最北部でも早い段階で稲作が行われていたことが明らかになりました。その後，1990年代に本格化した三内丸山遺跡の発掘(はっくつ)調査では，縄文時代の大規模な集落跡が見つかり，東北地方が歴史的に後進地であり続けたというイメージに一石を投じました。また，⑭白神山地が世界自然遺産に登録され，東北地方の手つかずの自然が脚光(きゃっこう)を浴びました。

東日本大震災では，多くのボランティアが被災地に足を運び，たくさんの義援(ぎえん)金が集まりました。日本中のどこでもこうした災害が起こる可能性があることを人々は実感し，東北地方をより身近な地域としてとらえたのです。原子力発電所の事故につづいた計画停電や節電協力は，これまで東北地方に原子力発電所が多く作られ，首都圏に⑮電力を供給してきた事実を人々に認識させました。

これまで，東北地方は中央にとって都合の良い存在と見なされ，ときに時代のうねりにほんろうされてきました。しかしながら，時流をとらえ，柔軟(じゅうなん)に対応しながらしなやかに生きてきた東北地方の人々がいたからこそ，現在があるともいえます。今まさにこの地域で生きる人々の未来に期待し，応援することが⑯震災からの復興の一助となるのではないでしょうか。

問14　文中の空らん(　**6**　)に当てはまる語句を**漢字**で答えなさい。

問15　下線部⑫について，次の表は高度経済成長期における青森県と東京都の人口を年齢(ねんれい)別に表したものです。青森県における1965年の15～19歳の人口が，1960年の10～14歳の人口と比較(ひかく)して大きく減少した理由を説明しなさい。

青森県	1960年	1965年
10～14歳	190,309人	172,623人
15～19歳	130,156人	149,800人

東京都	1960年	1965年
10～14歳	881,163人	675,974人
15～19歳	1,250,356人	1,298,174人

(『日本長期統計総覧　第1巻』より)

問16　下線部⑬について，高速道路や新幹線の開通は，東北地方の産業にも大きな影響(えいきょう)をあたえました。次の**写真**は，山形県米沢市に建設された工業団地のようすをあらわしたものです。これを見て，あとの(1)・(2)の問いに答えなさい。

写真

(「米沢市企業誘致促進協議会(きぎょうゆうちそくしん)」ホームページより)

(1)　工業団地とは何ですか，説明しなさい。

(2)　この地域の工業の特徴(とくちょう)について述べた次の文**ア**～**エ**のうち，最も適当なものを1つ選び，記号で答えなさい。

ア　周辺で生産された農作物を加工する食品工場が多くつくられ，製品の大半は東北中央自動車道沿いの道の駅米沢で販売(はんばい)されている。

イ　東北中央自動車道を利用して部品が運びやすく，大都市に比べて労働費が安いため，電気機械などの組み立て工場が増加した。

ウ　山形新幹線ができたことで，米沢ヘリポートへのアクセスがよくなったため，外国の企業の工場が増加した。

エ　山形新幹線ができたことで，より遠くから通勤が可能になったため，たくさんの労働力を必要とする繊維関係の工場が増加した。

問17　下線部⑭について，白神山地が世界自然遺産に登録された理由として最も適当なものを，次の**ア**～**エ**から１つ選び，記号で答えなさい。

ア　海から陸の生き物，土にまでつながるダイナミックな食物連鎖がみられる。
イ　スギの天然林と，標高のちがいによる生育植物の差がみられる。
ウ　この地域の鳥やヤマネコ，ウサギなどに絶滅が危惧されている固有種が多くみられる。
エ　約5,000万年前の北極周辺の植生に近い，貴重なブナ原生林がみられる。

問18　下線部⑮について，次のグラフは2020年の日本の発電量の内訳を，地図はグラフ中の**Y**の発電所の分布をあらわしたものです。これを見て，あとの（１）・（２）の問いに答えなさい。

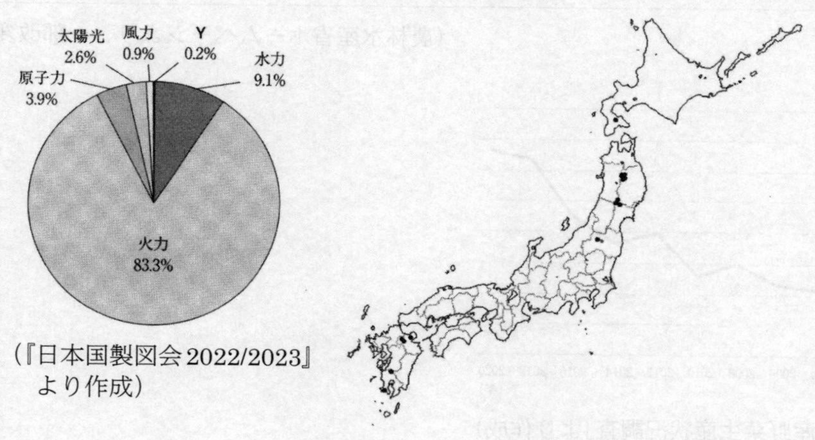

（『日本国製図会2022/2023』より作成）

（１）　グラフ中の**Y**にあてはまる発電方法を**漢字**で答えなさい。
（２）　グラフ中の**Y**の発電方法が日本ではあまり普及していない理由の一つとして，国内における**Y**の発電所の建設が規制されていることがあげられます。なぜこの発電所の建設が規制されているのでしょうか，地図を参考にして答えなさい。

問19　下線部⑯について，東日本大震災によって農業も大きな被害を受けました。とりわけ，津波の被害を受けた地域では，主要な作物であった米の栽培が難しくなったため，新たに作物や栽培方法の転換が求められました。次の**説明文**は，新たな試みの事例をしめしたものであり，**グラフ１**は日本国内のパプリカ収穫量の推移を，**グラフ２**は東京中央卸売市場におけるパプリカの取りあつかい金額（2021年度）の産地別割合をしめしたものです。これらを見て，あとの（１）・（２）の問いに答えなさい。

説明文

- 2014年に設立された企業が，農林水産省次世代施設園芸導入加速化支援事業を活用して，東日本大震災の被災地である宮城県石巻市に温室栽培用のハウスを整備してパプリカなどの野菜を生産しており，コスト削減や被災地雇用を創出する新たな施設園芸に挑戦しています。
- ハウスでの栽培システムや設備には，オランダの施設園芸の技術を導入しています。コンピュータによる管理により，季節を問わず安定的な栽培が可能です。
- ハウスを加温するための燃料として，石油に加え，地元の森林組合から購入する木材チップを使用しているほか，地中の浅いところに蓄積された熱の利用を積極的に進めています。
- 企業として運営することによって，地元の人々を多数雇用しています。
- 2021年には直営所とカフェを開業し，生産物を知って，食べてもらう機会を増やすことにより，ブランド力向上をめざしています。

(農林水産省ホームページより、一部改変)

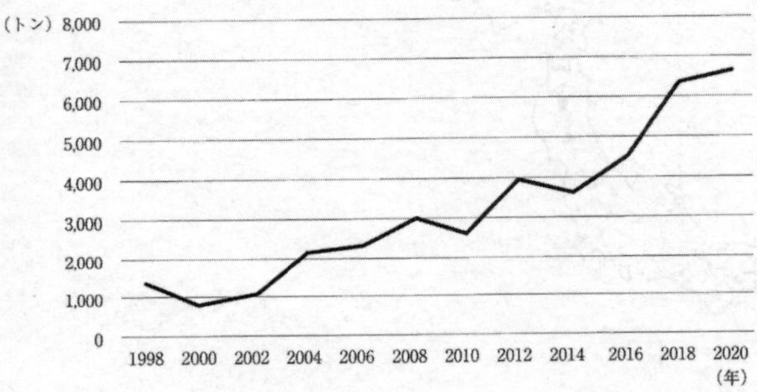

グラフ1　(「地域特産野菜生産状況調査」より作成)

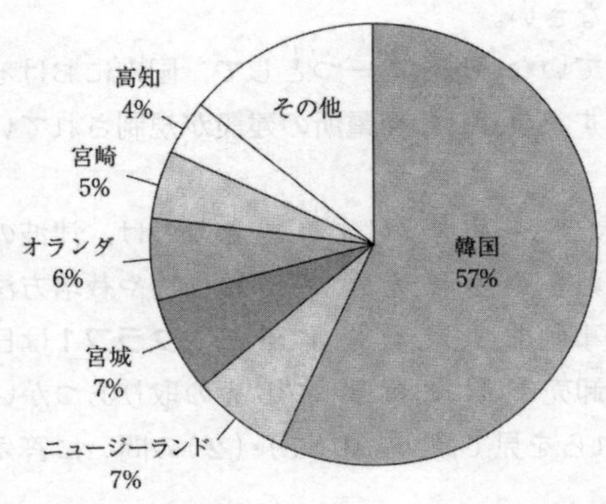

グラフ2　(「東京中央卸売市場統計」より作成)

(1)　この地域で栽培する農作物として温室栽培によるパプリカが選ばれたのはなぜですか。**説明文**と**グラフ1・グラフ2**を参考にして，説明しなさい。

(2)　**説明文**のような試みはどのような点において，東北地方の未来につながるでしょうか。あなたの考えを説明しなさい。

それが時間の流れに沿って記されるのではなく、回想する場面や再び現在に戻ってくるなどして、物語の展開に膨らみをもたせ、人物像を想像しやすくなっている。

三　次の①～⑤の傍線部のカタカナを漢字に、漢字をひらがなに直しなさい。

① 彼の夢は飛行機のソウジュウ士になることだ。
② 立て続けに雑誌がソウカンされる。
③ 混乱が激化し、シュウシュウがつかなくなる。
④ 自分が求める条件に適う仕事が見つからない。
⑤ 祖父の病状に回復の兆しが見え始めた。

ウ　祖父母は他の職業と兼業せず、専業農家であり続けていたが、多くの世帯が兼業農家になっていったことを母は恥ずかしいと感じていたと思っているから。

エ　多くの家庭が兼業農家になりつつあった中で、母の実家は専業農家であり続けたため、農家の娘から脱することができず、居づらさを感じたと思っているから。

問四　空欄［1］にあてはまる語句として最もふさわしいものを、次の**ア**～**エ**の中から一つ選び、記号で答えなさい。

ア　だから　**イ**　そうして　**ウ**　それでも　**エ**　つまり

問五　傍線部③「母は殊更に明るい声をつくり」とありますが、それはなぜですか。その理由を六十字以内で答えなさい。

問六　傍線部④「そんな感じだった」とありますが、それはどういうことですか。最もふさわしいものを、次の**ア**～**エ**から一つ選び、記号で答えなさい。

ア　祖父が倒れたと思うと、祖父のことが頭から離れず様々な場面が蘇ってきた。

イ　祖父が倒れたと思うと、一緒に過ごした田舎の景色がうっすらと思い出された。

ウ　忘れていた記憶の中にある光景が何かのきっかけでありありと思い出された。

エ　子供の頃見た、垣根の向こう側一面に広がる赤紫が、突然立ちのぼってきた。

問七　傍線部⑤「どうやらそれは赤紫色の花らしかった」とありますが、「それ」の意味するものを、ここより後の文中からさがし、七字で答えなさい。

問八　傍線部⑥「静かなよろこび」とありますが、なぜ「静か」なのですか。三十五字以内で答えなさい。

問九　空欄［2］にあてはまる言葉としてふさわしいものを、自分で考えて答えなさい。

問十　この文章の表現に関する説明としてふさわしくないものを、次の**ア**～**オ**の中から二つ選び、記号で答えなさい。

ア　本文では、発話の部分には「　」を用いているところと用いていないところがあるが、その後の部分を読むことで、「　」がなくてもそれが発話であることを容易に理解することができ、読者の印象に残るような効果を持っている。

イ　おもに「私」の視点で物語の展開が書かれている文章で、祖父母や母親の様子や内面が細かくていねいに描かれており、それぞれの登場人物の繊細で感じやすい性格が読者に的確に浮かびあがるように表現されている。

ウ　祖父の病気の知らせを受けて、「ごはんを食べる」母親にたいして「私」は「白米を噛む」という表現を用いることで、登場人物の受け止め方の違いを直接的に描くのではなく、動作の表現の違いで読者に伝えようとしている。

エ　「胃が跳ね返している」「心臓が強く訴えている」といった身体の一部を使った表現を用いることで「私」の内面が生き生きと描き出されていながら、その一方で余韻が与えられ、読者が多様な読み方をできるような工夫がされている。

オ　「私」と家族との間におきた様々な出来事が書かれているが、

だ他に謝らなければならないようなことがあったのだろうか。

面会時間が過ぎ、自分が付き添うと頑なに主張する母を病室に残し、私は祖母とあの大きな家に帰ることにした。助手席の祖母はやっぱり小さかった。シートベルトが包帯みたいで痛々しい。

祖母とふたりで戻った家も小さく感じられて私は戸惑った。古い農家だから、立派だとはいわぬまでも堂々としていた。それがなんだか急にみすぼらしく見えてしまう。その、みすぼらしいという言葉に自分でぞっとする。貧しいとか、ちっぽけなとか、そういうのとは違う。襖が煤けているような感じ、電灯の笠の上の埃が拭い切れていない感じ。歳をとったふたりには大きな家が手に負えなくなっているのだ。家が悪いのではなく、つまり、住む人が家に追いつかなくなった。

（宮下奈都「アンデスの声」『遠くの声に耳を澄ませて』新潮文庫による）

問一 波線部**A**～**C**の語句の意味として最もふさわしいものを、次の**ア**～**エ**の中からそれぞれ一つずつ選び、記号で答えなさい。

A「たたえて」
ア 備えて　**イ** 満たして　**ウ** 称賛して　**エ** もたらして

B「唐突に」
ア いきなり　**イ** 自然に　**ウ** 鮮明に　**エ** ありありと

C「体裁」
ア 振る舞い　**イ** 外聞　**ウ** 風情　**エ** 風向き

問二 傍線部①「じいちゃんにカレンダーはいらん」とありますが、祖父がカレンダーを必要としない理由を、「私」はどのように考えていますか。ふさわしくないものを、次の**ア**～**エ**の中から一つ選び、記号で答えなさい。

ア 祖父の身体には、長年の田畑仕事で季節の移り変わりが刻み込まれており、カレンダーなどなくても田植えの時期などを把握することができるから。

イ 祖父母の休日はお正月とお盆の二日間のみで、それ以外の日は日付や曜日、季節に関係なく働くため、カレンダーなどいちいち確認する必要がないから。

ウ 祖父は長年田畑仕事をしているので、畑に生息する虫、太陽の位置や外気温など、季節ごとの変化を見れば、正確に日付を判断することができるから。

エ 祖父母はほぼ毎日決まったリズムで決まった生活を送っており、それが日によって変わるわけでもなく、日付や曜日を確認する必要がないから。

問三 傍線部②「そうして母は、いつしか家を出ることばかり考えるようになったらしい」とありますが、「私」がそのように考えた理由として最もふさわしいものを、次の**ア**～**エ**の中から一つ選び、記号で答えなさい。

ア 母は学校を休んででも言われた通り農作業を手伝わなければならない生活に嫌気がさすようになるとともに、「農業」から遠ざかりたいと思っているから。

イ 母は実家にいた時は、農作業の手伝いで忙しい生活を送っていたことで、次第に学校で話せる友達がいなくなってしまったことに不満を抱くようになったと思っているから。

いっときだけ、父とも暮らした。母と私の家へときどきやってくる父は遠い街に住んでいた。そこへ、母と共に引っ越したのだ。荷造りした鍋や薬缶や服や本をトラックに載せ、母と私は電車で行った。何時間もかかって着いた街には、高いビルがしゃきんしゃきんと建っていて目がまわりそうだった。人が多すぎて息が苦しい。ほんとうにこんなところに人が住めるのかと不安が膨らんだ。その街にいる間じゅうずっと、不安が萎むことはなかった気がする。

半年ほどで元通り父とは別れて暮らすことになった。これで戻れる。私が真っ先に感じたのは、これで戻れるという⑥静かなよろこびだった。ようやく友達ができはじめていた小学校をまた転校するさびしさや、父のいない子供に戻るC体裁の悪さは後からゆっくりと追いかけてきた。

そのときに、胸の奥に赤い花が咲いていた。赤い花のところへ帰れる、となぜだか私は思ったのだ。それを今、不意に思い出している。病院へと走る車の窓に、暗い水田が映る。あの頃はこの辺もレンゲ草だらけだった。ここで無数の赤い花が風になびいていたはずだ。

そうして小さな違和感に気づく。何か大事なことを忘れている。戻っておいでと叫んでいる。私が、ではない。私の中の赤い花が、だ。揺れる赤い花が頭からはみだし、眼の裏側までこぼれてきたときにはっとした。この花は違う。赤いけれどレンゲ草ではない。

なんだろう、この花は。青い空に映えて揺れる花は、レンゲ草のように華奢ではない。もっと花びら全体が赤くて迷いがない。そして、濃い匂い。甘くしびれるような匂いを放っている。誘われるように羽音が近づく。虫や鳥が集まってくる。

祖父の病室は二階のナースステーションのすぐ脇だった。容態が落ち着くまで、頻繁に様子を見るためなのだろう。引き戸式の扉は開け放たれ、祖母の姿はなかった。中のベッドに小さな人が寝ている、と思った。それが祖父だった。

声をかけるのがためらわれるほど、薄掛けをまとった身体は小さく萎んで見えた。母も同じ気持ちだったかもしれない。私たちは何もいえずにベッドに近づき、眠っている祖父の顔を見下ろした。

いつのまに、こんなに枯れてしまったんだろう。気づくと、涙がにじみ出てきていた。いけない、ここは泣くところではない。そう思って唇を噛んだけれど、鼻の奥がつーんとしている。

そのとき祖母が病室に入ってきた。

「来てくれたんか」

にこにこしている。

「だいじょうぶやっていったやろ。ただの過労やって」

そういいながらベッドの脇の折り畳み椅子を引き出し、こちらに勧めてくる。

「いいよ、自分でやれるよ」

祖母も小さくなった。ただ、深い皺が寄ってはいても、ふっくらとした頬は張っている。それを見て少し安心した。

ところが母が泣いていた。声も立てずはらはらと涙を流している。[2]、といっている。聞こえないふりをした。泣いたり謝ったりするのは違うと思った。でも、それは私が小さくなった祖父の孫であるからで、娘にはまた別の思いがあるのかもしれない。老いた両親と離れて暮らすことに母は呵責を感じていたのだろうか。あるいはま

る。湖の畔には赤い花が咲き乱れ、そこに群がるように虫や小さな鳥が羽ばたいている。

その鮮やかな映像は、浮かんだときと同じくらい B<u>唐突</u>に姿を消し、あとは頭を揺すってみても目を閉じてみても、うっすらと残像が浮かぶばかりで焦点を合わせることはできなかった。いつか、たしかに見た景色だ。でも思い出せない。あの高い山は、富士山だろうか。印象としては、もっと鋭角で、高い。手前の湖と、畔に群生していた赤い花は、と思いを馳せたとき、何か別の赤い花が記憶の底から浮かび上がってくるのがわかった。

子供の頃、私は二度、母以外の人と暮らしたことがある。一度目が祖父母だった。子細を覚えているわけではない。預けられた事情も、時期も、期間も、確かめていない。私は母と離れ、田舎の大きな家で祖父母と暮らした。

その軒先から見渡せる田畑を今でもくっきりと思い浮かべることができる。あれは、まだ小学校に上がる前の、たぶん春先だ。

母が手を振って去っていった後の縁側に私は腰かけていた。庭といっても農作業をするのに必要なだだっ広い場所で、そこには子供の喜びそうな色味のあるものなどひとつも見つけられそうになかった。庭に積み上げられた薪をぼんやり眺めていた私は、そのずっと向こうに何かがあることに気づいた。風が吹いたとき、何か色のついたものが動いた気がしたのだ。私は立ち上がり、垣根の向こう側一面に赤紫が広がっているのを見た。縁側から滑りおり、踏み石の上に並べてあった履き古された草履をつっかけた。そうして庭の端まで駆けていき、垣根の隙間から伸び上がって向こうをのぞいた。

そのとき眼前に広がった光景が、今、ゆらゆらと立ち上ってきている。

曇った早春の空の下に赤紫色が風に揺れていた。ぱちんと世界が切り替わったような、そこだけが生きて動いているような見事な赤紫だった。

「あれか、あれはレンゲ草や」

庭先に出てきた祖父が教えてくれた。⑤<u>どうやらそれは赤紫色の花らしかった</u>。

「あんなもんのどこがめずらしいんや」

そう首を捻った祖父も、

「じいちゃんちはお花畑があっていいね」

私に跳ねまわられて、やがてつられて笑顔になっていった。

「瑞穂の好きなだけ摘んでいいよ」

祖母もにこにことうなずいた。私は夢中になって抱えきれないほどのレンゲ草を摘んだ——はずだ。正直にいうと、摘んでいるときのことは覚えていない。祖父がいて祖母がいて、あたり一面の赤紫とむせかえるような土の匂いがよみがえるだけだ。

花は楽しみのために作っているのではなく、田んぼの土の栄養のために裏作で植えられているのだとずいぶん後になってから知った。あの赤紫は、田植えの時期になると鍬で土の中に鋤き込まれてしまうという。

母が中学生になる頃には、周囲の様相も変わった。それまで農業収入がほとんどだった村に町から資本が入り、多くの世帯主が外へ働きに出ることになった。専業農家は減り、辺りは兼業農家ばかりになった。当時、学校のクラス名簿には名前と住所、電話番号、それに保護者の職業も載ったそうだ。そこに「農業」と記されているのが何より恥ずかしかったと、そういえば前にも聞いた覚えがある。

［　1　］、その農業に兄妹は育てられたのだ。兄はふたりとも大学を出、妹である母は短大を出た。そして、誰も田畑を継がなかった。

なんや今日は、えれえ。

そうひとことだけいうと、祖父は土間で頽れたのだという。

知らせを受けて、言葉を失ったのは母ではなく私のほうだ。

「じいちゃんが」

受話器を持ったまま母を振り返り、その後は声が続かなかった。

「なに、じいちゃんが、どうしたの」

切っ先の鋭い風のような声で母はいい、私の手から受話器を取ると、電話の向こうの祖母とてきぱきと話をした。その間、私は受話器を渡したときの、片手を母のほうへ伸ばしたままの恰好で立ちすくんでいた。

「だいじょうぶ、意識はあるって」

電話を切ると③母は殊更に明るい声をつくり、

「食べかけのごはん、早く食べちゃって。一緒に病院へ行くでしょ」

といった。ごはんなんか食べてる場合じゃない。そう思ったけれど、母はじいちゃんの実の娘だ。孫の分だけ遠慮が入った。母がごはんを食べてからというなら、食べてからだろう。私はぼそぼそと白米を噛んだ。

お正月に泊まりに行ったときは、ふたりとも元気だった。母と私とで前日に数種類だけつくったお節料理は、祖母の手製のどーんとした煮物や煮豆や昆布巻きに比べると、ちまちまとおままごとのような出来にしか見えなかったのに、

「違った味が入るとそれだけで賑わうのう」

と祖母は目を細めた。祖父は黙って食べていた。

考えてみれば祖父ももうすぐ八十だ。身体の具合の悪いところがあったとておかしい歳ではない。そう頭では思っているが、そんなはずがない、と胃が跳ね返している。じいちゃんが倒れるわけがない、と心臓が強く訴えている。

「とうさんも、もう八十だから」

白い軽自動車の運転席で母がいい、

「そうだよね、じいちゃんも八十なのかもしれないね」

と私はいった。わけのわからない返事だと自分でも思う。じいちゃんが倒れたなんてやっぱり何かの間違いだという気がしている。

祖母から知らせを受けたとき、目の前にぱっと広がった光景があった。古いファイルがクリックされ、カチッと動画が開かれる。④そんな感じだった。ファイルがあったことも忘れていた。ずいぶん長く更新されることもなかった。それなのに、こんなに鮮やかだ。

青い空をバックに高い山がそびえ、裾野から澄んだ湖が広がってい

からさがし、抜き出して答えなさい。

問八 「ウソをついた」結果生じた身体的な変化を表現した八字の部分を【文章Ⅱ】からさがし、抜き出して答えなさい。

問九 傍線部⑥「僕は昼休みの前にちゃんと絵具箱を調べておいたんだよ。一つも失くなってはいなかったんだよ。そして昼休みが済んだら二つ失くなっていたんだよ。そして休みの時間に教場にいたのは君だけじゃないか」とありますが、「ジム」の言葉は、【文章Ⅰ】ではどのように説明されていましたか。その意味を表す六字の言葉を【文章Ⅰ】からさがし、抜き出して答えなさい。

二

次の文章を読み、あとの問に答えなさい。

①じいちゃんにカレンダーはいらん。

祖父はよくそういって胸を張り、天を仰いだ。一年じゅう日に焼けていて、顔には深い皺が刻まれ、手は節くれ立って大きい。口数は少なく、愛想もないけれど、不親切ではない。私が話しかければ茶色い瞳に穏やかな光をAたたえてじっと聞いてくれる。大きくはない身体は引き締まって逞しく、祖父さえいれば芯から安心することができた。

カレンダーはいらん。それは、何十年にもわたる田畑仕事の間に季節の移りかわりの刻み込まれた身体ひとつあれば、という意味だったかもしれないし、十二か月の、三十一日の、今日がどの日であろうと変わりはないということなのかもしれなかった。

祖父は生まれ育った地元からほとんど出たことがない。同じ村の幼なじみだった祖母との新婚旅行も県内の温泉だったという。それを聞くと祖母のこともかわいそうになってしまうけれど、祖父と祖母、彼ら自身は特にそれを不満に思う様子も見せず、歳をとってからも田畑仕事に精を出してきた。八十近いこの歳になってさえ、お盆とお正月にしか休まない。

お正月休みとお盆休み。文字通り、年にたった二日間だけの休みだ。元日に一日、八月十五日に一日。あとは、日曜だろうが祝祭日だろうが、一日も休まない。毎朝六時には田畑に出て、お昼まで働く。いったん家に帰って昼食を食べ、短い午睡の後また田畑へ出る。帰宅は日が暮れる頃だ。お風呂に入り、お酒を一合だけ飲み、夜のとば口に差しかかる頃には蒲団に入って寝息を立てている。カレンダーなど、たしかに必要ないのかもしれない。

祖父母の間に子供は三人。もうひとり生まれたけれど育たなかったそうだ。その子も含めて上から三人男の子が続き、最後に生まれたのが私の母だった。

「末の女の子だからって大事にされた覚えは全然ないのよ」

母が話してくれたことがある。

「大事にされたどころか、田んぼの仕事毎日毎日手伝わされて、友達と遊ぶ時間もなかったわ」

母の口調はだんだん熱を帯びた。

「宿題なんかやらなくていいから手伝えって。田植えや稲刈りの忙しい時季には学校休んで働かされることもあったんだから」

②そうして母は、いつしか家を出ることばかり考えるようになったらしい。

ちこちを見廻してから、誰も見ていないと思うと、手早くその箱の蓋を開けて藍と洋紅との二色を取上げるが早いかポッケットの中に押込みました。そして急いでいつも整列して先生を待っている所に走って行きました。

　僕達は若い女の先生に連れられて教場に這入り銘々の席に坐りました。僕はジムがどんな顔をしているか見たくってたまらなかったけれども、どうしてもそっちの方をふり向くことができませんでした。でも僕のしたことを誰も気のついた様子がないので、気味が悪いような、安心したような心持ちでいました。僕の大好きな若い女の先生の仰ることなんかは耳に這入りは這入ってもなんのことだかちっともわかりませんでした。先生も時々不思議そうに僕の方を見ているようでした。

　僕は然し先生の眼を見るのがその日に限ってなんだかいやでした。そんな風で一時間がたちました。なんだかみんな耳こすりでもしているようだと思いながら一時間がたちました。

　教場を出る鐘が鳴ったので僕はほっと安心して溜息をつきました。けれども先生が行ってしまうと、僕は僕の級で一番大きな、そしてよく出来る生徒に「ちょっとこっちにお出で」と肱の所を掴まれていました。僕の胸は宿題をなまけたのに先生に名を指された時のように、思わずどきんと震えはじめました。けれども僕は出来るだけ知らない振りをしていなければならないと思って、わざと平気な顔をしたつもりで、仕方なしに運動場の隅に連れて行かれました。

「君はジムの絵具を持っているだろう。ここに出し給え。」

　そういってその生徒は僕の前に大きく拡げた手をつき出しました。そういわれると僕はかえって心が落着いて、

「そんなもの、僕持ってやしない。」と、ついでたらめをいってしまいました。そうすると三四人の友達と一緒に僕の側に来ていたジムが、

「⑥僕は昼休みの前にちゃんと絵具箱を調べておいたんだよ。一つも失くなってはいなかったんだよ。そして昼休みが済んだら二つ失くなっていたんだよ。そして休みの時間に教場にいたのは君だけじゃないか。」と少し言葉を震わしながら言いかえしました。

　僕はもう駄目だと思うと急に頭の中に血が流れこんで来て顔が真赤になったようでした。すると誰だったかそこに立っていた一人がいきなり僕のポッケットに手をさし込もうとしました。僕は一生懸命にそうはさせまいとしましたけれども、多勢に無勢で迚も叶いません。僕のポッケットの中からは、見る見るマーブル球（今のビー球のことです）や鉛のメンコなどと一緒に二つの絵具のかたまりが掴み出されてしまいました。「それ見ろ」といわんばかりの顔をして子供達は憎らしそうに僕の顔を睨みつけました。僕の体はひとりでにぶるぶる震えて、眼の前が真暗になるようでした。いいお天気なのに、みんな休時間を面白そうに遊び廻っているのに、僕だけは本当に心からしおれてしまいました。あんなことをなぜしてしまったんだろう。取りかえしのつかないことになってしまった。もう僕は駄目だ。そんなに思うと弱虫だった僕は淋しく悲しくなって来て、しくしくと泣き出してしまいました。

問七　【文章Ⅰ】で説明された「ウソ」と同じ意味の言葉を、【文章Ⅱ】

問四　傍線部③「他者のウソを見抜くのは難しい」とありますが、それはなぜですか。ウソを見抜く側に限定して、百字以内で書きなさい。

問五　傍線部④「むしろ少しウソをつく」とありますが、直前に書かれた「自分だけテストで百点を取れた場合」に、君ならどのようなウソを作りますか。五十字以内で書きなさい。

問六　傍線部⑤「ウソをついていると、いつか必ず手痛いしっぺ返しを食らうもの」と筆者は考えるようにしています」とありますが、これについて次の問に答えなさい。

(1)「しっぺ返しを食らう」とありますが、こうした状況を表した言葉として最もふさわしいものを、次の**ア**～**エ**の中から一つ選び、記号で答えなさい。

ア　会者定離(えしゃじょうり)
イ　情けは人のためならず
ウ　江戸の敵(かたき)を長崎で討つ
エ　因果応報(いんがおうほう)

(2)「考えるようにしています」とありますが、これを「考えています」としなかった理由について四つの意見が出されました。**【文章Ⅰ】**の筆者の考えから予測される理由として最もふさわしいものを、次の**ア**～**エ**の中から一つ選び、記号で答えなさい。

ア　筆者自身にはウソをついた経験があり、そのことにたいする罪悪感をずっと持ち続けていたことがきっかけでウソの研究をしたので、「考えています」ではなく「考えるようにしています」としたのだと思う。

イ　筆者に経験があったかどうかは分からないが、ウソをつくとそれを隠すために次々にウソをつきバレやすくなるので、「筆者は」とつけて「考えるようにしている」という気持ちを示しているのだと思う。

ウ　ウソの研究をした成果としては、ウソは百パーセントバレると断定しているわけではないけれども、ウソをついてもいいことはないという助言を提示するために筆者を主語にして本文のように書いたのだと思う。

エ　ウソの研究をした結果、ウソはよくないことであると思っている人が案外少ないことに筆者は気づいたので、人々にも注意をしてもらうために、筆者がまず手本を示す意味で本文のようにしたのだと思う。

【文章Ⅱ】

次の文章はウソをついた少年を主人公にした有島武郎の小説「一房の葡萄」の一節です。

教場に這入(はい)る鐘がかんかんと鳴りました。僕は思わずぎょっとして立上りました。生徒達が大きな声で笑ったり呶鳴(どな)ったりしながら、洗面所の方に手を洗いに出かけて行くのが窓から見えました。僕は急に頭の中が氷のように冷たくなるのを気味悪く思いながら、ふらふらとジムの卓(テイブル)の所に行って、半分夢のようにそこの蓋(ふた)を揚(あ)げて見ました。そこには僕が考えていたとおり雑記帳や鉛筆箱とまじって見覚えのある絵具箱がしまってありました。なんのためだか知らないが僕はあっ

評価も、ウソを正確に見抜くことを妨げる一因になると考えられます。

現実逃避効果も、ウソが気づかれにくくなる要因のひとつです。私たちは真実を知りたい一方で、その内容や状況によっては、むしろ真実を知りたくないという相反する欲求をもつことがあります。自分がとても信頼していて、周囲の同僚からも頼りにされている上司が、少しばかり経理上の不正をはたらいている疑いがある。自分が気づかなければ、不正は露呈しない。むしろ、露呈すると自分も同僚も困ってしまう。経理の書類をチェックしようと思えばできるけれど、あえて見ないようにする。このように、ウソがバレない背景には、現実から目を逸らしたいという思惑がはたらくケースがあります。

これらの要因は、いずれもウソを見抜く側の要因です。こうした複数の要因があるうえに、ウソはしばしば、真実の中に何くわぬ形で、目立たないように紛れ込んでいます。最近の研究からは、ウソをつくことが上手だと思っている人ほど、シンプルなウソをつき、真実の中にウソを埋め込み、もっともらしい説明を追加する戦略を利用すると報告されています。また、正直に答えることで、かえってウソつきと疑われるような状況では（たとえば、テストでクラスの全員がほぼ50点しか取れなかったのに、たまたま自分だけが100点を取れた場合）、④むしろ少しウソをつくことで、ウソつきと思われることを防ごうとすることを示した研究もあります。こうした要因が複合的に関与することを考えると、ウソを見抜くのはほぼ不可能であるようにも思えます。

ただし、こうした研究成果に基づいて、「ウソはバレないものだ」という結論を出すのは誤りです。ウソが一度きりで終わる場合は、バレずにすむこともたくさんあるでしょうが、日常生活では、一度ウソをついたら、辻褄を合わせていかなければならないことがたくさん出てきます。その結果、客観的な証拠との整合性がとれず、怪しまれることもあるでしょう。ウソかどうかを判断される機会に繰り返し晒されれば、否応なくウソがバレる確率も上がっていきます。「どうせバレないだろう」と⑤ウソをついていると、いつか必ず手痛いしっぺ返しを食らうもの、と筆者は考えるようにしています。

（阿部修士『あなたはこうしてウソをつく』岩波書店による）

（注）バイアス　かたより

問一　傍線部①「ある刑事事件の容疑者の行動について、意見を聞かせてほしい」とありますが、「刑事さん」が話したのはなぜだと筆者は考えていますか。その理由を**【文章Ⅰ】**から二十五字以内でさがし、「から。」につながるかたちで抜き出して答えなさい。

問二　**【文章Ⅰ】**の三つの空欄には、同じ一字の漢字が入ります。自分で考えて書きなさい。

問三　傍線部②「ピノキオの鼻のような手がかり」とありますが、これと同じ用法のものを、次の**ア**～**エ**の中から一つ選び、記号で答えなさい。

ア　ぼくはあの選手のような人になりたい。
イ　この道は行き止まりのような気がする。
ウ　次のような説明をした方が分かりやすい。
エ　ロボットのような演技をするのも難しい。

相手がウソをついたと明確にわかる、②ピノキオの鼻のような手がかりになります。しかし実際には、視線を含め、そういった[　]言語的な手がかりを用いても、ウソが簡単に見抜けるわけではないようです。

ボンドとデパウロによるメタ分析を紹介しましょう。メタ分析とは、複数の研究を統合して分析を行うものです。彼らは個別の研究において、どれくらいウソと真実を識別できたかを整理しており、もっとも高い正答率のもので73%でした。一番うまくいった研究であっても、8割にすら届いていないのです。そしてもっとも正答率の低いものは31%であり、研究全体の平均正答率は約54%でした。つまり、コインを投げて裏表を予測できる確率よりも少しましな程度にすぎないわけです。

一部の研究では、特定の職業に限ってみれば、それなりにウソを見破ることができるとされています。たとえば、CIAの職員やウソに関心のある臨床心理学者などは、7割程度の正答率でウソを見抜くことができるようです。ただし当然ながら、こうした特殊な職業は稀です。多くの職業では、偶然と同じあるいは少しましな程度でしか、ウソを見抜くことはできません。「自分は百発百中で恋人の浮気を見破ってきたんだ!」という方がおられるかもしれませんが、ウソを見抜くのは決して簡単なことではないのです。

どうして③他者のウソを見抜くのは難しいのでしょうか。まず、先ほど紹介したような視線などは、ウソを見抜くための有効な手がかりにはならないわけですが、必要以上にこうした手がかりに着目してしまうと、ウソを見抜くのは難しくなります。実際、手がかりに着目することで、むしろウソを見抜けなくなることを示した研究もあります。

さらに、私たちはウソを見抜くことを妨げてしまうバイアス(注)をもっていることが知られています。一般的に、私たちは他人の言っていることを真実であると判断する傾向が高いことが知られています。これは真実バイアスとよばれます。当たり前のような話ですが、たいていの場合、私たちは目の前の相手が真実を語っていると想定しています。会話の半分くらいはウソではないか? と疑っていては、仕事も遊びもままならないでしょう。つまり、私たちは通常、ウソの手がかりを積極的に探そうとはしないため、結果として他者のウソを見抜くのが難しいと考えられています。

真実バイアスとは逆のウソバイアスもあります。相手の発言を、必要以上にウソだと考えてしまうバイアスのことです。警察官など、日ごろからウソに対峙しなければならない一部の職業で、こうしたバイアスがあることが知られています。ウソに対して敏感ではあっても、真実をウソと判断してしまっては、冤罪などにもつながる可能性があるので、ウソを正しく見抜けているとは言えません。ウソをウソとして見抜ける正確性だけではなく、真実を真実として見抜く正確性も同じくらい重要です。

ウソバイアスと関連する現象として、私たちはウソを見抜く自分自身の能力を過大評価してしまうことも知られています。エラードの研究では、警察官であっても他人のウソを見抜くことは難しいにもかかわらず、彼らは自分自身がウソを上手に見抜くことができると考えていることが示されています。ウソを見抜く能力に関わるこうした過大

【国語】〈六〇分〉〈満点：一〇〇点〉

【注意】字数を指示している問題は、「、」や「。」などの記号も字数に含みます。

一　次の【文章Ⅰ】【文章Ⅱ】を読み、あとの問に答えなさい。

【文章Ⅰ】

ある日、私の研究室に1本の電話がかかってきました。出てみると、電話をかけてこられたのは、関東地方のある県警の刑事さんです。ちょっとドキドキしながらお話を聞いてみると、①ある刑事事件の容疑者の行動について、意見を聞かせてほしいとのこと。その容疑者は周囲の人物にはもちろん、捜査関係者に対しても、たびたびウソをついているという人物でした。

私たちには、相手のウソを見抜きたいと感じる場面が多々あります。犯罪捜査では客観的な証拠が重視されますが、容疑者のウソを見抜けるに越したことはありません。特に、個人による犯罪だけではなく、テロリストグループによる犯罪など、凶悪犯罪の防止という観点からは、ウソをどう見抜くかが極めて重要になってきます。

もちろん、ウソが問題になるのは犯罪場面に限りません。企業での採用面接や結婚相談所などでは、本来は正直でなければいけないのに、ウソをついて自分に有利に事を進めようとする人たちが一定数存在します。日々の生活でも、家族や友人のちょっとしたウソに悩まされることもあるでしょう。

そもそも、私たちはどの程度ウソを見抜くことができるのでしょうか。どのようにしたらウソを見破ることができるのでしょうか。こうした疑問は、日常生活においても、研究の世界でも大いなる関心事です。

（中略）

ウソを見抜く能力に関する研究は、心理学の実験としては比較的実施しやすいこと、また興味を惹（ひ）くテーマでもあることから、数多く報告されています。ウソを見抜くとき、私たちはどんな情報をもとに判断しているのでしょうか。

もっともわかりやすいのは、相手の発言内容と、自分が真実だと知っている情報とがずれている場合で、これなら客観的にウソと判断できます。つまり、言語的な内容をもとにウソかどうかを判断するやり方です。ただしこれは、自分が確かに事実を把握（はあく）している、また自分の記憶に間違いがないといった前提がなければ、うまく機能しません。実際には、いつも相手の発言内容のウラを取ることができるとは限りません。

相手の発言内容の真偽がわからない場合、私たちは相手の発言内容以外の、□言語的な手がかりを参考にします。□言語的な手がかりにはさまざまなものがあります。たとえば、発話に際しての、言いよどみや言い間違い、声の高さや話す速さなどです。視線やまばたきなど、顔から得られる情報もあります。手や足、頭の動きや姿勢といった、さまざまな体の動きも手がかりとなりえます。

みなさんは「人間はウソをつくときに右上を見る」といった話を、一度は聞いたことがあるのではないでしょうか。もしこれが本当なら、

2023年度

解答と解説

《2023年度の配点は解答欄に掲載してあります。》

＜算数解答＞

1 (1) (あ) 1 (い) 22 (2) 121：49 (3) (例) (う) 2 (え) 3 (お) 9 (か) 18 (う) 2 (え) 3 (お) 8 (か) 24

2 (1) (体積) 9000cm^3 (表面積) 3600cm^2 (2) 12cm (3) 4032cm^3 (4) 2250cm^2 (求め方) 解説参照

3 (1) 67段 (2) 21通り (3) 2880通り (4) 6段 (理由) 解説参照

4 (1) (あ) (2, 1)(4, 3)(13, 5)(26, 5)(52, 31) (い) 9 (2) (7, 136)(21, 45)

○推定配点○

1(3), 4 各4点×10(1(3)(う)～(か)完答) 他 各5点×12(2(4), 3(4)各完答)

計100点

＜算数解説＞

重要 1 (規則性, 数の性質, 平面図形, 割合と比)

(1) (あ) 2023÷23＝87…22 22×22÷23＝484÷23＝21…1より, 1 ○÷23＝□…Aのとき, (23×□＋A)×(23×□＋A)＝(23×□＋A)×23×□＋23×□×A＋A×Aを23で割るときの余りは, A×Aを23で割るときの余りになる。 (い) (あ)より, 計算する。22を2回かけ合わせた数を23で割るときの余り…1 22を3回かけ合わせた数を23で割るときの余り…22 22を4回かけ合わせた数を23で割るときの余り…1 したがって, 2023回かけ合わせた数を23で割るときの余りは22

(2) 右図において, 計算する。全体と白い部分の面積比… {(3×3＋1×2)×(2×4＋1×3)}：(3×2×3×4)＝121：72

したがって, 三角形ABCと斜線部分の面積比は121：(121－72)＝121：49

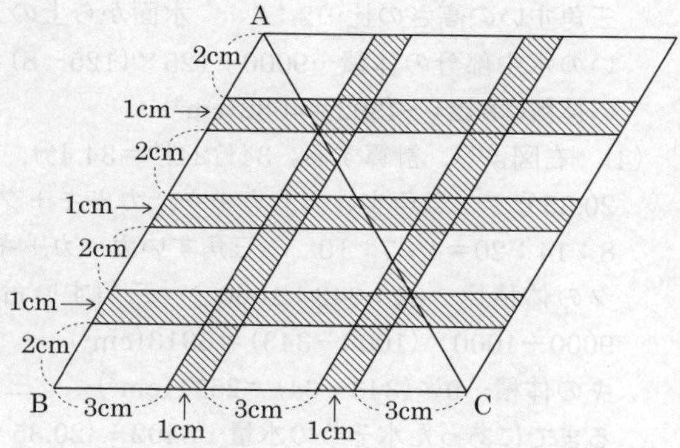

(3) 以下のような例がある。

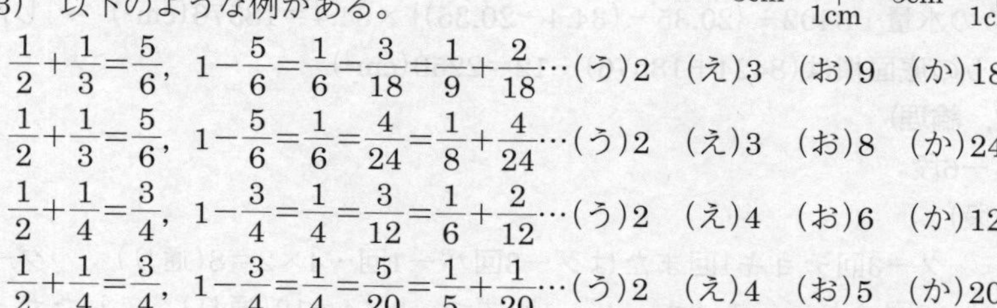

$\frac{1}{2}+\frac{1}{3}=\frac{5}{6}$, $1-\frac{5}{6}=\frac{1}{6}=\frac{3}{18}=\frac{1}{9}+\frac{2}{18}$…(う)2 (え)3 (お)9 (か)18

$\frac{1}{2}+\frac{1}{3}=\frac{5}{6}$, $1-\frac{5}{6}=\frac{1}{6}=\frac{4}{24}=\frac{1}{8}+\frac{4}{24}$…(う)2 (え)3 (お)8 (か)24

$\frac{1}{2}+\frac{1}{4}=\frac{3}{4}$, $1-\frac{3}{4}=\frac{1}{4}=\frac{3}{12}=\frac{1}{6}+\frac{2}{12}$…(う)2 (え)4 (お)6 (か)12

$\frac{1}{2}+\frac{1}{4}=\frac{3}{4}$, $1-\frac{3}{4}=\frac{1}{4}=\frac{5}{20}=\frac{1}{5}+\frac{1}{20}$…(う)2 (え)4 (お)5 (か)20

2 (平面図形，相似，立体図形，割合と比，単位の換算)

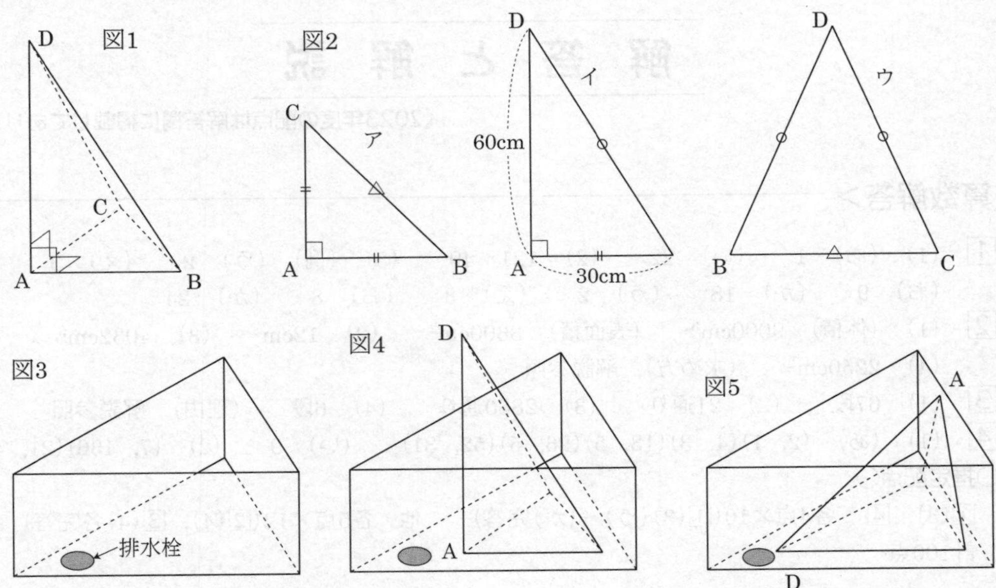

基本 (1) 体積…30×30÷2×60÷3＝9000(cm^3)　表面積…右図より，60×60＝3600(cm^2)

重要 (2) (1)より，9000：(9000－4392)＝9000：4608＝125：64＝(5×5×5)：(4×4×4)　したがって，水槽の高さは60÷5＝12(cm)

やや難 (3) ウの面積…(1)より，3600－(30×30÷2＋30×60)＝1350(cm^2)　底面がウのときの三角すいの高さ…9000×3÷1350＝20(cm)　水槽の高さと三角すいの高さの比…(2)より，12：20＝3：5　水面から上の三角すいの高さと三角すいの高さの比…2：5　水面から上の三角すいと三角すいの体積比…8：125　三角すいの水中部分の体積…9000÷125×(125－8)＝8424(cm^3)　したがって，さらにあふれた水の体積は8424－4392＝4032(cm^3)

(4) 右図より，計算する。34分24秒＝34.4分，20分21秒＝20.35分　三角すいカ，カ＋キ，カ＋キ＋クの相似比…8：14：20＝4：7：10　三角すいカ，カ＋キ，カ＋キ＋クの体積比…64：343：1000　三角すい台クの体積…9000÷1000×(1000－343)＝5913(cm^3)　三角すい台キの体積…9×(343－64)＝2511(cm^3)　三角すい台クとキの体積差…3402(cm^3)　排水するまでにあった水そうの水量…3402÷{20.35－(34.4－20.35)}×34.4＝18576(cm^3)　したがって，(1)より，水そうの底面積は(8424＋18576)÷12＝2250(cm^2)

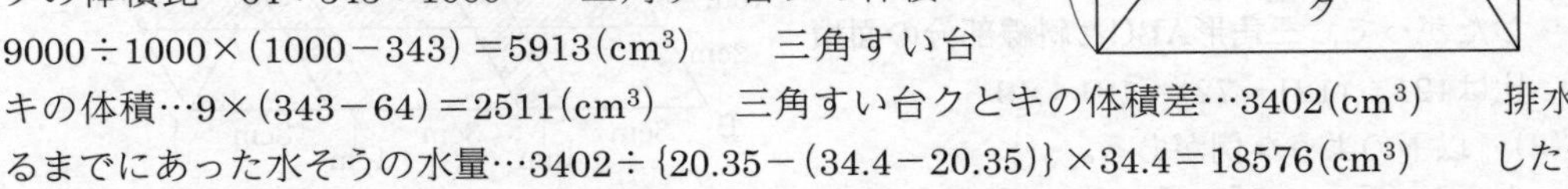

3 (数の性質，場合の数，論理)

グー3段，チョキ・パー6段

基本 (1) 100－99÷3＝67(段)

重要 (2) グー5回…1通り　グー3回チョキ1回またはグー3回パー1回…4×2＝8(通り)　グー1回チョキ2回，グー1回パー2回，グー・チョキ・パー1回ずつ…3×4＝12(通り)　したがって，1＋8＋12＝21(通り)

やや難 (3) じゃんけん6回で2人共15段登っており，15＝3＋6＋6より，3回勝って3回負けている。一方がグー1回とチョキ2回，グー1回とパー2回，グー・チョキ・パー1回ずつ勝つ場合…6×5×4÷2×4＝240(通り)　他方が残り3回を同様に勝つ場合…3×4＝12(通り)　したがって，240×12＝2880(通り)

(4) 6段…1，2，4，5，8，11段には止まらない。理由の例：10段までのうち，3，6，7，9，10段には止まり，12＝3×4，13＝3×2＋7，14＝7×2まで3段連続して止まるので，以下のすべての段に止まる。したがって，止まらないのは，1，2，4，5，8，11段。

重要 4 (数の性質)

(1) (あ) 83＝A×□＋B，135＝A×○＋Bより，135－83＝52＝A×(○－□)であり，52の約数には2，4，13，26，52が含まれる。83÷2＝41…1，83÷4＝20…3，83÷13＝6…5，83÷26＝3…5，83÷52＝1…31　したがって，(割る数，余り)は(2，1)(4，3)(13，5)(26，5)(52，31)　(い) 41より小さい整数で約数が6個あるものは12＝4×3，18＝9×2，28＝4×7，32＝16×2であり，これらのうち最大の数は32であるから求める数は41－32＝9…41－9＝32の約数には2，4，8，16，32の5個が含まれる。

(2) 219＝A×□＋B，325－1＝324＝A×○＋B，410－2＝408＝A×△＋Bより，324－219＝105，408－324＝84であり，105＝21×5，84＝21×4より，21の約数には3，7，21が含まれる。
・219÷3＝73より，不適　・219÷7＝31…2，325÷7＝46…3，410÷7＝58…4のとき
→31＋46＋58＝135(袋)，2＋3＋4＝9(個)が余るので，袋の合計は135＋1＝136(袋)
・219÷21＝10…9，325÷21＝15…10，410÷21＝19…11のとき
→10＋15＋19＝44(袋)，9＋10＋11＝30(個)が余るので，袋の合計は44＋1＝45(袋)

★ワンポイントアドバイス★

同じ「余り」の問題でも1(1)と4ではポイントが異なるが，これらはめずらしいタイプの問題ではない。2(2)「水槽の高さ」をしっかり求めよう。(3)「水槽の底面積」は面倒であり，3(3)「6回・15段目」も簡単ではない。

＜理科解答＞

1 問1 (1) 右図　(2) 84(％)　問2 (1) E
(2) ① 秒速6(km)　② 秒速8(km)　(3) 直接波と屈折波の到達時刻が同じなので，地殻の厚さをを□とおくと，210÷6＝2×1.4×□÷6＋(210－2×□)÷8
□＝40.3…　答 40(km)　問3 ア
問4 右図2より，深さ70kmの面より深く伝わるときに地震波速度が増加するため，地震波は境界面から離れるように屈折して伝わり，70kmより浅い層にもどるときにまた屈折するため，伝わらない領域ができる。　問5 ウ　問6 次ページ図3

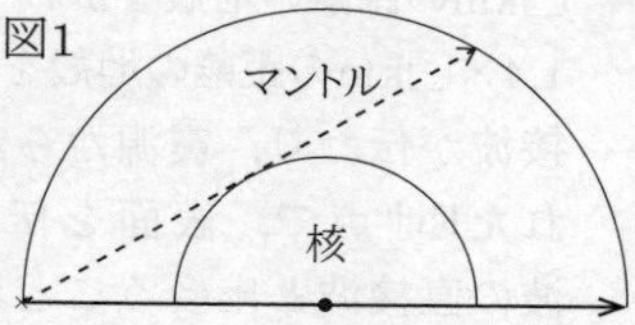

図1

図2

2 問1 イ　問2 イ　問3 ウ
問4 (1) ① 9(倍)　② 10(cm)　③ 90(cm)[②20(cm)，③180(cm)の組み合わ

せ〕　(2)　④　1.4(倍)

問5　(1)　①　長い　(2)　②　1.4(倍)

問6　0.87(秒)　問7　2.5(回)　問8　コ

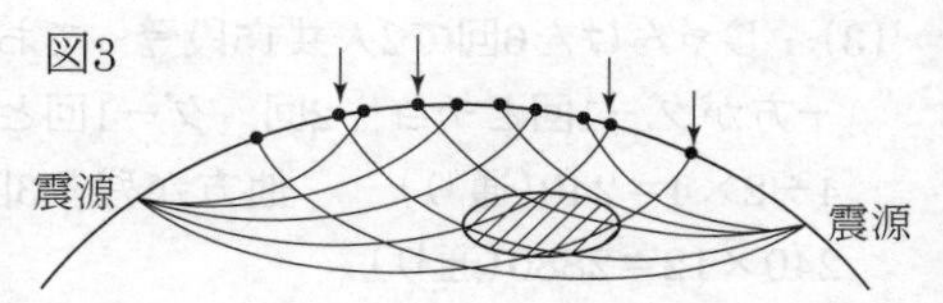

○推定配点○

1　問2(1)・(2)，問3，問5　各2点×5　他　各4点×5

2　各2点×10(問4(1)②と③，問5(1)・(2)各完答)　計50点

＜理科解説＞

1 (流水・地層・岩石－地震の伝わり方)

やや難　問1　(1)　図aのように，核の外側の部分は液体なのでS波は伝わらない。一方，P波は核を伝わるので，地球の反対側まで伝わる。

(2)　図1から，核の半径が，6400(km)－2900(km)＝3500(km)である。また，体積は半径×半径×半径に比例するので，地球全体に占めるマントルの体積の割合は，$\frac{64\times64\times64-35\times35\times35}{64\times64\times64}\times100=83.6\cdots$(％)より，84％である。

図a

6400km
マントル
核(液体)　3500km
核(固体)　1300km

やや難　問2　(1)　表1より，各観測地点の震源距離の差とP波到達時刻の差より，P波の速さを求めると，表aのようになる。したがって，観測点EでP波の速さが異なっていることがわかる。

表1

観測点	震源距離の差(km)	P波到達時刻の差(秒)	P波の速さ(km/秒)
B→A	50	6	8.3
C→B	30	4	7.5
D→C	50	6	8.3
E→D	70	9	7.8
F→E	50	8	6.3
G→F	40	7	5.7
H→G	30	5	6.0
I→H	20	3	6.7
J→I	20	5	4.0

(2)　観測点Jと観測点Eから，P波の直接波の速さを求めると，$\frac{210(\text{km})-50(\text{km})}{49分25秒-48分57秒}=5.7\cdots$より6km/秒である。観測点Eと観測点Aから，P波の屈折波の速さを求めると，$\frac{410(\text{km})-210(\text{km})}{49分50秒-49分25秒}$＝8.0(km/秒)である。

(3)　震源から210km離れたE地点には，P波の直接波が伝わる。また，その時間は，210(km)÷6(km/秒)＝35(秒)である。一方，地殻の厚さを□kmとすると，P波の直接波は，1.4×□kmの距離の地殻を伝わった後，(210－2×□)kmのマントルをP波の屈折波が伝わり，さらに，1.4×□kmの距離の地殻をP波の直接波が伝わり，震源から210km離れたE地点で，表面を伝わったP波の直接波と出会うことになるので，2×1.4×□(km)÷6(km/秒)＋(210－2×□)(km)÷8(km/秒)＝35(秒)より，□＝40.3…(km)である。(図b参考)

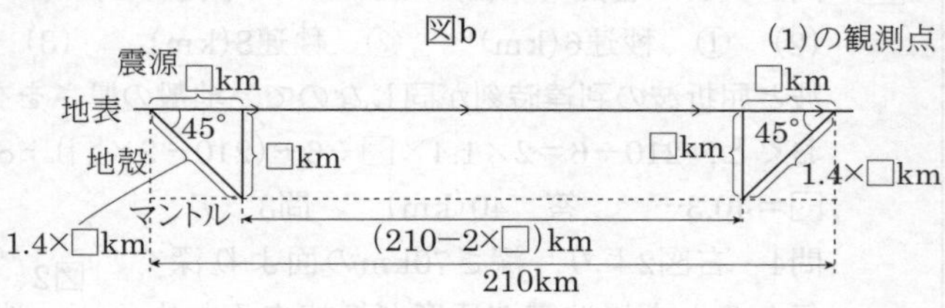

問3　図6より，地表から深さ約5～70kmの層では，S波はその上下の層よりも速く伝わっているので，上下の層よりも岩石がかたくなっていることがわかる。また，地表から深さ約70km～220kmの層は，岩石がやわらかくなっているので，S波の伝わる速さは遅くなっているが，液体にはなっていない。

やや難 問4・問5 S波は70kmより下の層に入ると深い方向に屈折し，急に遠くまで届くようになるので，1100km前後には地震波が届かなくなってしまう。

やや難 問6 矢印で示した観測点では，地震波の到達が遅くなったことから，周囲より温度が高くやわらかい部分であったことがわかる。したがって，図cで斜線で示した部分のようになるが，だ円で表すと，解答で示した図のようになる。

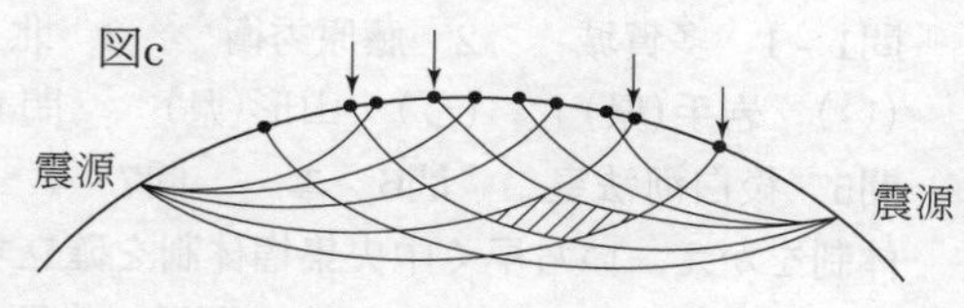

2 (物体の運動－振り子)

基本 問1 ガリレオは大聖堂のシャンデリアの動きから，ふりこの等時性を発見した。

基本 問2 振れ幅が5cmのときと15cmのときの周期は同じなので，振れ幅が15cmの方がC点では，おもりの速さが速くなる。

基本 問3 B点とD点でのおもりの速さは0である。

重要 問4 (1) 振り子の長さが10cmの9倍の90cmになると，周期が，1.9(秒)÷0.63(秒)＝3.0…(倍)より，3倍になる。また，振り子の長さが20cmの9倍の180cmになると，周期が，2.7(秒)÷0.9(秒)＝3(倍)になる。 (2) 振り子の長さが10cmの2倍の20cmになると，周期が，0.9(秒)÷0.63(秒)＝1.42…(倍)より，1.4倍になる。

問5 表4より，円すいの振り子の場合，周期は円の半径には関係なく，たての長さによって決まる。したがって，たての長さが振り子の長さになる。例えば，たての長さが13cmの2倍の26cmになると，周期が，1(秒)÷0.73(秒)＝1.36…(倍)より，1.4倍になる。

やや難 問6 表3より，振り子の長さが19cmのときの周期は0.87秒である。

やや難 問7 三角振り子の場合，東西に振らせたときはCDの25cmが振り子の長さになり，南北に振らせたときはEDの36cmが振り子の長さになる。25cmの振り子の周期は，表2より，100cmの振り子の周期が2秒であり，その4分の1の25cmの振り子の周期は，2(秒)÷2＝1(秒)なので，3往復する時間は，1(秒)×3＝3(秒)である。一方，36cmの振り子の長さは，表2で，周期が2.7秒である180cmの振り子の5分の1の長さである。また，表2で，周期が0.9秒の20cmの振り子と，周期が2秒で振り子の長さが20cmの5倍の100cmの振り子の周期の関係から，36cmの振り子の周期は，$27(秒)\times\frac{0.9(秒)}{2(秒)}=1.215$(秒)より，1.2秒である。以上より，25cmの振り子が3往復する間に，36cmの振り子は，3(秒)÷1.2(秒)＝2.5(回)振れる。

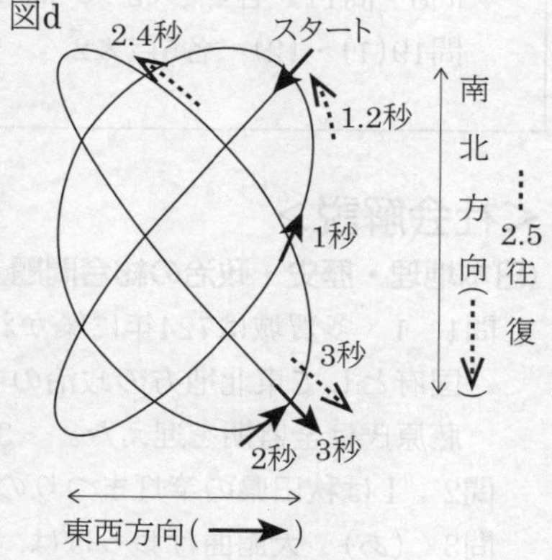

やや難 問8 図dのように，東西方向に3回振れる間に南北方向に2.5回振れる軌道になる。

★ワンポイントアドバイス★

生物・化学・地学・物理の4分野において，難度の高い計算問題や思考力を試す問題に十分に慣れておこう。

<社会解答>

問1　1　多賀城　2　藤原秀衡　3　北上　問2　ウ　問3　(あ)　秋田(県)　(い)　岩手(県)　(う)　山形(県)　問4　(青森県)　カ　(宮城県)　ウ　(山形県)　オ　問5　後白河法皇　問6　エ　問7　4　戊辰　5　立憲政友会　問8　藩という古い政治体制をかえ，いち早く中央集権体制を確立するため。　問9　B　ウ　C　ア　問10　(1)　ウ　(2)　国会の開設　問11　直接国税を3円以上納める満25歳以上の男子　問12　(1)　郡山盆地　(2)　イ　問13　世界恐慌がおこり，生糸や絹織物の輸出が減少して生糸やまゆの価格が急落，養蚕による現金収入を得ていた農家の収入が減少して生活が苦しくなった。この状況下で，日本は満州事変をおこして満州国を建国した。　問14　6　農地改革　問15　青森県の中学，高校を卒業した若者が，第二次・第三次産業が発展して賃金の高い東京へと集団就職などで移住したため。　問16　(1)　国や地方自治体などが，工場を集めるために整備した地域。　(2)　イ　問17　エ　問18　(1)　地熱　(2)　火山付近は国立公園が多く，自然保護のために開発が規制されているから。　問19　(1)　パプリカは温室で栽培することで季節を問わず安定的に栽培し，出荷量を調整することができる。また，パプリカは半数以上が韓国などの輸入に依存しているが，東京での市場取りあつかい量は増えており，国内での生産を増やせば，より売れると考えられるから。　(2)　木材チップや地中熱の利用など環境に優しい取り組みで，東北地方の豊かな自然を維持しながら経済を活性化することができる。加えて，地元の人を雇うことやブランド化を進めること，観光客を増やすことなどで，地域の収入を増やし，若者も安心して暮らせる地域社会をつくることが，東北地方の未来につながると考える。

○推定配点○

問8・問11　各2点×2　問13・問15・問16(1)・問18(2)　各3点×4
問19(1)・(2)　各5点×2　他　各1点×24　計50点

<社会解説>

(日本地理・歴史・政治の総合問題，時事問題，その他)

問1　1　多賀城は724年に築かれ，坂上田村麻呂が胆沢城に鎮守府を移した(802年)後も，陸奥国国府として東北地方の政治の中心地だった。　2　藤原秀衡は藤原基衡の子で，秀衡の頃に奥州藤原氏は全盛期を迎えた。　3　北上川は東北地方最長の河川である。

問2　Ⅰは秋田県の竿灯まつりの写真。Ⅱは福島わらじまつりの写真。

問3　(あ)　大館曲げわっぱは，1980年に国の伝統工芸品に指定された。　(い)　南部鉄器は17世紀中ごろ，盛岡藩主が茶の湯釜を茶釜師に作らせたのが始まりである。　(う)　天童で将棋駒がつくられるようになったのは江戸時代のことである。

問4　1人当たりの県民所得と製造品出荷額等が少ないカが青森県となる。人口が最も多いウが宮城県である。人口が少なく，米の収穫量が多いオが山形県となる。

問5　後白河法皇は仏教を重んじ，天皇・上皇を経て法皇となった。

問6　俳句の中の「光堂」とは中尊寺金色堂のことをさしている。中尊寺金色堂は世界遺産である。

問7　4　戊辰戦争は，鳥羽伏見の戦い(1867年)から五稜郭の戦い(1869年)までの新政府軍と旧幕府軍の争いである。　5　原敬は立憲政友会総裁としてわが国初の本格的政党内閣を率いたが，普通選挙に対しては否定的に考えていた。

問8　明治政府は中央集権体制のもとで，急速な近代化を促進していった。

基本　問9　Aがぶどうで，Dがりんごとなる。

問10　(1)　大久保利通は旧薩摩藩出身で，藩閥政府の中心人物であった。　(2)　1889年の大日本帝国憲法の制定を経て，1890年に帝国議会が開設された。

重要　問11　直接国税の納税額制限を緩和させた。男子普通選挙が実現するのは1925年のことである。

問12　(1)　郡山盆地は，福島県中央部で阿武隈川の中流部に位置している。　(2)　安積疎水も周辺部は水質汚濁等の環境面での懸念がある。

重要　問13　満州国が国際的に承認されなかったため，日本は国際連盟を脱退し，国際的孤立を深めていった。その後，第二次世界大戦・太平洋戦争につながっていく。

問14　農地改革は第二次世界大戦後のGHQによる経済民主化政策の一環で実施された。

問15　高度経済成長期に東京や大阪等の都市部への流入が加速し，「過密」や「過疎」の問題が加速し，公害問題も深刻化していった。

問16　(1)　近年の工業団地のなかには，住宅・商業施設・娯楽施設等が集積した「複合型団地」も多く誕生している。　(2)　このエリアの工場の新規誘致の動きも活発化してきている。

問17　白神山地は青森県と秋田県にまたがっている。1993年に世界遺産に認定された。

重要　問18　(1)　地熱発電は，地下から得られる地熱流体を利用して発電する。　(2)　地熱発電所の新規建設の規制・周辺の自然環境の保護という観点は，「自然との調和」「持続可能な開発」の考えが盛り込まれている。

問19　(1)　「栽培の安定化」「国内生産の増大」といった切り口でまとめる。国内最大規模の市場である東京での取りあつかい量が増加していることをしっかり踏まえる必要がある。　(2)　「雇用の創出」「若者の流出抑制」「地域経済の活性化」「関係人口の増加」「地域ブランドの確立」「東日本大震災後の復興促進」等の切り口で自身の考えを記述すればよい。

★ワンポイントアドバイス★

意見論述を含む本格的な記述問題も出題されているので，普段から添削等をしてもらいながら，答案作成のトレーニングをしておこう。

<国語解答>

一　問一　警察官であっても他人のウソを見抜くことは難しい(から。)　問二　非　問三　エ　問四　(例)　視線などのウソを見抜く手がかりにならないものを過大に着目したり，他人の言うことを信じすぎたり，逆に疑いすぎたり，あるいはウソを見抜く能力があると過信したり，都合の悪い現実から逃避したりしてしまうから。　問五　(例)　たまたまヤマをはって前の日に勉強したところが，そのままテストに出たんだ。すごくラッキーだった。　問六　(1)　エ　(2)　ウ　問七　でたらめ　問八　顔が真っ赤になった　問九　客観的な証拠

二　問一　A　イ　B　ア　C　イ　問二　ウ　問三　ア　問四　ウ　問五　(例)　祖父が倒れたことにショックを受けている娘を落ち着かせるとともに，ひるみそうになる自分自身を勇気づけたいから。　問六　ウ　問七　私の中の赤い花

問八　(例)　父と別れる手前，おおっぴらに声を大にして喜ぶことはできないから。
問九　(例)　ごめんなさい　　問十　イ・エ

三　①　操縦　②　創刊　③　収拾　④　かな　⑤　きざ

○推定配点○

一　問二　3点　問三・問六(1)　各2点×2　問四　10点　問五　8点　他　各4点×5
二　問一・問四　各2点×4　問五　8点　問八　5点　他　各4点×6(問十完答)
三　各2点×5　　計100点

＜国語解説＞

一　(論説文・小説－要旨・大意・細部の読み取り，空欄補充，ことわざ，ことばの用法，記述力)

重要　問一　「ウソバイアスと関連して……」で始まる段落で「ウソを見抜く自分自身の能力を過大評価してしまう」ことに関連して「警察官であっても他人のウソを見抜くことは難しい(23字)」ということを述べていることから，このことを傍線部①で「刑事さん」が話した理由として抜き出す。

問二　空欄にはいずれも，「発言内容以外」すなわち言語を手段として用いないという意味で「非(言語的)」が入る。

問三　傍線部②は「ピノキオの鼻」，エは「ロボット」にたとえる，たとえ(比況)の意味の「ような」。他の「ような」は，ア，ウは具体的な例を挙げる例示，イは推定の意味を表す。

重要　問四　傍線部③直後～「これらの要因は……」で始まる段落前までで「ウソを見抜く側の要因」として，「視線など……有効な手がかりにならない」のに「必要以上に……着目してしまう」こと，「真実バイアス」と，その逆の「ウソバイアス」，「ウソを見抜く自分自身の能力を過大評価してしまうこと」，「現実逃避効果」の5つの要因を具体的に述べているので，これらの内容を指定字数以内にまとめる。

問五　傍線部④の「ウソ」は，少し前で述べているように「もっともらしい説明」であるので，前の日に勉強していたところがテストに出てラッキーだった，というような内容で，具体的に「もっともらしい説明」をする。

重要　問六　(1)　過去の悪行によって痛い目にあうという意味の「しっぺ返しを食らう」と同じような意味は，過去の行いの善悪に応じてその報いがあるという意味のエ。アは会う者は必ず離れる運命にあるということ。イは人に親切にすれば，やがてはよい報いとなって自分にもどってくること。ウは意外な場所や筋違いなことで，昔に受けたうらみの仕返しをすることのたとえ。

(2)　傍線部⑤のある段落では，「ウソを見抜くのはほぼ不可能であるように思え」るという「研究結果に基づいて，『ウソはバレないものだ』という結論は出すのは誤りで」あり，筆者は⑤のように考えるということを述べているので，ウが適切。ウソの研究でウソを見抜くのはほぼ不可能であることをふまえて⑤のように述べていることを説明していない他の選択肢は不適切。

基本　問七　「教場を出る……」で始まる場面で，ジムの絵具を持っていないと「僕」が「でたらめ」すなわちウソを言っていることが描かれている。

問八　「僕はもう……」で始まる場面で，絵具が失くなった休み時間に教場にいたのは君だけだとジムに言われ，ウソがバレて「顔が真赤になった(8字)」「僕」の様子が描かれている。

やや難　問九　「僕」がジムの絵具を盗んだのが決定的になったのは，傍線部⑥のような状況，すなわち【文章Ⅰ】の「私たちには，……」で始まる段落で述べている「客観的な証拠(6字)」があったからである。

二 (小説ー心情・情景・細部の読み取り，指示語，接続語，空欄補充，ことばの意味，記述力)

基本 問一　波線部Aはいっぱいに満たすという意味。Bは前ぶれもなくいきなり，突然という意味。Cは世間に対する自分の評判。

問二　傍線部①であるのは「季節の移りかわりの刻み込まれた身体ひとつあれば，という意味だったかもしれない」ということは描かれているが，ウの「正確に日付を判断することができる」とは描かれていない。

問三　傍線部②前で，②のようになったのは田んぼの仕事を毎日手伝わされ，学校を休んででも手伝わなければならなかったためであることを母が話しているので，アが適切。②前の母の話をふまえ，農業から遠ざかりたいということを説明していない他の選択肢は不適切。

問四　空欄1は，直前の内容とは相反する内容が直後で続いているのでウがあてはまる。

やや難 問五　傍線部③前で，祖父が倒れたという連絡に「言葉を失っ」てショックを受けている「私」の様子，また後半，母は祖父の病室で涙を流している様子が描かれていることから，娘を落ち着かせるとともに母も「私」同様ショックを受け，ひるみそうになる自分自身を勇気づけるために③のようにしているということを，「私」と母の様子をふまえて説明する。

問六　傍線部④は「古いファイルがクリックされ，カチッと動画が開かれる」＝祖母の知らせをきっかけに忘れていた記憶を思い出す，ということで，それが「こんなに鮮やか」なものなので，ウが適切。④前後の描写をふまえていない他の選択肢は不適切。

問七　傍線部⑤の「それ」は「どこだろう……」で始まる段落の，「私」が思い出そうとしている「畔に群生していた赤い花」のことで，「そうして……」で始まる段落の「私の中の赤い花(7字)」のことである。

重要 問八　傍線部⑥は，父と別れて暮らすことになったことで真っ先に「これで戻れる」よろこびを感じていたが，父の手前，おおっぴらに喜ぶことはできないことを「静かな」と表現しているので，⑥前後の「私」の心情をふまえて理由を説明する。

問九　泣いている母の空欄2の言葉を聞いた「私」は「泣いたり謝ったりするのは違う」と思っているので，2には「ごめんなさい」などの謝罪の言葉があてはまる。

重要 問十　イの「それぞれの登場人物の繊細で感じやすい性格」，エの「『私』の内面が生き生きと描き出され」はいずれも不適切。他はいずれもふさわしい。

三 (漢字の読み書き)

①の「操縦士」はパイロットともいう。②は雑誌や新聞などの定期刊行物を新たに発行すること。③は混乱をおさめて状態を整えること。④の音読みは「テキ」。熟語は「快適」など。⑤の音読みは「チョウ」。熟語は「兆候」など。

★ワンポイントアドバイス★

小説では，現在，過去の回想など，各場面の時間軸に注意して読み進めることが重要だ。

MEMO

2022年度

★★★★★★★★★★★★★★★★★★★★★★★★★★

入　試　問　題

2022年度

海陽中等教育学校入試問題（特別給費生入試）

【算　数】（60分）〈満点：100点〉

1

次の問いに答えなさい。

(1) 図1は1本の長さが1 cmの線分12本で作られる図形です。線分を通り，点Aから点Bへ行く道のりについて考えます。ただし，一度点Bに到着したらその道のりは終わること，途中で点Aに戻る道のりは考えないことにします。

(あ) 同じ点も同じ線分も2度は通らないとすると，最も長い道のりは何cmになりますか。

(い) 点A，B以外の点は何度通ってもよいですが，同じ線分は通らないとすると，最も長い道のりは何cmになりますか。

図1

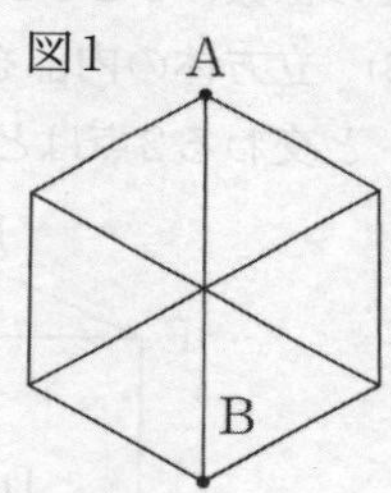

(2) 図2のような道があります。海君と陽子さんは同時に出発し，二人とも同じ速さで，遠回りせずに目的地まで道を歩きます。

(う) 海君がDからFまで歩く歩き方は何通りありますか。

(え) 海君がDからFまで歩き，陽子さんはEからCまで歩きます。海君と陽子さんが出会う歩き方は何組ありますか。

(お) 海君がDからFまで，陽子さんがFからDまで歩くとき，海君と陽子さんが出会わない歩き方は何組ありますか。

図2

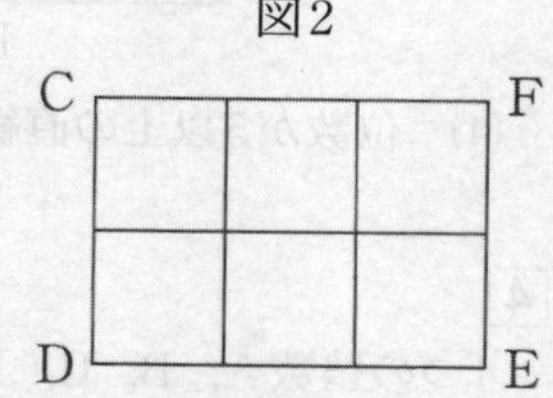

2

K学園自転車同好会のA君とB君の2人は，1周が8 kmの円形のコースをS地点から自転車でスタートして，A君はコースを反時計回りに時速36 kmで，B君はコースを時計回りに時速28 kmで走り，2人ともコースを6周してS地点に戻ってくることにしました。走り終わったらすぐにコースから外れるものとして次の［　　］を埋めなさい。

スタートしてから二人とも走り終わるまでに二人は［ あ ］回すれ違います。このとき，A君は最後の2周でB君と［ い ］回すれ違い，B君は最後の2周でA君と［ う ］回すれ違います。B君は4周目の走行中にA君と［ え ］回すれ違いますが，そのうちでA君も4周目を走行していたときにすれ違った地点をTとすると，S地点からT地点までの近い方の道のりは［ お ］kmです。

3

立方体の各頂点に図のようにAからHまで名前をつけます。以下の問いに答えなさい。必要ならば，角すいの体積は（底面積）×（高さ）÷3で求められることは使ってもかまいません。

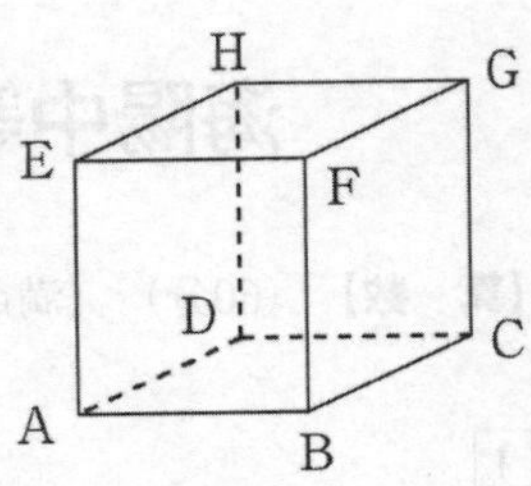

(1)　すべての面について対角線の交点をとります。この6つの点を頂点とする立体の体積は，立方体の体積の何倍になりますか。

(2)　4点A，C，F，Hを頂点とする立体の体積は，立方体の体積の何倍になりますか。

この立方体を，ある直線を軸（じく）として回転させます。1回転するあいだに立方体が同じ形に重なる回数を，その直線の位数（いすう）と呼ぶことにします。なお，1回転してはじめて最初の形に重なるときの位数は1とします。

(3)　立方体の内部を通過する直線のうち位数が2，3，4となる例を考え，それぞれの直線が立方体と交わる2点はどのような点であるか答えなさい。

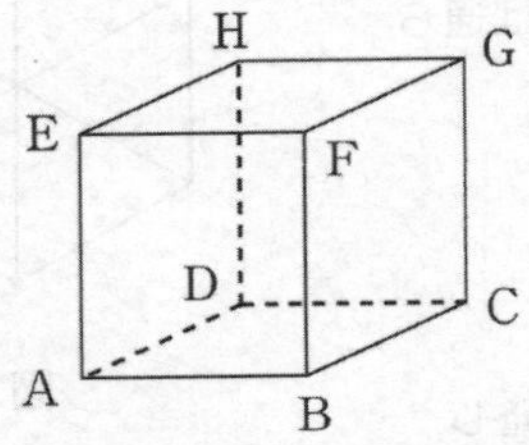

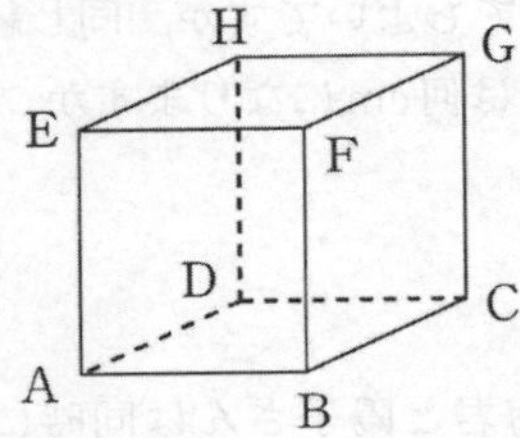

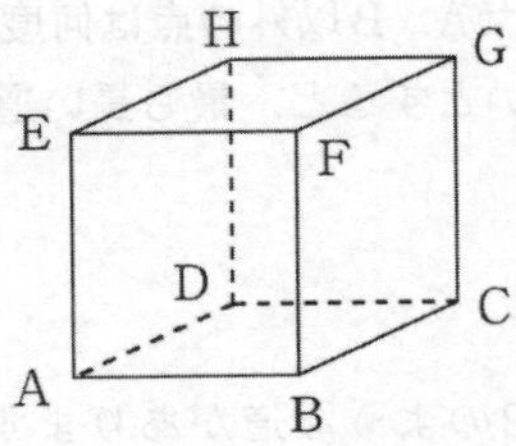

(4)　位数が5以上の直線はないことを説明しなさい。

4

4つの整数A，B，C，Dを以下のように①，②，③の順番にそれぞれの基準で分類して1つずつに分けることを考えます。

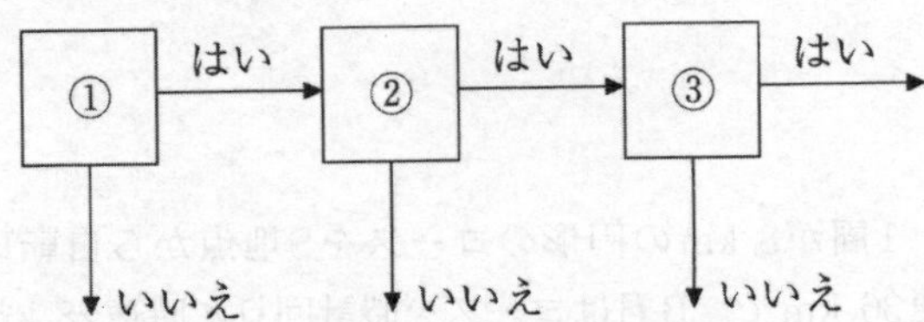

(1)　A＝42，B＝111，C＝141，D＝142であるとき，①，②，③に入る基準を次の(ア)〜(オ)からそれぞれ選び，記号で答えなさい。

(ア)　各位の数の和が6である。

(イ)　各位の数の積が8である。

(ウ)　奇数である。

(エ)　3桁の整数である。

(オ)　素数（1とその数自身しか約数をもたない数）である。

(2)　A＝14，B＝18，C＝42，D＝84であるとき，①，②，③に入る基準を次の(ア)～(エ)から選ぶと，選び方は二組あります。その二組の①，②，③に入る基準を記号で答えなさい。二組を答える順序は問いません。

(ア)　2の倍数である。
(イ)　6の倍数である。
(ウ)　7の倍数である。
(エ)　12の倍数である。

(3)　①，②，③に入る基準を次の(ア)～(エ)から選ぶことで，A＝492，B＝585，C＝440，Dの4つの数を4つに分類できました。このような基準の選び方は三組ありますが，それぞれの選び方の組とDとして考えられる整数のうち，小さい方から2番目の数を答えなさい。三組を答える順序は問いません。

(ア)　2の倍数である。
(イ)　6の倍数である。
(ウ)　7の倍数である。
(エ)　12の倍数である。

【理　科】（40 分）〈満点：50 点〉

1 感染症について，次の文章を読み，あとの問いに答えなさい。

2020 年１月頃から世界中で新型コロナウイルスが流行し，多くの死者を出しています。人類と感染症とのたたかいは古く，エジプトでは天然痘に感染した跡のあるミイラが出土しています。また，14 世紀の中世ヨーロッパではペストによって人口の約 1/3 が死亡したと言われ，20 世紀に入ってもスペイン風邪によって約 4000 万人が死亡しました。最近の日本でも昭和 20 年代までは不治の病として結核が流行していましたが，抗生物質の発見，実用化によって死亡者数，死亡率は大きく減少しました。抗生物質とは，他の微生物が増えるのを防ぐ物質のことであり，微生物が生産しています。最初に発見された抗生物質であるペニシリンは細胞壁が作られるのをさまたげる効果があります。細胞壁とは，細菌や植物がもつ細胞膜の外側にあるものです。細菌の細胞壁の合成はいくつかの段階に分かれていますが，ペニシリンはその最後の段階をさまたげ，最終的には細菌が死んでしまいます。

問１　新型コロナウイルスなどのウイルスと，結核菌やペスト菌などの細菌類の大きさについて正しいものを，**ア**～**オ**から１つ選び，記号で答えなさい。

ア　ウイルスと細菌は，ほぼ同じ大きさ
イ　ウイルスの方が細菌よりも 10 倍ほど大きい
ウ　ウイルスの方が細菌よりも 500 倍ほど大きい
エ　細菌の方がウイルスよりも 10 倍ほど大きい
オ　細菌の方がウイルスよりも 500 倍ほど大きい

問２　ペニシリンには人に対する副作用がほとんどありません。その理由を答えなさい。

問３　ペニシリンで死んでしまう菌（野生型菌）とは異なり，ペニシリンによって死なないペニシリン耐性菌（耐性菌）が発見されました。耐性菌はペニシリンを異なる物質に変化させているようでした。このことを確認するためには，どのような結果が得られればよいでしょうか。次の文中の空らんにあてはまる言葉の組み合わせとして正しいものを**ア**～**カ**から１つ選び，記号答えなさい。

菌を育てるための２つの培地（容器）にペニシリンを入れ，一方に野生型菌，もう一方に耐性菌を入れた。ある程度の時間がたった後に２つの培地の［　①　］を比較すると，野生型菌よりもペニシリン耐性菌の方が［　②　］なっているはずである。

	①	②
ア	培地に残っているペニシリンの量	多く
イ	培地に残っているペニシリンの量	少なく
ウ	菌体内に取り込まれたペニシリンの量	多く
エ	菌体内に取り込まれたペニシリンの量	少なく
オ	菌の数	多く
カ	菌の数	少なく

ペニシリンは飲み薬ですが，すべての薬が飲みこんで吸収され，細菌に感染した組織に届くとは限りません。通常の飲み薬の場合，飲みこんだ後は腸で吸収され，血液の中に入り，それぞれの組織に運ばれます。**図１**は薬**A**～**C**を飲みこんだ後の，腸内での濃度，血液中での濃度，組織内での濃度の変化を表したものです。薬**A**～**C**は役目を終えた後はすべて体外へ排出，または体内で分解されるものとします。

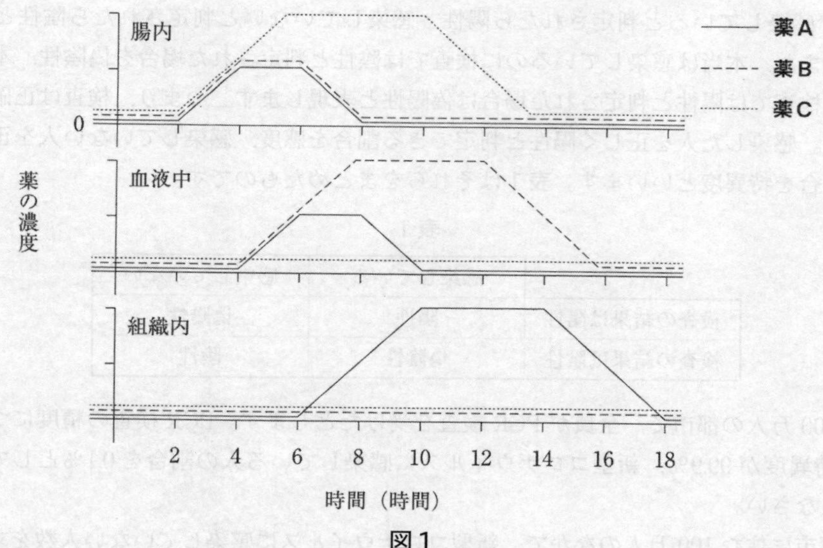

図１

問４　薬Ａ～Ｃはどういった目的で用いられる薬であると考えられますか。それぞれア～エから１つ選び，記号で答えなさい。

ア　出血のある手術をする際に細菌感染を予防する。

イ　組織内に長期間留まることで，細菌感染を予防する。

ウ　細菌感染した組織へ移動し，細菌を死なせる。

エ　腸内に存在する細菌を死なせる。

問５　体内に最も取りこまれにくいのは，薬Ａ～Ｃのどれですか，記号で答えなさい。また，そのように考えた理由を答えなさい。

問６　腸から体内への取りこまれにくい薬を取りこませる方法の一つとして，血管への注射があります。ほとんどの場合，注射する血管は静脈です。静脈のほうが動脈と比べて都合がいいからですが，その理由を静脈の特徴(とくちょう)に着目して１つ答えなさい。

現在，新型コロナウイルスの流行で，抗体(こうたい)検査やPCR検査など検査に関する言葉を耳にする機会が増え，医療(いりょう)に関わりのない多くの人も使う用語となりました。

問７　PCR検査と抗体検査の説明として正しい文の組み合わせを，ア～ケから１つ選び，記号で答えなさい。

①　PCR検査で陽性の場合，現在新型コロナウイルスに感染している可能性がある。

②　PCR検査では，過去に新型コロナウイルスに感染していたかがわかる。

③　抗体検査で陽性の場合，現在新型コロナウイルスに感染している可能性がある。

④　抗体検査では，過去に新型コロナウイルスに感染していたかがわかる。

⑤　PCR検査で陰性でも抗体検査で陽性になる場合がある。

⑥　PCR検査で陽性でも抗体検査で陰性(いんせい)になる場合がある。

⑦　PCR検査と抗体検査で違(ちが)う結果になることはほとんどない。

ア　①・④・⑤　　イ　②・③・⑤　　ウ　②・③・⑦

エ　①・④・⑤・⑥　　オ　②・③・⑤・⑥　　カ　①・②・④・⑦

キ　①・②・④・⑤・⑥　　ク　①・③・④・⑤・⑥　　ケ　②・③・④・⑤・⑥

PCR 検査で感染していると判定されたら陽性，感染していないと判定されたら陰性という言葉で表されます。また，本当は感染しているのに検査では陰性と判定された場合を偽(ぎ)陰性，本当は感染していないのに検査では陽性と判定された場合は偽陽性と表現します。つまり，検査は正確性が完全ではありません。感染した人を正しく陽性と判定できる割合を感度，感染していない人を正しく陰性と判定できる割合を特異度といいます。**表1**はそれらをまとめたものです。

表1

	感染している	感染していない
検査の結果は陽性	陽性	偽陽性
検査の結果は陰性	偽陰性	陰性

問8　人口 100 万人の都市で，全員が PCR 検査を受けたとします。PCR 検査の精度について，感度が 70%，特異度が 99.9%，新型コロナウイルスに感染している人の割合を 0.1%として，(1)～(4)の問いに答えなさい。

(1)　この都市に住む 100 万人のなかで，新型コロナウイルスに感染していない人数を求めなさい。

(2)　新型コロナウイルス感染者の中で陰性と判定された人（偽陰性者）の人数を求めなさい。

(3)　新型コロナウイルスに感染していないのに検査結果で陽性と判定された人（偽陽性者）の人数を求めなさい。

(4)　検査結果が陽性となった人の中で，本当に感染している人は何%ですか。小数第２位を四捨五入し，小数第１位まで答えなさい。

2　金属について，次の文章を読み，あとの問いに答えなさい。

問題を解くときに必要であれば，次の値を用いること。

円周率　3.14

物質 1 cm^3 当たりの重さ　　金 19 g，銀 11 g，銅 9.0 g，水 1.0 g

金属には金，銀，銅，亜鉛(あえん)，アルミニウムなどがあり，(a)金属特有のさまざまな性質を示します。日本では金の純金を 24 分率で示し，約 4.17%ずつ純金の重さの割合が増えていき，24 金は純度 99.99%以上のものを示します。純度が高いほうが，金属としての価値や見た目が優れているように思いますが，実際には金属の表面に金属の膜(まく)をつけてめっきしたり，(b)ほかの金属を混ぜて合金と呼ばれる金属にしたりすることがあります。金の合金は宝飾品(ほうしょくひん)や金歯，万年筆のペン先などに用いられます。

2021 年夏に開催(かいさい)された東京 2020 オリンピック・パラリンピックでは，「都市鉱山からつくる！みんなのメダルプロジェクト」によって，79860 トンの廃品(はいひん)小型家電から(c)金が 32 kg，銀が 3500 kg，銅が 2200 kg 取り出されメダルが作られました。

問1　下線部(a)について，金属の一般的(いっぱんてき)な性質について，**ア**～**オ**からすべて選び，記号で答えなさい。

ア　アルカリ性の水よう液にとける　　**イ**　たたくと割れる

ウ　電気や熱を通す　　**エ**　磁石を近づけるとくっつく

オ　みがくと光る

問2　下線部(b)について，金にほかの金属を混ぜて合金とするのはなぜか，答えなさい。

問3　下線部(c)について，金メダルの大きさや形には規定があります。金メダルは，直径 80 mm，厚さ 10 mm の純銀の円柱に，6 g の金が均一にうすくめっきされており，めっきにより体積は変わらないものとします。

(1)　金メダルの重さは何 g ですか。小数第１位を四捨五入して整数で答えなさい。

(2)　金めっきの厚さは何 mm ですか。小数第４位を四捨五入し，小数第３位まで答えなさい。

問４　廃品小型家電から取り出された銅がすべて銅メダルになるとすると，最大何個の銅メダルを作ることができますか。小数第１位を四捨五入して，整数で答えなさい。ただし，銅メダルは直径 80 mm，厚さ 10 mm の丹銅（体積の割合が純銅 94％と亜鉛６％含まれた合金）からなる円柱とし，亜鉛はメダルを作るのに十分な量があるものとします。

古代の科学者であるアルキメデスは，王様から冠が純金でできているかどうかをこわさずに調べるよう命じられました。アルキメデスは湯船につかったとき，水があふれたことをヒントに，冠の体積を調べ冠の $1\ cm^3$ 当たりの重さを求めることで，冠が純金かどうかを調べました。アルキメデスは，同じ重さの冠と純金の金塊をてんびんでつり合わせ，それぞれを水につけることで，冠に不純物が混ざっていることを明らかにしました。また液体中の物体について，「物体がおしのけた液体の重さに等しい浮力を受ける」ことを発見しました。この原理をアルキメデスの原理といいます。

アルキメデスの原理について理解を深めるために，家にあった金のしゃちほこの置物を用いて実験を行いました。金のしゃちほこの置物の重さをばねばかりで測ったら，1425 g でした。ばねばかりにつないだまま，金のしゃちほこを水の中に完全に入れるとばねばかりは 1330 g の値を示しました。

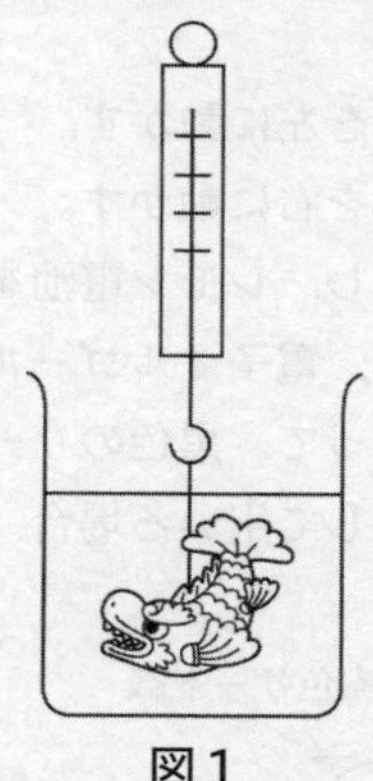

図１

問５　金のしゃちほこの置物は $1\ cm^3$ あたり何 g ですか。

問６　液体を水ではなく，$1\ cm^3$ あたり重さ 1.2 g の食塩水にかえたとき，ばねばかりがさす値は何 g になりますか。

問７　アルキメデスの実験を参考に，重さが無視できる軽い棒の中心に糸をつけ，てんびんとしました。棒の中心から左 20 cm のところに金のしゃちほこを，棒の中心から右 20 cm のところに純金からなる金塊をつるしたところ，つり合いました。

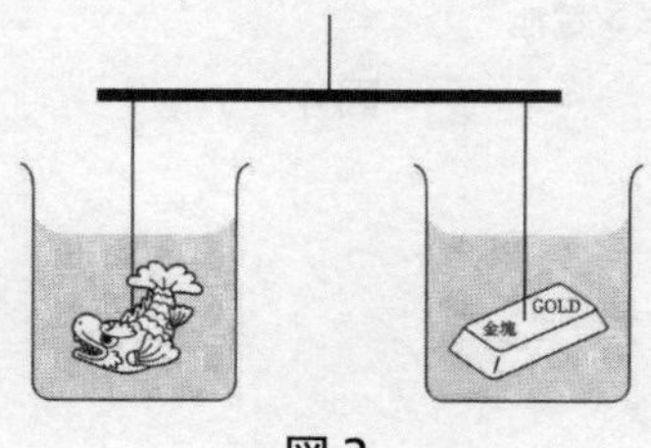

図２

(1)　金のしゃちほこと金塊を水に入れるとてんびんがかたむきました。てんびんは左右のどちらが下がりますか。

(2)　水につけた状態でてんびんをつり合わせるためには，金のしゃちほこの置物の位置を，右または左のどちらへ何 cm 移動させる必要がありますか。ただし，棒の長さはつり合わせるために十分な長さがあるものとし，小数第２位を四捨五入して，小数第１位まで答えなさい。

問８　重さをはかる装置はてんびんから上皿天びん，ばねばかりへと変化していきました。**図３**の上皿天びんが右に下がるとき，上皿天びんの両端（りょうたん）にある調節ねじをどのように動かしたらつり合いますか，**ア**～**エ**から１つ選び，記号で答えなさい。

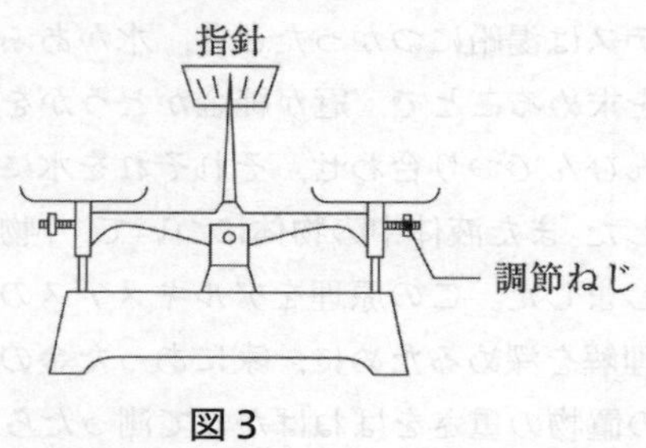

図３

ア　両方の調節ねじを右に動かす。

イ　両方の調節ねじを左に動かす。

ウ　右の調節ねじを右に，左の調節ねじを左に動かす。

エ　右の調節ねじを左に，左の調節ねじを右に動かす。

図４のように２枚の金属をレモンにひたし，レモン電池をつくりました。**表１**の**ア**～**カ**に示す金属の組み合わせで２枚の金属を導線（どうせん）でつなぎ，電子オルゴールが鳴るかを記録しました。電子オルゴールは，電流が赤色のリード線から本体に入って，黒色のリード線に向かって流れるときに音が鳴るしくみになっています。また，金属は電池として用いる場合，金属の組み合わせによってプラス極になる方が決まっています。

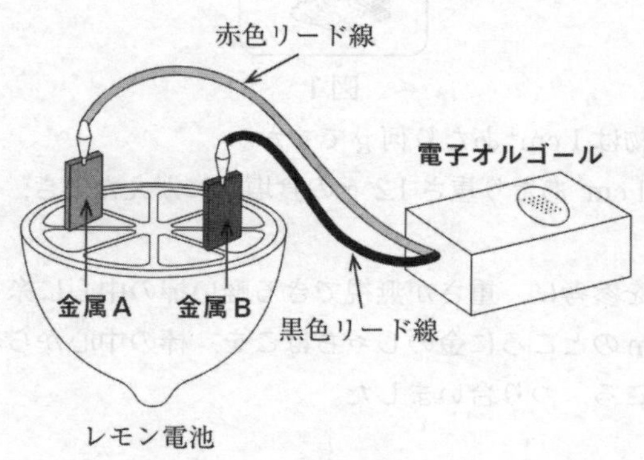

図４

表1

	金属A	金属B	オルゴール
ア	銅	亜鉛	鳴る
イ	亜鉛	銅	鳴らない
ウ	銅	銅	鳴らない
エ	亜鉛	亜鉛	鳴らない
オ	アルミニウム	亜鉛	鳴らない
カ	亜鉛	アルミニウム	鳴る

問9　(1)　銅と亜鉛の組み合わせでは，どちらの金属板がプラス極であると考えられますか。

(2)　銅とアルミニウムを用いて，電子オルゴールの音を鳴らすには，金属Aを銅とアルミニウムのどちらにする必要がありますか。

(3)　電子オルゴールの音を鳴らすのに比べ，豆電球を光らせるのにはより大きな電流が必要です。そのため，豆電球を光らせるためにレモン電池を直列につなぎました。表1のア～カのうち，電子オルゴールの代わりに豆電球をつないだとき豆電球が光るものをすべて選び，記号で答えなさい。

【社　会】（40分）〈満点：50点〉

次の３つの文は，海くん・陽くん・学くんがそれぞれ飢饉・飢餓について書いたレポートです。これらを読んであとの問いに答えなさい。

海くん

日本は季節の変化がはっきりしており，①気象によるさまざまな災害が発生します。かつては，水害や干害，冷害などによって農作物が不作になると，食糧不足になって多くの人々が飢饉で苦しみました。今まで飢饉というと江戸時代の飢饉しか聞いたことがなかったので，いろいろと調べてみたところ，『日本書紀』の中に，５世紀前半に飢饉があったとの記録がありました。そして，江戸時代が終わるまでには，およそ３年に１度のペースで飢饉が起きていたということがわかりました。

飢饉は，当時の政治や社会に大きな影響を与えました。例えば，1180年から1182年にかけて，西日本一帯で干害による不作がおき，京都で飢饉がおきました。この飢饉のようすは（　1　）が著した『方丈記』に次のように書かれています。

「また，養和年間のころであっただろうか，長い年月が経ったのではっきり覚えていない。二年間，世間では飢饉で食糧が欠乏して，何とも言いようのないひどい事態があった。②ある年には，春・夏の間は干害，ある年には大風・洪水などと，不幸なことがいろいろ続いて，穀物が全く実らない。むなしく春に耕し，夏に植えるという骨折りだけがあって，秋に刈り取り，冬に倉へ納めるというにぎわいはない。」

「京の都の常として，何事につけても，生活の根源をみな地方に頼っており，全く京の都へ上ってくる食物がないので，（都の人々も）そんなふうに体裁をつくろってばかりいられようか，いや，いられない。」

このように，京都の人々は地方から食糧が入ることで生活が維持されていました。しかし，このころ，京都より西を平氏，北を木曽義仲がおさえ，京都に食糧が入ってこなくなったことが，飢饉の被害をさらに大きくしました。一方で，関東は豊作となり，この地域をおさえた（　2　）は，京都への食糧を運び入れる見返りに，朝廷から関東の支配権を獲得しました。（　2　）が平氏を滅ぼして鎌倉に幕府を開けたきっかけの１つに，飢饉があったといえます。

1230年から1232年にかけて，寒冷化による不作がもとで各地で飢饉がおき，「天下の人種三分の一失す」といわれるほどの多くの餓死者が出ました。飢えた人々は山野に入って木の実で飢えをしのいで，何とか命をつなごうとしましたが，一方で，御家人はきびしく年貢をとりたてようとし，農民との争いが増えました。このころの執権（　3　）は御成敗式目を制定しましたが，③この条文の中にその飢饉の影響を見いだすことができます。

室町時代になると，京都の飢饉はさらに悪化しました。京都に食糧が入らないことに加え，各地でおきた飢饉によって食糧を求める難民が京都におしよせたからです。幕府や大名はわずかばかりの救援活動しかおこなわなかったため，京都にたどり着いた難民が飢えや疫病で次々と死んでいく悲さんな光景が広がりました。15世紀後半になると，経済力をつけた京都の人々は，幕府や大名があてにならない様子を見て，寄付をしたり支援活動を手伝ったり，食事を提供したりして，自分たちの手で④飢饉におそわれた人々を救援しようとしました。

問１　文中の空らん（　1　）～（　3　）にあてはまる人名を，それぞれ**漢字**で答えなさい。

問２　下線部①について，日本の災害は，時代によって被害の大きさに違いがあった。例えば，干害は古代では大きな災害であったが，ため池やダムなどのかんがい施設が充実したことで，現代に近づくほど被害が小さくなった。

雪害についてみると，江戸時代まで，大雪は災害につながるという考えがほとんどなかったといわれている。なぜなら，冬に雪が降るのは毎年のことであるため，冬の間に必要なモノを蓄え，移動や作業を春に先延ばしにすればよいと考えていたからである。しかし，現代に近づくほど雪害が災害として大きな問題になっていった。どうして，大きな問題になっていったか，具体例をあげて説明しなさい。

問3　下線部②のような被害をさけて食糧生産を増やすため，このころから近畿地方を中心にひろまった農業方法はどのようなものか，説明しなさい。

問4　下線部③について，次の文は御成敗式目の条文と，1239年の追加法である。これらを読んで，海くん・陽くん・学くんが議論した。メンバーの発言の正誤について述べた文として正しいものを，あとのア～エから一つ選び，記号で答えなさい。

> 御成敗式目第42条
>
> 諸国の住民が土地から逃げた時に，…その妻子をつかまえ家財を奪い取ることは，民を思いやる政治に背くものである。もし…年貢が未払いだというのならその弁済をしなければならない。…ただし，去るかとどまるかは，すべて百姓の意に任せる。
>
> 1239年の追加法
>
> 寛喜の飢饉の時に飢え死にしそうだった者を助けた主人は，その者を奴隷としてそのまま自分の元においても構わない。人身売買は本来認められないが，飢饉の年は例外とする。

海くん：飢饉の時，農民は生き延びるために別の領地に逃げてもかまわない，と解釈できるよね。

陽くん：また，飢饉の時に農民を生き延びさせるために奴隷にしても構わないとしているね。

学くん：でも，あくまでそれは飢饉という非常時であって，ふだんから奴隷にすることはみとめられていないと読めるよね。

ア　海くんがまちがっている。　　イ　陽くんがまちがっている。

ウ　学くんがまちがっている。　　エ　全員正しい。

問5　下線部④について，このころ飢饉におそわれそうな人々は誰に対してどのようなことを要求したか，二つあげなさい。

陽くん

江戸時代に入っても，飢饉はたびたび発生しました。しかも，鎌倉・室町時代の飢饉での死者が数万人であったのに対し，江戸時代の飢饉の死者は一つの藩で数万から十万をこえることさえあるほど，多くの死者がでました。

1732年におきた享保の大飢饉は，前年末から続く天候不順に加え，夏の長雨と洪水，そしてイナゴやウンカなどが大発生して，西日本を中心に米が不作となり，1万人以上が餓死しました。このころの将軍（　4　）は，西日本の諸藩を救済するために，幕府の米を売り払い，さらに米不足になった大阪に江戸の米を送りました。このため，江戸の米の値段が急激にあがり，江戸の町人の中には，米を買いしめて利益を得ようとした米問屋をおそう（　5　）をおこなうものもいました。また，（　4　）は，青木昆陽に⑤サツマイモ栽培の普及を命じるなど，米以外の穀物の栽培を奨励しました。

1780年代におきた天明の大飢饉では，地球規模ですすんだ寒冷化によって全国的な冷害がおき，東北地方でとくにおおきな被害をうけました。しかし，飢饉の原因はこれだけではありません。東北地方の各藩が，江戸や大阪といった全国規模の経済の中心地に米を供給する地域に位置づけられ，米を売って手にした貨幣（かへい）で政治をおこなったり借金を返済したりしなければならなくなったことが，一番大きな原因かもしれません。少しでも貨幣を手に入れようと，藩内で蓄えておくべき米までも売ってしまったため，飢饉が起きたときには手元に米がない状況（じょうきょう）でした。これでは救えるはずの命も救えなくなってしまいます。藩という「独立国」が全国規模の貨幣経済にまきこまれていたことで，飢饉の被害が大きくなったのですから，天明の大飢饉は「人災」ということができます。

このような中で，権力を握（にぎ）っていた老中（　6　）が失脚（しっきゃく）し，松平定信が老中となったのです。まず，今後起きるであろう飢饉に備えて村ごとに米を備蓄（びちく）させました。また，江戸の町人たちに幕府の援助のもとで食糧や貨幣を蓄えさせ，災害時の救済や支援がおこなえるようにしました。

1830年代におきた天保の大飢饉では，飢えに苦しむ人が多く江戸に流入しました。さきほど記した蓄えや，大阪などの米を江戸に集めたため，江戸では大きな騒動はおきませんでした。ところが，大阪では，米を江戸に運ばせた大阪町奉行（ぶぎょう）やそれに協力した商人を批判した（　7　）が反乱をおこしました。また，東北地方の各藩で百姓一揆がおこり，幕府や藩は政治改革の必要に迫（せま）られました。

ところが，明治時代以降，飢饉で多くの人が餓死するような事態はなくなりました。その理由としては，「独立国」であった藩が（　8　）によって消滅（しょうめつ）して中央集権国家が成立したことや，鉄道建設が進んで食糧を輸送しやすくなったこと，そして幕末の大きな政策の変更によって食糧を輸入できるようになったことなどがあげられます。しかし，見方を変えると，江戸時代と似たような構図が見えてきます。

日清戦争・日露戦争をさかいに，日本は産業革命をすすめました。軽工業そして重工業がさかんになり，都市部を中心に人口が急増した結果，日本国内の米の生産量だけでは人々の生活を支えられなくなりました。そこで（　9　）条約で獲得した台湾と，韓国併合で獲得した朝鮮から安価な米を日本に運びました。台湾や朝鮮では，生産した半分近くの米を日本に運んだため，農民たちの食糧不足が発生し，山に入って木の芽や皮などをとって飢えをしのいだといわれます。一方，安価な朝鮮米・台湾米が入ることで，東北地方の米が売れにくくなり，東北地方の農民たちは豊作でも不作でも苦しい生活になりました。こうしてみると，昭和初期の凶作で生活が苦しくなった農民たちの政治に対する不満が，結果として⑥軍部が政治への影響力を強めることや対外侵略につながったといっても，言い過ぎではないでしょう。

⑦米が凶作になると値段が上がるため，米を買えなくなった都市の住民たちが米の安売りを求めて米商人をおそうという米騒動も，明治・大正時代に何度か起きています。そこで，米の価格を安定させるために，政府は米の価格を決めたり，米を買い入れたりするようになりました。

問6　文中の空らん（　4　）～（　9　）にあてはまる語句を，それぞれ答えなさい。ただし，（　5　）以外はすべて**漢字**で答えなさい。

問7　下線部⑤に関連して，サツマイモはアメリカ大陸が原産地で，ヨーロッパ人がアメリカ大陸に到達した15世紀末以降，サツマイモをはじめとするさまざまな農産物がヨーロッパを経由して世界各地に広まった。次の**ア**～**カ**の農産物のうち，アメリカ大陸を原産地とするものを二つ選び，記号で答えなさい。

ア　キュウリ　　**イ**　ジャガイモ　　**ウ**　タマネギ
エ　トウガラシ　**オ**　ニンジン　　**カ**　レタス

問８　下線部⑥の具体例を，二つあげなさい。

問９　下線部⑦について，1918 年の米騒動は，前年が豊作であったにもかかわらず米の値段が上がり，発生した。なぜ発生したのか，その理由を説明しなさい。

学くん

第二次世界大戦に敗れた日本は，台湾・朝鮮などの植民地を失い，海外から運びこまれる米の量が減少しました。そこで，政府は食糧増産政策を実施し，米の増産に努めた結果，米の生産量は，1960 年代にはおよそ 1400 万トンまで高まりました。しかし，⑧このころから米余りが深刻となったため，（　10　）政策とよばれる生産調整を始めました。政府は水田に稲を植えない休耕や，稲以外の作物を栽培する（　11　）をおこなう農家に補助金を出して，生産を減少させました。2018 年に（　10　）政策は廃止されましたが，今年の米の生産量は 700 万トンを切り，最盛期の半分を下回るようになりました。したがって，もし日本が凶作になった時に，十分な備蓄があるか，不安になります。

実際，1993 年の夏に（　12　）とよばれる冷たい北東の風が強く吹いたため，冷害に弱いけれども収穫（しゅうかく）量が多く味がよいササニシキを栽培していた東北地方で大凶作となりました。この時，政府はタイ・中国やアメリカ合衆国などから米を緊急輸入しましたが，これによって米の国際価格が急騰（きゅうとう）し，慢性（まんせい）的な食糧不足に悩んでいるアジア・アフリカの貧しい国が安価な米を購入（こうにゅう）することができなくなりました。それにもかかわらず，輸入したタイの米を食べずに捨てる人も多く出たため，大きな問題となりました。

では，米以外はどうでしょうか。例えば，カップ麺（めん）の中に入っている食材をみてみましょう。⑨えびはインド・バングラデシュ，ねぎは中国，卵はアメリカ・カナダ，小麦はオーストリア・アメリカ，油脂（ゆし）はマレーシア・インドネシアなど，原材料のほとんどが外国から輸入されています。次の表を見てください。

主な国の食料自給率（カロリーベース）の推移（%）

	1970年	1980年	1990年	2000年	2010年	2015年	2017年
アメリカ合衆国	112	151	129	125	135	129	131
ドイツ	68	76	93	96	93	93	95
フランス	104	131	142	132	130	132	130
日本	60	53	48	40	39	39	38

（『世界国勢図会 2021/22』より）

⑩日本の食料自給率は年を追うごとにさがっており，現在約 38%となっています。また，アメリカ・ドイツ・フランスと比べると，日本の自給率の低さがとても目立ちます。

現在，日本は強い経済力をいかして食料を心配しなくてもいい状況になっています。しかし，これからも食料を心配しなくてもいい状況が約束されているわけではありません。また世界には飢えに苦しむ人々は何億人もいますし，環境破壊（かんきょうはかい）も進んでいます。江戸時代までの飢饉と今の世界の飢餓には，多くの類似点があります。江戸時代までの飢饉を学ぶことで，現在そして未来の飢餓にどう向き合えばいいのかを考えるのも，いいかもしれません。

問10　文中の空らん（　10　）～（　12　）にあてはまる語句を，それぞれ答えなさい。ただし，（　10　），（　11　）は漢字で答えなさい。

問11　下線部⑧について，米余りが深刻になった理由の１つに，米の消費量が減少したことがあげられる。なぜ，米の消費量が減少したのか，説明しなさい。

問12　下線部⑨の情報は，学くんがカップ麺を生産・販売（はんばい）する企業のホームページを見てまとめたものである。このような情報を公開することが，企業や消費者にとってどのような利点があるのかを説明しなさい。

問13　下線部⑩について，次の表は日本の品目ごとの食料自給率の推移をあらわしたものである。表中の空らんア～オには，小麦，米，大豆，肉類野菜のいずれかがあてはまる。ア～オにあてはまる品目名をそれぞれ答えなさい。

品目名	1960年	1980年	2000年	2005年	2010年	2015年	2019年
ア	102	100	95	95	97	98	97
イ	100	97	81	79	81	80	79
ウ	91	81	52	54	56	54	52
エ	39	10	11	14	9	15	16
オ	28	4	5	5	6	7	8

（『世界国勢図会2021/22』より）

問14　今後，日本は国内や世界でおきうる飢餓に対してどのように取り組めばよいか。海くん・陽くん・学くんのレポートや解いた問題をてがかりにして答えなさい。

生徒Ａ　二人の会話がどんどんとテンポよく進んでいるね。

生徒Ｂ　雪乃は二人の会話の勢いに入り込めないでいるのかな。

生徒Ｃ　大人同士の話だしね。それにしても、茂三と航介の話し方は対照的だね。

生徒Ａ　航介が東京から来たってことが、茂三が［２（二字）］で話していることで際立っているように感じるな。

生徒Ｃ　それだけじゃなく考え方の違いも強調されている気がする。

生徒Ｂ　考え方の違いか。航介が新しい物好きの都会の人で、茂三が「［３（五字）］」田舎の人っていうイメージになるのかな。

生徒Ａ　でも、茂三はブルーベリーの栽培を真っ先に始めたんだよね。だから、［３］田舎の人っていうのは少し違う気がするな。

生徒Ｃ　田舎の人の考え方というより、ものごとの本質をしっかりと捉えてものを考えられるという感じかな。雪乃の父親である、航介よりもさらに大人の考えを持っている感じ。

生徒Ａ　確かに、最後には航介が新しい作物を作ることを認めているし、雪乃のことも忘れちゃいけないんだってことを指摘しているよね。

生徒Ｂ　一見すると頑固に見えるけど、しっかりとした考えを持った素敵な大人の姿に見えるな。雪乃が「［４（五字）］」と思ったのも、茂三の人生の大先輩としての姿があるからなんだね。

三　次の①～⑤の傍線部のカタカナを漢字に、漢字をひらがなに直しなさい。

①　これはカンカすることのできない重大な問題だ。

②　この工場では原油をセイセイして燃料油を作っている。

③　町の博物館には土器や石器などのイブツが展示されている。

④　これまでの努力がトロウに終わってしまった。

⑤　見通しの悪い道で車の警笛を鳴らした。

として最もふさわしいものを、次のア～エの中から一つ選び、記号で答えなさい。

ア　無理解　**イ**　無関心　**ウ**　不快　**エ**　納得

問四　傍線部③「しごくもっともなことを言う」とありますが、なぜ「もっとも」だと言えるのですか。ふさわしくないものを、次の**ア**～**エ**の中から一つ選び、記号で答えなさい。

ア　個人的な出来事や心情を記す日記を公開することはためらわれるから。

イ　本当のことを書くと人から反感を買ったり、批判をされたりするから。

ウ　何十万人もの読者を喜ばせるような日記の内容が思い浮かばないから。

エ　おしゃれな世界に憧れを持つような人は農家のブログなど見ないから。

問五　傍線部④「どうして気がつかなかったんだろう、と雪乃は思う」とありますが、この時の雪乃の心情としてふさわしくないものを、次の**ア**～**エ**の中から一つ選び、記号で答えなさい。

ア　反省　**イ**　困惑　**ウ**　反発　**エ**　後悔

問六　傍線部⑤「聞きたくもねえこと」とありますが、具体的にはどのようなことですか。最もふさわしいものを、次の**ア**～**エ**の中から一つ選び、記号で答えなさい。

ア　これまでの農業のままでは生き残ることができず、新しい作物を作らなくてはいけないと航介に指摘されたこと。

イ　作った作物をネットに取り上げてもらうためには見た目が大事で、味はまずくても関係ないと航介が言ったこと。

ウ　流行の最先端を行くようなおしゃれなものに対して金を惜しまない消費者が一定数存在しているということ。

エ　高級なスーパーに並べてもらえるような新しい作物を作るために、茂三の大切にしてきた畑を借りようとしていること。

問七　傍線部⑥「茂三が苦い顔で吐き捨てる」とありますが、「苦い顔」とはどういう顔のことですか。「～な顔」につながるように五字以内で答えなさい。

問八　傍線部⑦「雪乃は、立ちすくんでいた」とありますが、それはなぜですか。四十字以内で答えなさい。

問九　傍線部⑧「父は今、何か大きなことを大先輩から教わったのだ」とありますが、具体的にはどのようなことを教わったのか、航介が始めようとしている新しい作物を作ることに当てはめて百二十字以内で説明しなさい。

問十　次の会話文は本文について、生徒たちが話し合った時のものです。会話文中の空欄**1**～**4**にあてはまる言葉を答えなさい。ただし、それぞれ指定された字数で答えることとし、空欄**1**・**3**・**4**は文中から抜き出して答えること。

生徒A　航介は娘の雪乃と一緒に祖父の田舎に引っ越してきたんだよね。

生徒B　そうだね。ということは、雪乃にとって茂三は「**1**（三字）」に当たるんだね。

生徒C　場面はほとんどが航介と茂三の会話で成り立っているところだね。

「写真にさえ美味そうに写ってたら、実際の味はまずくたってかまわねえって。そう言っただな」
「だからそれは、言葉の綾っていうか」
「そーじゃあるめえに。つるっと口からこぼれた言葉こそ、本音ってことだわい」
鞭をくれるようにぴしりと厳しいことを言いながらも、茂三は手を止めようとしない。弧を描いた鎌の刃を、じつに手際よく研ぎ続けている。
前屈みの背中。頭の毛は、雪乃が思い出せる限りでもずいぶんと薄くなり、顔にも手にも皺が増えた。それなのに、衰えたように見えないのはどうしてだろう。両肩のあたりにこもる気魄のせいか。
曾祖父が本気で怒ったところを見るのが初めてだったのと同じく、父親が本気で反省してしょげているのを見るのも初めてだった。⑧父は今、何か大きなことを大先輩から教わったのだ。
〈人間の学校〉だ、と雪乃は思った。
「ま、話はわかった。おめえが本当に性根据えてやってみてえんなら、好きにやるがいいだわ。どんな作物だろうが、思うとおりこさえりゃいい。たしかに、おめえの言うのも道理だ。おれだって昔はそうとう勝手を通してきたわけだしな。はは、血筋だわい」
皮肉ではないらしい。声がいくらか穏やかになっている。
雪乃がようやく安堵して身体の力を抜くのと、顔を上げた曾祖父と視線がぶつかるのは同時だった。茂三が、ふっと目もとを和ませる。
「ただし、航介」
「……はい」
「おめえ、どんだけ忙しくても、雪坊のことだけはちゃんと目配りしてやれよ。とーやんだけじゃ足りねえ。爺婆が束んなっても追っつかねえ。女の子にゃあやっぱし、かーやんでなきゃ駄目なこともあんだからな。そこんとこさえ忘れなきゃ、おれはこれ以上なんも言うつもりはねえだわ」

（村山由佳『雪のなまえ』徳間書店による）

問一 空欄にあてはまる言葉を、ひらがな四字で答えなさい。

問二 傍線部①「都会の人から憧れられるくらいの農業を目指したいよね」とありますが、ここから読み取れる航介の考えとして最もふさわしいものを、次のア～エの中から一つ選び、記号で答えなさい。

ア 斜陽と言われている農業でもきちんとした計画にのっとって生産していけば十分に生活していけるということを証明したいという考え。

イ これまで通りではない、話題になるような作物を作ることで、自分のやっている農業を都会の人たちにも認めさせたいという考え。

ウ 農業の魅力を都会の若者たちにも知ってもらうためには、祖父の考えとは違っていても流行に乗っていかなければいけないという考え。

エ 芸能人のインスタグラムに取り上げてもらったり、都会の高級スーパーに並んだりするようなおしゃれな野菜を作りたいという考え。

問三 傍線部②「ふん」とありますが、ここに表れている茂三の心情

「いや、待ってよ、じっちゃん。俺だってそんなことはわかってるって。じっちゃんの丹精した畑をアテにしてるわけでもないよ。役場で紹介してもらって、休耕地になってる畑を貸してもらう計画だって進めてる」

「ほぉん、ご苦労なこった。そんなふうにな、頭で考えたとおり簡単にいくなら誰も苦労はしねえだわい」

「そうだけどさ、たとえ試験的にでも始めてみなかったら、いつまでたってもモノにならないだろ？　じっちゃんだって言ってたじゃん。このへんで最初にブルーベリーを植え始めた時は、周りじゅうから反対されたり馬鹿にされたりしたって」

　この近所ではほとんどの農家が、果樹園ではブドウを中心に作っている。そんな中で、ブドウの傍ら、ブルーベリーを植え始めたのが茂三だった。もう何十年も前のことになる。

　当時はブルーベリーという果物そのものが今ほど全国的に認知されておらず、茂三自身もどんな果樹なのか試しに植えてみたいと思った程度だったのに、周囲はあれやこれやとうるさいことを言ってきたらしい。どうせうまくいくわけがないと諭したり、新しいもん好きだの、身の程知らずだのと揶揄してみたり――おそらくは変化を嫌う田舎の人間特有の気質に、妬み嫉みが合わさってのことだったのだろうが、当時五十代、まだまだ気力充分だった茂三はかえって奮起した。おかげで今、初夏に出荷するサクランボほど大きな実のブルーベリーは茂三の、いや、後に続いた農家全体の大切な収入源となっている。

「じっちゃんだって、昔から、言ってみればフロンティア魂を地で行く人だったわけでしょ。俺が同じように挑戦することの何がおかしいのさ」

　航介が不服も露わに言うと、茂三は再び砥石に目を落とし、草刈り鎌の刃を滑らせ始めた。その姿勢のまま、言った。

「調子づいてるからだわ」

「じっちゃん」

「なんも、挑戦が悪いとは言ってねえだよ。ただ、おめえの考えのもとになってるもんが、なんちゅうかこう、うわっかのことばーっかしに聞こえるだわ」

「なんで。さっきの話のどこがいったい、」

「ネットがどうの、芸能人の公開日記がどうのって、そんな連中のご機嫌伺いながら畑やって楽しいか。おしゃれな野菜の写真だあ？　インスタントだかブロ……ブロ何とかだか知らねえが、そんなもんにいちいち写真載っけてもらうために野菜作ってて、おめえは嬉しいだか。え？」

　張りつめた空気を感じ取っているのだろう。雪乃の足もとで、キチがひいんと鼻を鳴らす。

「いや、何もそのためだけにとは言ってないけどさ。ただ、普通のキャベツやキュウリみたいな野菜だとなかなか他との差別化が図れないけど、新しい野菜はそれでなくても注目度が高いだろ？　どういう料理に取り入れるかも含めて戦略的にアピールしていけば、話題にもなるし、ブランド化もしやすいって言ってるだけで……」

「さっきおめえは、味なんか写真に写らねえって言ったな」

　航介が、ぐっと詰まった。

「あれは……」

で誰の興味も引かないけど、それが、見たこともない野菜やフルーツだったら話は違ってくる。それがいわゆる『インスタ映えする』ってことなんだけどね」

油差しの底をぺこぺこと押しながら、すっかり錆びた自転車のチェーンを回してゆく。

「インスタグラムに上げた時に人目を引くほど写真写りがいいものは、今の時代、雑貨でも洋服でもたいていヒットするんだわ。料理の場合、インスタ映えした上でさらに他人のブログと差をつけるためには、サラダ一つとっても流行の最先端を行くおしゃれな野菜が重宝されるわけ。そういうものになら金を惜しまないっていう消費者層が一定数いる。ばかげてるって言えばばかげてるけど、現実はそうだからさ。だったらこっちも、そこをピンポイントで狙って作物を選べばいいんじゃないかな、って」

後から思えば、話の途中のどこかから、茂三はいっさい相づちを打たなくなっていた。

④どうして気がつかなかったんだろう、と雪乃は思う。話の内容に集中してしまって、曾祖父の反応を見逃していた。途中で気づいていたら、さりげなく父親の話を遮ることだってできたかも——いや、あの勢いでは難しかったろうか。

「農業もさ、生き残りのための戦略が必要だと思うんだよ。少なくとも、これまでとただ同じことを繰り返して、ありきたりの野菜や果物だけ作ってるよりは、上を目指せるんじゃないかってさ」

反応がないので、航介は声を張った。

「ちょ、聞いてる？　じいちゃん」

その時だ。ずっと砥石にかがみ込んでいた茂三がようやく身体を起こして言った。

「ああ、聞いてるよ。おかげさんで耳は遠くねえし、おめえがべらべらべらべら大声でくっちゃべるもんで、よーく聞こえちゃいるだわ。⑤聞きたくもねえことまでな」

雲行きが怪しいことに、そのとき雪乃はようやく気づいたのだった。もちろん航介もだ。

「え、じっちゃん、ちょっと待ってよ。俺、何か悪いこと言った？」

「なんも」

「だって何か怒ってるでしょ」

「怒ってねえだわ。腹が煮えくりけえるだけだに」

「めちゃめちゃ怒ってんじゃん！」

航介は慌てた。

「いやあの、誤解しないでよ。これまでのやり方を今すぐ変えようなんて思ってないし」

「あったりめえだ。そんなこと、出来るわけがねえに」

⑥茂三が苦い顔で吐き捨てる。

「野菜の流行がどうの、見た目がどうのって、おめえはえれえ簡単に言うだけども、新しい作物をこさえようと思ったら畑の土からこさえなきゃなんねえだ。一朝一夕に出来るこっちゃねえに。画用紙を取っ替えて絵え描くようなわけにゃいかねえだわ」

⑦雪乃は、立ちすくんでいた。手にした買い置きの亀の子ダワシを、棚に戻すことさえできない。ふだんからけっこう怒りっぽい曾祖父だが、本気で腹を立てているのを見るのは初めてだった。

ちょっと高級なスーパーなんか行くと見たこともない野菜がいっぱい並んでてさ。それがまた、けっこうな値段してるのにちゃんと売れてるわけ。ファッションとかと同じで、野菜にも流行りすたりがあるんだなあって思ったね。美味しいだけじゃなくて見た目がおしゃれだったら、高くても売れるってこと。そりゃあ、この土地に合う合わないの問題はあるけど、みんなと同じことしてたんじゃ先が見えてるしさ。やる以上は、①都会の人から憧れられるくらいの農業を目指したいよね」

裸電球を灯した納屋の中、航介は、耕転機の回転部に油を差していた。古いブリキの油差しの底が、ぺこんぺこんと音を立てる。

「大事なのは、いわゆるブランド化ってやつだよ。じっちゃんは知らないだろうけど、今どきは、毎日の料理の写真をインスタグラムに上げたりするのが当たり前になっててさ」

砥石で鎌を研いでいた茂三が、

「……上げる？」

短く訊き返した。

「そう、アップするってこと。ええとつまり、今晩ばっちゃんが作ったおかずを、スマホかデジカメで写真に撮るとするじゃない。で、世界中の誰でもが見られるようにインターネット上に公開する。そのことを、〈上げる〉って言うわけ」

「婆やんの煮っころがしの写真なんぞ、世界の誰が見るだ」

「それが、けっこう見るものなんだよ」

「真似して作るだか？」

「それもあるだろうけど、たとえばアップしたのが芸能人だったら、へえ、あの人、家ではふだんこういうの食べてるのか、って好奇心で覗くじゃん」

「②ふん」

「おしゃれな世界に憧れるのは、別に悪いことじゃないだろ？　芸能人じゃなくて一般人でもそう。彼らがこぞってネットに料理の画像をアップする。そうなると食材は、味以上に見た目が命ってことになる。味はさ、極端な話、まずくても関係ないんだわ。カメラにはどうせ写らないから。とにかく、大前提として画像がほんとに美味しそうに撮れてないと、そのブログが話題になることはあり得ない」

「ぶろ……？」

「ブログ。ネット上の公開日記みたいな文章のことだけど、普通の日記と違って、他の誰かが感想を書き込んだりもできるのがミソだね。中には、何万人、何十万人のフォロワーがついてるブロガー……ええと、読者がついてる人もいる」

「そんねんまく大勢に読まれる日記に、いったい何書くだ？　本当のことなんぞ、なぁんも書けねえに」

茂三が、③しごくもっともなことを言う。

「それを言っちゃおしまいだよ」航介は笑って耕転機から身体を起こした。「ごめん雪乃、そこの二段目の、赤いオイルの缶取って」

　雪乃が急いで持っていくと、航介は空になった油差しにオイルを補充し、缶を返してよこした。再びかがみこみ、隣に置いてあった古い自転車にまで油を差し始める。

「野菜にも流行りすたりがあるっていうのは、そういう背景があってのことでさ。あたりまえのトマトを輪切りにした写真を載せたところ

すか。八十字以内で説明しなさい。

問八　傍線部⑧「『何のために生きるのか』とか、『幸福とは何か』ということについて、立ちどまってゆっくり考え、他の人の考え方を知り、自分の考えを深めていくことはとても大切なこと」とありますが、それはなぜですか。その説明として最もふさわしいものを、次の**ア**～**エ**の中から一つ選び、記号で答えなさい。

ア　自分の願望や能力を深く考えた上で他の人の考えに触れ、自分の個性や特徴を把握し、自分自身についてより理解することができるから。

イ　社会で生活していくには一般的な常識を知る必要があり、そのためには自分や他人の考え方をよく理解しなければならないから。

ウ　将来の進路を考える上でその職種に対する知識は必要なので、誰がそれを教えてくれる人か探さなければならないから。

エ　さまざまな願望や能力の存在を知り、どれが自分の求めているものかを知っていくことが、これからの人生を有利に進めるために必要だから。

問九　本文の内容を説明した次の各文について、正しいものには○を、間違っているものには×をつけなさい。

1　自分の可能性に優先順位を素早く付けられるのが、優れた才能である。

2　出世したいという目標と、健康でいたいという目標との優劣はつけられない。

3　快・不快は瞬間的なものではなく長い時間だけできまるものである。

4　幸福は個人の中だけでなく、広く社会の中でも考えなければならない。

5　倫理学は何が善か悪かについて、はっきり答を決める学問である。

6　オリンピックで金メダルを取れば、それまでの苦痛は報われると考えるべきだ。

二　次の文章を読み、あとの問に答えなさい。

ついさっきまで、倍ほど年の違う祖父と孫息子は、母屋の脇に建つ納屋で和気［　　　　］と農機具の手入れをしていた。雪乃はゴム手袋をはめて、ボトル入りの農薬や、オイルやペンキの缶などが並んでいる棚の整理整頓を受け持った。鎖をはずしてもらったキチも仲間に加わることができて嬉しそうだった。

多くは娘のため、そして自分の夢のために、東京の大きな会社をすっぱり辞めて田舎で暮らすことを決めた航介に向かって、茂三はこの日、

「なかなかできることでねえだわい」

初めてそう言ってくれた。男同士ではめったに褒め言葉を口にしない人だし、前に一度、〈そんな甘い考えでどうする〉的なことを言われただけに、航介は嬉しそうだった。雪乃まで嬉しかった。

おそらく、それで調子に乗ってしまったのだろう。

「俺、じつはさ、このへんじゃまだ誰もやってない作物にも興味があるんだよね」

航介は言った。

「農業は斜陽だなんて言われて久しいけど、そのわりに、東京の

問一 傍線部①「何を目標にわたしたちは生きていけばよいのでしょうか」とありますが、文中で筆者はその「目標」としてどのようなものを想定していますか。それにあたる部分を文中から三十字以内でさがし、その初めと終わりの五字を書きなさい。

問二 傍線部②「いま挙げたものが、互いに対立するようなことも考えられる」とありますが、例えばどのようなものがあてはまりますか、最もふさわしいものを次の**ア**～**エ**の中から一つ選び、記号で答えなさい。

ア 家族サービスのためには多くのお金がかかるから、仕事と休息があてはまる。

イ 健康でいるためには静かにしていなければならないから、健康と娯楽があてはまる。

ウ 一人暮らしをするには多くのお金がかかるから、自立と休息があてはまる。

エ 勝利のためには節制と訓練が必要だから、勝利と安楽があてはまる。

問三 傍線部③「ふたたび難問に突きあたります」とありますが、「難問」とはなんですか。十五字以内で説明しなさい。

問四 傍線部④「この問いに答えることも簡単ではありません」とありますが、簡単ではない理由を六十字以内で説明しなさい。

問五 傍線部⑤「そういう種類の異なる快の大きさをどのように決めればよいでしょうか」とありますが、それを決めるために必要なものは何でしょうか。次の一文の空欄**1**～**3**に当てはまるものを、それぞれ指定の字数で本文中から抜き出して答えなさい。

すべての快楽の **1**（三字） と **2**（一字） とを比較できる同じ **3**（二字） 。

問六 傍線部⑥「欲求や願望の実現ということに関しても、やはりいま快楽について述べたのと同じような問題がありそう」とありますが、本文で述べている内容にあてはまるものを、次の**ア**～**エ**の中から一つ選び、記号で答えなさい。

ア 何が欲求・願望の実現にあたるかは、人それぞれ異なっており、その実現に対して感じる幸福を比較できる尺度は存在しない。さらに、実現させるために払った時間や苦痛といった犠牲を考えると、その実現に対して幸福とは単純にいえない。

イ 何が欲求・願望の実現にあたるかは、人それぞれ異なっており、どれも素晴らしいものなのだから格差はつけられない。各人の個性を尊重し、求める幸福が異なっていても、全て同様に尊重していくための尺度が必要である。

ウ 何が欲求・願望の実現にあたるかは、人それぞれ異なっている。また、瞬間的な喜びだけを対象に幸福を考える人と、その実現までにかかった時間や努力があってこそより強く幸福を感じられると考える人とでは、幸福に関する時間の尺度が異なっている。

エ 何が欲求・願望の実現にあたるかは、人それぞれ異なっており、その実現に対して感じる幸福を比較できる尺度は存在しない。また、一人の人間の中でも、それぞれの事柄に対する幸福を比較してその大小を決めることはできない。

問七 傍線部⑦「欲求や願望の実現や能力の発揮についても、同じことが言えそうです」とありますが、なぜ「同じこと」と言えるので

ると言うかもしれません。すばらしい文学作品を書いたり、すぐれた学問研究をするなど、知性的な能力を最大限に発揮することが、わたしたちが最終的にめざすべきものであるという考えです。しかし、身体的にすぐれた才能をもつ人、たとえばスポーツや舞踊などで傑出した才能をもつ人は、その能力を磨き、人々を感動させることが最大の幸福だと言うかもしれません。芸術的な才能をもつ人は、その領域で才能を発揮することがいちばんの幸せであると言うにちがいありません。ピアニストがリストやリゲティの難曲に挑むことは、きっとたいへんなことだろうと思いますが、当人にとっては、それにまさる幸福はなく、それこそが最善のものと感じられることでしょう。ここでもやはり、何が幸福であるかは、そう簡単には決められないように思います。

また、快・不快の問題にせよ、欲求や願望の追求にせよ、自分の能力の発揮にせよ、それらが幸福につながっていることはわかりますが、幸福か否かは、一人ひとりのなかだけで考えてよいのでしょうか。たとえば本来他の人にも分配されるはずのものを一人占めしてしまったとき、その人の快は大きくなるでしょうが、そのことによって他の人に苦痛を強いているかもしれません。そのような状態を幸福と言えるでしょうか。

⑦欲求や願望の実現や能力の発揮についても、同じことが言えそうです。自分の欲求や願望が実現されても、また、自分の能力が最大限に発揮されたとしても、そのとき周りの人のことがまったく目に入っていなかったら、そして、自分の欲求や願望の追求が他の人のそれを妨げていたら、それを幸福と言えるでしょうか。

このように検討してきますと、何のために生きるのか、何をめざして生きるべきなのかという問いに、自分一人の幸福だけを考えていたのでは答を見いだすことができないように思います。自分がここちよいとか、心が満ち足りている、あるいは達成感や充実感があるということだけでなく、他の人のことについて、あるいはそのことと深く関わりますが、「よく生きるとはどういうことか」ということについて考えてみる必要があるのではないでしょうか。

このように「何のために生きるのか」とか、「幸福とは何か」といった問題に関して、いろいろな考え方があると言いますと、哲学は、あるいはそのなかでもとくに善と悪、「何をなすべきか」ということを問題にする倫理学という学問は、あいまいな学問だという印象をもたれる人がいるかもしれません。数学などを念頭に置いて、どのような問題にも必ず正解があるはずだと考えている人も多くいるのではないでしょうか。しかし、必ずしも答が一つに決まらない問題、あるいは答がすぐには出ない問題もあるのです。

とくにどのように生きるか、どの道を選ぶかといった問題の場合、答は容易に一つに決まらないように思われます。しかし、答がすぐに出ないからといって、考えることをやめるのは決して賢明ではないでしょう。これから自分の将来について考え、進むべき道を選んでいかれるみなさんにとって、⑧「何のために生きるのか」とか、「幸福とは何か」ということについて、立ちどまってゆっくり考え、他の人の考え方を知り、自分の考えを深めていくことはとても大切なことだと思います。

（藤田正勝『はじめての哲学』岩波ジュニア新書による）

と、願っていることが実現されることが幸福であるという考え方もあります。

先ほど述べた「生きがい」ということにも関わってきます。「生きがい」とは、自分の人生の目標が実現されるとき、あるいはその途上にあるということが実感されるときに得られる充実感であると言いました。わたしたちの欲求や願望が実現されたときに、そうした充足感が感じられるとすれば、たしかにわたしたちは幸福を手にしていると言ってよいでしょう。この意見も、なるほどという気がします。

しかし、この⑥欲求や願望の実現ということに関しても、やはりいま快楽について述べたのと同じような問題がありそうです。欲求や願望にはさまざまのものがあります。たとえば甘いものに目がない人にとっては、何よりおいしいスイーツを食べることが喜びでしょう。遠いところにあるお店でも、わざわざそこまで足を運んで食べたいと思うことでしょう。他方、そうした目の前にある欲求よりも、将来のことを考えて、むずかしい資格を取ろうと、日々努力を重ねる人もいるでしょう。この二人の場合を考えたとき、それぞれが欲求や願望を実現したときに感じる幸福を同じ尺度で計ることができるでしょうか。

欲求や願望が大きければ、その実現のためにはそれだけ多くのものを準備したり、長期間にわたって訓練をしたりすることが必要になるでしょう。それが大きな苦痛を伴うことも多いと考えられます。たとえばスポーツ選手が目標であったオリンピックに出場し、勝利できたとしても、無理をしたために体に取り返しのつかないダメージを負ってしまうということもあるかもしれません。多くの犠牲を払った欲求や願望の実現を簡単に幸福と言えるでしょうか。そういうことを考えると、欲求や願望が実現できたかどうかということだけで、幸福か否かを判断することはむずかしいように思われます。

次に、快楽や欲求・願望の実現ではなく、人間のもっているさまざまな能力との関わりで幸福の問題を考えようとする立場もあります。つまり、生まれもった自分の能力を最大限に発揮することが幸福だと考える立場です。わたしたちには走ったり泳いだりといった身体的な能力もありますし、料理などの家事をうまくこなす能力、楽器を演奏したり、詩を書いたりする芸術的な能力、論理的にものを考える能力など、さまざまな能力があります。そうした能力を十分に発揮することが幸福であるという見解も、十分に説得力をもっているように思われます。

しかし、自分の中にいろいろな能力がある場合、そのすべての可能性を追求することは、おそらく実際にはできないでしょう。そうすると何を優先すべきかということが問題になってきます。この問いに答える一つの方法は、わたしたちがもっているさまざまな能力に序列を付けることです。そうするとここでもう一度、それ自体で「よい」ものとは何か、という問いが浮かびあがってきます。早く走ったり泳いだりする能力ももちろん「よい」ものですが、強い体をもつことは、それが生かせるより大きな目的につながったときにはじめて「よい」と言われるのではないでしょうか。それでは、わたしたちがもつ能力のうち、それ自体が「よい」と言われる能力とは何でしょうか。

答を出すのはなかなか容易ではありません。ある人は、他の動物と比較したとき、とくに人間に発達しているのは知性であるという点に注目して、その能力を発揮することが人間にとっていちばん大事であ

がそれであるという答です。もっともな答だという気がします。しかしそこでわたしたちは③ふたたび難問に突きあたります。辞書を見てみると、たとえば「幸福とは心が満ち足りていることである」といった記述がありますが、とてもあいまいな説明だと思います。どうすれば、あるいは何を手に入れれば、心は満たされるのでしょうか。どのような状態になったとき、わたしたちは幸せだと感じるのでしょうか。

わたしも幸福について論じた多くの本を読んでみました。そのなかで比較的多かったのは、「快楽」、つまりすべてのことについて快いと感じ、何も不快なものを感じない状態であることが「幸福」であるという考えでした。なるほど、という気がします。おそらく読者のなかにも、この考えを支持する方が多いのではないかと思います。

しかし、そのように考えると、今度は「快楽とは何か」という問いが浮かびあがってきます。④この問いに答えることも簡単ではありません。まず、何を快い、あるいは気持ちよいと感じるかは、人によって大きく違います。体を動かし、運動することを快いと感じる人もいるでしょうし、逆に運動が苦手な人もいます。読書を何よりの喜びとする人もいるでしょうし、机に向かうことを嫌う人もいます。

また快い・不快であるということを判定する基準をどこに置くかということも、たいへんむずかしい問題です。たとえば煙草を吸うことは、そのときは快いかもしれませんが、長年吸いつづければそれが肺がんを引きおこし、大きな苦痛につながるかもしれません。一時の快楽が長い目で見たときに苦痛に変わることはほかにも考えられるでしょう。遠い将来のことも、そして結果があらかじめ見通せないものも判断の基準に入れると、何が快であり、何が不快であるかを決めることは簡単ではありません。

一つひとつのものでも快いか不快であるかを判断するのは簡単ではありませんが、通常わたしたちは多くのものに取り囲まれています。たとえばお金があって何でも手に入れられるとき、人は快いと感じるでしょう。自分の仕事が社会に役立っていると感じられるときにも快を感じることができるでしょう。しかしそのとき、わたしたちは持病のために体の痛みと戦っているかもしれません。人間関係で苦しんでいるかもしれません。快いか不快であるか、一つのことだけで判断するのはどうもむずかしいようです。他のものも含め、全体として快・不快を考える必要がありそうです。

そうすると、一つひとつのものの快・不快を他のものと比較し、その大きさを確定していく必要が出てきます。たとえばわたしたちはおいしいものを食べたときにも快を感じますし、美しい音楽を聴いたときにも快を感じます。⑤そういう種類の異なる快の大きさをどのように決めればよいでしょうか。リンゴを食べたときに感じる快とミカンを食べたときの快を比較するのは、まだできそうですが、リンゴを食べたときに感じる快とモーツァルトの音楽を聴いたときに感じる快は、どのように比較したらよいでしょうか。

すべての快楽を同じ尺度で計ることができれば、まだ話は簡単でしょうが、快楽には質の違いがあるように見えます。そうするとそれらを比較することはとてもむずかしいでしょうし、いまわたしが総体としてどのくらいの快を感じているか、どのくらいの不快を感じているのかを決めることはほとんど不可能のように見えます。

快いか不快であるかということではなく、ある人が欲しているこ

【国語】（六〇分）〈満点：一〇〇点〉

【注意】字数を指示している問題は、「、」や「。」などの記号も字数にふくみます。

一　次の文章を読み、あとの問に答えなさい（なお設問の都合により、一部文章を改めました）。

「生きがいとは何か」を考えたとき、人生の明確な目標をもっていることが大事であることがわかりました。それでは、①何を目標にわたしたちは生きていけばよいのでしょうか。いろいろな答が考えられると思いますが、みなさんであれば、この問いにどのように答えるでしょうか。

たとえば社会に出て高い地位に就きたいとか、あるいはたくさんお金を稼いで裕福になりたいと考える人もきっといるでしょう。それに対して、裕福になるよりも、健康の方が大事だとか、自分の能力を発揮できる仕事に就くことの方が大切だと言う人もいるかもしれません。あるいは親子や友人同士、学校や職場の仲間のあいだでよい人間関係を築くことが何より大事だと言う人もいるでしょう。自分のことや自分の周りのことだけでなく、広く社会に貢献したいと考える人もいるかもしれません。

いろいろな例を挙げましたが、それらはどれも手に入れたいものです。全部手に入れたいと思った欲ばりな人もいるかもしれません。しかし、そう簡単にはいかないでしょう。たとえば、②いま挙げたものが、互いに対立するようなことも考えられるからです。よい仕事をしようとして無理をし、体をこわすようなことがあるかもしれません。親の言うことに耳を傾けることはよいことでしょうが、その意向に従ってばかりいれば、自分の本当にやりたいことができなくなってしまうかもしれません。親の反対を押し切ってでも、自分の道を進むべきときが来るかもしれません。

いま挙げたものはすべて望ましいものでしょうが、人生を歩んでいくなかで、どれかを選び、どれかを捨てなければならないかもしれません。そのときどうすればよいでしょうか。いま挙げたものがもっている「望ましさ」の度合いの違いが判断の手がかりになるかもしれません。望ましいものも同じ程度に望ましいのではなく、そのあいだに序列がある、あるいは手段と目的の関係があるとも言えそうです。たとえばバランスのよい食事は健康につながるでしょうし、健康であればこそしっかりと勉強することができます。しっかりと勉強すれば、めざす職業に就く可能性が開かれてきます。うまくその職業に就ければ、自分の才能を発揮し、社会にも貢献できるかもしれません。

このように「望ましいもの」の手段と目的の関係をたどっていくと、最後にどこに行きつくのでしょうか。最終的な目標というのがあるのでしょうか。もう他のものの手段とはならない「望ましいものそのもの」というものがあるのでしょうか。つまり、何かのためにではなく、それ自体が「よい」と言えるものがあるのでしょうか。それがはっきりすれば、何を目標に生きていけばよいのかという問いに答えられそうです。

しかしそれに答えることは、そう簡単ではないように思われます。おそらくいろんな意見が出てくるのではないでしょうか。いろいろな見解があると思いますが、比較的多いと思われるのは、「幸福」こそ

2022年度

解 答 と 解 説

《2022年度の配点は解答欄に掲載してあります。》

＜算数解答＞

1 (1) (あ) 6cm (い) 8cm (2) (う) 10通り (え) 34組 (お) 74組

2 (あ) 10回 (い) 3回 (う) 1回 (え) 3回 (お) 0.5km

3 (1) $\frac{1}{6}$倍 (2) $\frac{1}{3}$倍 (3) 位数2・位数3・位数4：解説参照 (4) 解説参照

4 (1) ① エ ② ウ ③ ア (2) 1組目 ① イ ② ウ ③ エ 2組目 ① ウ ② イ ③ エ (3) 1組目 ① ア ② イ ③ ウ D 84 2組目 ① ア ② イ ③ エ D 18 3組目 ① ア ② エ ③ ウ D 168

○推定配点○

各4点×25(4①～③各完答) 計100点

＜算数解説＞

1 (平面図形，場合の数)

重要 (1) (あ) 図アの例より，最長の道のりは6cm (い) 図イより，最長の道のりは8cm

(2) (う) 図ウより，DからFまで歩く歩き方は10通り (え) Pで出会って目的地まで歩く歩き方…図エより，1×1×3×3＝9(組) Qで出会って目的地まで歩く歩き方…2×2×2×2＝16(組) Rで出会って目的地まで歩く歩き方…3×3×1×1＝9(組) したがって，全部で9×2＋16＝34(組)

やや難 (お) SまたはXで出会って目的地まで歩く歩き方…図オより，1×1×1×1×2＝2(組) UまたはWで出会って目的地まで歩く歩き方…2×1×1×2×2＝8(組) Vで出会って目的地まで歩く歩き方…2×2×2×2＝16(組) したがって，出会わない歩き方は10×10－(2＋8＋16)＝74(組)

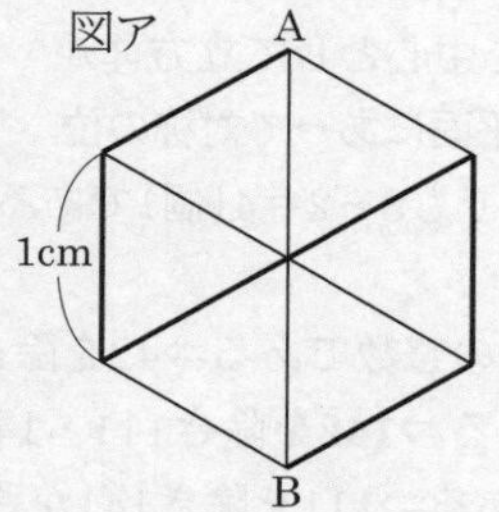

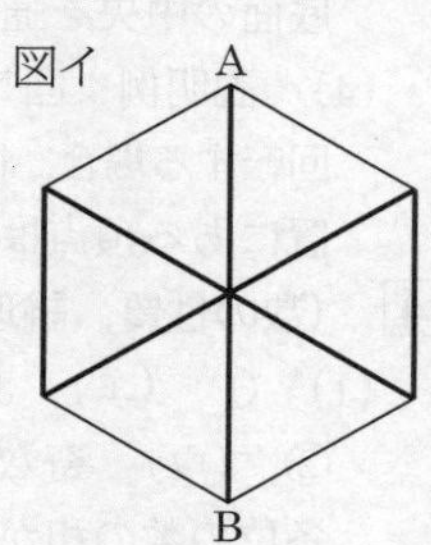

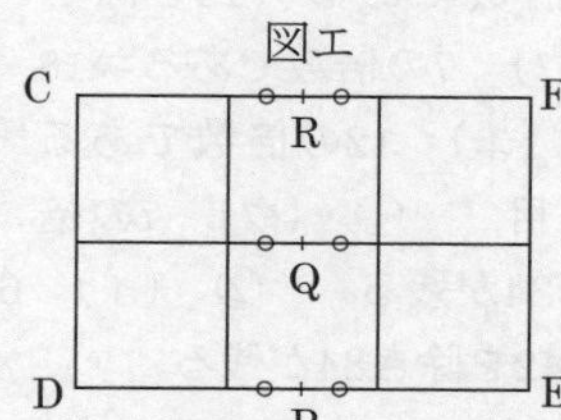

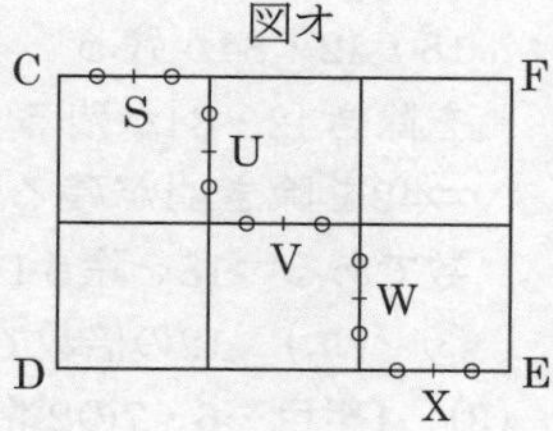

重要 2 (速さの三公式と比，割合と比)

A君が1周する時間…60×8÷36＝$13\frac{1}{3}$(分) B君が1周する時間…60×8÷28＝$17\frac{1}{7}$(分)

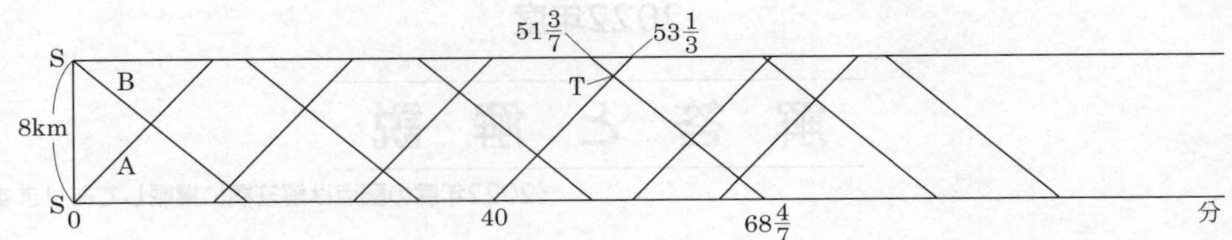

(あ)　グラフより，2人は10回すれ違う。　(い)　A君は最後の2周で3回すれ違う。　(う)　B君は最後の2周で1回すれ違う。　(え)　B君は4周目に3回すれ違う。　(お)　グラフより，頂点Tを共有する2の三角形の相似比は$\left(13\frac{1}{3}\times4-17\frac{1}{7}\times3\right):\left(17\frac{1}{7}\times4-13\frac{1}{3}\times3\right)=\frac{40}{21}:\frac{200}{7}=1:15$
したがって，ST間は$8\div(1+15)=0.5$(km)

3 (立体図形，平面図形，図形や点の移動，割合と比，論理)

重要 (1)　図1より，正方形JKLMと正方形ABCDの面積比は1：2，高さOPとEAの比は1：1　したがって，求める立体の体積は立方体の$(1\times1\div3)\div(2\times1)=\frac{1}{6}$(倍)

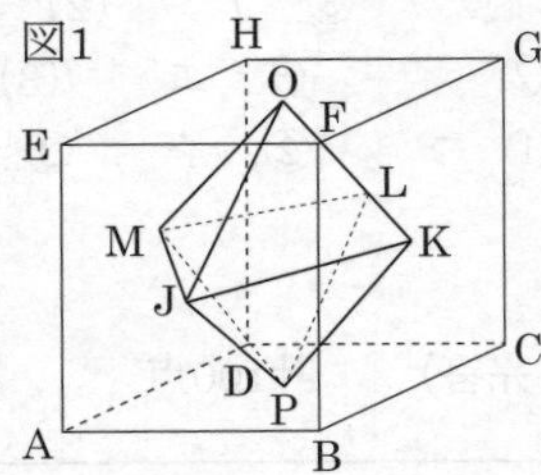

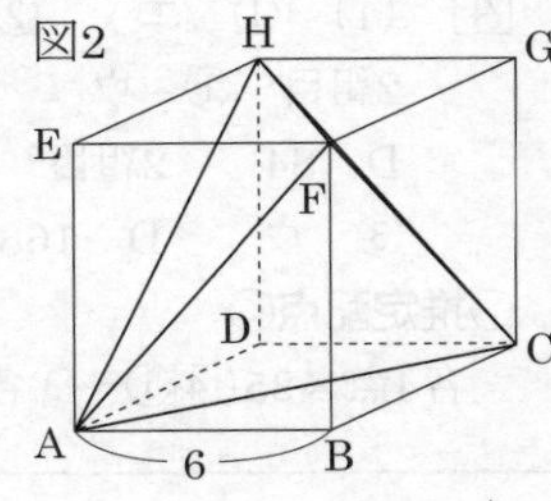

(2)　立方体の1辺の長さを6とする。立方体の体積…図2より，$6\times6\times6$　求める立体の体積…$6\times6\times6-6\times6\div2\times6\div3\times4=6\times6\times2$　したがって，求める立体の体積は立方体の$2\div6=\frac{1}{3}$(倍)

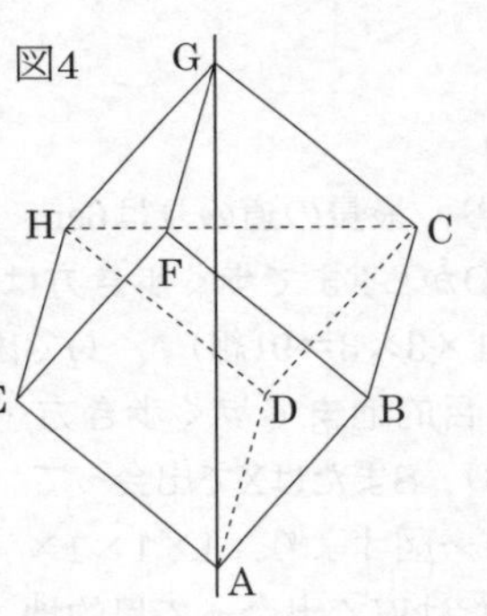

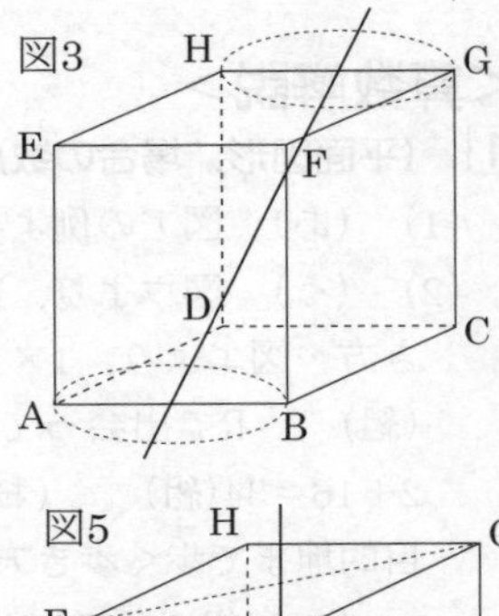

やや難 (3)　位数2の解答例…辺HGの中点と辺ABの中点を通る直線(図3)　位数3の解答例…頂点Gと頂点Aを通る直線(図4)　位数4の解答例…立方体の上面の中央と底面の中央を通る直線(図5)

(4)　説明例：回転軸を中心として立方体が回転する場合，同じ平面にあって対称の位置にある頂点は最多でも$8\div2=4$(個)であるから。

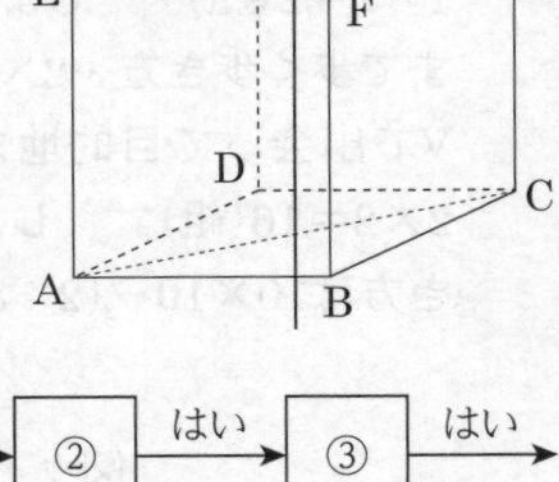

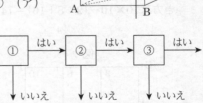

4 (数の性質，論理)

重要 (1)　①　(エ)　3ケタの整数である⇒42を除き111・141・142が残る　②　(ウ)　奇数である⇒142を除き111・141が残る　③　(ア)　各位の数の和が6である⇒111を除き141が残る

(2)　1組目　①　(イ)　6の倍数である⇒14を除き18・42・84が残る　②　(ウ)　7の倍数である⇒18を除き42・84が残る　③　(エ)　12の倍数である⇒42を除き84が残る　2組目　①　(ウ)　7の倍数である⇒18を除き14・42・84が残る　②　(イ)　6の倍数である⇒14を除き42・84が残る　③　(エ)　12の倍数である⇒42を除き84が残る

① はい → ② はい → ③ はい →
いいえ　いいえ　いいえ

(3)　1組目…6・7の2番目の公倍数$42\times2=84$をDとする　①　(ア)　2の倍数である⇒585を除き492・440・84が残る　②　(イ)　6の倍数である⇒440を除き492・84が残る　③　(ウ)　7の倍数である⇒492を除き84が残る　2組目…6の倍数であって12の倍数ではない$6\times3=18$を

Dとする ①（ア） 2の倍数である⇒585を除き492・440・18が残る ②（イ） 6の倍数である⇒440を除き492・18が残る ③（エ） 12の倍数である⇒18を除き492が残る
3組目…7・12の2番目の公倍数84×2＝168をDとする ①（ア） 2の倍数である⇒585を除き492・440・168が残る ②（エ） 12の倍数である⇒440を除き492・168が残る
③（ウ） 7の倍数である⇒492を除き168が残る

★ワンポイントアドバイス★

1(1)「AからBへの道のり」は，油断すると失敗し，(2)「出会う歩き方」は，「目的地まで歩く」ことを前提とする。2「すれ違いの回数と道のり」は，グラフの概略が描ければ難しくない。3「位数」は，簡単ではない。

＜理科解答＞

1 問1 エまたはオ 問2 人の細胞には細胞壁がないため。 問3 イ 問4 A ウ B ア C エ 問5 （記号） 薬C （理由） 血液中や組織内での濃度が低く，腸内での濃度が高いままだから。 問6 皮ふに近い位置にあり，血管壁がうすく注射針が通りやすいから。 問7 ク 問8 (1) 999000(人) (2) 300(人) (3) 999(人) (4) 41.2(％)

2 問1 ウ，オ 問2 合金にすることで，純金よりもかたくするため。 問3 (1) 559(g) (2) 0.025(mm) 問4 5176(個) 問5 15(g) 問6 1311(g) 問7 (1) 右 (2) 左(へ)0.3(cm移動させる) 問8 イ 問9 (1) 銅 (2) 銅 (3) ア，イ，オ，カ

○推定配点○

1 各2点×12(問4完答) 2 各2点×13(問1・問9(3)各完答) 計50点

＜理科解説＞

1 （環境と時事/その他－感染症(かんせんしょう)）

問1 細菌の大きさは約1～5マイクロメートル，ウィルスの大きさは約0.01～0.1マイクロメートルである。(マイクロメートルは1mmの1000分の1の大きさである。)

問2 細菌や植物の細胞には，細胞壁があるが，人などのような動物の細胞には細胞壁がないので，ペニシリンによる影響を受けない。

問3 ペニシリン耐性菌は，ペニシリンを異なる物質に変化させるので，培地に残っているペニシリンの量が少なくなっている。

やや難 問4 薬A 2～8時間で腸内に入り，4～10時間で血液中に吸収され，6～18時間と長い時間，組織内に留まるので，細菌を死なせることができる。 薬B 2～8時間で腸内に入り，4～16時間と長い時間，血液中に留まるので，出血のある手術をする際に細菌感染を予防することができる。 薬C 2～14時間と長い時間，腸内に留まるので，腸内に存在する細菌を死なせることができる。

やや難 問5 薬Cは長い時間腸内に留まっているが，腸から吸収される割合が少なく，血液中や組織内での濃度が低い。

やや難 問6　動脈は体の内部にあり，血管壁が厚く，注射針を通しにくい。一方，静脈は体の表面近くに広く分布していて，血管壁がうすく，注射針が通りやすい。

やや難 問7　PCR検査は，だ液などを採取して，コロナウィルスの有無を検査する方法なので，陽性の場合は，現在コロナウィルスに感染している可能性があるが，コロナウィルスに感染していても，コロナウィルスの量が非常に少ない場合，陰性になる場合がある。一方，抗体検査は，血液を採取して，過去にコロナウィルスに感染したのかを調べる検査である。(抗体は，コロナウィルスに感染すると体内につくられる物質である。)したがって，抗体検査で陽性の場合，コロナウィルスに現在感染している可能性もある。また，PCR検査で陰性でも，抗体検査で陽性になることがあり，反対に，PCR検査で陽性でも，抗体検査で陰性になる場合がある。

やや難 問8　(1)　100万人の中で，コロナウィルスに感染している人の割合が0.1％なので，コロナウィルスに感染している人は，1000000(人)×0.001＝1000(人)である。したがって，感染していない人は，1000000(人)－1000(人)＝999000(人)である。　(2)　感染した人を正しく陽性と判定できる割合である感度が70％なので，実際に感染している陽性の人は，1000(人)×0.7＝700(人)である。したがって，感染しているにもかかわらず，陰性と判断された偽陰性の人は，1000(人)－700(人)＝300(人)である。　(3)　感染していない人を正しく陰性と判断できる割合である特異点が99.9％なので，実際にはコロナウィルスに感染していないのに陽性と判定された擬陽性の人の割合が，100(％)－99.9(％)＝0.1(％)となり，その人数は，999000(人)×0.001＝999(人)である。　(4)　検査結果が陽性の人は700人，擬陽性の人は999人で，全部で，700(人)＋999(人)＝1699(人)なので，検査結果が陽性になった人の中で，本当に感染している人の割合は，$\frac{700(人)}{1699(人)}$×100＝41.20…(％)より，41.2％である。以上の結果をまとめると，次のようになる。

感染している人	1000人	感染していない人	999000人
陽性	700人	陰性	998001人
偽陰性	300人	偽陽性	999人

2　**(金属の性質，浮力と密度・圧力，回路と電流－金属，アルキメデスの原理，電池のしくみ)**

問1　金属には，次の①～③の性質がある。　①　たたくと広がったり，引っ張ると伸びたりする。(展性・延性)　②　電気や熱をよく通す。　③　みがくと光る。(金属光沢)

問2　純粋な金は，やわらかすぎるので，銀や銅との合金にすることで，硬くすることができる上に，いろいろな色合いの合金をつくることができる。

やや難 問3　(1)　純銀の円柱の体積が，4.0(cm)×4.0(cm)×3.14×1.0(cm)＝50.24(cm^3)なので，重さは，11(g)×50.24＝552.64(g)である。したがって，金メダルの重さは，552.64(g)＋6(g)＝558.64(g)より，559gである。

(2)　純銀の円柱の表面積が，4.0(cm)×4.0(cm)×3.14×2＋3.14×8.0(cm)×1(cm)＝125.6(cm^2)である。一方，6gの金の体積は，1(cm^3)×$\frac{6(g)}{19(g)}$＝$\frac{6}{19}$(⑧)である。したがって，金めっきの厚さは，$\frac{6}{19}$(⑧)÷125.6(⑦)＝0.00251…(cm)より，0.025mmである。

やや難 問4　50.24cm^{3}の丹銅(たんどう)中に94％含まれている純銅の重さは，9.0(g)×50.24×0.94＝425.0304(g)である。したがって，2200kg(2200000g)の銅からつくることができる銅メダルの数は，2200000(g)÷425.0304(g)＝5176.1…(個)より，5176個である。

やや難 問5　金のしゃちほこが押しのけた水の重さは，1425(g)－1330(g)＝95(g)なので，アルキメデスの原理より，金のしゃちほこの体積は95cm^{3}である。したがって，金のしゃちほこの1cm^{3}あたりの重さは，1425(g)÷95＝15(g)である。

問6　$1cm^3$あたりの重さが1.2gの食塩水中での浮力の大きさは，1.2(g)×95＝114(g)である。したがって，ばねばかりが示す値は，1425(g)－114(g)＝1311(g)である。

問7　(1)　金のしゃちほこの$1cm^3$あたりの重さは15gであり，金の$1cm^3$あたりの重さ19gよりも軽い。したがって，同じ重さの金のしゃちほこの方が金塊よりも体積が大きいので，浮力が大きくなり，左側の金のしゃちほこが浮き，右側の金塊が下がる。

(2)　金塊の体積は，1425(g)÷19(g)＝75(cm^3)なので，金塊を水中につり下げたとき重さは，1425(g)－75(g)＝1350(g)である。したがって，水中に入れたときの重さが1330gの金のしゃちほこをつるす位置は，支点からの距離が，1350(g)×20(cm)÷1330(g)＝20.30…(cm)より，20.3cmとなるので，左に，20.3(cm)－20(cm)＝0.3(cm)移動させる必要がある。

問8　上皿てんびんのうでが右に傾いている場合，両方の調節ねじを左に動かし，うでを水平にすることができる。

問9　(1)　電子オルゴールは，電流が赤色のリード線から本体に入るときに鳴るので，「ア」の組み合わせで，金属Aの銅が＋極，金属Bの亜鉛が－極である。　(2)　「カ」の組み合わせで，＋極の金属Aが亜鉛，－極の金属Bがアルミニウムである。したがって，「ア」と「カ」の組み合わせから，銅とアルミニウムの組み合わせにおいては，金属Aが銅，金属Bがアルミニウムであることがわかる。　(3)　豆電球の場合は，＋極と－極が反対になっても光る。したがって，「ア」と「カ」以外に，「イ」と「オ」の組み合わせでも，豆電球は光る。

★ワンポイントアドバイス★

生物・化学・地学・物理の4分野において，難度の高い計算問題や思考力を試す問題に十分に慣れておこう。

<社会解答>

問1　1　鴨長明　2　源頼朝　3　北条泰時　問2　鉄道網や道路網が整備され，冬でも鉄道や自動車で貨物を輸送して人々の生活を支えるようになったため，雪によって線路や道路が使用できなくなると，貨物輸送が途絶えて生活に支障が出るようになったから。

問3　夏に稲を，冬に小麦を栽培する二毛作が広まった。　問4　エ　問5　土倉や酒屋に対し，借金の帳消しを要求した。領主に対し，年貢の減免を要求した。　問6　4　徳川吉宗　5　打ちこわし　6　田沼意次　7　大塩平八郎　8　廃藩置県　9　下関　問7　イ，エ

問8　二・二六事件，満州事変　問9　革命が起きたロシアに対して政府がシベリア出兵を決めると，米の値上がりを期待して，商人たちが米を買い占めたから。　問10　10　減反　11　転作　12　やませ　問11　食生活の多様化が進んで，米以外の食料の消費が増加したため。　問12　(企業)　同じような商品を販売する他社の商品と差別化をはかることで，売り上げの増加をはかることができる。　(消費者)　原産地名の情報を多く入手して，安心して商品を選ぶことができる。　問13　ア　米　イ　野菜　ウ　肉類　エ　小麦　オ　大豆

問14　今の日本は，海外のさまざまな国から食料を多く輸入しているため，飢餓に苦しむことはなくなった。しかし，世界の国の中には，自国の産業を発展させるために多くの食料を輸出し，その食料を日本を含む先進国が不当に安い値段で購入しているため，飢餓に苦しんでいる

可能性のある国がある。日本は，国内の食料自給率を高めるのはもちろん，飢餓に苦しむ国が十分な収入を得るために，産業発展を支援し，生産された食料や商品が適切な価格で取引されるよう，国際社会へ働きかける必要があると考える。

○推定配点○

問2・問3・問5・問9・問11・問12・問14　各4点×7　他　各1点×22　計50点

＜社会解説＞

(地理・歴史・政治の総合問題，時事問題，その他)

基本　問1　社会のむなしさを『方丈記』に記したのが鴨長明である。1183年に，頼朝は関東の支配権を朝廷に認めさせた。1232年，執権の北条泰時は，武士としては初めての法律である御成敗式目(貞永式目)を定めた。

問2　雪が降ると輸送するための鉄道網や道路網が使えなくなることが問題となった。鉄道網や道路網が発達していない時代には問題にならないが，時代が進むにつれて，輸送手段が整備され，人々の生活と大きな関連をもつようになったため，それが雪害で使えなくなると生活に支障が出るようになったので，大きな問題となるのである。

問3　牛や馬が利用され，鉄製の農具がいっそう普及し，草や木を焼いた灰が肥料として使われ，食糧生産を増やすために，米の裏作に麦をつくる二毛作がおこなわれるようになった。

重要　問4　御成敗式目第42条を考察すると，「……去るかとどまるかは，すべて百姓の意に任せる。」ということから，生き延びるために別の領地に逃げてもよし，ということがわかる。「飢え死にしそうだったものを助けた主人は，そのものを奴隷としても構わない」ということから，奴隷を認めていたことがわかる。いずれも，飢饉などの非常時のみに認められる行為であった。

問5　当時の室町時代に，団結を固めた農民は領主や守護大名にも抵抗するようになり，年貢の減免などを要求した。また，15世紀になると，土倉や酒屋をおそい借金の帳消しを要求する土一揆が起きるようになった。

問6　当時は徳川吉宗の享保の改革が進行中であった。都市では，貧民が打ちこわしを起こし米屋などを襲った。1782年に起こった天明の大飢饉は，全国に広がり，各地で百姓一揆や打ちこわしが多発し，田沼意次は老中をやめさせられた。1837年，元大坂町奉行の役人で陽明学者の大塩平八郎が乱を起こした。1871年，明治政府は藩を廃止して県を置く廃藩置県を断行した。日清戦争が日本の勝利で終わった後，1895年4月，下関条約が結ばれた。

やや難　問7　トウモロコシ，ジャガイモなど世界の主要な農作物の中でアメリカ大陸原産の種が多数ある。サツマイモ，トウガラシ，トマト，タバコなどもアメリカ大陸が原産で現在は世界中で栽培されている。

基本　問8　満州を中国から分離することを主張していた関東軍は，1931年9月18日，奉天郊外の柳条湖で満鉄の線路を爆破し，それを機に満州事変を起こした。1936年2月26日，陸軍の青年将校が，軍事政権の樹立によって政治改革を実現しようと二・二六事件を起こし，首相官邸や警視庁を襲撃した。

問9　第一次世界大戦後の大戦景気による好況での物価上昇に加えて，1918年に，シベリア出兵をきっかけとした米の買い占めから，米の値段が大幅に上がったため，米騒動が起きた。

重要　問10　1970年代に入ると，食生活の変化で米の消費量が減り，米が余るようになり，政府は米の生産量を減らす減反政策をはじめた。転作とは，その田畑でそれまで作っていた作物とは別の作物を作ることである。東北地方の太平洋側は，夏にやませとよばれる北東の冷たい風が吹くと，曇りの日が続き低温となる。特に1993年の夏のやませは，かなりの凶作をもたらした。

問11　食生活の変化で，米にかわるパン等の主食や他の食料の消費が増加した。

問12　情報公開は，各分野でさまざまな効果を見出す。企業においては，同一の商品でも他社のものと差異化・差別化をはかることで，品質等の独自性や安全を強調して売り上げの増加をはかることができる。消費者においては，商品の原料などの原産地の情報を入手して，安心・安全な商品を選ぶ指標にできる。

問13　アは自給率が1番高い米である。イは米の次に高い野菜である。ウは，近年，自給率が低くなり，輸入が増えている肉類である。小麦や大豆の自給率は一般的に低く，アメリカ合衆国などからの輸入に頼っている。中でも，大豆の自給率が1番低い。

やや難　問14　日本は，一般的に豊かで，自給率が低くとも外国から食料を輸入し，安定した供給をえている。その反面，飢餓に苦しむ途上国の中には，自国産業発展のため多くの食料を輸出し，先進国が安く，その食料を購入している実態がある。このような中で，日本を含む先進国は，フェアトレードなどを奨励し，途上国で生産された食料や商品が適切な価格で取引されるよう，働きかけることが大切である。

★ワンポイントアドバイス★

問6　天明の大飢饉の翌年1783年には，浅間山の大噴火が起こり，凶作が一層進んでしまった。　問9　米騒動は，米の安売りを求める運動で，富山県魚津町でおこり，全国に広がった。政府は，軍隊を出動させて鎮圧した。

＜国語解答＞

□一　問一　(初め)何かのため　(終わり)言えるもの　問二　エ　問三　(例)　幸福とは何かに答えること　問四　(例)　人によって何を快い，不快だと感じるかが異なり，それを判定する基準をどこに置くかも決められないから。　問五　1　大きさ　2　質　3　尺度　問六　ア　問七　(例)　快不快の問題も欲求の実現・能力の発揮も，それによって周囲の人間に悪い影響を与えてしまったら，自分にとっても幸福とは言えない点で同じことだから。　問八　ア　問九　1　×　2　○　3　×　4　○　5　×　6　×

□二　問一　あいあい　問二　イ　問三　ウ　問四　エ　問五　ウ　問六　イ　問七　(例)　不機嫌(な顔)　問八　(例)　曾祖父が父に対して本気で腹を立てているところを初めて見て怖くなったから。　問九　(例)　新しい作物を作るということは，一朝一夕でできるようなことではなく，見た目を意識したり流行の最先端を追ったりするような浮ついた行動ではなく，きちんと味の良いものを作り上げるような性根を据えて取り組むべきものであるということ。　問十　1　曾祖父　2　方言　3　変化を嫌う　4　人間の学校

□三　①　看過　②　精製　③　遺物　④　徒労　⑤　けいてき

○推定配点○

□一　問三　4点　問四　5点　問五・問九　各2点×9　問七　7点　他　各3点×4

□二　問八　5点　問九　10点　問十　各2点×4　他　各3点×7

□三　各2点×5　計100点

<国語解説>

一 (論説文－要旨・大意・細部の読み取り，空欄補充，記述力)

問一 「このように……」で始まる段落で，「何かのためにではなく，それ自体が『よい』と言えるもの」がはっきりすれば，傍線部①の問いに答えられそうだと述べている。

やや難 問二 傍線部②は「手に入れたいもの」には「どれかを選び，どれかを捨てなければならない」こともあるということなので「勝利と安楽」が対立するエが適切。他はいずれも「対立」が成立しないので不適切。

問三 傍線部③前後で，「幸福」を目標に生きていけばよいというのがもっともな答えだが，傍線部③であり,「幸福」とはどのようなものであるかを考察していることから，③の「難問」＝「幸福とは何かに答えること」というような内容で説明する。

問四 傍線部④後で④の理由として「何を快い，あるいは気持ちよいと感じるかは，人によって大きく違」うこと，「また快い，不快であるということを判定する基準をどこに置くかということも，たいへんむずかしい問題で」あることを述べているので，これらの内容を指定字数以内にまとめる。

基本 問五 傍線部⑤のある段落と次段落の内容から，空欄1には「大きさ」，空欄2には「質」，空欄3には「尺度」が当てはまる。

問六 傍線部⑥直後で，欲求や願望は人それぞれで，その実現によって感じる幸福を同じ尺度で計れないこと，次段落で，欲求や願望の実現には大きな苦痛を伴い，多くの犠牲を払った欲求や願望の実現を簡単に幸福と言えない，と述べているので，これらの内容をふまえたアが適切。⑥直後～次段落の内容をふまえていない他の選択肢は不適切。

重要 問七 傍線部⑦は前後の内容から，「快・不快の問題にせよ，欲求や願望の追求にせよ，自分の能力の発揮にせよ……そのことによって他の人に苦痛を強いている」状態は幸福とは言えない点が「同じこと」であると言える，ということなので，これらの内容を指定字数以内にまとめる。

問八 「何をめざして生きるべきなのかという問いに」は「他の人のことについて，……『よく生きるとはどういうことか』ということについて考えてみる必要がある」ということとともに,「自分の将来について考え，進むべき道を選んでい」くこと＝自分自身の欲求や願望，能力を把握し理解して選んでいくということのために，傍線部⑧であると述べているので，これらのことをふまえたアが適切。イの「一般的な常識を知る必要があり」，ウの「その職種……探さなければならない」，エの「有利に進めるため」はいずれも述べていないので不適切。

重要 問九 1の「素早く……優れた能力である」は×。「たとえば……」で始まる段落で，人によってさまざまな目標があることを述べているので2は○。3の「瞬間的な……きまる」は×。4は「このように検討……」で始まる段落などで述べているので○。5の「倫理学は……答えを決める学問」，6の「……考えるべき」はいずれも×。

二 (小説－心情・情景・細部の読み取り，空欄補充，記述力)

基本 問一 「和気あいあい」は仲良く和やかで楽しい様子のこと。

問二 傍線部①前の航介の言葉から，「このへんじゃまだ誰もやっていない作物」を作って「都会の人から憧れられるくらいの農業を目指したい」ということなので，イが適切。「誰もやっていない作物」を説明していないア，ウ，「都会の人に憧れられる」ことを説明していないエはいずれも不適切。

問三 傍線部②は，世界中の誰でもが見られるようにインスタグラムに上げた料理の写真は好奇心で覗く人がけっこういるという航介の話に，不機嫌になっている茂三の様子なので，ウが適切。航介の話に不快感を示しているので，他の選択肢は不適切。

問四 傍線部③は，ブログが大勢の人に読まれる日記なら「本当のこと」は何も書けない，と茂三が言うのはもっともだということなので，エはふさわしくない。

問五　傍線部④は，航介の話にいっさい相づちを打たなくなっていた茂三の反応を見逃し，気づいていたら航介の話を遮ることができたかもしれない，ということなので，ウはふさわしくない。

重要　問六　傍線部⑤は，後で茂三が話しているように「『写真にさえ美味そうに写ってたら，実際の味はまずくたってかまわねえって。そう言っただな』」ということなので，イが適切。航介が「『味はさ……まずくても関係ないんだわ』」と話していたことをふまえていない他の選択肢は不適切。

問七　傍線部⑥の「苦い顔」は不機嫌そうな表情のこと。

重要　問八　傍線部⑦の「立ちすくんで」は恐ろしさで立ったまま動けなくなることで，直後で⑦の心情として，曾祖父が父に対して「本気で腹を立てているのを見るのは初めてだった」と描かれていることもふまえて，雪乃が⑦のようになっている理由を説明する。

やや難　問九　曾祖父が流行や見た目で野菜を作ろうとしている航介に対して，新しい作物を作るのは一朝一夕に出来ることではないことを話している。また，野菜の流行や見た目を意識したうわっか(うわべ)であることや，味は写真に写らないと言ったことを厳しく話し，性根を据えてやるのなら好きにやるがいいと話していることもふまえて，航介が曾祖父から教わったことを具体的に説明する。

問十　空欄1は雪乃にとっての茂三なので「曾祖父」。空欄2は東京から来た航介が話す標準語に対して，茂三は「方言」で話しているということ。空欄3は航介が新しい物好きであることに対して，茂三は「当時は……」で始まる段落の「変化を嫌う」田舎の人というイメージだが,「ブルーベリー栽培を真っ先に始め」ているので，そのようなイメージとは違うということ。空欄4は航介が大きなことを曾祖父から教わった場面で雪乃が思ったことなので「人間の学校」があてはまる。

三　(漢字の読み書き)

①は見のがすこと。②の「製」の部首は「衣(ころもへん)」。③は過去の文化を示す物品。④はそれまでの苦労がむだになること。⑤は警戒や注意をうながすために鳴らす笛。

★ワンポイントアドバイス★

内容真偽の問題では，選択肢の説明を本文と照合していねいに確認していくことが重要だ。

大切なことはメモしておこうネ！

2021年度

★★★★★★★★★★★★★★★★★★★★★★★★★

入　試　問　題

2021年度

海陽中等教育学校入試問題（特別給費生入試）

【算　数】（60分）〈満点：100点〉

【注意】 割り切れないときは特に指示がない限り分数で答えること。

1

次の問いに答えなさい。

(1) 1から200までの17の倍数の和をA，13の倍数の和をBとするとき，AとBではどちらがどれだけ大きいですか。

(2) 3の倍数の積$3\times6\times9\times\cdots\times99$を計算すると下何けたが0になりますか。

(3) $a\times a=a^2$，$a\times a\times a=a^3$のように表します。

(あ) 偶数を2，2^2，2^3，…の和で表そうと思います。
例えば$10=2+2^3$，$24=2^3+2^4$のようになります。2020を表しなさい。

(い) 次の□に当てはまる整数の組を1つ答えなさい。
$2020=23^2+29^2+\square^2+\square^2$

(4) 図1の7種類のタイルのうち5種類を使い，重ならないように配置して図2の4×9の長方形をはみ出さないようにおおうことを考えます。同じタイルはいくつ使っても，向きを変えてもかまいませんが，裏返して使うことはできません。長方形の埋め方を1つ示しなさい。

図1

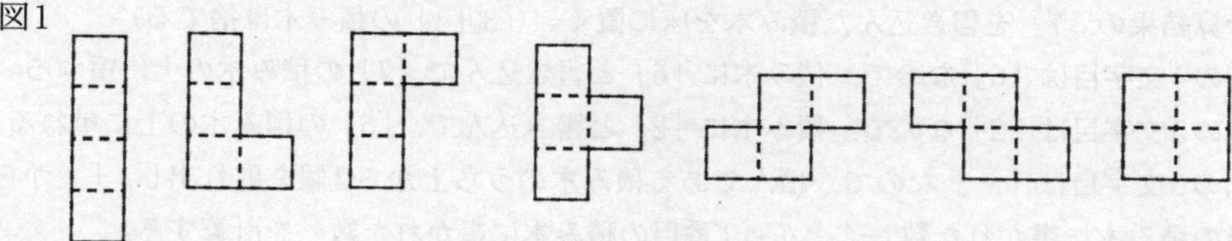

図2

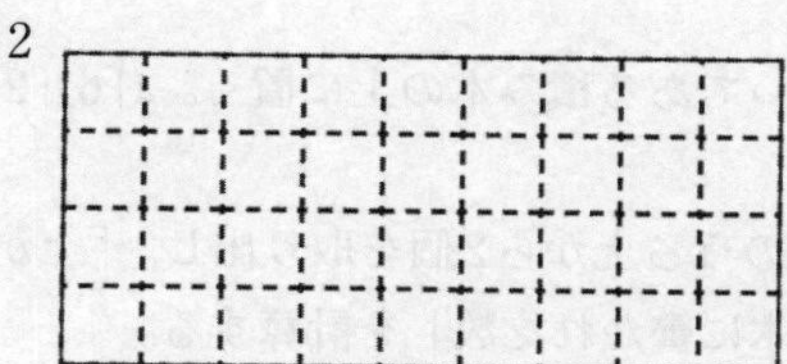

2

2以上の整数nに対し
$<n>$=（nを素因数分解したときに現れる異なるすべての素数を1回ずつかけた積）とします。また，$<1>=1$とします。

例えば　$<3>=3$，$<6>=2\times3=6$，$<12>=2\times3=6$となります。

次の問いに答えなさい。

(1) (あ)$<216>$，(い)$<8>+<25>$，(う)$<15>\times<18>$を計算しなさい。

(2) $<4\times n>=<n>$を満たすnを小さい順に3つ答えなさい。

(3)　(え)　$<a\times b>$と$<a>\times<b>$が等しくなるのはどのようなときですか。

　　(お)　$<a\times b>$が$<a>\times<b>$より小さくなるのはどのようなときですか。理由とともに答えなさい。

3

＋，－，×，÷の混ざった計算では＋，－よりも×，÷の方が優先されるため，計算の順序を変えるためには(　　)を使う必要があります。

例）　$(3+4)\times(6-2)=7\times4=28$

このような計算を(　　)を用いずに表す方法として，逆ポーランド記法という表し方が知られています。

例えば上の例の式を逆ポーランド記法では，数と記号を並べた

3，4，＋，6，2，－，×

という列で表します。(「，」は区切りを表すためにつけたもので，計算には使いません)

これを計算するときの手順は次の通りです。

まず準備として，いくつかの積み木を用意する。

手順①：列の1文字目は「3」なので，積み木に「3」と書き込んで床に置く。

手順②：列の2文字目は「4」なので，積み木に「4」と書き込んで，「3」の積み木の上に重ねる。

手順③：列の3文字目は「＋」なので，積んである積み木のうち上から2個を取り出し，「上から2番目の積み木に書かれた数」＋「上から1番目の積み木に書かれた数」を計算する。

「3」＋「4」＝「7」

計算結果の「7」を書き込んだ積み木を床に置く。(「3」「4」の積み木は捨てる)

手順④：列の4文字目は「6」なので，積み木に「6」と書き込んで「7」の積み木の上に重ねる。

手順⑤：列の5文字目は「2」なので，積み木に「2」と書き込んで，「6」の積み木の上に重ねる。

手順⑥：列の6文字目は「－」なので，積んである積み木のうち上から2個を取り出し，「上から2番目の積み木に書かれた数」－「上から1番目の積み木に書かれた数」を計算する。

「6」－「2」＝「4」

計算結果の「4」を書き込んだ積み木を，床に置いてある積み木の上に置く。(「6」「2」の積み木は捨てる)

手順⑦：列の7文字目は「×」なので，積んである積み木のうち上から2個を取り出し，「上から2番目の積み木に書かれた数」×「上から1番目の積み木に書かれた数」を計算する。

「7」×「4」＝「28」

計算結果の「28」を書き込んだ積み木を床に置く。(「7」「4」の積み木は捨てる)

手順⑧：これで列の最後まで進んだので，計算を終了する。

床に残った積み木に書かれた数「28」が計算結果となる。

図：①～⑦のそれぞれが終了したとき，床に置かれた積み木の状態

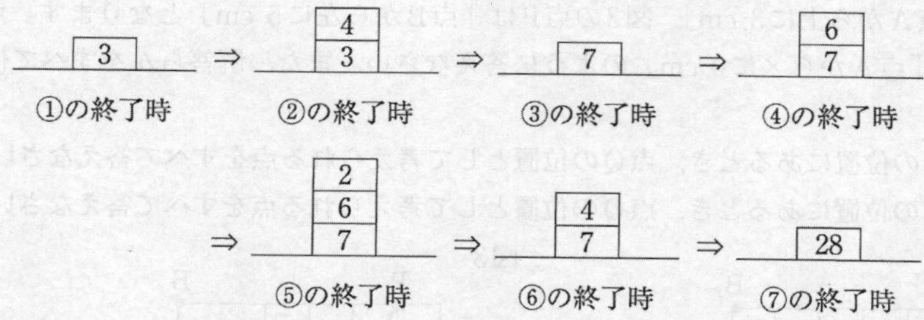

以下の問いに答えなさい。

⑴　逆ポーランド記法で5，6，＋，7，×と表される式の計算結果はいくつですか。

⑵　通常の表し方で（11－5）×2－3と表される式を，逆ポーランド記法で表すと［ア］，［イ］，－，2，［ウ］，［エ］，［オ］

となります。ア～オに入る数または記号を答えなさい。

⑶「2」を6個，「×」を2個，「＋」を3個使って逆ポーランド記法で表される式のうち，最も計算結果が小さくなる式の計算結果は［カ］です。

また，最も計算結果が大きくなる式は

2，2，［キ］，［　］，［　］，［ク］，［　］，［　］，［　］，［　］，［　］

および

2，2，［キ］，［　］，［　］，［　］，［　］，［　］，［　］，［ク］，［　］

で，その計算結果は［ケ］です。このとき同じ結果になる式が2つあるのは，計算についての<u>決まり（コ）</u>があるからです。

(i)　カ～ケに入る数または記号を答えなさい。ただし，2カ所の［キ］，2カ所の［ク］にはそれぞれ同じものが入ります。

(ii)　下線部（コ）と同じ計算の「決まり」を使っている記述として，もっとも適切なものを次の㋐～㋓の中から選び，記号で答えなさい。

㋐　2×3と3×2は等しい

㋑　2＋2＋2と2×3は等しい

㋒　（2×3）×4と2×（3×4）は等しい

㋓　3×（4＋6）と3×4＋3×6は等しい

4

1 cm目盛りの工作用紙を，1辺が6 cmの正方形の形に切り出して，図1のように3点O，A，Bをとります。さらにこの正方形の周上に2点P，QをとりOからPまでと，OからQまでをまっすぐカッターで切ります。

⑴　点P，Qが図1の場合，切りはなされた2つの部分のうち小さい方の面積を求めなさい。

以下の問い⑵，⑶，⑷では分けられた2つの部分のうち，小さい方の面積が常に10 cm^{2}となるように切りはなすこととします。P，Qの位置は線の交差している場所でなくてもかまいません。

図1

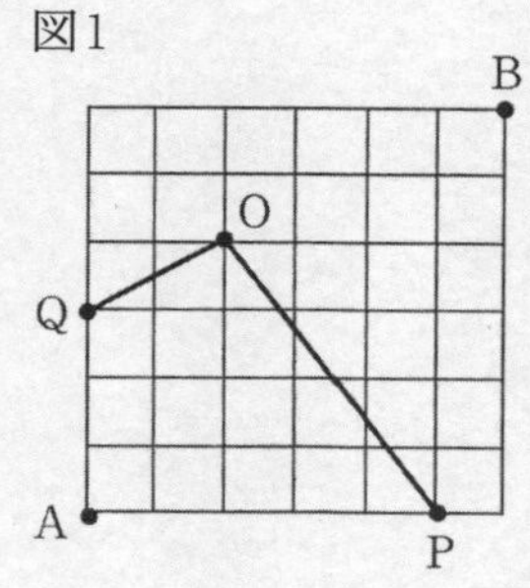

(2)，(3)の答え方は，点Aから右または上に何cm，点Bから下または左に何cmとします。例えば，図1の点Qは「点Aから上に3 cm」，図3の点Pは「点Bから左に5 cm」となります。点Aや点Bに一致するときは「点Aから×に0 cm」のように答えなさい。また，解答らんをすべて使うとは限りません。

(2)　点Pが図2の位置にあるとき，点Qの位置として考えられる点をすべて答えなさい。

(3)　点Pが図3の位置にあるとき，点Qの位置として考えられる点をすべて答えなさい。

図2

図3

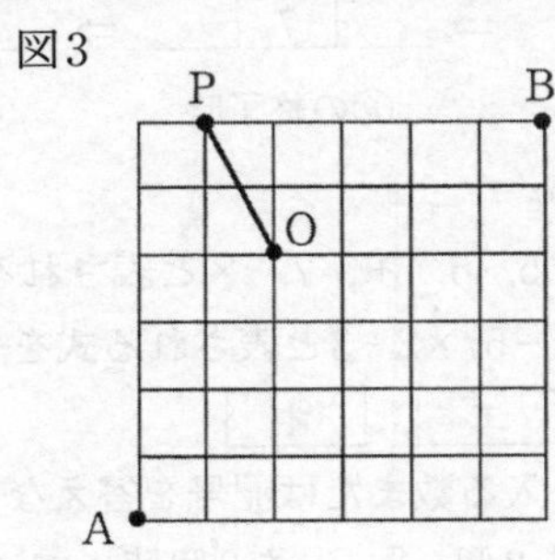

(4)　点Pから点Qに正方形の周上を反時計回りにたどった方が時計回りにたどるよりも距離が短いように点P，Qを決めます。また，点P，Qは異なる辺に含まれるものとします。

点Pを含む辺と点Qを含む辺が隣り合わないのは，点Pがどこにあるときですか。あり得る場所の範囲を解答らんの図に太線で表しなさい。なお，正方形の頂点については考えなくてもかまいません。

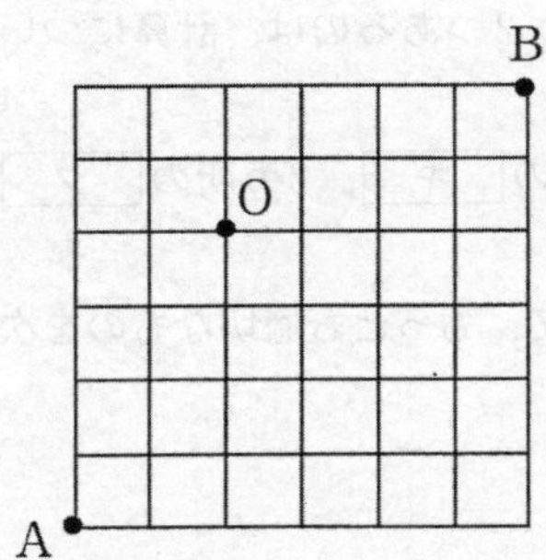

【理　科】（35分）〈満点：50点〉

1　プラスチックについてのさまざまな問題について，次の各問いに答えなさい。

プラスチックは，軽量で透明性があり，密封性が高い素材で，製造コストも安いことから，多くの製品に使われています。

代表的なプラスチック製品として，まずペットボトルについて考えましょう。ペットボトルのペット（PET）とは，ポリエチレンテレフタラート（ポリエチレンテレフタレート）の略で，プラスチックの種類の一つです。日本では，PET素材の製品には必ず識別表示マークをつけることが義務づけられています。

問1　図1は，あるペットボトル飲料のラベルです。マークが2つついており，このマークからボトル（本体）はPET素材，キャップとラベルはPET以外の素材からできていることがわかります。ただし，出題の都合上，画像を加工しています。

図1　ラベルのマーク

それぞれ図形で囲まれた内部には字（文字または数字）が入ります。マークを完成させなさい。デザインにこだわる必要はありません。

問2　食品トレーなどにも別のプラスチックが使われています。ある食品トレーに，図2に示すような材質表示マークが付けられていました。この食品トレーの素材は何ですか。次のア～エから1つ選び，記号で答えなさい。

ア　ポリエステル　　　イ　ポリ塩化ビニル

ウ　ポリスチレン　　　エ　ポリプロピレン

図2　食品トレーのマーク

問3　ペットボトルのキャップは，一般にポリプロピレンというプラスチックでできています。開封前は1つに見えるキャップも，開封することによってキャップ部分とリング部分に分かれます。

図3　ペットボトルキャップの開封

ペットボトル本体とキャップの素材が異なっているのに，リサイクルに問題はないのでしょうか。

(1)　通常，ペットボトルのリサイクルにおいては，ラベルとキャップは外して集めますが，リングは残っています。これはリサイクル工場において簡単に分けることができるからです。どのようにしてペットボトルとリングを分けているでしょうか。方法を考えなさい。なお，リサイクル工場ではまずプラスチックを細かくくだきます。

(2)「ペットボトルキャップを集めてワクチンを送ろう」という運動があります。「エコキャップ運動」ともいいます。これは，キャップもリサイクルにより再生プラスチック原料となるため，売却して得たお金でワクチンを購入しているからです。

キャップ何個でワクチンが購入できるか計算してみましょう。あるペットボトルのキャップの重さを測ったところ，2.66 gでした。ペットボトルキャップとしてのポリプロピレンは，1 kgあたり15円で売却されており，ワクチンは1人分20円とします。同じキャップを何個以上集めると1人分のワクチンが購入できるでしょうか。整数で答えなさい。税金や送料などは考えません。

飲料はいろいろな容器に入れて売られていますが，最も多く見かけるのはペットボトル入りでしょう。持ち運びがしやすいことが最も大きな理由ですが，一方で，持ち運びをさせにくくするために，あえてペットボトルに入れない飲料もあります。

問4　ペットボトルを水筒代わりにして飲んでいる人もいるでしょう。ところが，未開封のペットボトルを開封後，口を付けて飲んだものを一部残し，常温あるいは炎天下に置いておくと大変なことになります。

ここに，**A**ミネラルウォーター，**B**オレンジジュース，**C**スポーツドリンク，**D**緑茶，**E**麦茶が入ったペットボトルがあります。口を付けて一部を飲み，飲み残しを炎天下に８時間置いておいた後，細菌の増殖の程度を調べます。

(1)　結果とその理由は，次の**ア**～**オ**のうちどれになるでしょうか。**B**，**C**，**E**についてそれぞれ１つ選び，記号で答えなさい。同じものを何回選んでもかまいません。

ア　細菌のえさになる栄養が豊富であるから，細菌が増殖する。
イ　液性がアルカリ性であり，細菌が生息しやすい環境のため，増殖しやすい。
ウ　液性が酸性であり，細菌が生息しにくい環境のため，増殖しにくい。
エ　ふくまれている成分に抗菌作用があり，細菌の増殖をある程度抑えてくれる。
オ　細菌のえさになるものがほとんどふくまれていないため，細菌はあまり増殖していない。

(2)　**A**～**E**の中に，答えが(1)の**エ**になるもの，つまり抗菌成分をふくむものがあります。その抗菌成分を何といいますか。次の**ア**～**エ**から１つ選び，記号で答えなさい。

ア　イソフラボン　　**イ**　ソラニン　　**ウ**　テトロドトキシン　　**エ**　ポリフェノール

(3)　緑茶，麦茶，紅茶，ウーロン茶の中で，種類がちがうものを１つ答えなさい。また，他の３つの共通点を答えなさい。

牛乳やビールは，ペットボトル入りで売られているのをあまり見かけないでしょう。

牛乳は，細菌のえさになる栄養が豊富で細菌が増殖しやすいため，一度で飲みきれない量の場合は，あえて持ち運びがしにくい紙パックなどで売ることになっています。

ビールは，ペットボトルの性質の問題です。かんやびんにはない弱点があるため，ビールをペットボトル入りで売ると賞味期限が短くなってしまうのです。

ペットボトルは無色透明です。これは，PET素材には色がつけられないからではありません。色をつけることはできるので，昔は着色されたペットボトルもありましたが，リサイクルの際に不純物となって，再生資源としての価値が下がるため，着色しない取り決めになったのです。色をつけたいときは代わりにラベルに色をつけています。必要があれば，光を通さないラベルを用意することは簡単です。

問５　文章中の下線部について，ペットボトルがもつ，かんやびんにない弱点とは何でしょうか。次の文の空らん［１］・［２］にあてはまる言葉を答えなさい。

ペットボトルはわずかながら［１］を通すため，飲料が［２］しやすい。そのため，［２］防止剤が添加されていたり，［１］を通しにくい加工がされている。

問６　みなさんの学校給食の牛乳は，紙パックでしょうか，それともびん入りでしょうか。それぞれに利点と欠点があります。

表１　紙パック入り牛乳とびん入り牛乳の利点と欠点

	利点	欠点
紙パック	［Ａ］	１回で捨てるためごみが増える。
びん	洗浄することで再利用が可能。	割れてしまうことがある。 重いので，［Ｂ］。

表中の空らん［Ｂ］に入る，紙パックと比べたときのびんの欠点を考え，書きなさい。［Ａ］については答える必要はありません。

2015年９月の国連サミットで採択されたSDGs（持続可能な開発目標）は，2016年から2030年の15年間で達成するためにかかげた17の目標(ゴール)，169のターゲットです。目標には，「貧困をなくそう」「気候変動に具体的な対策を」などがあります。

問７

(1)　「SDGs」の読み方をカタカナで書きなさい。

(2)　持続可能なという意味を表す単語は，次のうちどれですか。次のア～エから１つ選び，記号で答えなさい。

ア　サーマル　　**イ**　サスティナブル　　**ウ**　セキュア　　**エ**　ソサエティ

SDGsの目標の一つ，「海の豊かさを守ろう」について考えます。海岸に流れ着いたごみは目につきますが，海の中にもさまざまなプラスチックごみが存在しています。大きなものもあれば小さなものもあり，ういているもの，水中をただようもの，しずむものなどさまざまです。海底にはレジ袋（ポリ袋）などのプラスチックごみが大量にしずんでいると言われています。

問８

(1)　プラスチックは，自然界の中で時間がたつにつれてこわれ，小さくなっていきます。５mm以下になったプラスチック片のことを何といいますか，答えなさい。

(2)　これらのプラスチックごみが，海洋生物にあたえる影響にはどのようなものがあるでしょうか。考えられることを書きなさい。

プラスチックごみを減らすには，プラスチックのリサイクルがかかせません。プラスチックのリサイクルには３つの方法があります。

・マテリアルリサイクル…廃プラスチックを原料としてプラスチック製品に再生する。

・ケミカルリサイクル…化学的に分解することで，化学原料に再生する。

・サーマルリサイクル…固形燃料にしたり，焼却したりして熱として回収する。

日本では，サーマルリサイクルの割合が最も高くなっています。プラスチックはもともと［３］からできているので，燃やすと高い熱が発生します。ごみ焼却炉でごみを燃やすとき，生ごみなど水分の多いごみは燃えにくく温度が下がるため，プラスチックをまぜて燃やすことで高温にし，発がん性物質である［４］の発生を抑える効果もあります。発生した熱は温水プールや施設の暖房などに利用されています。

問９　上の文章中の空らん［３］・［４］にあてはまる言葉を答えなさい。

2020年７月よりプラスチック製買物袋（レジ袋）の有料化が始まりました。お店が商品をレジ袋に入れてわたすときには，レジ袋を有料で販売しなくてはなりません。ただし，例外的に配布できるレジ袋もあります。

・厚さが0.05 mm以上の袋で，くり返し使用できることが明記されたもの
・海洋生分解性プラスチックの配合率100％の袋
・バイオマスプラスチックの配合率25％以上の袋

バイオマスとは，生物由来の資源で，石油などの化石資源以外のものです。バイオマスプラスチックには生分解性プラスチックとしての性質をもつものがありますが，レジ袋などに用いられるバイオポリエチレン製の袋は，一般に生分解性はありません。

問10　プラスチックごみによる環境汚染の削減のために始められたレジ袋有料化ですが，生分解性のないバイオマスプラスチックの袋でも，有料化の対象外になっている（環境負荷が小さい）のはなぜだと考えられますか。カーボンニュートラルの視点から書きなさい。

［２］　電気について次の文章を読み，問いに答えなさい。

問題１

ひろし君の家の階段には電球が１つ付いています。1階のスイッチを入れたり切ったりすると，電球がついたり消えたりします。２階にあるスイッチを入れたり切ったりしても電球がついたり消えたりします。これはどんな回路になっているのだろう，とひろし君は考えました。

ふつうのスイッチは図１のようになっています。破線の中がスイッチで，○印を端子と言います。端子には導線をつなげるようになっています。一方，**図２**は切り替えスイッチというもので，端子が３つあり，端子の**１**番と**２**番がつながっている状態から切り替えると，**３**番と**２**番がつながった状態になります。

図１　　**図２**

ひろし君はこの２種類のスイッチを使って階段の電球の回路を４つ考えました。

問１　次の回路図ア～エのうち，上の文章の下線部のようにはたらくものを１つ選び，記号で答えなさい。

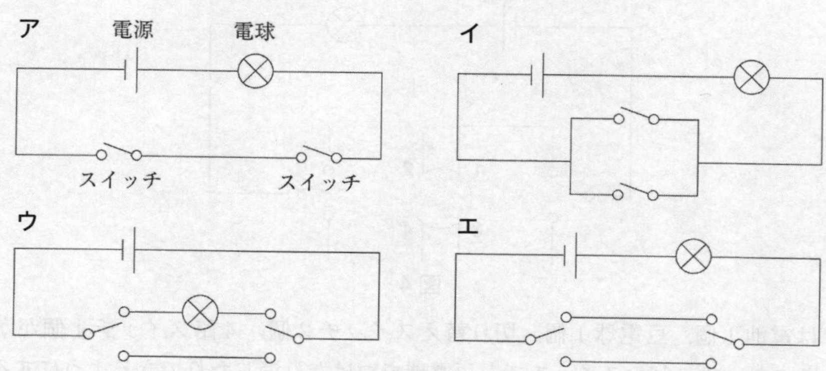

ひろし君は，もし３階建ての家だったらどうしたらいいかなあと考えました。階段に電球が１つだけあり，１階のスイッチでも２階のスイッチでも３階のスイッチでも電球がついたり消えたりするようにしたいのです。どうしてもうまくいかないのでお姉さんのまいさんに助けを求めました。

まい　「そうねえ。４路スイッチというのを使うといいよ」

ひろし　「それは何？」

まい　「そうね。４路スイッチには**図３**のように４つ端子があって，初めは**１**番と**２**番，**３**番と**４**番がつながってるの。そこでスイッチのつまみを時計回りに90°まわすと，今度は**１**番と**３**番，**２**番と**４**番がつながるの」

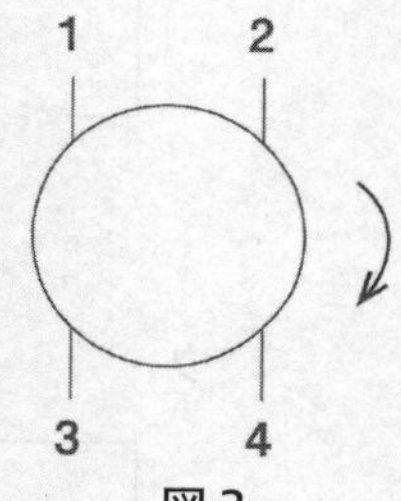

図３

ひろし　「90°ずつ２回まわすと元にもどるんだね。スイッチの中はどういうしくみになってるの」

まい　「それは考えなさいよ」

ひろし君は４路スイッチの中身（つまみとともに回転する部分）を５通り考えてみました。下の**ア**～**オ**です。点線の円の内部が90°ずつ回転します。

アはななめの２本の線が立体交差していて，ななめの線どうしはつながっていないことを表しています。**イ**は２本のななめの線がつながっていることを表しています。

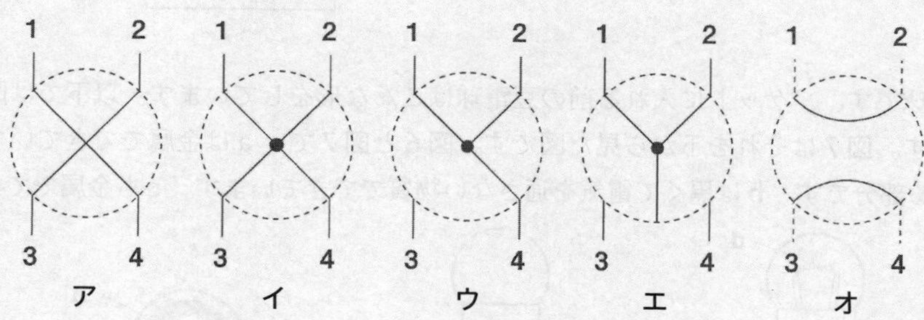

問２ 上の**ア**～**オ**のうち４路スイッチとしてはたらくものを１つ選び，記号で答えなさい。

ま　い 「スイッチの中はわかったね。じゃあ，この4路スイッチを使って，3階建て用の回路をかいてみて」

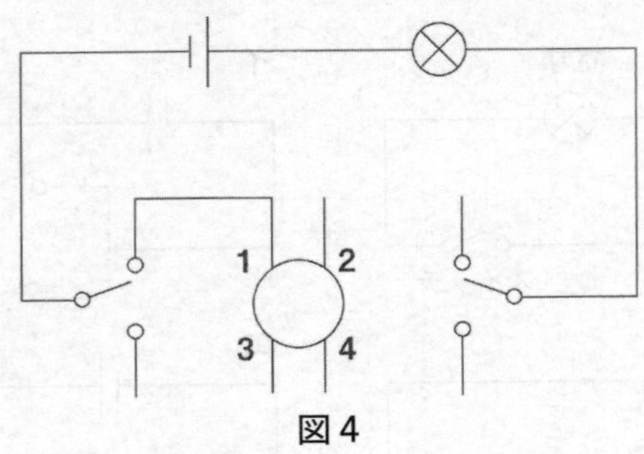

図４

問３　図４には電池１個，豆電球１個，切り替えスイッチ２個，４路スイッチ１個がかいてあります。これらをつないで，どのスイッチでも豆電球をつけたり消したりできるようにするには，どのようにつなげばよいでしょうか。下の**ア**～**エ**から１つ選んで記号で答えなさい。

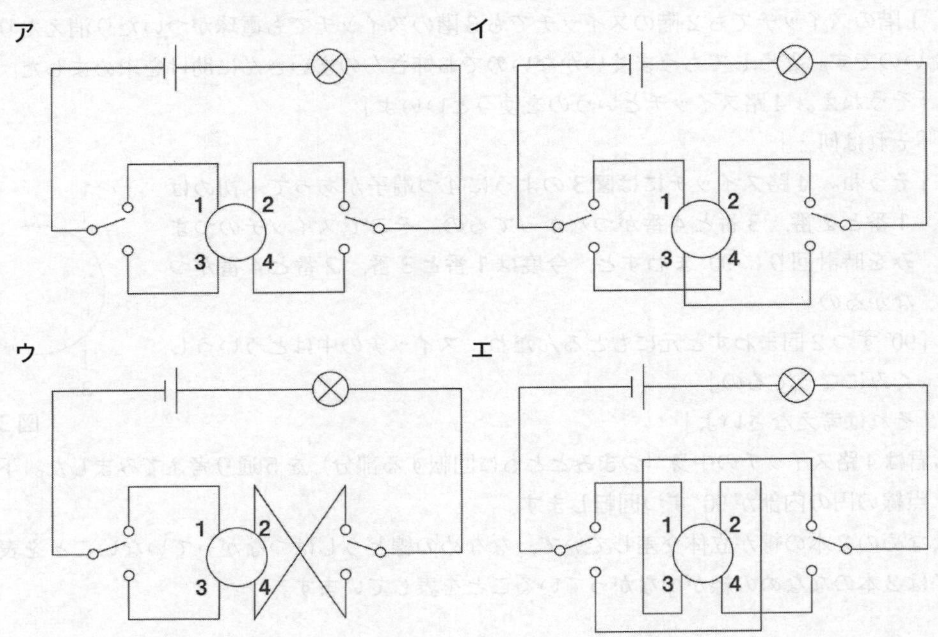

問題２

図５は豆電球です。ソケットに入れる前の豆電球はこんな形をしています。以下では図６のように簡単にかきます。図７はそれを下から見た図です。図６と図７で，**a**は金属でできていて，ねじのようになっている部分です。**b**は黒くて電気を通さない物質でできています。**c**も金属でできています。

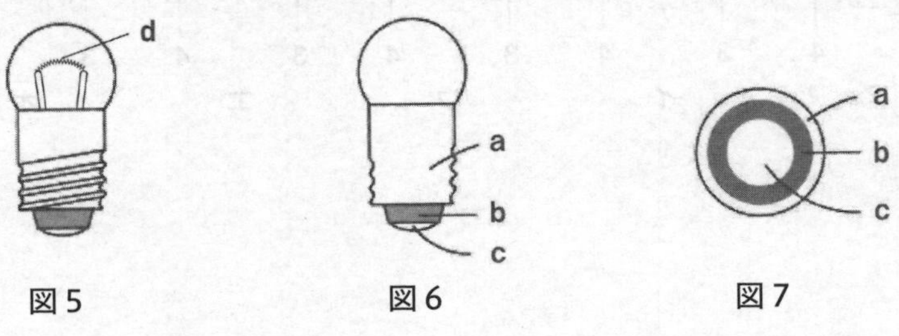

図５　　**図６**　　**図７**

ひろし「ソケットを使わないで豆電球と乾電池をつないでみよう。つなぎ方によっては豆電球がつかないこともあるね。なんでかなあ」

まい「豆電球の中にはフィラメントという細い金属の線（図５のｄ）があって，そこを電流が流れると光るのよ。電流がフィラメントを通らないようなつなぎ方だと豆電球はつかないの」

問４　豆電球と乾電池と導線を次の(1)から(4)のようにつなぐとき，豆電球がつくものにはＡ，つかないものにはＢと書きなさい。(4)は，あ，いのそれぞれの豆電球について答えなさい。

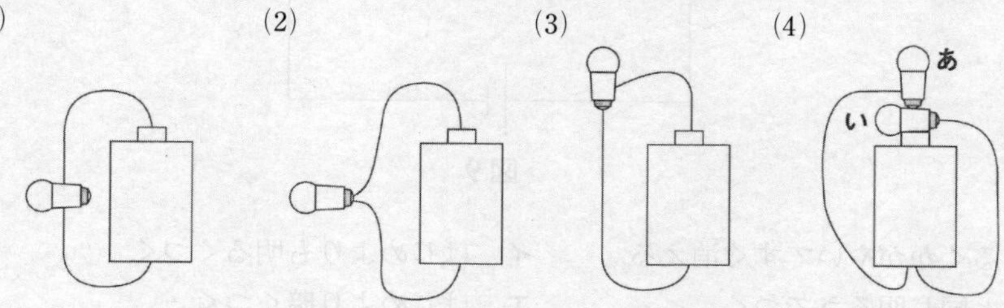

問５　図８の回路について回路図をかくと，下のア～コのどれになりますか。１つ選んで記号で答えなさい。乾電池の記号は線が長い方が＋極です。

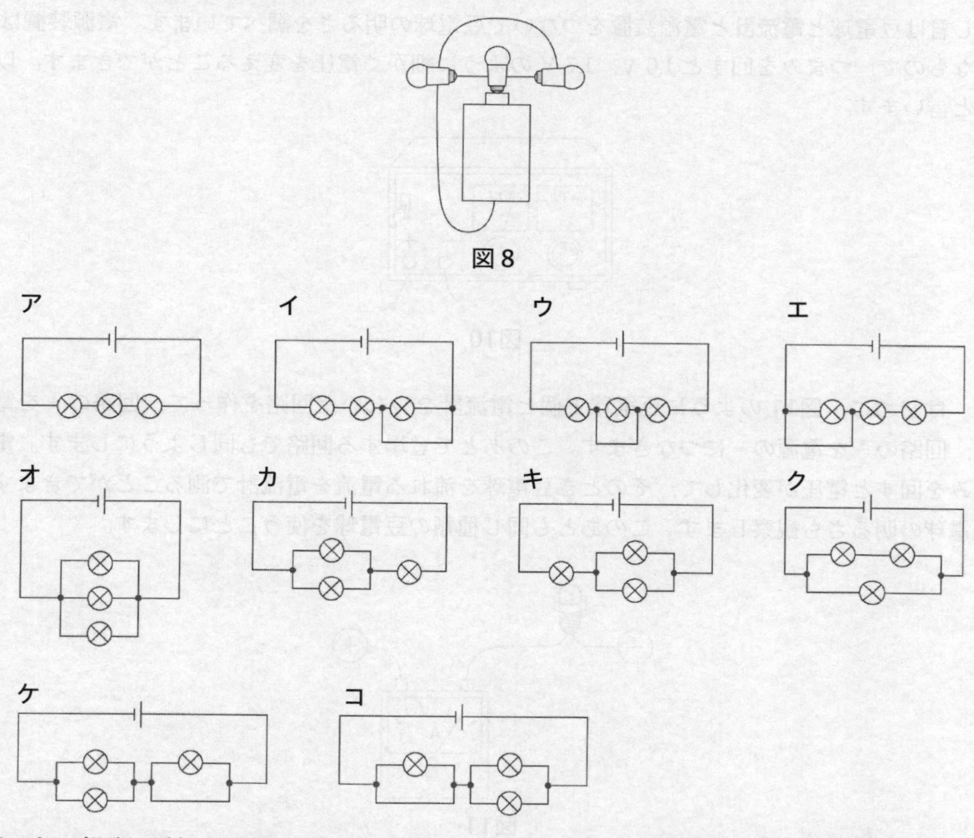

図６のｂの部分は電気を通さない物質でできています。ひろし君はこのことを不思議だと思いました。

ひろし「ｂの部分を金属に変えた豆電球を作るとどうなるかなあ」

まい「ひろしが考えている豆電球を作るのはむずかしいから，ふつうの豆電球を２個つないで，片方の豆電球だけａとｃを直接つなぐといいよ」

問6　ふつうの豆電球**1**と**2**を**図9**のように直列にして乾電池１個とつなぐと２つとも同じ明るさでつきました。ここで豆電球**1**について**図6**の**a**と**c**をアルミホイルでつなぐと豆電球**1**と**2**はそれぞれどうなりますか。次の**ア**～**オ**から１つずつ選んで記号で答えなさい。

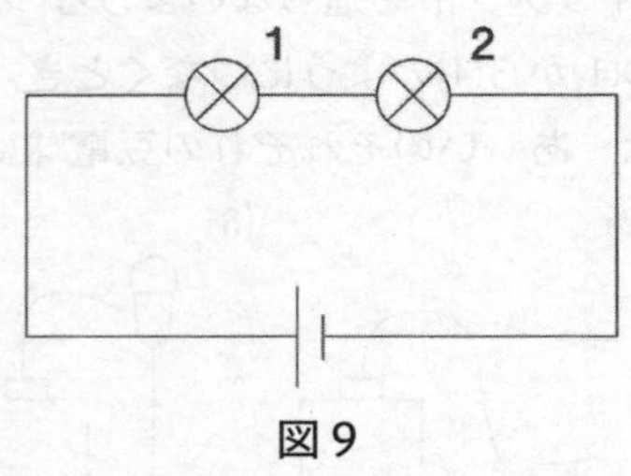

図9

ア　一瞬（いっしゅん）明るくかがやいてすぐ消える　　**イ**　はじめよりも明るくつく
ウ　はじめと同じ明るさでつく　　**エ**　はじめより暗くつく
オ　消える

問題3

ひろし君は豆電球と電流計と電源装置をつないで豆電球の明るさを調べています。電源装置は**図10**のようなもので，つまみを回すと1.6 V，1.7 Vのように細かく電圧を変えることができます。以下では電源と言います。

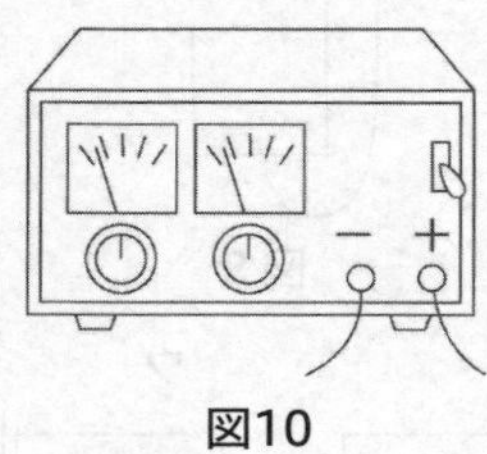

図10

実験1　はじめに，**図11**のように豆電球１個と電流計をつないだ回路を作って，回路の＋を電源の＋に，回路の－を電源の－につなぎます。このあとで登場する回路でも同じようにします。電源のつまみを回すと電圧が変化して，そのとき豆電球を流れる電流を電流計で測ることができます。また豆電球の明るさも観察します。このあとも同じ種類の豆電球を使うことにします。

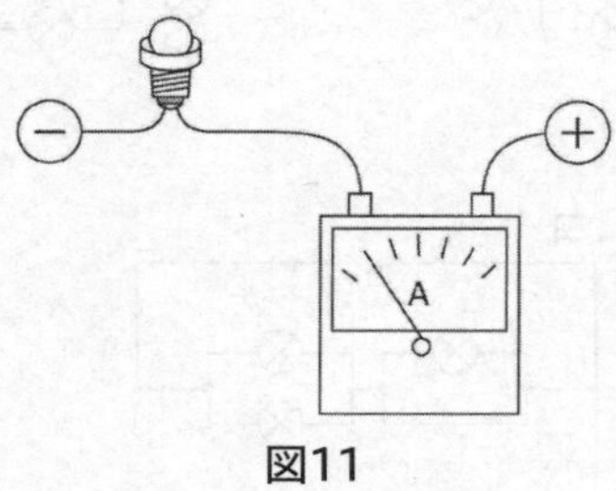

図11

結果は**表1**のようになりました。たとえば「かすかにつく」はその電圧や電流になったとき，初めてかすかについたという意味です。ほかの明るさについても，初めてその明るさになったときの電圧や電流を表しています。空らんは上と同じ明るさという意味です。

「まぶしい」ときより電圧を高くすると豆電球が切れる心配があるので，ここで実験をやめました。表の2.6 Vのところの×は実験を行わなかったことを示します。これからも「まぶしい」をこえるような実験は行わないことにします。

表1　豆電球１個

電源の電圧［V］	電流［mA］	豆電球の明るさ
0	0	つかない
0.3	136	
0.5	150	かすかにつく
1	190	暗い
1.5	230	ふつうの明るさ
2	270	とても明るい
2.5	310	まぶしい
2.6	×	×

ひろし君は考えました。「電流がたくさん流れるほど豆電球が明るくなるんだ」グラフにすると**図12**のようになりました。

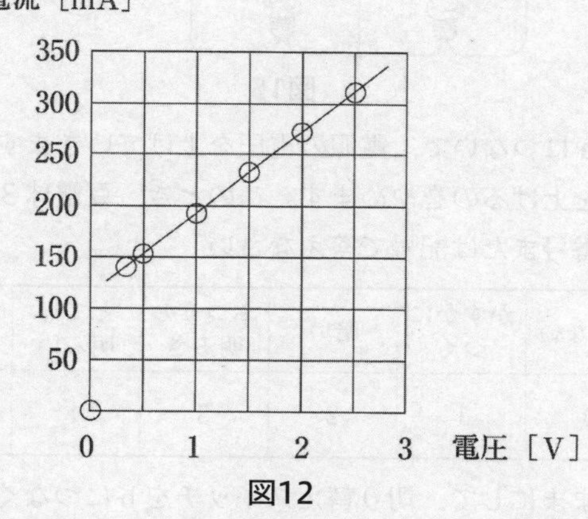

図12

実験２　次に，**図13**のように豆電球２個を直列につなぎ，それに電流計をつないだ回路を作って，電流計はAの記号で表します。

このとき，豆電球**１**を流れる電流と豆電球**２**を流れる電流は同じです。この電流を電流計で測ることができます。実験はいろいろな電圧について行いましたが，**表２**には３Ｖの場合だけあげておきます。

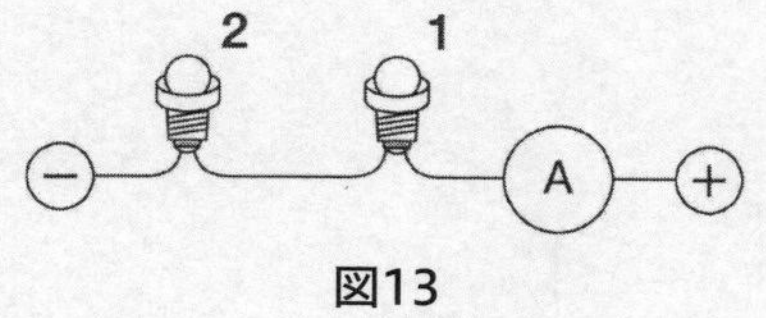

図13

表２　豆電球２個直列

電源の電圧［V］	電流［mA］	豆電球の明るさ
3	230	ふつうの明るさ

ひろし君は考えました。「電源の電圧が３Ｖのときに電圧計で豆電球１個の電圧を測ったら1.5 Ｖになると思う。**実験１**でも**実験２**でも1.5 Ｖのときは230 mA 流れてふつうの明るさだ。直列のとき電圧は足し算になっているんだ」

実験３　次に，**図14**のように豆電球２個を並列につなぎ，それに電流計をつないだ回路を作って測りました。豆電球１を流れる電流と豆電球２を流れる電流の合計を電流計で測ることができます。

実験はいろいろな電圧について行いましたが，**表３**には1.5 Ｖの場合だけあげておきます。

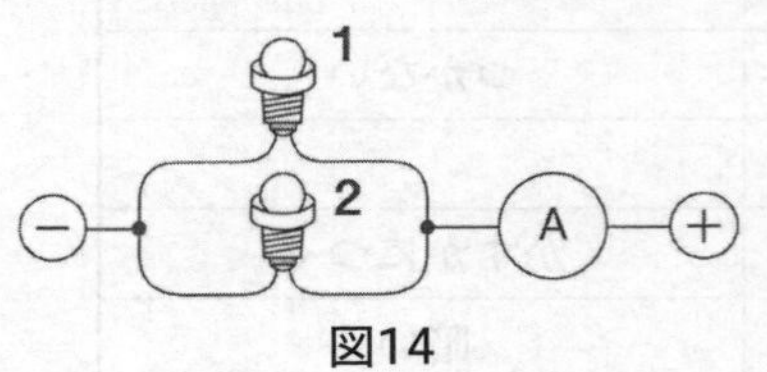

図14

表３　豆電球２個並列

電源の電圧［V］	電流［mA］	豆電球の明るさ
1.5	460	ふつうの明るさ

ひろし君は考えました。「電源の電圧が1.5 Ｖのときは豆電球１個には**実験１**と同じように230 mAの電流が流れてふつうの明るさになる。２つの豆電球の電流が合わさって，電流計は460 mA になるんだと思う。並列のときは電流が足し算になっているんだ」

実験４　最後に，**図15**のように豆電球３個と切り替えスイッチと電流計をつないだ回路を作りました。

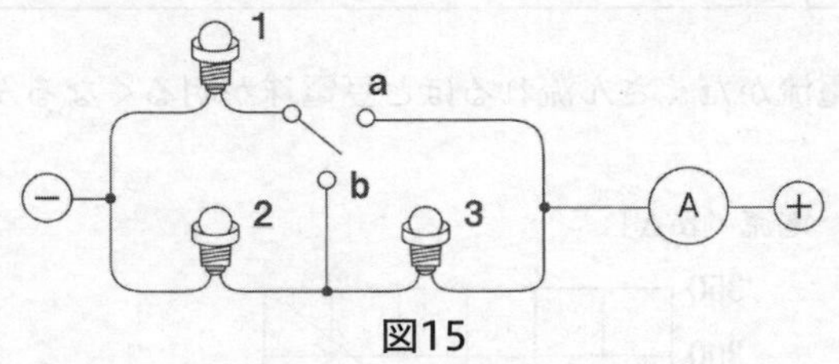

図15

問７　切り替えスイッチを**a**につないで，電源の電圧を上げていきます。豆電球**１**が初めて「まぶしい」になったとき，電圧を上げるのをやめます。このとき，豆電球**３**の明るさはどうなっていますか。下の表にしたがって番号または記号で答えなさい。

明るさ	つかない	かすかにつく	暗い	ふつうの明るさ	とても明るい	まぶしい	実験を行わない
番号・記号	0	1	2	3	4	5	×

問８　電源の電圧を**問７**のままにして，切り替えスイッチをｂにつなぐと，豆電球**１**と**３**の明るさはどうなりますか。**問７**と同じように答えなさい。

【社　会】（35分）〈満点：50点〉

次の文Ⅰ～Ⅲは，四国，愛媛県，松山市に関する文です。よく読んで，あとの問いに答えなさい。

Ⅰ

①日本列島を構成する四つの大きな島のうち，四国は面積が約1.8万km^{2}で，国土の約（　X　）%をしめる最も小さい島で，４つの県にわかれています。②島の中央部にはけわしい山地が広がり，そこを水源として流れ出した河川が平野をつくり海へと注いでおり，人口の多い都市の多くは海沿いの平野にあります。また，山地が島の中央部を横切っているため，瀬戸内海側と太平洋側とで気候が大きく異なります。③このような自然環境のちがいが，四国４県それぞれの産業や暮らしに影響をあたえてきました。

そもそも四国という名称は，④大化の改新後の律令国家のもとで，讃岐，阿波，伊予，土佐の四国が置かれたことに由来します。当時から四国は，都がおかれていた畿内に近く，都に暮らす人々の食料や生活物資の重要な供給地であったことに加え，瀬戸内海は，⑤周辺の国々との窓口となっていた北九州と，畿内とを結ぶ，海上交通の要所でした。

やがて，⑥律令制度に基づく土地制度がくずれはじめ，中央政府の管理が行き届かなくなってくると，地方の豪族や有力な農民たちは，みずからを守るために武装をするようになり瀬戸内海では通行する船をおそう⑦海賊が横行するようになります。その海賊を平定して力を持った平氏が一時期政治の実権を握りますが，源氏によって滅ぼされました。

その後も，鎌倉，室町時代にかけての瀬戸内海は，平和な時期には⑧様々な人や物が行き交い，政治が不安定になると海賊が横行するという状況をくり返しました。戦国時代には，村上氏のように自分たちのなわ張りの海域を通行する船から通行料を取って強大な力を持つ海賊もあらわれ，そのようすは，⑨当時日本を訪れていた宣教師の記録にも記されています。こうした海賊集団は1588年に豊臣秀吉が海賊取締令を出したことにより解体され，一部は海運の担い手となっていきました。

江戸時代になり河村瑞賢によって西廻り航路が整備されると，その通路となった瀬戸内海は日本各地の物品が行き交い，四国の各藩でも⑩様々な特産品がつくられ，日本各地へ運ばれていきました。

明治時代になり，鉄道などの陸上交通がさかんになるにつれて，本州と四国との間に橋を建設してほしいという要望がたかまり，第二次世界大戦後，本州四国連絡橋の建設計画が進められました。そして，1988年に岡山県の児島と香川県の坂出を結ぶ瀬戸大橋が完成したのに続き，兵庫県と徳島県を結ぶルート，広島県と愛媛県を結ぶルートが完成し，近年は橋を利用した人・物の交流が活発になっています。

問１　文Ⅰ中の空らん（　X　）にあてはまる数字として最も近いものを，次の**ア**～**エ**から選び，記号で答えなさい。

ア　2.5　　**イ**　5　　**ウ**　7.5　　**エ**　10

問２　下線部①について，日本列島には四つの大きな島以外にも，数多くの島々がふくまれます。次の**A**～**D**は，日本列島にふくまれるいくつかの島々をしめしたもので，**ア**～**エ**の文章は**A**～**D**いずれかの島について述べたものです。**ア**～**エ**の文章のうち，内容が正しいものを１つ選び，記号で答えなさい。

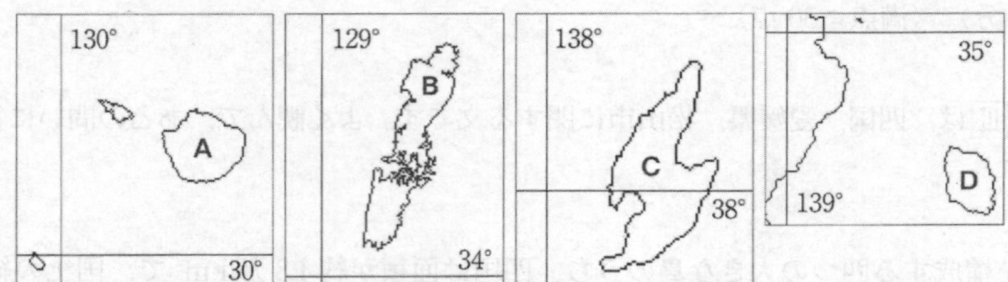

地図中の直線上の数値は緯度，経度をしめしています。

ア　Aは鹿児島県に属し，戦国時代にポルトガル人によって鉄砲がもたらされた。

イ　Bは長崎県に属し，江戸時代にはこの島をおさめていた藩が朝鮮との貿易を独占していた。

ウ　Cは新潟県に属し，この島で採れる金は，江戸時代を通じて日本の主な輸出品の一つであった。

エ　Dは静岡県に属し，島の中心にある火山が大噴火した際には，島民全員が島外に避難した。

問3　下線部②について，次の山地，河川，都市，橋のおおよその位置を，九州地方を例とした記入例の書き方にならって解答用紙の地図中に書きこみなさい。

・四国山地　・讃岐山脈　・吉野川　・瀬戸大橋
・香川県の県庁所在地の都市（都市名も記入すること）

記入例

・筑紫山地　・九州山地　・筑後川
・関門橋　・鹿児島県の県庁所在地の都市

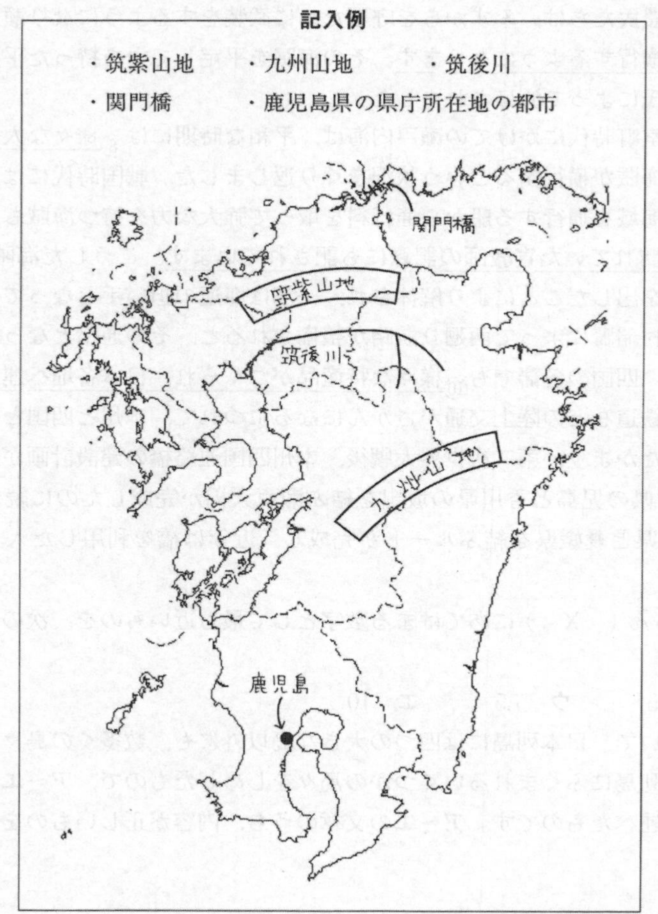

問4　下線部③について，香川県は降水量が少なく，古くから農業用水の不足になやまされてきました。次の**図1**は，香川県の農業用水にしめる水源別の割合をしめしたものです。香川県では**図1**中の［　A　］の開通を境に，農業用水の水源が大きく変化したことがわかります。

図1中の**A・B・C**にあてはまる語句を考え，**その語句を必ず用いて**，香川県の農業用水の水源がどのように変化したかを，理由とともに説明しなさい。

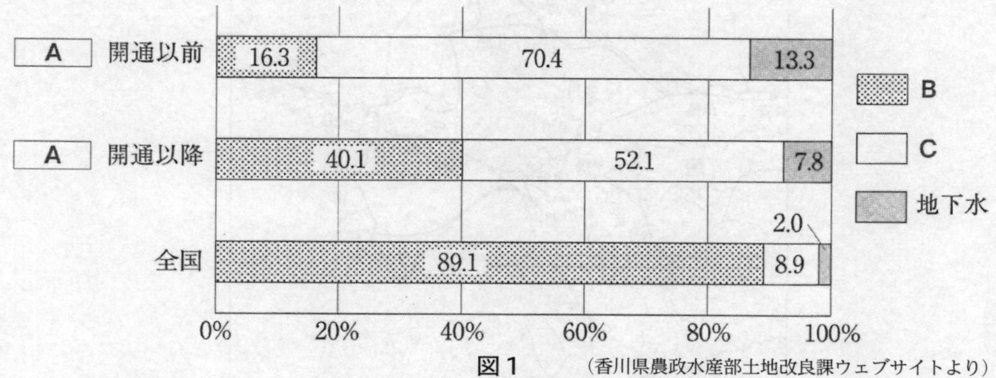

図1　（香川県農政水産部土地改良課ウェブサイトより）

問5　下線部④について，律令体制の完成までの期間に起こった，次の**ア**～**エ**のできごとを，**古いものから順**にならべ，解答らんに合うように答えなさい。

ア　藤原不比等らによって大宝律令がつくられた。
イ　飛鳥浄御原宮から藤原京に都がうつされた。
ウ　白村江の戦いで唐・新羅の連合軍に敗北した。
エ　壬申の乱に勝利した大海人皇子が天武天皇として即位した。

問6　下線部⑤について，遣唐使も畿内の難波津（なにわつ）から瀬戸内海を通り，北九州を経て唐へわたっていました。遣唐使は全部で20回派遣され，または派遣が計画されました。次の**表1**はそのおもな内容をまとめたものであり，次ページの**図2**は遣唐使船の航路を示したものです。

(1)　**表1**中の空らん［　1　］～［　3　］にあてはまる人物名を**漢字**で答えなさい。

回数	出発年	航路	朝鮮半島の国			おもな渡航者（使節・留学生など）
			高句麗	新羅	百済	
1	630	北路				［　1　］
3	654	北路				高向玄理（たかむこのげんり）
8	702	南路				山上憶良
9	717	南路				玄昉（げんぼう）、吉備真備（きびのまきび）、阿倍仲麻呂
12	752	南路				吉備真備
18	804	南路				橘逸勢（たちばなのはやなり）、空海、［　2　］
19	838	南路				円仁
20	894（中止）	−				［　3　］（渡航せず）

表1

⑵　**表1**をみると，遣唐使船の航路は700年頃をさかいに，おおきく変更されており，変更後の航路のほうが，遭難などの被害が多かったことがわかっています。なぜ危険な航路へと変更したのか，その理由を，**表1**と**図2**を参考にして答えなさい。

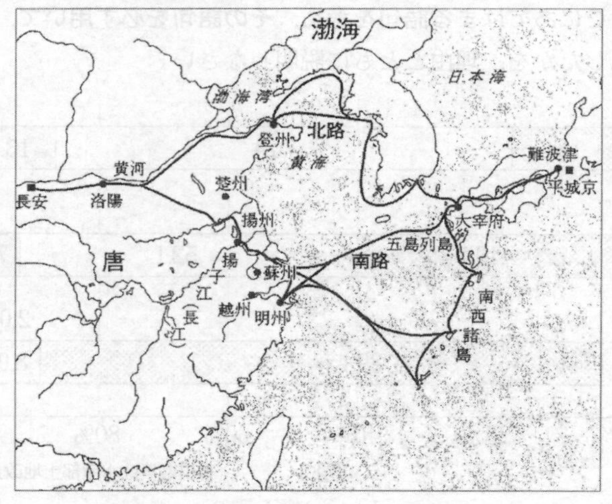

図2

（『律令国家と東アジア』より一部改変）

問7　下線部⑥について，次の**図3**は，延喜2（902）年の阿波国の戸籍の一部です。この戸籍には，全部で5戸435人の名が記されていますが，その内訳は男性59人，女性376人となっており，100歳以上の女性も多数みられ，意図的に事実とは異なる内容を記したと考えられています。なぜそのように記したのか，律令制の税のしくみと関連づけて**2点**答えなさい。

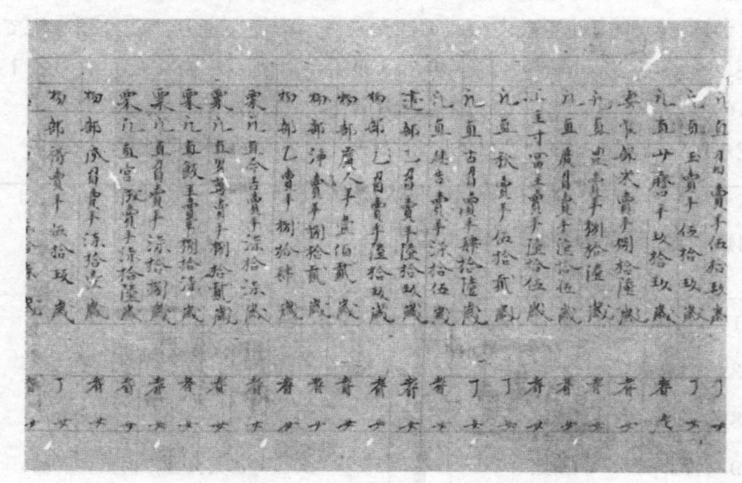

図3　（徳島城博物館パンフレットより）

問8　下線部⑦について，もと伊予の国司でありながら，瀬戸内海の海賊をひきいて反乱を起こした人物を**漢字**で答えなさい。

問9　下線部⑧について，鎌倉時代に伊予の国に生まれ，おどり念仏を広めながら，瀬戸内周辺のみならず全国をまわった僧の名と，その僧がはじめた宗派名を**漢字**で答えなさい。

問10　下線部⑨について，次の**表2**は，16～17世紀のキリスト教の布教に関する内容をまとめたものです。次の**ア～オ**のできごとのうち，**表2**中の［ A ］の時期に日本国内で起こったできごととしてあてはまるものを**すべて**選び，記号で答えなさい。

ア　桶狭間の戦い　　**イ**　大坂夏の陣　　**ウ**　室町幕府の滅亡（めつぼう）
エ　文禄・慶長の役　　**オ**　朱印船貿易の開始

・フランシスコ＝ザビエルが鹿児島に到着し、布教を開始した。
↓
・バテレン追放令が出され、宣教師は20日以内の国外追放を命じられた。
↓［ A ］
・禁教令がだされ、日本国内でのキリスト教の信仰が禁止された。
↓
・島原の乱がおこった。

表2

問11　下線部⑩について，江戸時代の徳島藩の特産品として最もふさわしいものを次の**ア～エ**から1つ選び，記号で答えなさい。

ア　茶　　**イ**　紅花　　**ウ**　藍（あい）　　**エ**　かつおぶし

［Ⅱ］

愛媛県は，今治市や新居浜市，四国中央市などがある東予，県庁所在地松山市を中心とした中予，宇和島市などがある南予の３つの地域にわけられます。

江戸時代は今治藩，松山藩，宇和島藩や幕府直轄（ちょっかつ）地など複数の地域に分かれて統治されており，それぞれの藩が産業の育成に力を注いだことから，地域ごとに特色ある産業が生まれ，その多くが現在の産業へとつながってきました。

東予地域の瀬戸内海に面した平野が広がる地域では，工業がさかんです。今治市は古くから瀬戸内海を結ぶ海運の拠点（きょてん）であったことが現在の（　１　）業につながっており，また，せんい産業もさかんで（　２　）の生産日本一のまちとしても知られています。また，新居浜市は江戸時代に（　３　）銅山が上方の商人である住友家によって開発されたことをきっかけとし，銅の精錬（せいれん）時にでる化学物質を肥料などに加工する化学工業や，機械工業など様々な関連産業が発達しました。新居浜市の東側に位置する四国中央市は，江戸時代にこうぞやみつまたの栽培（さいばい）がさかんに行われたことから，日本有数の（　４　）業の町に成長しました。

一方，南予地域は山地が海近くまでせまり，平地が少なく，海岸線は入り組んだリアス海岸となっています。そのため，海に面した段々畑でのミカンを中心としたかんきつ類の栽培と，波のおだやかな湾（わん）での養殖（ようしょく）業がさかんです。

近年は⑪ミカン栽培と漁業とを結びつけ，自然環境に配慮（はいりょ）した地域循環（じゅんかん）型農業が進められています。

問12　文［Ⅱ］中の空らん（　１　）～（　４　）にあてはまる適切な語句を答えなさい。

問13　下線部⑪について，次の**図4**は，愛媛県が進めている地域循環型農業のイメージ図です。

⑴　愛媛のミカンは「３つの太陽」を浴びることでより甘くおいしくなるといわれています。「３つの太陽」のひとつは昼間の太陽の直射日光のことをさしますが，残りの**2**つは何をさしている

か，**図4**を参考にして答えなさい。

(2) ミカン栽培と漁業の間でどのような循環がなりたっているか，**図4**中の**A**・**B**の矢印を参考にして述べなさい。

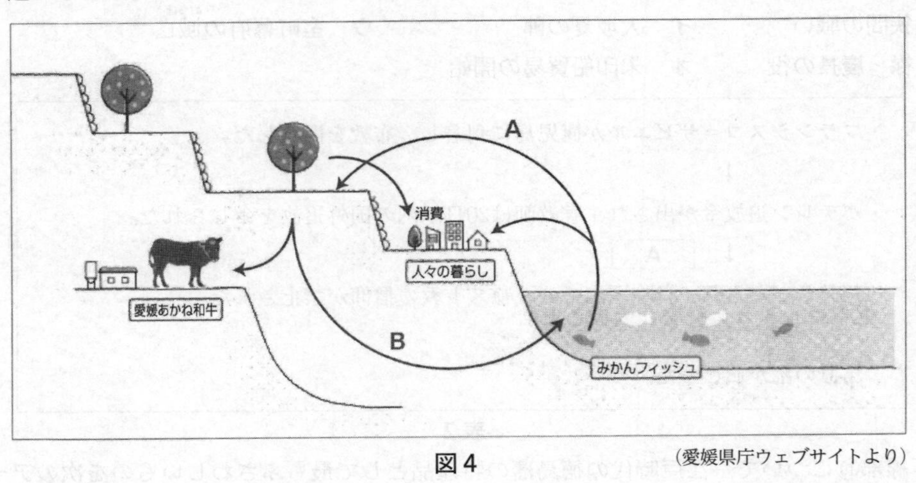

図4　（愛媛県庁ウェブサイトより）

Ⅲ

愛媛県の県庁所在地である松山市は，人口約50万人を有する四国最大の都市で，周囲を山で囲まれ，瀬戸内海に面する松山平野に位置し，日照時間は全国トップクラスのおだやかな気候にめぐまれています。

⑫現在の松山市の起源は，江戸時代に松山城を中心として築かれた城下町です。その時代の町割りが，その後の時代に応じて少しずつ変化しつつ，現在につながっており，町の中心部を走る路面電車に乗ると，江戸時代から今に続く様々な史跡（しせき）や名所をたどることができます。

松山市の産業をみてみると，第三次産業の割合が78％と全国平均と比べても高くなっており，その中心は観光業です。松山の観光地としての魅力（みりょく）は，まず，全国でも12か所しか残っていない現存天守の一つが残る松山城や，日本最古の温泉とされる道後温泉などの観光施設（しせつ）があることです。また，近代俳句の祖といわれる正岡子規をはじめ，多くの俳人や文化人を輩出（はいしゅつ）した街であり，正岡子規らを主人公とした小説『坂の上の雲』をテーマとした博物館など，数多くの文化施設があります。さらに，俳句甲子園の開催（かいさい）など文化活動が盛んであることなどがあげられます。そして，こうした観光地が点在している市内全域を「屋根のない博物館」ととらえ，それらを路面電車で結びつける「フィールドミュージアム構想」が進められています。

また，近年は南海トラフ地震や気候変動の影響で多発する豪雨（ごうう）災害などの自然災害に対する不安が高まる中，防災に強い街づくりをめざしたり，豊かな自然環境を生かした環境対策事業などにも力を入れています。

一方で，松山市の人口は2010年をピークに減少しており，このままのペースで減少が進むと50年後には人口が半分程度に減少してしまうという推計もあります。このような状況のもと，特に若い世代の人口減少と高齢化（こうれい）の進行を食い止めるため，地域産業を活性化しなくてはならないという課題に直面しています。

2020年度，松山市は内閣府が認定する「SDGs未来都市」に選定され，その中でも特に取り組みが先進的な10都市のみが選定される「自治体SDGsモデル事業」にも選ばれました。世界では今，都市化がすすみ，持続可能なまちづくりが課題となっており，日本でも，環境・社会・経済を考えて，だれもが住みたいまちをつくっていく必要があります。今後は，⑬「SDGs未来都市」として，持続可能なまちづくりに向けた取り組みの推進が求められています。

問14　下線部⑫について，次ページの**地図１**は，江戸時代前期（17世紀後半頃）の松山城下町を描いた絵図で，**地図２**は，現在の松山市街地です。この２枚の地図を見て，次の文中の空らんにあてはまる適切な建物・施設の名称を答えなさい。なお（　4　），（　5　）は**地図２**に記されている地図記号から読み取って答えなさい。

> **地図１**をみると，城の南側の「外側（とがわ）」地区には（　1　）が，「外側」地区の南側と，城の北西の「古町」にはおもに（　2　）が分布しており，その外側には（　3　）が多く見られる。（　3　）は広い敷地を持ち，城下町出入り口の防衛拠点としての役割を果たしていた。**地図１**と**地図２**を比較すると，かつての三の丸の地域には，市民会館や（　4　）などの公共施設が，「外側」地区には県庁や（　5　）などの行政機関が多く，明治時代以降（　1　）の跡地を開発したと考えられる。一方で，かつて（　2　）だった地域には私鉄が通り，現在も市街地が広がっている。

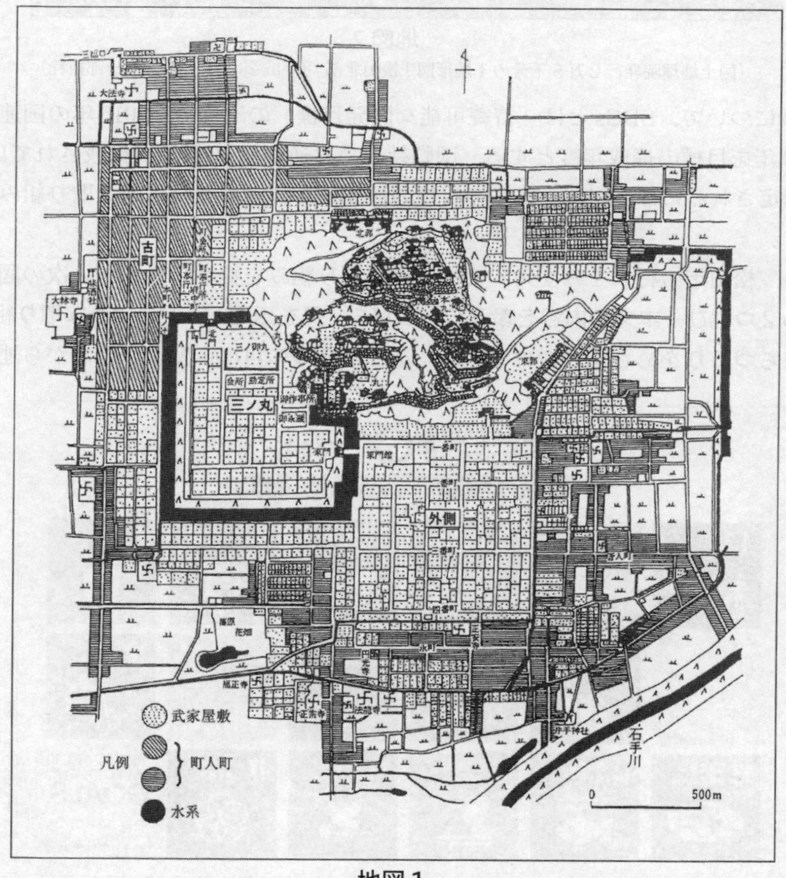

地図１
（『中国・四国　地図で読む百年』古今書院 1999年）

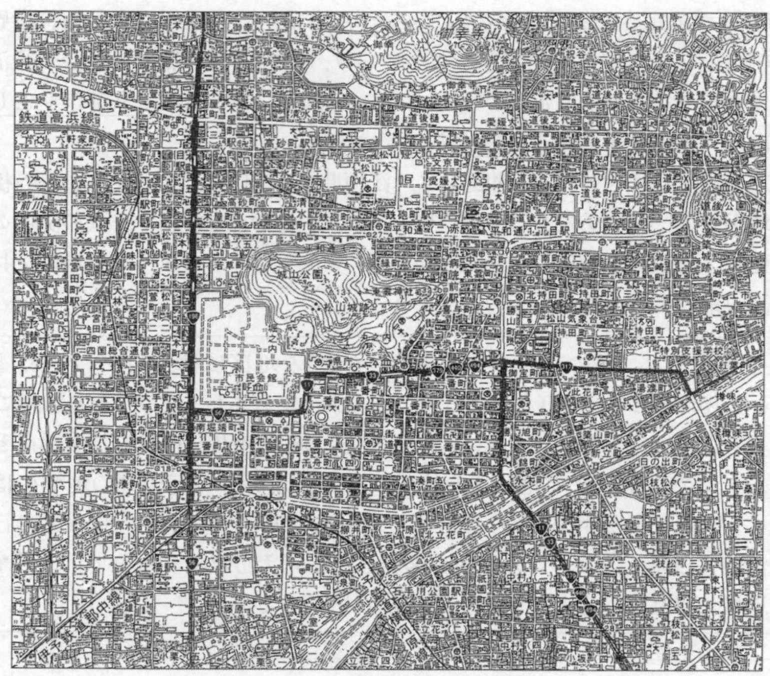

地図２
（国土地理院発行２万５千分の１地形図「松山北部」（平成 28 年発行）より一部抜粋）

問15　下線部⑬について，SDGs とは「持続可能な開発目標」の略称で，2015 年の国連サミットで採択され，2030 年を目標の達成年度とする，国際社会で共通の 17 の目標で構成されています。SDGs 未来都市に認定されるには，SDGs の 17 の目標のいずれかに対する具体的な取り組みを提案する必要があります。

　あなたなら，松山市の将来をみすえ，どのような取り組みを提案しますか。次の**図５**に示された 17 の目標から**２つ**選び，**本文の内容を参考に**しながら，**何を活用**し，**どのような取り組み**を行って，**どのようなまちづくり**をめざすのかについて，選んだ**２つ**の目標と関連づけながら述べなさい。

図５　（国連広報ウェブサイトより）

生徒3　そうだね。でも、その配慮は「信子ちゃん」への完全な同情からというより、その場の雰囲気を悪くしたくないという気持ちからだと思う。

生徒1　そうだね。なぜなら、「私」は、［イ］を知っているからね。

問六　傍線部⑥「この四つの色」とありますが、そのうちの「灰色」は何を表していると思いますか。「この街」の様子を想像し自分で考えて書きなさい。

問七　傍線部⑦「多分、どこかで寄り道をしてサッカーをしていたのだろう」とありますが、このことに気づいた「私」のことを「伊吹くん」は何にたとえて言っていますか。本文中から二字で抜き出して答えなさい。

問八　「私」の「伊吹くん」に対する気持ちの変化を表したものとして、最もふさわしいものを、次の**ア**～**エ**の中から一つ選び、記号で答えなさい。

ア　同じ地区に住んでいる「伊吹くん」は同学年だがこれまで親しく接して来なかった。ところが、話をしているうちに緊張は緩みなごんでいき、多少子供っぽいところもあるが愛想の良さに安心し、「私」は少しずつ親しくしていくことにしようと思い始めている。

イ　それまで接点のなかった「伊吹くん」に「私」は緊張していた。習字教室の帰り道に二人で話をしているうちにだんだん打ちとけてきたが、気持ちを素直に出すところに幼さが見えてくるにしたがい、どう接してよいのか分からなくなって困っている。

ウ　転校生の多いこの学校で「私」はなかなか打ちとけない性格だが、「伊吹くん」は幼いところもあるが社交的で話しやすく、習字教室の帰り道で一気に親しくなった。しかし、女の子の複雑な心理が分からない「伊吹くん」には戸惑いも感じ始めている。

エ　時間を守らずズボンの汚れも気にしない「伊吹くん」は子供っぽいと思っていたが、話をしているとやはり思った通りであると感じた「私」は、緊張しながら少しずつ心を開いていこうと考え始め、学校の話題を出しながら距離を縮めていこうとし始めている。

問九　傍線部⑧「私は理由がうまく言えなくて」とありますが、理由がうまく言えないのはなぜですか。六十字以内で答えなさい。

問十　傍線部⑨「早足で歩き出す」とありますが、それは誰の行為ですか。その姓名を漢字で書きなさい。

矛盾しているように見えます。この表現について、次の三人が話し合いました。空欄に入る発言として、最も<ruby>ふさわしいものを、後のア〜エから一つ選び、記号で答えなさい。

生徒1　傍線部①は、「私」の感じたことを書いたとも思えるけれども、小説の冒頭なので作者の視点で書かれているとも言えるんじゃないかな。

生徒2　なるほど、そうかもしれないね。読者の意識を「この街」に引き付けるために、「膨れていく」という表現で漠然とだけれど印象づけようとしているように思えるね。

生徒3　［　　　］

生徒1　その意見だと、うまくこの矛盾を説明できるね。「遠く」と「近く」という区別で、見える光景の違いを表現したというわけだ。

生徒3　その通り。

生徒2　なるほど、「ゆっくり」と「急速に」も、それなら矛盾していないね。

ア　傍線部①は街全体をとらえたもので、傍線部②は教室の中にいる「私」が身近に感じたことを表現したものだと思う。身近なものの変化は毎日分かるので「急速に」と感じられたのだと思う。

イ　傍線部①は人口の増加によって街の大きさが大きくなっていることを表現したもので、傍線部②は単純に目の前の工事現場の変化を言っただけなので、二つのことをつなげる必要はないと思う。

ウ　「私」は小学校四年生なので、街の全体の様子を的確につかまえる手段はないから傍線部①のように言っただけで、教室から見える景色の変化ははっきりととらえられたので、その違いを分かりやすくしたのだと思う。

エ　傍線部①も②も「音」から情報を得ていることに注目してはどうかな。遠くの音は何の音かは分かりにくいから漠然と描かれているのだし、近くの音は工事の音と明確に分かるから、それで判断したんだと思う。

問三　傍線部③「私は苦笑いをして、『うん、ちょっと感じ悪いよね』と頷いた」とありますが、この時の「私」の心情はどういうものですか。八十〜百字で説明しなさい。

問四　傍線部④「そうだ」とありますが、それと異なる用法のものを次のア〜エの中から一つ選び、記号で答えなさい。

ア　母の知り合いには芸能人がいそうだ。

イ　今でも転校した友達のことを思い出すそうだ。

ウ　兄と同じ学校に進学しそうだ。

エ　オリンピックが今年は開かれそうだ。

問五　傍線部⑤「若葉ちゃん、信子ちゃんがお誕生日にあげた筆箱、大事に使っているね。すごくお気に入りだって言ってたよ」とありますが、「私」がそのように言った理由について、次の三人が話し合いました。空欄アに入る一語を自分で考えて書き、空欄イは本文中より四十五字以内の部分をさがし、その初めの七字を書きなさい。

生徒1　この言葉は本当ではないよね。つまり［ア］。

生徒2　どうしてそんな［ア］を言ったのかな。

生徒1　「若葉ちゃん」を取られて残念がる「信子ちゃん」への配慮だと思う。

るし……」

⑧私は理由がうまく言えなくて、もごもごと呟いた。

「へ？」

伊吹くんは本当にわけがわからないという顔で、私を見つめた。

まっすぐにこちらを見すえる真ん丸い黒目から目を逸らす。こんな子供っぽい子に、女の子同士の微妙な難しさがわかるはずもない。お友達は好きだけれど、学校は疲れる。

それに、学校が好きじゃない子のほうが、呑気に学校生活を送っている子より、少し特別な感じがする。

教室の隅っこで漠然と考えていたことだけれど、口にしようとするとあまりに子供っぽくて言葉にできなかった。

「何？　声が小さくて、聞こえないよ」

伊吹くんは首をかしげている。

「いいの！　とにかく、嫌いなの。お友達は好きだけど、学校は嫌い」

伊吹くんは冗談かと思ったのか、「へんなの！」と笑い声をあげた。その呑気な声に苛立って、⑨早足で歩き出す。

すぐに追いついてきた伊吹くんが、習字の黒い鞄を振り回しながら言った。

「おれは、学校すっごく楽しいけどなー」

「伊吹くんはそうだろうね」

「あ、なんか変なかんじ。皆、伊吹って呼ぶし、谷沢もそう呼びなよ」

「え？」

「なんか名前みたいな名字だから、くん付けされると、かゆいんだーおれ」

「……う、うん」

頷いてはみたものの、男の子の名字を呼び捨てにしたことなどないから少し戸惑った。

（村田沙耶香『しろいろの街の、その骨の体温の』朝日文庫による）

問一　傍線部A～Cの本文中における意味として最もふさわしいものを、後の各群のア～エの中から、それぞれ一つずつ選び、記号で答えなさい。

A　唇を尖らせた

ア　希望が満たされていないことにいら立つ思いの
イ　自分の関心とは違うことを言われて怒りの思いの
ウ　まったく見当違いなことに場がしらけて拗ねる気分の
エ　ひとりよがりの勝手な想像をする姿を非難する気持ちの

B　身を乗り出され

ア　全身を覆いかぶせられて　**イ**　次々に質問をされて
ウ　体を前の方に出されて　**エ**　強い興味を持たれて

C　八方美人

ア　どこにも欠点がない様子なこと
イ　きちんとしすぎで近寄りがたいこと
ウ　気が利いていて対応がうまいこと
エ　誰にでも愛想よくふるまうこと

問二　傍線部①では「遠くから、この町が、ゆっくりと膨れていく音が聞こえる」とあり、傍線部②では「この窓から見える光景は急速に変化し続けていて、止まる気配はなかった」とあり、一見すると

走っていた。背が低くて子供っぽくて、誰にでも親しげに話しかけるけれど、いつも離れた席で静かに習字をしている私とはほとんど会話をしたことがなかった。

　私たちは緑道を歩き始めた。ニュータウンには緑道がたくさん通っていて、バイクも車もなくて安全なので、子供たちは大体この道を使う。両脇には植えられたばかりの緑が整列している。まだ添え木がされている木々はまるで作り物みたいに綺麗で、綺麗過ぎて、緑の匂いがどこからも漂ってこない。まだ若い葉っぱたちが微かにこすれる音だけが、かろうじて聞こえていた。

　夜の住宅地は静まり返っていて、時々、どこかで飼っている犬の鳴く声が聞こえる。運動会のころはまだ夜も暖かかったのに、今は上着を着ないと寒い。私は少し気が早いマフラーに顔を埋めるようにして歩いていた。真っ白いレンガでできた道を百メートルほど歩いたところで、会話がないのを気まずく思った私はぼそぼそとした声で聞いてみた。

「……伊吹くん、今日、サッカーしてから来たんだね。だから遅刻したの？」

　伊吹くんは再びくるりとこちらを振り向いた。

「あ、ばれた？　今日、帰ろうとしてたら誘われてさ、グラウンドでちょっと遊んでたら、遅刻しちゃった。先生には内緒な」

「うん」

「でも、なんでわかったの？」

「え、わかるよ。だって、靴もズボンの裾も泥だらけだもん」

　指を指すと、伊吹くんは急いでジーンズの裾を見て、目を丸くした。

「ほんとだー。すごいな、谷沢、探偵みたい」

　私は男の子にしては愛想が良く話しやすい伊吹くんに少しほっとして、一メートルほど離れていた距離を縮めて横に並んだ。

　伊吹くんは棒みたいに手足が細くて、それを振り回しながら歩いている。私より背が低くて、ちょうど私の目の位置が伊吹くんのつるつるのおでこと同じ高さだ。

「習字よりサッカーが好きなんだね」

「うん！　だけど、母ちゃんが、サッカーやりたいなら、習字と塾にも通えって言うんだー」

　語尾を伸ばして喋る声は甲高くて、女の子みたいだった。どのクラスでも一番前になるような身長でこちらを見上げる愛想のいい顔を見ていると、小学二年生の従妹の女の子を思い出す。自分がお姉さんのように感じて、うんうんと頷いて見せた。

「そっかあ。大変だね」

「ほんとは、毎日サッカーしてたいなあ」

「伊吹くんって、学校好き？」

「うん！」

　迷いもなく答える伊吹くんを見て、この子ならそうだろうなあ、と、羨ましい半面、子供だなと思いながら「ふうん。いいね」と言った。

「谷沢は、学校好きじゃないの？」

　伊吹くんは不思議そうに私の顔を覗き込んだ。

「うーん……あんまり好きじゃない、かも」

「なんで？」

「……だって、なんか、好きじゃないほうが……いいような気がす

ある程度人が集まると、先生が「じゃ、お手本書くから集まってー」と言い、前の机でお手本を書いてくれる。生徒たちはその周りに集まって、撥ねはこんな感じで勢いよく、ここの筆の流れに気を付けて、などという先生の説明を聞く。

前の机での説明が終わると、生徒たちは席に戻って字を書き始める。先生は一人一人の席をまわって、その子に専用のお手本を書いて渡してくれる。私は先生が書いてくれたお手本を見ながら、白い半紙を文鎮で押さえた。

「遅れてすいませーん！」

そのとき、呑気に間延びした挨拶が聞こえた。「しー！」と先生に怒られている。

ドアを見ると、同じ学年の伊吹陽太くんが立っていた。同じ学年だけれど、クラスが一緒になったことは一回もない男の子だ。

伊吹くんは急いであいているパイプ椅子に腰掛け、道具を並べ始めた。そのズボンの裾が泥で汚れている。

⑦多分、どこかで寄り道をしてサッカーをしていたのだろう。習字には、お母さんに無理矢理通わされていると聞いたことがある。

首を掻きながら窓の外を眺めている伊吹くんを見て肩をすくめ、自分の前にあるまっさらな半紙に再び視線を戻した。

「じゃあねー」

「また、来週ね、結佳ちゃん」

「ばいばーい」

先生たちは手を振って反対方向へ歩いて行く。習字教室で四丁目に住んでいるのは、私と伊吹くんだけだ。

伊吹くんはいつも、手を振り終えるとすぐ自転車置き場に向かうのに、今日はそのまま四丁目へ向かう道を歩き始めた。

私はしんとした道に響く泥だらけのスニーカーの足音を聞きながら、小さな声で伊吹くんの黄色いTシャツの背中に問いかけた。

「……あの、伊吹くん。今日、自転車は？」

伊吹くんは勢いよく振り向き、こちらへ親しげに笑いかけてきた。真ん丸い目が細くなり、ますます幼い顔になる。

「ああ、自転車？　こないだ壊れちゃったんだー」

「えっ」

「ブレーキがおかしくなっちゃってさー。新しいの買ってもらうまで、歩きなんだ」

「そうなんだ……」

私は消え入りそうな声でなんとか返事をした。いつも伊吹くんはさーっと自転車で帰ってしまうので、同じ方向でも一緒に帰ることはなかった。学校でも習字でも男の子と話したことがほとんどない私は、仕方なく伊吹くんと同じ方向へ歩き出した。

伊吹くんは信子ちゃんと同じ、小学校に入学するタイミングで引っ越してきた男の子だ。そこで越してきた子が一番多くて、私みたいに幼稚園からこの街に住んでいる子のほうが少ない。

二年生になっても三年生になっても転校生は学年で何十人も入ってきて、クラスの三分の一は転校生だ。新学期が始まると知らない顔がたくさんあって、同じ学年でもよく把握できていない。

でも、伊吹くんの名前はよく聞いていた。背は学年でも三番目くらいに小さいけれど、足が速くて、この前の運動会でも最後のリレーを

それを見てまた不快そうに顔をしかめた信子ちゃんに、「⑤若葉ちゃん、信子ちゃんがお誕生日にあげた筆箱、大事に使ってるね。すごくお気に入りだって言ってたよ」と言う。

「ほんと？　そう言ってた？　あれ買うの、大変だったんだ」

「うん、この辺では売ってないもんね。信子ちゃんのプレゼントが一番嬉しかったんじゃないかなあ」

「そうだよね。みかちゃんがあげたハンカチなんて、ダサくて、若葉ちゃん一度も使ってないもんね」

信子ちゃんが得意げに言った。

本当は、若葉ちゃんは隣のクラスの竹田さんからもらった外国製の小さな香水瓶を、一番大切にしていることを私は知っていた。私のあげた花柄のシャープペンシルも、信子ちゃんのあげたクマのキャラクターの筆箱も、若葉ちゃんには少し子供っぽく思えているのかもしれなかった。

「結佳ちゃん、おトイレ行こうよお。ここだと、みかちゃんの声が聞こえてきてうるさいし」

信子ちゃんが手を繋いでくる。私はそのねばついた手に指を絡められながら、「うん」と頷いた。

信子ちゃんの熱い手に引っ張られながら、私は目の端で窓の外の工事現場を見た。

そこでは、今も私たちの街が造られ続けていた。ごうん、ごうん、と、空き地が潰れる音がする。もうすっかり慣れてしまったその音の中で、私たちは暮らしていた。

放課後になると私は家にランドセルを置き、代わりに赤い習字用の鞄を持って三丁目の集会所へ向かった。

二年生になったころから通い始めた習字教室は、週一回、木曜日の夕方から行われている。習字は三丁目に住んでいる先生が教えてくれる。教室には小学校一年生から中学二年生のお姉さんまで、十五人くらいが集まる。男の子が五人と、女の子が十人くらい。男の子のうち二人は、先生の息子さんだ。二人とも中学生で、低学年の子の世話をしてくれている。

早足で歩きながら街を見回す。白、灰色、黄緑色、黄土色、と私は学校で使う絵の具に書かれた色の名前を思い出しながら呟く。この街のほとんどは、⑥この四つの色で塗り潰されている。

この街のイメージカラーは白なんだよ、と、引っ越してきたばかりのころ、父が教えてくれた。清潔で、ニュータウンという新品の街のイメージにぴったりだからだろうか。確かに、駅も、駅前の広場も、学校も、全部真っ白だった。

街の奥にある森の深い緑や凄みのある黒ずんだ土などは、どんどん街に塗り潰され、淡い四色に飲み込まれていく。

集会所に着くと、私は先に来ていた三年生の子と一緒に机を並べ始めた。二つある正座用の低い机と、パイプ椅子を使って書く高い机を六個並べ終える。

前に置いた低い机は低学年の子たちが使うことになっているので、私は高い机の端っこに席をとり、道具を並べて席に着いた。

人数が集まるまでは、墨をすって待つことになっている。この時間が大事だと先生は言う。私は硯の中の透明な水が少しずつ深い黒に染まっていくのを見つめていた。

年になって委員会が一緒になったのをきっかけに仲良くなった。私と若葉ちゃんと信子ちゃんは自然と三人で行動することが多くなり、四年になった今も、休み時間はいつも一緒だった。

「ねえねえ、何の話ー？」

甲高い声で急に話に割り込んできたみかちゃんに、信子ちゃんが嫌な顔をした。

「……別にい。いいじゃん、何の話だって」

「なんで？　教えてくれたっていいじゃん」

「若葉ちゃんのヘアゴム、可愛いねって言ってただけだよ」

「あっ！　それ、私も可愛いと思ってたー。ね、ね、どこで買ったの？」

みかちゃんにB身を乗り出され、若葉ちゃんは愛想よく答えた。

「あのね、竹戸の駅ビルの中にある、ピンクの看板の雑貨屋さんで買ったの。よく行くんだ」

「えー、私も行きたあい。今度、一緒に行こうよー。あ、ねえねえ若葉ちゃん、秘密の話があるの。ちょっと来て！」

みかちゃんは、若葉ちゃんの手を引っ張って行ってしまった。

教室の隅で耳打ちをしている二人を見ながら信子ちゃんが眉間に皺を寄せ、低い声を出した。

「また、若葉ちゃん連れて行かれちゃった。私、みかちゃん大っ嫌い！　すぐああやって、若葉ちゃんを取ろうとするんだもん！」

③私は苦笑いをして、「うん、ちょっと感じ悪いよね」と頷いた。

女の子たちの中には、人気があって取り合いをされてしまう子がいる。若葉ちゃんは話が面白くてお洒落な、そうした女の子だった。三人で一緒にいても、たまに他のグループの子からああして連れて行かれてしまうのだ。

本当は私もお友達の中で若葉ちゃんが一番好きだけれど、信子ちゃんとみかちゃんが繰り広げる激しい争奪戦に加わる気はしなくて、一歩離れたところで見ている立場だった。

信子ちゃんがひそひそ声で話し続ける。

「みかちゃん、この前も、私と若葉ちゃんの秘密の手紙、読もうとしたんだよー。でも、若葉ちゃんは、私が一番好きって言ってくれてたもん」

「そうだよね、仲いいもんね」

「それなのに、間にはいってきて、むかつく！　若葉ちゃん、あんな子ちっとも好きじゃないと思う」

私は曖昧に笑ってごまかした。若葉ちゃんは話がすごく面白くていい子だけど、少しC八方美人なところがある。みかちゃんにも一番好きだと言って④そうだ。

「そうだ、私、今日の放課後、若葉ちゃんの家で遊ぼうって話してたの。結佳ちゃんも来る？」

「あ、今日は私、お習字なんだ。だから無理」

「そっかあ」

残念そうに言いながらも、若葉ちゃんと二人で遊べるのが嬉しいのか、信子ちゃんはにこにこ笑っていた。

そのとき、「えー、うそっ！」「声、大きいよー！」というはしゃぎ声が聞こえ、見ると若葉ちゃんとみかちゃんがお互いの服の袖を摑みながら笑い合っていた。

二　次の文章を読み、あとの問に答えなさい。

①遠くから、この街が、ゆっくりと膨れていく音が聞こえる。

グラウンドの向こうで、黄色やオレンジ色をした機械仕掛けのキリンのような重機たちが、ついこの間まで私たちがザリガニをとって遊んでいた空き地を壊し続けている。

「結佳ちゃん？」

名前を呼ばれて窓から教室に視線を戻すと、椅子に座っている若葉ちゃんが不思議そうにこちらを覗きこんでいた。

「何見てたの？」

若葉ちゃんの机の横に立っている信子ちゃんも、首をかしげて私を見る。

「ううん、なんでもない。工事、今日もうるさいなあって思ってただけ」

「なんだあ。いつものことじゃん。私、もう慣れちゃった」

若葉ちゃんは大きな目を細めて笑った。色素の薄い茶色い前髪がさらさらと揺れて、長い睫毛に引っかかりそうだ。

私は「そうだよね」と言いながら、照れ隠しに、肩をくすぐる自分の真っ黒な髪の毛の先を引っ張った。

運動会が終わって一カ月が過ぎ、寒くなってきて窓を閉めるようになったけれど、それでも窓ガラスの隙間から工事の音が入り込んできて、教室を微かに震えさせる。②この窓から見える光景は急速に変化し続けていて、止まる気配はなかった。

長い人差し指をガラスにつけて、若葉ちゃんが工事現場の一つを指差した。

「あそこ、今度は何ができるんだろうね」

「さあ。私、お菓子屋さんがいいな。四丁目の小さいダイエー、いつも同じアイスクリームしかないんだもん」

A唇を尖らせた信子ちゃんは、「そんなのできっこないよー」と若葉ちゃんに笑いながら背中を叩かれた。

若葉ちゃんは赤い透き通ったさくらんぼのついたゴムで長い髪をお団子にしている。耳の上は編みこみになっていて、触れたら壊れてしまいそうで、私はいつも若葉ちゃんの色素の薄い髪の毛を見ていることしかできない。

若葉ちゃんは目も髪も茶色くて、日の光に透けてきらきらと反射している。太い茶色いゴムでぼさぼさの髪をひっつめにした信子ちゃんは、「そのゴム、かわいいー。どこで買ったの？」と若葉ちゃんの編みこみを爪に土の欠片が入った人差し指でたどった。

若葉ちゃんと信子ちゃんと私は、三年生になったころから仲がいい。三年になったときに転入してきてこの学校の一員になった若葉ちゃんに、最初に声をかけたのは私だ。トイレの場所がわからない様子で廊下に佇んでいたのを見つけて案内したのだ。

転校生が多いこのニュータウンでは、クラス替えをすると見覚えのない顔がたくさん紛れ込んでいる。夏休みや冬休みなど、長い休みが終わるたびに、一クラスに七、八人も入ってくる。三階の空き教室には何人転校生が来てもいいように、新品の机と椅子がびっしりと並べられている。幼稚園のころからこの街にいる私は、その光景にすっかり慣れていた。

小学校に入学するタイミングで引っ越してきた信子ちゃんとは、三

エの中から一つ選び、記号で答えなさい。

ア　実感を伴わないものの見方であるため、目の前に起きている事象よりも科学的なデータに基づいた専門家の意見が優先されることになり、それぞれの地域の特性が無視されるようになる。

イ　大局に立ったかのような視点でものを見るようになるため、ものごとをあまりにも一般的に考え、誰にでも、どこにでも通用するように語られ、それぞれの地域で生きている人の姿を無視するようになる。

ウ　近代化が進んだ西洋の事情と価値観を土台にした見方のため、それぞれの地域の持っている古い価値観となかなかつながらず、新しい自然保護思想があまり広がらなくなってしまう。

エ　生きもの一匹一匹の生死よりも、生態系全体に目が行ってしまうため、身近な生きものの生死から目をそらし、あらゆる生きものの死の上にこそ自然が成り立っているということを忘れさせてしまう。

問八　傍線部⑥「生きものが死んでいっても、また生まれて、生がくり返すこと」を「内からのまなざし」で見れば、どういう感覚でとらえられますか。本文中から十五字以内で抜き出して答えなさい。

問九　傍線部⑦「農業を近代化すること」が必ずしもよいことではないと筆者が考えるのはなぜですか。本文中の言葉を使って七十字以内で説明しなさい。

問十　傍線部⑨「身体の中に生きものへのまなざしが蓄積され」とありますが、それはどういうことですか。最もふさわしいものを、次のア～エの中から一つ選び、記号で答えなさい。

ア　毎年毎年、田んぼに水を入れ、田植えをしてというように同じ作業をくり返しているのは、この仕事を続けていかないと田んぼが荒れて、自然のめぐみである米の収穫（しゅうかく）ができなくなってしまうからであるが、この作業が自然と田んぼで稲の成長に役立つ生きもののためになっているように、人が無意識のうちに身近な生きものの価値を高めていっているということ。

イ　田畑を荒れさせないために、同じ作業を毎年毎年くり返していくと、意識的に守ろうとしているわけではないのに、田畑で生きている生きものを守ることにつながっていくように、農作業の中で身近にいる生きもの一匹一匹に対して、特別な意識を持たずにいることで、田畑に生きている生きもの全体を守っていくための技術が積み重なっていくということ。

ウ　天地自然が変化して、そのめぐみを受け取れなくならないように、同じ作業をくり返していくのが農業であるが、同じ作業をくり返していれば同じようにめぐみを与えてくれる天地自然への感謝の念も農業を通じて育っていった。その中で農業に身近な生きものへの感謝の念も育っていき、蛙を育てる技術が百姓の伝統として受け継（つ）がれていったということ。

エ　田んぼに水を入れるのは米を作るためではあるけれども、毎年毎年同じ作業をくり返していると、その水の中で生まれ育つ蛙の姿も毎年見るようになり、そうしているうちに、少しずつ田んぼで育つ蛙の姿に情愛を感じてくる。このように、身近な生きものと触れ合いながら生活していると、無意識に身近な生きものに対しての情愛が育っていくということ。

つきあい、めぐみをいただきながら、身の回りの自然を支えてきたことを強調したいのです。

（宇根豊『日本人にとって自然とはなにか』ちくまプリマー新書による）

問一　波線部A～Eのカタカナは漢字に、漢字はひらがなに直しなさい。

問二　傍線部①「内からのまなざし」とありますが、次の**ア**～**エ**の中から「内からのまなざし」の具体例としてふさわしくないものを一つ選び、記号で答えなさい。

ア　春、満開の桜の花が散るのを見て、この花びらが分解されて木の栄養になるのだなと考えること。

イ　暑い夏の日の夕方にヒグラシが鳴いているのを聞いて、もう夏も終わりに近づいたと感じること。

ウ　秋の真っ赤に染まった夕焼け空にカラスの飛んでいく様子を見て、物悲しい気分になること。

エ　雪の降る中、庭の梅のつぼみが開いているのを見て、寒さに耐えて咲く姿をけなげで美しく思うこと。

問三　傍線部②「科学的な見方」・⑧「西洋的な、近代的な見方」とありますが、これらをまとめた表現を本文中から十字以内で抜き出して答えなさい。

問四　傍線部③「生物多様性」という言葉についての筆者の考えとして最もふさわしいものを、次の**ア**～**エ**の中から一つ選び、記号で答えなさい。

ア　外来の言葉で、普段は使うことが少ないため、日本人に合った大切な概念であるにも関わらず日本での認知度はそれほど高くない言葉である。

イ　多くの生物の集合体という概念であり、個別の生物のように具体的にイメージしやすいものではないため、臨場感を伴わない言葉である。

ウ　臨場感を伴わない外からのまなざしの典型であり、イメージを湧かせようとしても、ひとつひとつの生き物すら浮かばなくなってしまう言葉である。

エ　本来は日常生活の中で接するいろいろな生きものと同じように目を合わせることができるものであるが、なぜか冷たく実感が伴わない言葉である。

問五　傍線部④「生物多様性に匹敵する日本人の伝統的な言葉」とありますが、この後に具体例として示された言葉と似た意味のことわざを答えなさい。

問六　空欄**ア**にあてはまる言葉として最もふさわしいものを、次の**ア**～**エ**の中から一つ選び、記号で答えなさい。

ア　供給サービス　**イ**　調整サービス

ウ　文化的サービス　**エ**　生息地サービス

問七　傍線部⑤「こういうスケールの大きい見方」について次の問いに答えなさい。

Ⅰ　「こういうスケールの大きい見方」とありますが、どういう見方ですか。本文中の言葉を使って二十字以内で答えなさい。

Ⅱ　筆者は「こういうスケールの大きい見方」をすることで、どのようになると考えていますか。ふさわしくないものを、次の**ア**～

期待していいものでしょうか。⑥生きものが死んでいっても、また生まれて、生がくり返すことを見れば、どんなに安堵することでしょう。これこそが、私たちが死を乗り越える最良の方法ではないでしょうか。百姓が「また今年も草が伸びる季節がやってきた」と話すときに、「草とりは大変ですね」という意味に受け取り、労苦ばかりを読み取ってきたのは間違いです。⑦農業を近代化することがいいことだと思っているとそう受け取るのです。

しかし、そこに「また草と会える。草とりができる」喜びと安堵を感じるからこそ、「草を殺す」という罪悪感を持たずに済んでいるのです。西洋の「自然保護」はここまで踏み込むことがありません。このことを科学者に話すと、「それは生物の再生のことですね」「死んで、分解されて、また生まれる物質循環のことですね」「そういう生態系は安定しているということですね」「生物種の持続のことですね」などと、外からのまなざしだけで片付けようとします。

生きもの一匹一匹の生死よりも、生態系全体を安定させ持続させていけば何の不都合もない、というのは、「生物多様性」などに見られる外からのまなざしの特徴です。こうしたいかにも大局に立ったかのような視点は、身近な生きものの生死から目をそらすことになります。生きとし生けるものの死の上にこそ、自然もそして農業も成り立っていることを忘れてしまいます。

「また会える」という実感こそ、自然が変わらないことの実感でもあるのです。それは農業がずっと続けられてきた証でもあります。

農業は同じ仕事をくり返し続けてきました。その結果、同じ生きものが毎年毎年生まれるようになり、いつも顔を合わせることができるようになりました。この百姓仕事を続けないと、天地自然が変化し（田畑も荒れて）、めぐみが受け取れないことになります。この変化こそが最も避けなければなりません。それは天地自然の怒りに触れることになります。天罰があたることを恐れるからこそ、天地自然のめぐみへの感謝の念も強くなりました。こうして百姓は天地自然にEシンワ的なくらしの知恵を身につけてきたのです。

ところが、こういう見方に対して「結果的にそうなっているのであって、意識的に守ろうとしたのではない」という批判があります。それは⑧西洋的な、近代的な見方だと思います。たしかに蛙を育てる意識的な稲作技術はありませんが、田んぼで蛙がいっぱい生まれているのは、蛙へのまなざしが無意識に含まれている百姓仕事が行なわれているからだと、これまでも語って来ました。現代の「技術」とは目的とするもの（米）を意識的に生産するもので、目的としていないもの（蛙）を育てるわけがありません。しかし、技術を仕事の中に組み込み自分のものにしている百姓には、蛙への情愛が発揮できるというわけです。誤解がないように一言付け加えると、それは結果的に破壊されたものだからとして、責任が問えないということではありません。

毎年毎年、田植えをし、田まわりをし、稲刈りをし続けると、⑨身体の中に生きものへのまなざしが蓄積され、知らず知らずに（無意識に）生きものも守っているのです。なぜなら、天地のめぐみを受け身で（選択することは後回しにして）とにかく受けとめるのが百姓の伝統的な感覚なのです。この受け身の感覚がこれまでうまく表現されて来なかったことが残念です。西洋の発想とは異なる発想で天地自然と

ビス」

これらの「生態系サービス」は「生物多様性」によって支えられている、というわけです。「ある生きものが現在は役に立たなくても、将来たとえば癌のBトッコウヤクを産み出すかもしれないでしょう。だからどんな生きものでも守らなくてはなりません」という考え方が代表的なものです。しかし、すべての生きものに有用性が見つかるとは思えません。見つからない場合が多いでしょう。もし有用性が見つからなかったら、守る理由はなくなるのでしょうか。

そこで、役に立とうと立つまいと守らねばならないという理屈はないものでしょうか。「自然はそれ自体に価値がある。美しいし、そこに行けば気持ちがいいから」と主張したとしても、これも人間が感じているのですから、人間に役に立つ価値だと言われそうです。そうすると「生態系サービス」に入ってしまいます。

ほんとうに自然には、人間と関係ない価値はないのでしょうか。「自然保護思想」も「生物多様性」も「生態系サービス」も西洋からのCユニュウです。自然と人間を分けて、自然を外から見ています。科学的な見方です。だからこそ、なにか即物的で、生きものの生のぬくもりや息吹が感じられませんね。このようにどうしても外からの科学的な見方は、よそ事と思わせてしまいます。さらに、科学的な見方はどうしてもその時代の精神の主潮に合わせようとしてしまいます。現代社会を牽引しているのは資本主義の市場経済の価値観ですから、どうしても経済価値の劣るものは後回しにされてしまうのです。先の四項目に、「赤とんぼのDムれ飛ぶ風景」や「稲の葉を揺らしながら田んぼの上を渡っていく涼しい風」や「春になると畦に咲き乱れる野の花」は入っているでしょうか。たぶん「ああ、それは［ア］の個人的な表現ですね」で片付けられるでしょう。

「宇宙船地球号」や「地球環境」という言葉が一九九〇年頃から世界的に使われるようになりました。狭い地域や国を超えて地球規模で考えなければ、「地球温暖化」の問題や海を渡る鳥たちの保護や海洋を移動する鯨や魚などの保護は考えられない、という言い方は説得力があります。しかし、⑤こういうスケールの大きい見方は私たちの実感を伴いません。そこで科学的なデータに基づいた話になります。そうなると専門家の言い分に従わざるをえなくなります。

それはともすると、私たち一人一人の実感を軽んじ、みなさんが住んでいる在所（地域）の特性が眼中になくなります。地球全体の問題が優先されるようになります。

いずれにしても、これらの西洋発の新しい自然保護思想があまり広がっていないのは、近代化が進んだ国の事情と価値観を土台にしているので、世界各地のそれぞれの国に特有の生きもの観、天地自然観、生命観、生活観となかなかつながらないからです。

それにさらに大切なことは、「生物多様性」にしても「地球環境」にしても「自然保護」にしても、そこで生きている人の姿が見えないことです。あまりにも一般的に考えられ、誰にでも、どこにでも通用するような語り方をされるからです。具体的な事例であっても、そこで生きている人間の感覚（内からのまなざし）が表に出てこないからです。

こうした反省を踏まえて、現在では人間と自然の関係を考える学問・思想が「環境倫理」として一つの分野をなそうとしていますが、

【国語】（五〇分）〈満点：一〇〇点〉

【注意】字数を指示している問題は、「、」や「。」などの記号も字数にふくみます。

一　次の文章を読み、あとの問に答えなさい。

「農業は自然破壊だ」という見方と「農業は自然を支えている」という見方は、矛盾しているわけではありません。同じ世界を別々の見方で見ているに過ぎないからです。どちらの言い分にも耳を傾ける必要があります。しかし、現代では「農業は自然を支えている」という①内からのまなざしの方は弱々しくなっています。なぜなら②科学的な見方が優勢だからです。このことを生きものへのまなざしを例にとって比べてみましょう。

「③生物多様性」という言葉が広まってきたのは、一九九二年のリオデジャネイロでの地球環境サミットで、「生物多様性条約」が提起され、一九九三年に日本も一八番目の参加国になりました。しかしこの言葉の内容を知っている人は、福岡県では二〇一七年でも38%に過ぎません。外来の言葉で、普段は使うことがないからです。

「生物多様性」はわかりやすそうで案外そうではありません。あなたが田んぼの中に入ったとします。いろいろな生きものと目を合わせて、話したりするでしょう。しかし「生物多様性」と目を合わせたりすることはありません。これは頭のなかで整理するときに現れる概念です。臨場感のない、外からのまなざしの典型です。これをあなたはひとつひとつの生きものの集合だとして、できるだけイメージが湧くようにしようとしますが、やはり思い浮かぶのはそれぞれの生きものたちの姿ばかりです。だからこそ、「自然保護とは生物多様性の保護でもあるのですよ」という言い方は間違ってはいないのですが、何か冷たい、実感が伴わない感じなのです。

たしかに「いろんな生きものがいるっていうことは、それだけの生きものが生きられる豊かな生態系があるってことでしょう」と言われると、そうだなと思います。しかし、そもそもそんなにいろいろな生きものがいることはいいことなのでしょうか。これに答えることは、案外難しいことです。

ところで、④生物多様性に匹敵する日本人の伝統的な言葉は何でしょうか。まあ、それがないからこの用語が用いられたのでしょうが、あえて探してみましょう。すると「生きとし生けるものには命と魂が宿っている」「無駄な（A）殺生はしてはいけない」「虫も草も人間も生きもの同士だよ」という言葉が浮かびますが、どれも古くさく現代ではほとんど使われない言葉です。

これでは「生物多様性はなぜ大切か」という質問に対して、内から精神的、文化的には答えることはできません。そこで、どうしても外からの見方で答えることになります。日本の環境省は、「生物多様性は人間に生態系サービスを提供するので大切である」と説明しています。「生態系サービス」とは、人類が生態系から得ている利益を指しています。それは四つに分けられています。

①食料・燃料・水・原材料などの「供給サービス」
②気候・大気成分・生物数などの「調整サービス」
③風景や体験の場、神秘的な体験などの「文化的サービス」
④生きものの生息環境、遺伝的な多様性の維持などの「生息地サー

MEMO

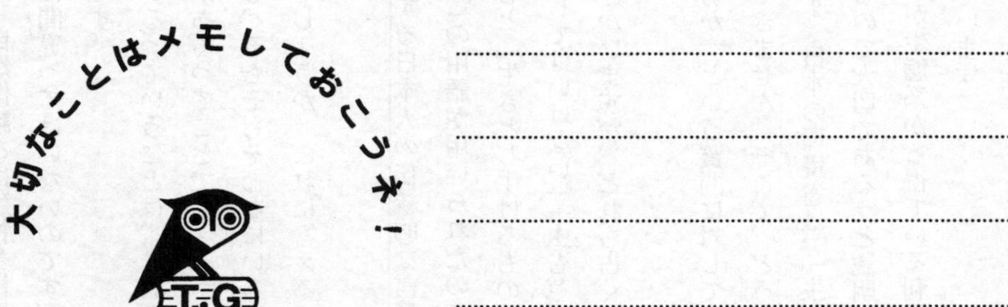

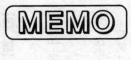

2021年度

解答と解説

《2021年度の配点は解答欄に掲載してあります。》

＜算数解答＞

1 (1) Bが438だけ大きい (2) 7けた (3) (あ) $2^2+2^5+2^6+2^7+2^8+2^9+2^{10}$
(い) 5^2+25^2または11^2+23^2または17^2+19^2 (4) 解説参照

2 (1) (あ) 6 (い) 7 (う) 90 (2) 2，4，6 (3) (え) (例) aとbが，たがいに素である (お) 解説参照

3 (1) 77 (2) ア 11 イ 5 ウ × エ 3 オ － (3) (i) カ 12 キ ＋ ク × ケ 64 (ii) (う)

4 (1) 13cm^2 (2) 点Aから×に0cm，点Bから下に2cm (3) 点Aから右に1.5cm，点Bから下に2.5cm (4) 解説参照

○推定配点○

1 各4点×5 他 各5点×16(2(2)，3(2)・(3)(i)各完答) 計100点

＜算数解説＞

1 (数の性質，数列，平面図形)

基本 (1) 17の倍数…17から17×11＝187までの和Aは(17＋187)×11÷2＝102×11＝1122
13の倍数…13から13×15＝195までの和Bは(13＋195)×15÷2＝104×15＝1560 したがって，Bが1560－1122＝438だけ大きい。

重要 (2) 5×3＝15，5×6＝30，5×9＝45，5×12＝60，5×5×3＝75，5×18＝90より，5の個数は7個ある。したがって，これら7個の5と偶数との積により下7ケタが0になる。

重要 (3) (あ) $2020-2^{10}=2020-1024=996$，$996-(2^9+2^8)=996-(512+256)=228$，$228-(2^7+2^6)=36$，$36=4+32=2^2+2^5$ したがって，$2020=2^2+2^5+2^6+2^7+2^8+2^9+2^{10}$
(い) 2020－(23×23＋29×29)＝2020－(529＋841)＝650 $650=529+121=23^2+11^2$
または，$625+25=25^2+5^2$ または，$361+289=19^2+17^2$

(4) 下図のような例がある。

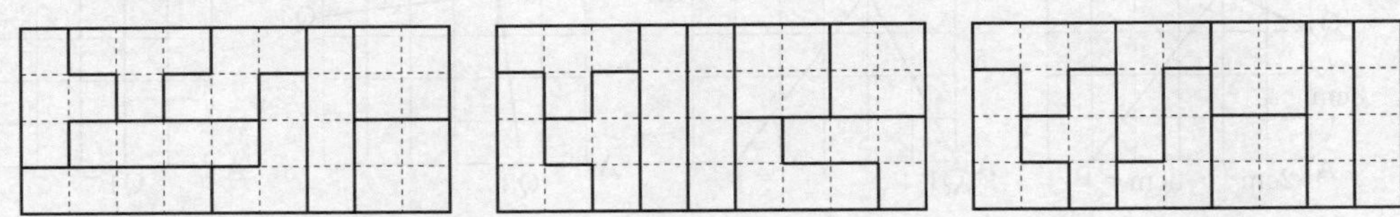

2 (演算記号，数の性質，論理)

基本 (1) (あ) 216＝2×2×2×3×3×3より，＜216＞＝6 (い) 8＝2×2×2，25＝5×5より，＜8＞＋＜25＞＝7 (う) 15＝3×5，18＝2×3×3より，＜15＞×＜18＞＝3×5×2×3＝90

重要 (2) n＝2のとき…＜4×2＞＝2＝＜2＞ n＝4のとき…＜4×4＞＝2＝＜4＞ n＝6のとき…＜4×6＞＝2×3＝＜6＞

重要　(3)　(え)　$<a\times b>$と$<a>\times<b>$について，a，bが，1以外の公約数をもつ場合…例えば$a=4$，$b=6$のとき，(2)より，$<4\times6>=2\times3$，$<4>\times<6>=2\times2\times3$であり，$<a\times b>$と$<a>\times<b>$は等しくならない。したがって，以下のような解答例がある。

解答例1…a，bが，1以外に公約数をもたないとき。

解答例2…a，bが，たがいに素であるとき。

解答例3…a，bの最大公約数が，1であるとき。

(お)(え)より，以下のような解答例がある。

解答例1…a，bが，1以外の公約数をもつ場合，$<a\times b>$では，公約数が1回だけかけられるのに対して，$<a>\times<b>$では，公約数が2回かけられるから。

解答例2…aとbの最大公約数が1でないとき。aとbの最大公約数をcとすると，$a=c\times d$，$b=c\times e$とかくことができる。このとき，$<a\times b>=$($c\times d\times e$を素因数分解したときに現われる異なるすべての素数を1回ずつかけた積)(下線部を①とする)　$<a>\times<b>=$($c\times d$を①)×($c\times e$を①)となるため，$<a>\times<b>$は少なくともcを素因数分解したときに現われる異なるすべての素数を1回ずつかけた積の分だけ大きい。

3　(文字と式，論理)

基本　(1)　(5+6)×7=77

重要　(2)　(11−5)×2−3…ア11　イ5　−　2　ウ×　エ3　オ−

やや難　(3)　(i)　カ…2×2+2×2+2+2=12　　ケ…(2+2)×(2+2)×(2+2)=64

2　2　キ+　2　2　+　ク×　2　2　+　×

(ii)　(2+2)×(2+2)×(2+2)=(2+2)×{(2+2)×(2+2)}であり，この計算の決まりについての記述は(う)である。

4　(平面図形)

基本　(1)　図1において，四角形APOQの面積は{(3+4)×2+3×4}÷2=13(cm^2)

重要　(2)　図2において，以下の2通りがある。

Q1：点Aから×に0cm…Q1Pの長さが10×2÷4=5(cm)

Q2：点Bから下に2cm…BQ2の長さが6−10×2÷(1+4)=2(cm)

(3)　図3において，以下の2通りがある。

Q3：点Aから右に1.5cm…AQ3の長さが{10−(1+2)×2÷2}×2÷4−2=1.5(cm)

Q4：点Bから下に2.5cm…BQ4の長さが{10−(5+4)×2÷2}×2÷4+2=2.5(cm)

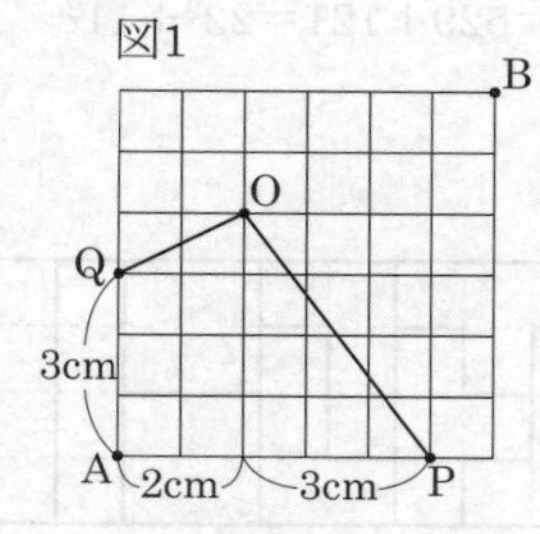

図1

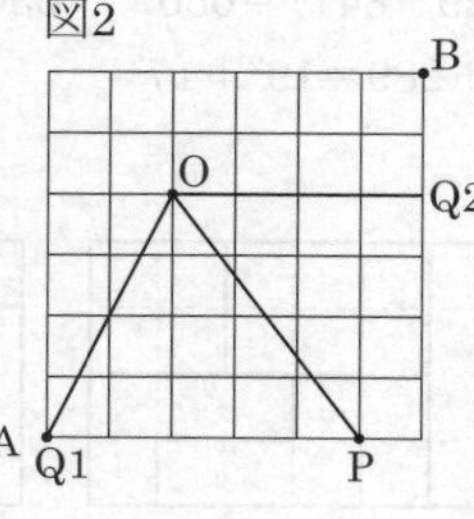

図2

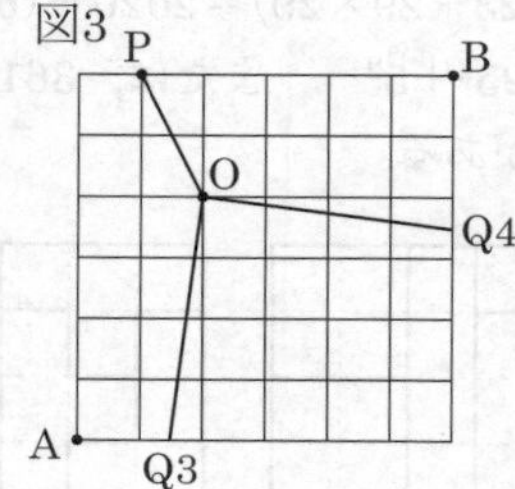

図3

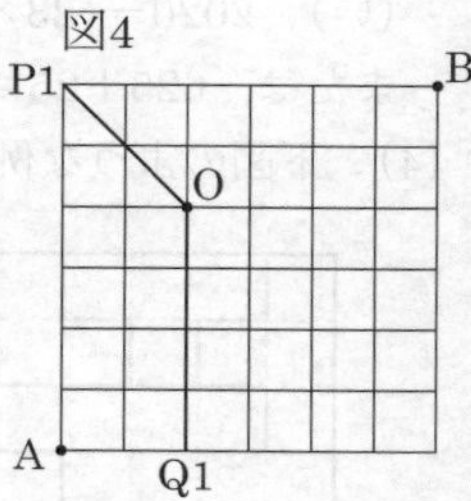

図4

やや難　(4)　図4：台形P1AQ1Oの面積…(6+4)×2÷2=10(cm^2)

図5：四角形P2CQ2Oの面積…(4+6)×2÷2=10(cm^2)

図6：四角形P3CQ3Oの面積…(6+4)×2÷2=10(cm^2)

図7：台形P4BQ4Oの面積…(6+4)×2÷2=10(cm^2)

したがって，Pの範囲は図8のようになる。

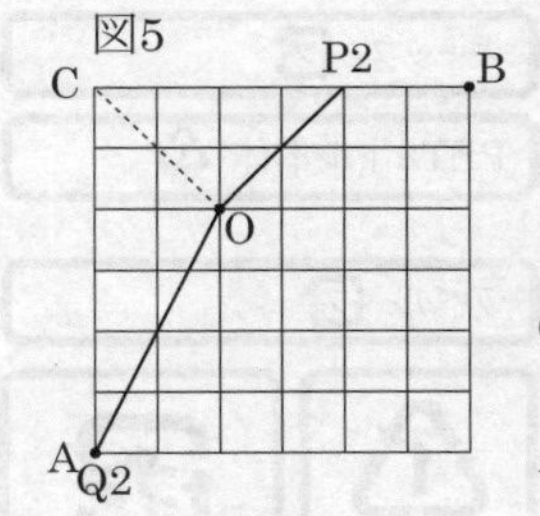

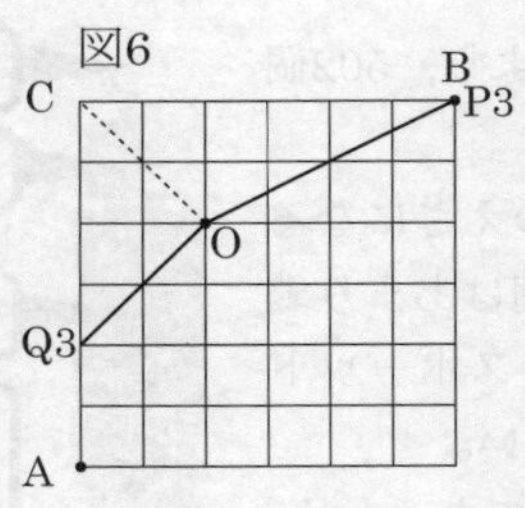

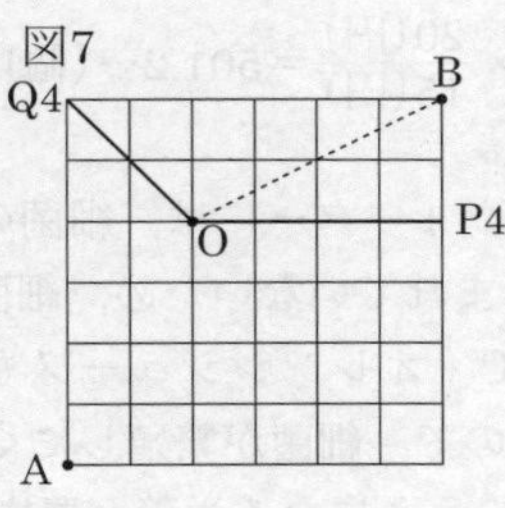

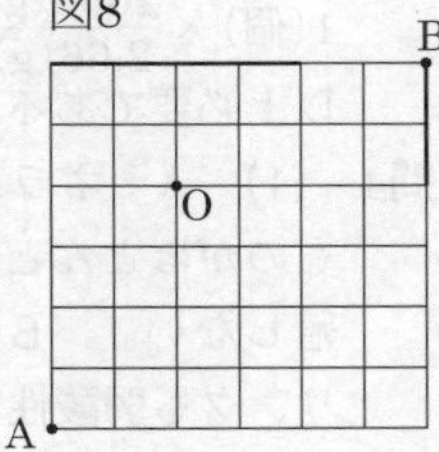

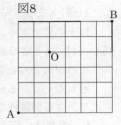

★ワンポイントアドバイス★

比較的，取り組みにくい問題には1(4)「5種類のタイルの組み合わせ」，2(3)「理由説明」があるが，この(3)は(1)・(2)をヒントにする。3・4は問題文を注意して読み，解答にもれがでないように確認しよう。

＜理科解答＞

1　問1　右図　　問2　ウ　　問3　(1)　くだいたプラチックを水に入れると，ペットボトルのPETはしずみ，リングのポリプロピレンはうくので，分けることができる。　(2)　502(個以上)

問4　(1)　B　ウ　C　ウ　E　ア　(2)　エ

(3)　(ちがうもの)　麦茶　(共通点)　同じ植物の葉である　問5　1　空気　2　酸化

問6　輸送するときに排出する二酸化炭素が多くなる　問7　(1)　エスディージーズ

(2)　イ　問8　(1)　マイクロプラスチック　(2)　体内に蓄積されることで呼吸や食料摂取が困難になったり，付着した有害物質を取り込んだりするから。　問9　3　石油　4　ダイオキシン　問10　原料の植物が成長する過程で吸収した二酸化炭素と，焼却するときに出る二酸化炭素の量が同じだから。

2　問1　エ　問2　オ　問3　イ　問4　(1)　B　(2)　B　(3)　A　(4)　あ　A　い　A　問5　カ　問6　豆電球1　オ　豆電球2　イ　問7　2　問8　豆電球1　0　豆電球3　4

○推定配点○

1　問3(1)・問8(2)・問10　各2点×3　他　各1点×18　2　各2点×13(問4(4)完答)　計50点

＜理科解説＞

1　(環境と時事，その他－プラスチック)

問1・問2　識別表示マークで，ペット(PET)は三角形の中に「1」を入れる。また，キャップはポリプロピレン(PP)，ラベルはポリスチレン(PS)というプラスチックでできている。

やや難　問3　(1)　細かくくだいたペットは水に沈むが，ポリプロピレンは水に浮く。

(2)　ポリプロピレンは，1kgあたり15円で売却されていて，ワクチンは一人分20円である。また，キャップ1個の重さが2.66gなので，一人分のワクチンを購入するのに必要なキャップの数は，

$1(個)\times\frac{1000(g)}{2.66(g)}\times\frac{20(円)}{15(円)}=501.2\cdots(個)$より，502個以上必要である。

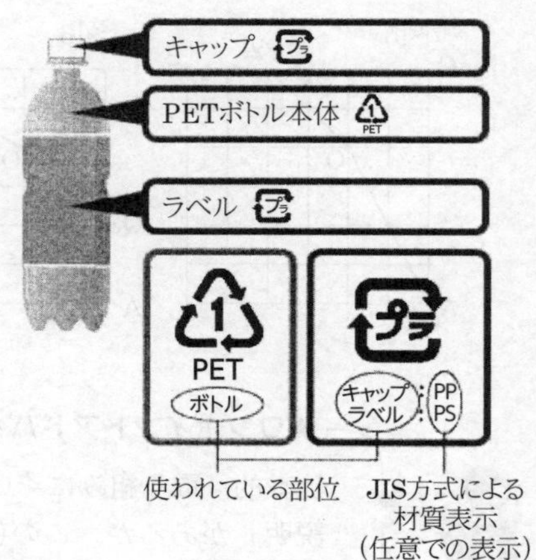

やや難 問4 (1) Aミネラルウォーターには，細菌のえさになるものがほとんど含まれていないため，細菌はあまり繁殖しない。 B・C オレンジジュースもスポーツドリンクも弱酸性なので，細菌が繁殖しにくい。

E 麦茶は，細菌のえさになる栄養が豊富であるため，細菌が繁殖しやすい。

(2) Dの緑茶には，ポリフェノール(カテキン)という抗菌成分が含まれていて，細菌が増殖しにくい。

(3) 麦茶は大麦の種子からつくられたものであり，緑茶・紅茶・ウーロン茶は茶の葉からつくられたものである。

やや難 問5 緑茶などには酸化防止剤としてビタミンCなどが入っている。

問6 ビンは重くて，持ち運びするのに不便であり，車に積んで運ぶときに，ガソリンを多く使うことになる。それに対して，紙パックは軽く，持ち運びしやすい。

やや難 問7 SDGsとは，サスティナブル(持続可能な)・デベロップメント(開発)・ゴールズ(目標)の略称である。

問8 マイクロプラスチックは，海洋生物の体内にのみこまれても，分解されずに蓄積(ちくせき)され，やがて，海洋生物が，通常のエサを食べれなくなったりする。

問9 焼却炉などから発生するダイオキシンは，人の体内に取りこまれると，発がん性物質となる。

問10 バイオマスは，生物由来の資源なので，光合成によって吸収された二酸化炭素と燃焼によって出された二酸化炭素の量は変わらない。

2 (回路と電流－スイッチと電流回路)

問1 図①のように，1階と2階に切り替えスイッチを取りつけることで，どちらのスイッチを切り替えても，豆電球をつけたり消したりすることができる。

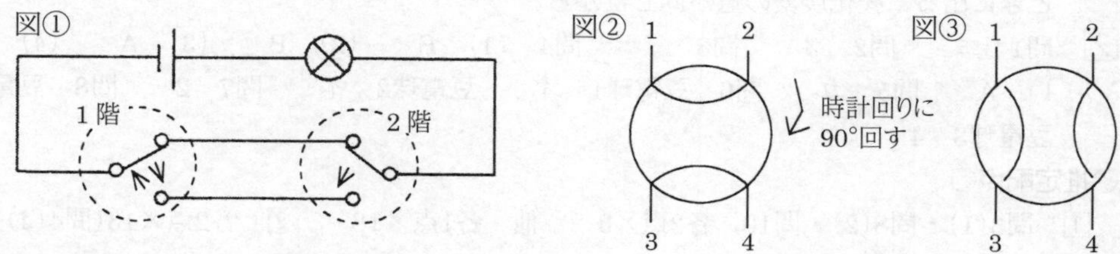

問2 4路スイッチは，初めは，図②のように，1番と2番，3番と4番がつながっているが，つまみを時計回りに90° まわすと，図③のように，1番と3番，2番と4番がつながる。

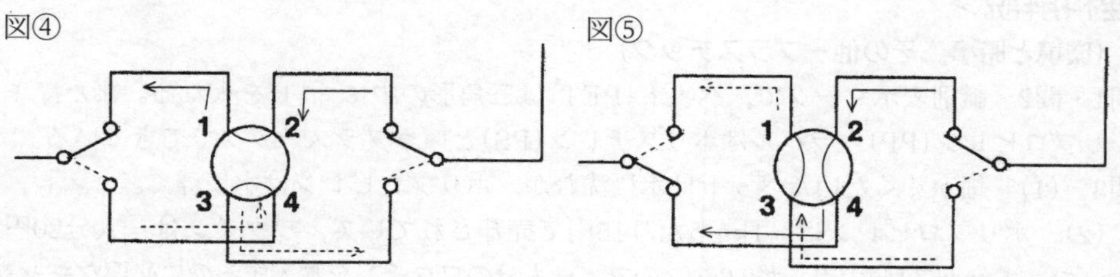

やや難 問3　図①のスイッチの間に，図②の4路スイッチを入れることで，図④や図⑤のように，3か所のスイッチで，豆電球をつけたり消したりすることができるようになる。

問4　図⑥で，豆電球の光る部分であるフィラメント(d)は，ねじのようになっている金属の部分(a)と下の金属の部分(c)がつながっている。また，(4)は，図⑦のように，「あ」と「い」の豆電球が並列につながっていて，どちらも光る。

やや難 問5　図8の回路は，図⑧のように，Aの豆電球を通った電流が，BとCの豆電球を通って乾電池の－極に入る。回路図で表すと，図⑨のようになる。

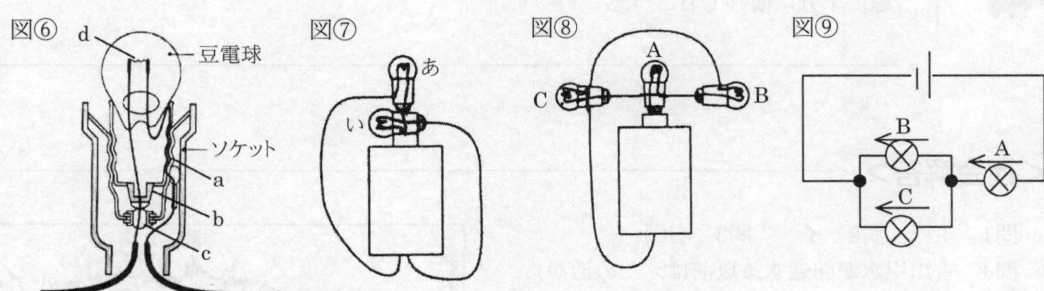

問6　豆電球1のaとcの部分をアルミホイルでつなぐと，豆電球1のフィラメント(d)には電流が流れずに豆電球1は消える。ただし，導線がつながった状態になるので，豆電球2には，電流が流れる。また，1個の乾電池に2個の豆電球が直列につながっているときよりも豆電球2は明るく光る。(図⑩)

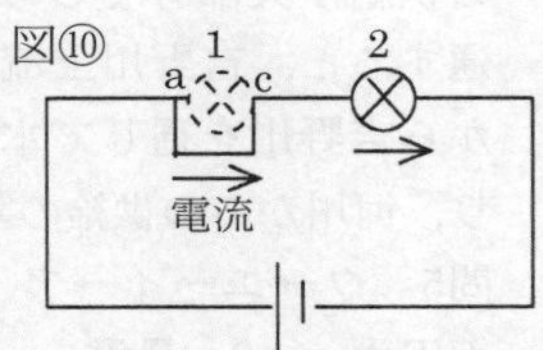

やや難 問7　切り替えスイッチをaにつなぎ替えると，図⑪のような回路になり，豆電球1には2.5Vの電圧がかかり，310mAの電流が流れ，明るさは「まぶしい」である。一方，豆電球2と豆電球3には，2.5(V)÷2＝1.25(V)の電圧がかかるので，図⑫のように，図12のグラフから，約210mAの電流が流れることがわかる。したがって，表1から，豆電球2と豆電球3の明るさは「暗い」になる。

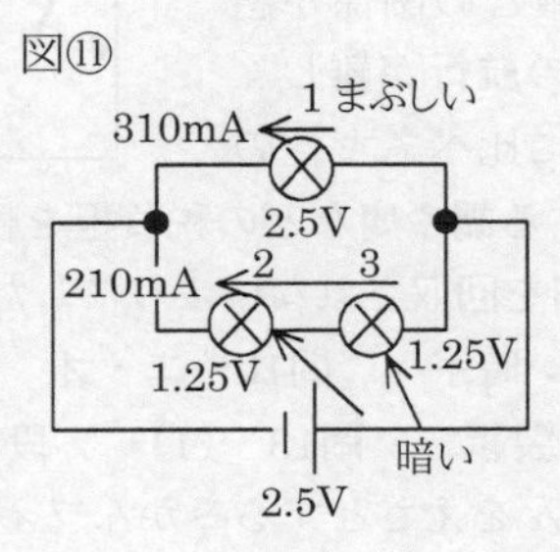

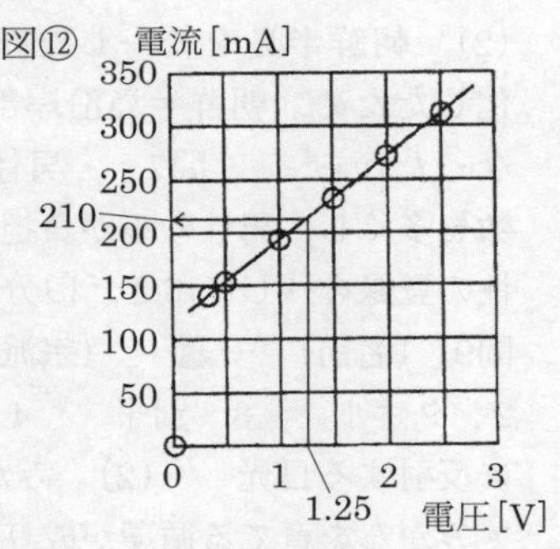

やや難 問8　切り替えスイッチをbにつなぎ替えると，図⑬のような回路になり，豆電球1と豆電球2には，豆電球3の半分の電流が流れる。一方，豆電球1と豆電球2にかかる電圧は同じ大きさであり，豆電球1(または，豆電球2)と豆電球3にかかる電圧の和は2.5Vである。表1において，0.3Vのとき136mA，2Vのとき約2倍の270mAの電流が流れ，0.3(V)＋2(V)＝2.3(V)の

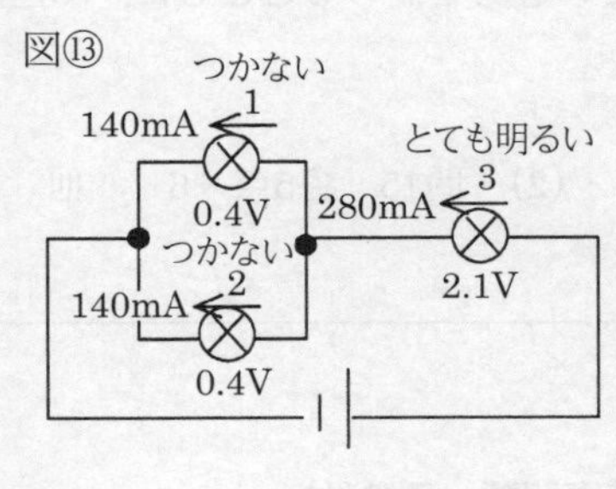

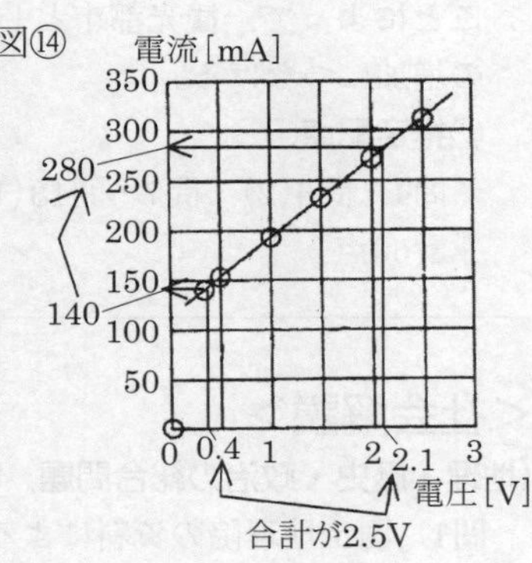

電圧になる。したがって，図⑭のように，図12のグラフから，0.4Vのとき，140mAの電流が流れ，2.1Vのとき，280mAの電流が流れるので，豆電球1と豆電球2は「つかない」，豆電球3は「とても明るい」である。

★ワンポイントアドバイス★

生物・化学・地学・物理の4分野において、難度の高い計算問題や思考力を試す問題に十分に慣れておこう。

＜社会解答＞

問1 イ　問2 イ　問3 右図

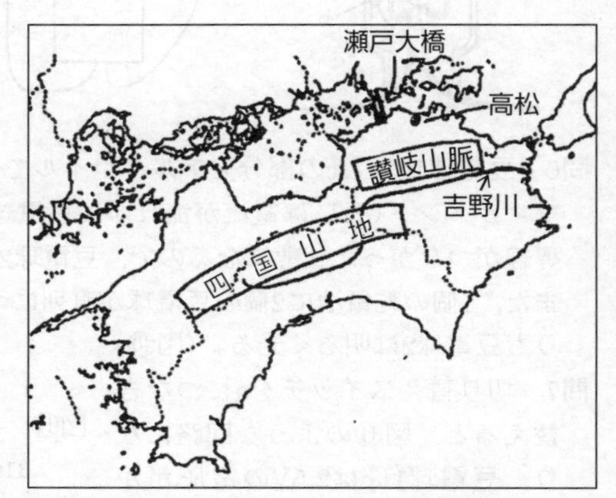

問4 香川用水が開通する以前は，ため池からの供給が大部分をしめていた。香川用水が開通すると，吉野川上流にある早明浦ダムなどから吉野川を通じて水が供給されるようになり，河川からの供給の割合が増加した。

問5 ウ→エ→イ→ア　問6 (1) 1 犬上御田鍬　2 最澄　3 菅原道真
(2) 朝鮮半島を統一した新羅との関係が悪化したため，朝鮮半島沿岸部の航行が難しくなったから。　問7 ・男性に比べて女性の数を多くし，男性のみが負担する調や庸などの税負担を軽くしようとした。・100歳以上の女性の登録を残しておき，口分田を回収されないようにした。　問8 藤原純友

問9 (名前) 一遍　(宗派) 時宗　問10 エ・オ　問11 ウ　問12 1 造船　2 タオル　3 別子　4 製紙　問13 (1) ・段々畑の石垣に反射する日光 ・海面に反射する日光　(2) みかんをえさとするみかんフィッシュを育て，魚かすなどを肥料としてみかんを育てる循環が成り立っている。　問14 1 武家屋敷　2 町人町　3 寺院　4 図書館　5 市役所　問15 (目標) 8・9　(提案内容) 松山城や道後温泉・博物館などの観光地を旅行できるような旅行プランなどを発信し，国内や海外からの観光客を増やすことによって，観光都市としての魅力を高めるとともに，関連産業の働きがいを高めて，人口の増加につなげる。

○推定配点○

問4・問6(2)・問7・問13(1)・(2)・問15　各5点×6　他　各1点×20(問9完答)　計50点

＜社会解説＞

(地理・歴史・政治の総合問題，時事問題，その他)

やや難　問1 国土地理院の資料によると，日本の国土面積は約37.8万km^2，四国の面積は約1.8万km^{2}であ

る。したがって，1.8÷37.8＝0.047…となり，四国の面積は国土の面積の約5%となる。

問2　Bは対馬であり，江戸時代の鎖国下，幕府は，この対馬藩を通じて朝鮮との通商を保っていた。したがって，イが正解となる。

問3　まず，四国全体の中央を通る四国山地を書き入れる。その後，他のものを書きたい。香川県の県庁所在地は瀬戸内海に面する高松である。讃岐山脈はほとんどが香川県の南部に位置する。吉野川は徳島県の北部から高知県に至り四国山脈から流れ出ている。瀬戸大橋は児島と坂出を結んでいる。

やや難　問4　図1は，香川用水が開通する以前と以後の農業用水の水源の変化をあらわしている。図中のBは河川，Cはため池である。開通以前は，ため池からの供給が70%以上で，それに頼っていたことが読み取れる。開通以後は，吉野川などを通じての供給が80%以上になり，ほとんどの供給が河川に頼るようになったことが読み取れる。

問5　ウ：白村江の戦い(663年)→エ：壬申の乱(672年)→イ：藤原京遷都(694年)→ア：大宝律令(701年)である。

やや難　問6　(1)　遣唐使は，620年の大使犬上御田鍬の派遣から始まる。804年には最澄が派遣され，彼は，翌年帰国後天台宗を開いている。894年には，菅原道真の意見を取り入れ遣唐使派遣の中止が決定された。　(2)　表1を分析すると，朝鮮半島を新羅が統一してから遣唐使の航路が南路を多く使うことになったことが分かる。当時の日本は百済が同盟国で，新羅とは対立していたため，百済が新羅に滅ぼされると朝鮮半島沿岸部を渡航する安全な北路が使えなくなったことを理解しよう。

問7　当時の班田収授法では，戸籍に登録された6歳以上すべての人々に，性別や良賤の身分に応じて口分田が与えられ，その人が死ぬと国に返すことになっていた。また，人々の税負担は，口分田の面積に応じて租を負担する以外は主に男子に規定されていた。そのため，男性を少なく女性を多く登録し税負担を軽くしたり，死亡しても100歳以上の女性の登録を削除しないでおき，口分田を国に回収されないようにしたことがうかがえる。

重要　問8　武士が地方におこってくるころ，瀬戸内海地方では藤原純友，関東では平将門の2人が，朝廷に従わず周辺の武士団を率いて反乱を起こした。藤原純友は朝廷に仕えるもと伊予の国司であった。

基本　問9　一遍は，伊予の国に生まれ，念仏の札を配って踊りながら念仏を広め，瀬戸内海のみならず全国をまわった。

重要　問10　秀吉がバテレン追放令を出したのが1587年であり，家康が禁教令を出し，それが全国に及んだのが1613年であるから，その間に起こった出来事は，文禄の役(1592年)，慶長の役(1597年)，朱印船貿易の開始(1600年代初頭)となる。

問11　江戸時代には，全国で交通が整備され，特産物もつくられるようになった。徳島藩の特産物で有名なのは藍である。

やや難　問12　瀬戸内海に面した平野部では臨海型の瀬戸内工業地域が広がっている。今治市は造船業やタオルの生産，新居浜市は江戸時代の別子銅山をきっかけとした化学工業や機械工業，四国中央市は製糸業などが特徴的である。特に今治市では価格が安い輸入タオルの増加によって，タオルの生産が落ち込んだが高い技術を生かして「今治タオル」という高級タオルの地域ブランドをつくり収益を上げる努力をしている。

重要　問13　(1)　図4を考察すると，この地域特有の段々畑の石垣を利用して反射する日光があるのがわかる。また，海面に反射する日光も，ミカンのみならず人々の暮らしに良い影響をあたえているのが理解できる。　(2)　図中のBの→は，みかんをえさとして，みかんフィッシュが育つことを示している。Aの→は，みかんフィッシュを魚かすなどの肥料としてみかんを育てるのに利用していることを示している。このようにしてミカン栽培と漁業の循環が成り立っているのである。

問14　地図1と地図2の絵図を重ねて見ていき考察する。江戸時代の城主は周辺に武家屋敷をつくり，家来を住ませていた。そして，その外側には町人町をつくり，町人により町を発展させようとしていた名残をつかみたい。また，寺院は，城下町全体の出入り口の防衛拠点としての役割を果たしていた。地図2によると，地図1の三の丸地域に市民会館や図書館があるのがわかる。また，地図1の「外側」地区に県庁や市役所などの行政機関が多く集中しているのが分かる。

問15　図5の国際社会共通の17の目標の中から，「だれもが住みたいまちづくり」という観点から，2つの目標を選ぶ時，どの目標でもそれなりの取り組みは考えられるが，最適なのは8「働きがいも，経済成長も」，9「産業と技術革新の基礎をつくろう」であろう。つまり，伝統的な施設等から観光地としての旅行プランなどを作成し観光客を増やすことによって，関連産業の働きがいを高めて，技術革新や経済成長につなげたりすることが考えられる。

★ワンポイントアドバイス★

問3　本州と四国を結ぶ本州四国連絡橋は，神戸—鳴門，児島—坂出，尾道—今治の3つのルートがある。　問8　この頃，地方では武士がおこり，武士はやがて家来をまとめて武士団をつくるほど成長していた。

＜国語解答＞

□一　問一　A　せっしょう　B　特効薬　C　輸入　D　群(れ)　E　親和　問二　ア
問三　外からのまなざし　問四　イ　問五　(例)　一寸の虫にも五分の魂
問六　ウ　問七　Ⅰ　(例)　狭い地域や国を超えた地球規模の見方　Ⅱ　ウ
問八　「また会える」という実感　問九　(例)　生きもの一匹一匹の生死から目をそらしてしまうので，生きとし生けるものの死の上にこそ，自然も農業も成り立っていることを忘れてしまうから。　問十　エ

□二　問一　A　ア　B　エ　C　エ　問二　ア　問三　(例)　「若葉ちゃん」を取られた「信子ちゃん」の気持ちを理解しているような姿勢を見せながら，本音では女の子同士の友達争奪戦に加わろうとする気持ちもなく，一歩離れたところから見ていたいという気持ち。
問四　イ　問五　ア　(例)　嘘[ウソ，うそ]　イ　若葉ちゃんは隣
問六　(例)　ブロック塀[コンクリートの建物]　問七　探偵　問八　イ
問九　(例)　学校は好きでないと言った方が大人っぽく見えると漠然と考えていたが，言葉にするとそれも子供っぽいことだと感じられたから。　問十　谷沢結佳

○推定配点○

□一　問一・問六　各2点×6　問三・問五・問八　各3点×3　問七Ⅰ　5点　問九　8点
他　各4点×4　□二　問一・問四　各2点×4　問二・問六・問八　各4点×3　問三　10点
問九　8点　他　各3点×4　計100点

＜国語解説＞

一 (論説文－要旨・大意・細部の読み取り，空欄補充，ことわざ，漢字の書き取り，記述力)

基本 問一　Aは，生き物を殺すこと。Bは，特定の病気などに対してすぐれたききめのある薬。Cの「輪」と「輪」などをまちがえないこと。Dの音読みは「グン」。熟語は「大群」など。Eは，互いに親しみ，仲良くすること。

問二　傍線部①後で，「生物多様性」という言葉は頭のなかで整理するときに現れる概念であり，外からのまなざしの典型で，実感が伴わない感じであることを述べている。①は，この「外からのまなざし」とは反対の見方なので，自然から感じたことを説明しているイ，ウ，エはふさわしいが，「考える」と説明しているアはふさわしくない。

重要 問三　傍線部②は，「『農業は自然を支えている』」という「内からのまなざし」より優勢になっているものである。また，傍線部⑧は，天地自然に親和的なくらしの知恵を身につけてきたという見方を「意識的に守ろうとしたのではない」と批判する考え方で，⑧前で，「身近な生きものの生死から目をそらすことにな」る視点で自然をとらえるのが「外からのまなざし」の特徴である，ということを述べている。

問四　傍線部③直後の段落で，「生物多様性」は臨場感のない概念であり，ひとつひとつの生きものの集合だとしてイメージが湧くようにしても，思い浮かぶのはそれぞれの生きものの姿であり，実感が伴わない，と述べているので，イがふさわしい。アの「日本人に合った大切な概念である」，ウの「ひとつひとつの生き物すら浮かばなくなってしまう」，エの「本来は……できるものである」は，いずれも述べていないのでふさわしくない。

問五　傍線部④後の「生きとし生けるものには命と魂が宿っている」「虫も草も人間も生きもの同士」といった言葉から，どんな小さく弱いものにも相応の意地があるのであなどってはならない，という意味の「一寸の虫にも五分の魂」のほか，同様の意味の「痩(や)せ腕にも骨」「なめくじにも角」などが似ている。

問六　空欄アは，「赤とんぼのムレ飛ぶ風景」「稲の葉を……涼しい風」「春に……野の花」のことで，ア前で述べている，①～④の四つに分けられる「生態系サービス」のうち，③の「風景や体験の場，神秘的な体験」のことなので，「文化的サービス」があてはまる。

重要 問七　Ⅰ　傍線部⑤は，直前で述べているように，「狭い地域や国を超えて地球規模で考えなければ」ならない見方のことなので，この部分を指定字数以内でまとめる。　Ⅱ　傍線部⑤の見方について，実感を伴わないので科学的なデータに基づいた専門家の言い分に従わざるをえなくなり，地域の特性より地球全体の問題が優先されるようになること(＝ア)，あまりにも一般的に考えられ，誰にでも，どこにでも通用するような語り方をされ，生きている人間の感覚が表に出てこないことと，一匹一匹の生死よりも生態系全体に向けられる大局に立ったかのような視点は，身近な生きものの生死の上にこそ，自然も農業も成り立っていることを忘れてしまうこと(＝イ，エ)を述べている。ウの「新しい自然保護思想」については述べていないので，ふさわしくない。

問八　傍線部⑥は喜びと安堵を感じられるもので，「『また会える』という実感……」で始まる段落冒頭の「『また会える』という実感」という感覚であることを述べている。

問九　傍線部⑦後「生きもの一匹……」で始まる段落で，⑦のような「外からのまなざし」の視点では，身近な生きもの一匹一匹の生死から目をそらすことになり，生きとし生けるものの死の上にこそ，自然もそして農業も成り立っていることを忘れてしまう，ということを述べているので，これらの内容を指定字数以内でまとめる。

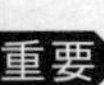
問十　傍線部⑨前で，農業は同じ仕事をくり返し続け，その結果，毎年生まれる同じ生きものと顔を合わせることができるようになり，蛙を育てる意識的な稲作技術はないが，田んぼで蛙がいっ

ぱい生まれているのは，蛙へのまなざしが無意識に含まれている百姓仕事が行われているからであり，技術を仕事の中に組み込み自分のものにしている百姓には，蛙への情愛が発揮できる，ということを述べている。これらの内容から，毎年田んぼで稲作という同じ作業をくり返すことで，毎年顔を合わせる田んぼの中の蛙に情愛を感じることを説明しているエがふさわしい。アの「価値を高めていっている」，イの「特別な意識を持たずに……技術が積み重なっていく」，ウの「蛙を育てる技術が百姓の伝承として受け継がれていった」は，いずれもふさわしくない。

二 (小説－心情・情景・細部の読み取り，空欄補充，ことばの意味・用法，記述力)

問一　傍線部Aは，不平や不満のある様子を表す。傍線部Bは，興味や関心を強く持っている様子を表す。傍線部Cは，誰に対してもよく思われようとする人のこと。

重要　問二　傍線部①は，重機が街の空き地を壊し続けている様子を描いている。傍線部②は，教室の中にいる「私」が見ている光景で，毎日見て聞いているため，急速に変化していることも「私」は感じていることを表しているので，アがふさわしい。①＝重機が空き地を壊している工事の様子，②＝「私」が感じている工事の変化の様子，を説明していない他の選択肢はふさわしくない。

やや難　問三　傍線部③後で，「私」も「若葉ちゃん」が一番好きだけれど，「若葉ちゃん」の「争奪戦に加わる気はしなくて，一歩離れたところで見ている立場だった」という「私」の心情が描かれている。③で描かれている，「若葉ちゃん」を取られた「信子ちゃん」に同意しているような「私」の様子とともに，③後の「私」の本音を説明していく。

基本　問四　傍線部④とア，ウ，エは，推定の意味。イのみ伝聞の意味。

問五　空欄アは「本当ではない」ことなので「嘘[ウソ，うそ]」が入る。傍線部⑤が嘘であるのは，⑤後で描かれているように，「若葉ちゃんは隣のクラスの竹田さんからもらった外国製の小さな香水瓶を，一番大切にしていること(45字)」を「私」は知っていたからである。

問六　「この街」にある「灰色」のものとして，「ブロック塀」「コンクリートの建物」などが考えられる。他の「白」は「ニュータウンという新品の街のイメージ」として「駅」「学校」などが描かれている。「黄緑色」はニュータウンにたくさん通っている「緑道」や「緑道」の両脇に植えられている若い木々など，「黄土色」は，工事で壊され続けている「空き地」などが考えられる。

問七　習字教室が終わった後，「私」と「伊吹くん」が一緒に帰っている場面で，「伊吹くん」が靴もズボンも泥だらけであることから，サッカーをしていて書道教室に遅刻したことがわかったことを話す「私」に対し，「伊吹くん」は「探偵みたい」と驚いていることが描かれている。

重要　問八　習字教室からの帰り道で，「伊吹くん」の自転車が壊れているため，同じ方向の「私」と「伊吹くん」は一緒に帰ることになったものの，男の子と話したことがほとんどない「私」は，会話がないのを気まずく思っていたこと，会話をするうちに話しやすい「伊吹くん」に少しほっとしたが，自分より子供だなとも思い，呑気な「伊吹くん」に苛立ち，戸惑っていることが描かれているので，イがふさわしい。「私」が戸惑っていることを説明していないア，エはふさわしくない。「私」は「男の子と話したことがほとんどない」ことは描かれているが，ウの「なかなか打ちとけない性格」であることは描かれていないので，ふさわしくない。

やや難　問九　傍線部⑧の「理由」＝学校が好きじゃない理由について，⑧後で「学校が好きじゃない子のほうが……少し特別な感じがする」と「漠然と考えていた」が，「口にしようとするとあまりに子供っぽくて言葉にできなかった」という「私」の心情が描かれているので，これらの心情を指定字数以内にまとめる。

問十　傍線部⑨は「私」のことで，「若葉ちゃん」から「結佳ちゃん」と呼ばれ，「伊吹くん」から「谷沢」と呼ばれていることから，「私」の姓名は「谷沢結佳」である。

★ワンポイントアドバイス★

小説や物語文では，どのようなことをきっかけに登場人物の心情が変化しているかをしっかり読み取っていこう。

MEMO

2020年度

★★★★★★★★★★★★★★★★★★★★★★★★★

入　試　問　題

2020年度

海陽中等教育学校入試問題（特別給費生入試）

【算　数】（60分）　＜満点：100点＞

【注意】　割り切れないときは特に指示がない限り分数で答えること。

1　(1)　一直線上の道路に等間隔(とうかんかく)で電柱が立っています。海陽君が電柱Ａから電柱Ｂまで一定の速さで走ったところ，３分20秒かかりました。このとき，電柱Ｂの３本手前の電柱までは２分30秒かかっていました。電柱Ａと電柱Ｂの間には何本の電柱が立っていますか。

(2)　点アと点イを結んだ長さ１ｍの直線（この直線を直線アイと呼ぶことにします）上に，次のように印をつけていきます。はじめに，直線アイを２等分する点に印をつけます。次に，直線アイを３等分する点のすべてに印をつけます。さらに，直線アイを４等分する点，5等分する点，…のすべてに印をつけていきます。なお，すでに印がついているところには新たに印をつけることはしません。このとき次の問いに答えなさい。

(あ)　７等分する点まで印をつけました。最も近い２つの印の間の距離(きょり)は何ｍですか。

(い)　10等分する点まで印をつけました。直線アイ上には何個の印がありますか。

(う)　99等分する点まで印をつけました。次に100等分する点に印をつけるとき，新たに増やす印は何個ありますか。

(3)　天秤(てんびん)を用いてすべて重さの違(ちが)うＡ，Ｂ，Ｃ，Ｄの４種類のおもりの重さを比較(ひかく)した結果，Ａ＋Ｄ＝Ｂ，Ａ＋Ｂ＜Ｃ＋Ｄ，Ａ＋Ｃ＝Ｄ＋Ｄ となりました。ただし，□＋△は２つのおもりを合わせたもの，□＝△ は２つのおもりの重さが等しいこと，□＜△は□より△の方が重いことを示します。このときそれぞれの重さの関係について，ありえるときは○，ありえないときは×で答えなさい。

①　Ｂ＞Ａ＞Ｄ＞Ｃ　　②　Ｃ＞Ｂ＞Ｄ＞Ａ　③　Ｂ＞Ｃ＞Ｄ＞Ａ

④　Ｃ＞Ｄ＞Ａ＞Ｂ　⑤　Ｃ＞Ｂ＞Ａ＞Ｄ　⑥　Ｂ＞Ｃ＞Ａ＝Ｄ

(4)　すべての位の数の和が13，積が36となる最大の整数を答えなさい。

2　１からnまでの整数を次の２つの条件を満たすように並べます。

条件１　はじめの数は１

条件２　数が大きくなった後は小さくなり，小さくなった後は大きくなる

例えばnが４のとき，条件を満たす並べ方は１→３→２→４と１→４→２→３の２通りあります。このとき次の問いに答えなさい。

(1)　nが５のとき，条件を満たす並べ方は何通りありますか。

(2)　(あ)　nが９のとき，1から９までの整数のうち最後の整数としてありえない整数をすべて求めなさい。

(い)　nが10のとき，1から10までの整数のうち最後の整数としてありえない整数をすべて求めなさい。

並んでいる数において，隣り合った数の差を（※）とします。例えば1→3→2→4であれば，1と3の差は2，3と2の差は1，2と4の差は2となるので，（※）に現れる数は1と2の2種類であり，（※）の和は2＋1＋2＝5です。

(3)　n ＝10のとき

(う)　（※）の和の最大値は45です。

（※）の和が45となるような並べ方のうち，2番目が9であるような並べ方の例を1つ示しなさい。

(え)　（※）の和の最小値は17です。（※）の和が17となるような並べ方の例を1つ示しなさい。

(4)　n がどのような整数でも，うまく並べると（※）に現れる数を2種類にすることができます。それぞれの場合に，その2種類の数を答えなさい。

(お)　n が2019のとき

(か)　n が2020のとき

3　正三角形，正方形，正五角形，正六角形などの正多角形では，何本かの対称の軸が引けますが，それらは一点で交わります。その点を，その正多角形の中心と呼ぶことにします。

(1)　正三角形ABCで，中心をPとして，APと辺BCが交わる点をQ，BPと辺ACが交わる点をR，CPと辺ABが交わる点をSとします。AP：PQを求めなさい。ただし，「面積」という言葉を使って求め方も書くこと。

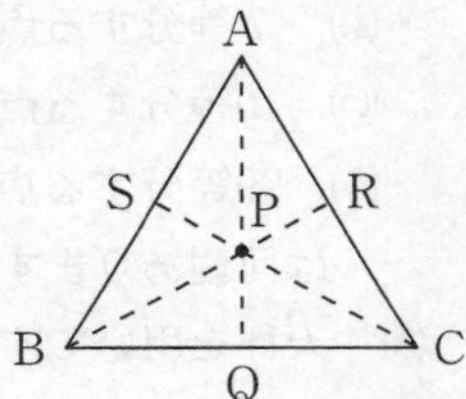

正多角形を何枚か貼り合わせてできる立体Kに対して，次の（＊）のようにしてできる立体をK^*と表すことにします。

（＊）　①　Kの各面の中心がK^*の頂点になる。K^*の頂点はこれ以外にはない。

②　Kの2つの面が同じ辺を共有するとき，その2つの面の中心同士を結んだ線分は，K^*の辺になる。K^*の辺はこれ以外にない。

(2)　4枚の正三角形と1枚の正方形でできるピラミッド型の立体をKとしたとき，K^*の体積はKの体積の何倍ですか。分数で答えなさい。

(3)　Kが(あ)正四面体，(い)立方体，(う)正八面体，(え)正十二面体，(お)正二十面体のとき，K^*はそれぞれどのような立体になりますか。その立体の名称を答えなさい。

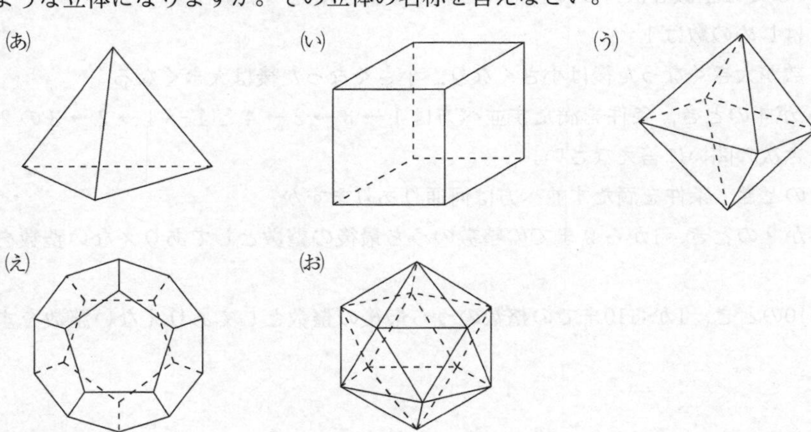

⑷　図のような正五角形12枚と正六角形20枚を使ってできる立体をKとします。このとき，K*は正多面体（すべての面が同じ正多角形で，どの頂点にも同じ数の面が集まっているへこみのない立体）にならない理由を説明しなさい。

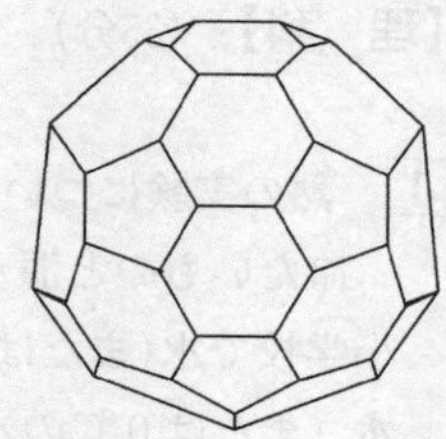

4　1辺が1㎝で1つの内角が整数度である正多角形を，1つの頂点を共有するようにいくつか重ならないように並べて360°になるようにしたい。

例えば，正三角形1枚，正方形2枚，正六角形1枚であれば，右の図のように並べることができます。

この場合に使う正多角形の組合せを，辺の数が少ない順に（3，4，4，6）と表すこととします。以下の問いに対し，例のようにして答えなさい。

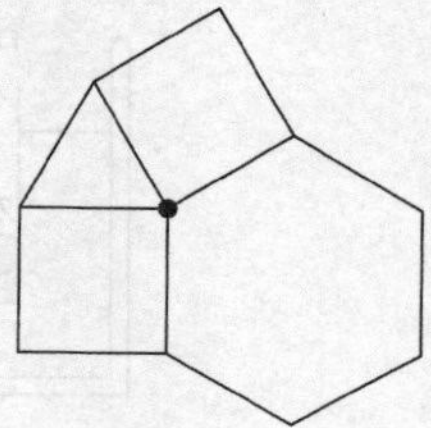

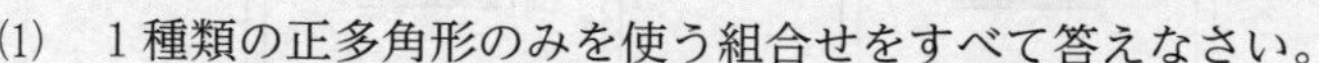

⑴　1種類の正多角形のみを使う組合せをすべて答えなさい。

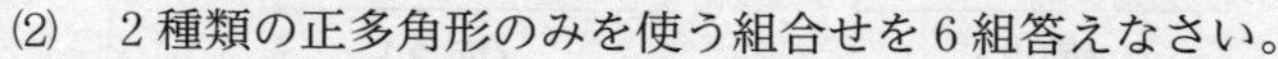

⑵　2種類の正多角形のみを使う組合せを6組答えなさい。

⑶　3種類の正多角形を1枚ずつ使う組合せを5組答えなさい。

【理　科】（35分）　　＜満点：50点＞

1　熱の実験について次の文章を読み，あとの問いに答えなさい。

冷たいものと温かいものが接すると，それぞれの温度が同じになるまで変化します。ひろし君は小学校で水(または氷)とお湯を使って**実験①〜③**をしました。このとき，**図１〜３**のように０℃の水（または０℃の氷）を入れた金属容器**A**を，発ぽうスチロール容器**B**に入れた100℃の湯400ｇの中にしずめ，容器内**A**，**B**の水をゆっくりかき混ぜながら30秒ごとの水温を測定し，**グラフ１〜３**にまとめました。ひろし君はこの実験についてくわしいことが知りたくて先生に聞いてみました。

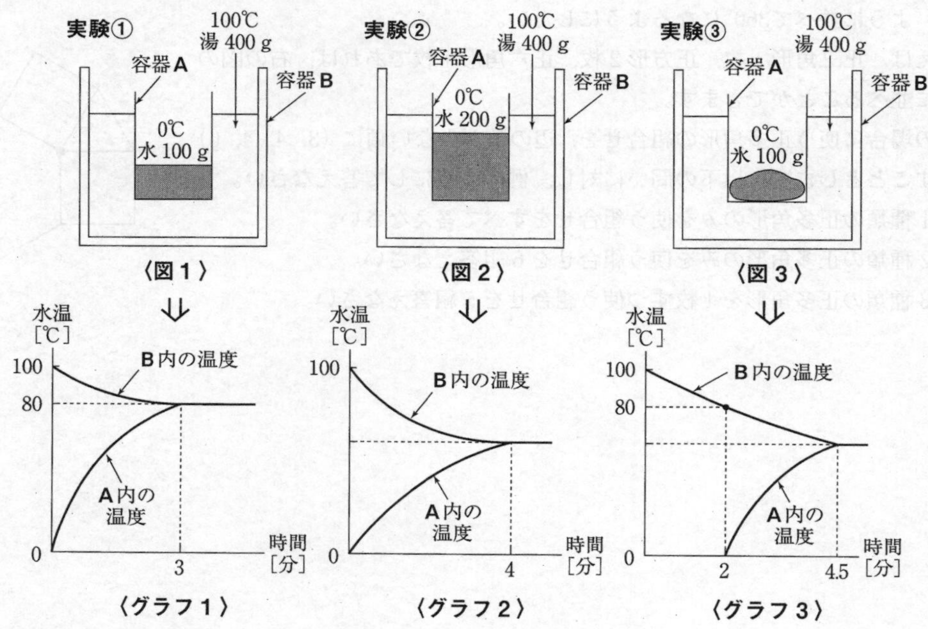

ひろし　「実験結果をグラフにまとめてみました」

先　生　「グラフにすると結果がよくわかるね」

ひろし　「**実験①〜③**で，**A**内と**B**内で同じになったときの温度がちがいます」

先　生　「お湯は冷めて，水はあたたまって同じ温度になる。この同じ温度を平衡(へいこう)温度とよぶことにするね」

ひろし　「平衡温度？　**A**内と**B**内で温度がつりあって動かないってこと？」

先　生　「熱いものと冷たいものが接すると，エネルギーのやり取りが始まる。このエネルギーを熱，その量を熱量といって，熱はお湯から水や氷に移動する」

ひろし　「熱が移動して温度が変わるんですね。そして，温度がつりあうと熱の移動も終わる」

先　生　「そのとおり。水１ｇの温度が１℃変化するのに必要な熱量を１カロリーという」

ひろし　「**実験①〜③**で移動した熱量がちがうと思います。**実験①**で移動した熱量が最も少ない」

先　生　「**実験①**で移動した熱量を計算してみよう。400ｇのお湯が100℃から80℃になったので400×(100－80)＝8000カロリー，100ｇの水が０℃から80℃になったので100×(80－０)＝8000カロリーで同じ値だね」

ひろし　「すごい。実験成功！　お湯と水の重さの比400：100＝４：１と温度変化の比20：80＝

１：４がちょうど逆になっています」

先　生「Ａ内からＢ内へきちんと熱が移動したってことがわかるね。これを熱量の保存って言うんだよ」

ひろし「熱が外にもれていないってことだ」

先　生「金属容器Ａはうまく熱を伝えていて，発ぽうスチロール容器Ｂが熱をさえぎっているんだね」

問１　熱量の保存を用いて**実験②**での平衡温度を求めなさい。ただし，割り切れない場合は小数第１位を四捨五入して整数で答えなさい。

ひろし「**実験③**では氷がとけるのに２分かかりました」

先　生「その２分間でＢ内のお湯の温度が100℃から80℃まで20℃下がっているから，氷がとけるのにも熱が必要だといえるね」

問２　熱量の保存を用いて０℃の氷１ｇをとかすのに必要な熱量を求めなさい。

問３　熱量の保存を用いて**実験③**での平衡温度を求めなさい。

問４　**実験③**で，Ａ内の氷の重さを200ｇ増やして300ｇにすると，平衡温度は何℃になりますか。熱量の保存を用いて求めなさい。ただし，割り切れない場合は小数第１位を四捨五入して整数で答えなさい。

ひろし「ところで，熱ってどうやって移動するの？」

先　生「水は小さな分子というものが集まってできているんだけど，氷（固体），水（液体），水蒸気（気体）のときでその様子がまったくちがうんだ。図にかいてみよう」

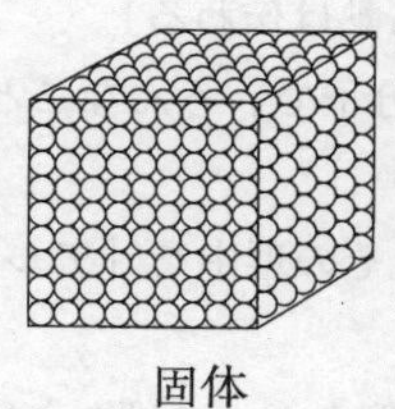
固体

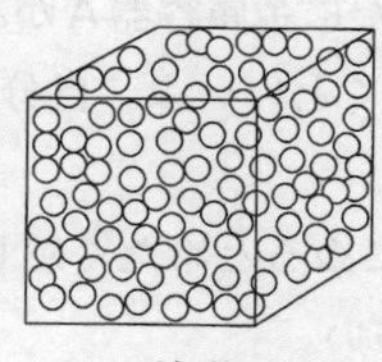
液体

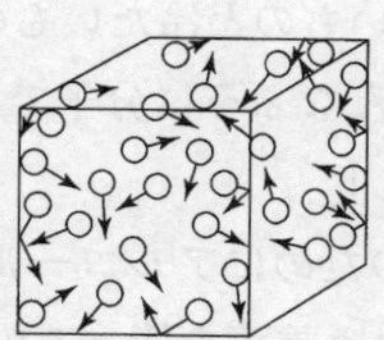
気体

ひろし「丸いつぶが水の分子ですね」

先　生「そう。アルコールや他の物質もみんな分子でできているんだよ。物質がちがうと分子の種類もちがう。たとえば，水は水の分子がたくさん集まってできていて，アルコールはアルコールの分子がたくさん集まってできている」

ひろし「分子ってとても小さくて目に見えないんですよね」

先　生「氷の状態では分子どうしが規則正しく並んで自由に動くことができない。でも，分子はまったく動いていないというわけではなくて，決まった位置でゆれ動いている。しかも，温度が上がると分子の運動もどんどんはげしくなっていく。ある温度になると，分子は決まった位置をはなれて自由に動き始める。そこで固体から液体に変わる。液体になると，分子どうしお互（たが）い引き合って一部がつながったまま，互いにその位置が入れかわるように動いているんだ。液体の温度がさらに上昇（じょうしょう）していくと，分子の動きはますます激しくなって，ついには分子どうしで引き合っている力をふりきって空間に飛び出していく。このとき，分子は１個ずつ自由に飛びまわるようになる。沸(ふっ)とうだね」

ひろし「熱をもらうと分子ってどんどん自由になっていくんですね。だから，水が水蒸気になると体積が急激に大きくなるんですね」

問５　水は温度が高いほどよく蒸発します。その理由としてもっとも適当なものを次の**ア**～**エ**から１つ選び，記号で答えなさい。

ア　温度が高いほど水の分子の動きがおだやかになり，分子が決まった位置をはなれて，動き始めるから。

イ　温度が高いほど水の分子の動きがはげしくなり，分子が決まった位置をはなれて，動き始めるから。

ウ　温度が高いほど水の分子の動きがおだやかになり，空間に飛び出す分子の数が増えるから。

エ　温度が高いほど水の分子の動きがはげしくなり，空間に飛び出す分子の数が増えるから。

問６　水が沸とうしているあいだは，いくら温めても100℃ で温度は変わりません。これは水を温めた熱が何に使われるためですか。その理由としてもっとも適当なものを次の**ア**～**エ**から１つ選び，記号で答えなさい。

ア　温めた熱が，水の分子を空間に飛び出させるために使われるから。

イ　温めた熱が，水の分子どうしが自由にやり取りするエネルギーに使われるから。

ウ　温めた熱が，水の分子どうしを強く引き合わせるために使われるから。

エ　温めた熱が，水の分子の動きをおだやかにするために使われるから。

先　生「お湯に冷たい水を混ぜると分子どうしが衝突(しょうとつ)して，勢いのある分子からおだやかな分子に熱をどんどん渡(わた)していくんだ。そうやって分子の運動が均一になっていく」

ひろし「熱いものと冷たいもののあいだに金属容器Ａがあっても熱は伝わる」

先　生「こんなふうに分子で考えていくといいよ。自分でも，分子でいろんなことを説明してごらん」

問７　消毒のためにアルコールを皮ふにぬると冷たく感じます。その理由を「アルコール分子」・「熱」という言葉を使って説明しなさい。

問８　**問７**と同じしくみで温度が下がる（温度を下げる）現象の例を１つあげなさい。

ひろし「アルコールを皮ふにぬると冷たく感じるのは，アルコールが冷たいわけじゃないんですね」

先　生「ところで，やかんとかなべは金属でできているけど，持つところにはプラスチックや木が使われている。どうしてかわかるかな」

ひろし「プラスチックや木は熱を伝えにくいからですよ。だから，火にかけても手で持つことができる」

先　生「そのとおり。水の場合と同じように，熱は分子どうしの衝突によって熱い方から冷たい方へ移動していくけど，ものの種類によって熱が移動する速さがまったくちがう」

ひろし「物質には熱を伝えやすいものと伝えにくいものがあるんですね。そういえば，近くのホームセンターでアルミニウムのスプーンとバターナイフを売っていましたよ。冷えて固くなったアイスクリームやバターが簡単にすくえるんですって」

先　生「アルミニウムは一般的なステンレスのスプーンよりも10倍以上，手の熱を速く伝えるからね。でも，食べすぎには注意しなくちゃいけないね」

問9　冷凍庫から金属の容器を取り出すとき直接手をふれると，手がくっついてしまうことがあります。一方，木の皿を冷凍庫から取り出すときにはこのようなことは起こりません。その理由として，もっとも適当なものを次の**ア**～**エ**から１つ選び，記号で答えなさい。

ア　金属のほうが木よりも温度が低くなっているため，皮ふの水分がこおるので，手がくっつく。

イ　金属のほうが木よりも温度が低くなっているため，まわりの空気中の水分がこおるので，手がくっつく。

ウ　金属のほうが木よりも熱が伝わりやすいため，急激に手から熱をうばい，皮ふの水分がこおるので，手がくっつく。

エ　金属のほうが木よりも熱が伝わりやすいため，急激にまわりの空気から熱をうばい，空気中の水分がこおるので，手がくっつく。

ヒーターで熱を加えて水を沸とうさせている容器**C**と氷水を入れた容器**D**に，太さが均一な金属棒を接触させて棒の両端を常に100℃と０℃に保つと，棒の各部分の温度はグラフのようになって，時間が経っても変わらなくなりました。このとき，熱は一定の割合で**C**から**D**へ移動し続けていて，ある時間内に**C**から棒に入る熱量と棒から**D**に出る熱量は同じです。また，この熱の移動は棒のどの断面を考えても同じになっています。なぜなら，棒のある部分に入ってくる熱量とそこから出ていく熱量がちがうと，その部分の温度が変化するからです。ここで，棒への熱の出入りは両端以外では考えないとします。

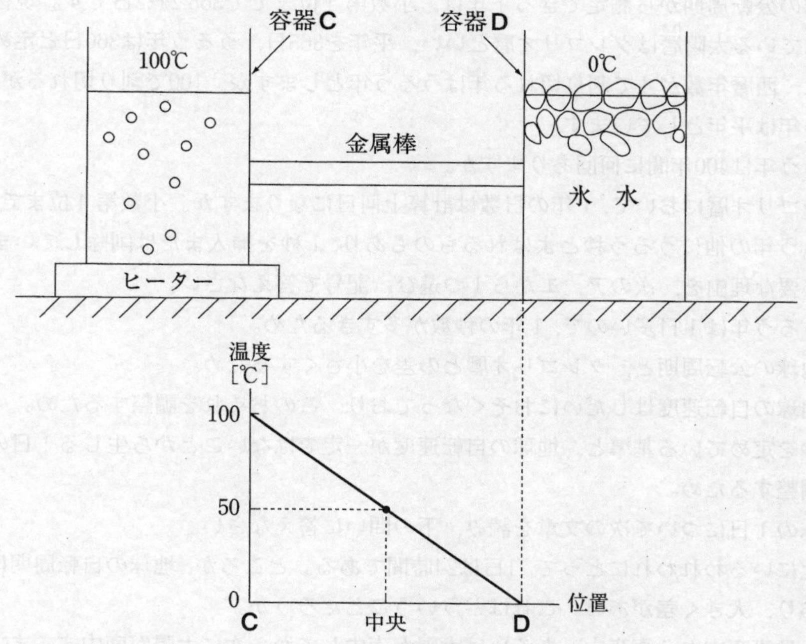

問10　ある時間内に金属棒を伝わる熱の量は，①棒の太さ，②棒の長さ，③両端の温度差，に関係しています。①～③のそれぞれについて

ア　比例している　　　イ　反比例している

のいずれになりますか。記号で答えなさい。

問11　棒がある１種類の金属でできているときには，棒のちょうど真ん中の温度は50℃になります。なぜなら，棒の真ん中で左右にわけて考えたとき，左側（がわ）の部分の両端の温度差と右側の部分の両端の温度差が等しくないと，ＣからＤへ伝わる熱量が左右で等しくならないからです。さて，図のように太さと長さがともに同じアルミニウムの棒Ｘとステンレスの棒Ｙをつないで，棒Ｘの端をＣに，棒Ｙの端をＤに接触させてしばらくおきました。

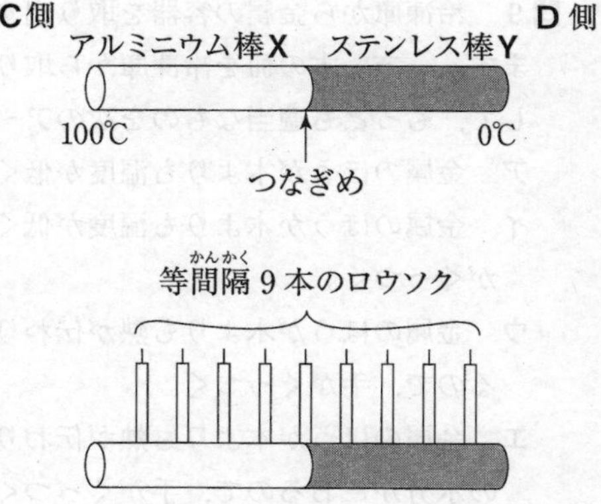

⑴　このとき，ＸとＹのつなぎめの温度は何℃ですか。小数第１位を四捨五入して整数で答えなさい。ただし，問10の①②③を同じにしたとき，ある時間にＸを伝わる熱量はＹの10倍であるとします。

⑵　次に，ＣＤ間を10等分する棒上の位置に９本のロウソクを置きました。このとき，時間がたってもとけずに残るロウソクは何本ですか。このロウソクは60℃以上の温度でとけるものとします。

2　天体の自転と公転について，以下の問いに答えなさい。

問１　地球の公転周期から測定できる１年は，小数第４位までで365.2422日です。現在世界で広く用いられている太陽暦（れき）はグレゴリオ暦といい，平年を365日，うるう年は366日と定め，うるう年の頻度（ひんど）は，西暦年数が４で割り切れる年はうるう年としますが，100で割り切れるが400では割り切れない年は平年としています。

⑴　うるう年は400年間に何回ありますか。

⑵　グレゴリオ暦において，１年の日数は計算上何日になりますか。小数第４位まで求めなさい。

⑶　うるう年の他にうるう秒とよばれるものもあり，１秒を挿入（そうにゅう）または削除（さくじょ）しています。うるう秒が必要な理由を，次のア～エから１つ選び，記号で答えなさい。

ア　うるう年は１日多いので，１年の秒数が多すぎるため。

イ　地球の公転周期と，グレゴリオ暦との差を小さくするため。

ウ　地球の自転速度はしだいにおそくなっており，このおくれを調整するため。

エ　秒を定めている基準と，地球の自転速度が一定ではないことから生じる１日の長さのずれを調整するため。

問２　地球の１日について次の文章を読み，下の問いに答えなさい。

地球上にいるわれわれにとって，1日は24時間である。ところが，地球の自転周期は23時間56分４秒であり，大きく差がある。これはどういうことだろうか。

１日とは真夜中から真夜中，あるいは太陽が南中してから次に太陽が南中するまでと考える。太陽を基準にして考えるので，１太陽日ともよばれる。

太陽が南中してから23時間56分４秒後には，地球は［　ア　］自転しており，このとき太陽は南中してA{いる・いない}。

さらに4分弱進んで24時間たつと，その4分弱の間に地球は［イ］自転しているから，最初の南中から［イ］+360°自転していることになる。このとき，太陽は南中してB{いる・いない}。また，このとき地球は最初の南中から［ウ］公転している。

問い　文章中の空欄（くうらん）［ア］～［ウ］に当てはまる適当な角度を，次の値からそれぞれ選んで答えなさい。同じ値を何度選んでもかまいません。ただし，ここでは地球の1年は365日と考えることにします。また，A・Bについては{　}中の正しい方を選んで書きなさい。

0°　90°　180°　360°　$\frac{1}{360}$°　$\frac{365}{360}$°　$\frac{1}{365}$°　$\frac{360}{365}$°　$\frac{366}{365}$°

問3　月は地球のまわりを27.32日の公転周期でまわっており，地球から月を見ると月は満ち欠けをくり返します。

(1)　月自身も地球と同様，自転しています。自転周期は何日ですか。

(2)　月の満ち欠けが1回起こるとき，地球は30°公転するものとします。このとき，月の満ち欠けの周期を求めなさい。答えは小数第3位を四捨五入して，小数第2位まで求めなさい。

問4　水星は太陽系最小の惑星（わくせい）で，自転周期が58日，公転周期87日ですが，この問題では計算しやすくするために，自転周期を60日，公転周期を90日とし，地球の1年を360日とします。

図1は，地球の北極側上空から見たもので，水星上のA点で太陽が南中している様子を表しています。点線は水星の公転軌道（きどう）を表しています。なお，水星の自転方向・公転方向はともに地球と同じです。

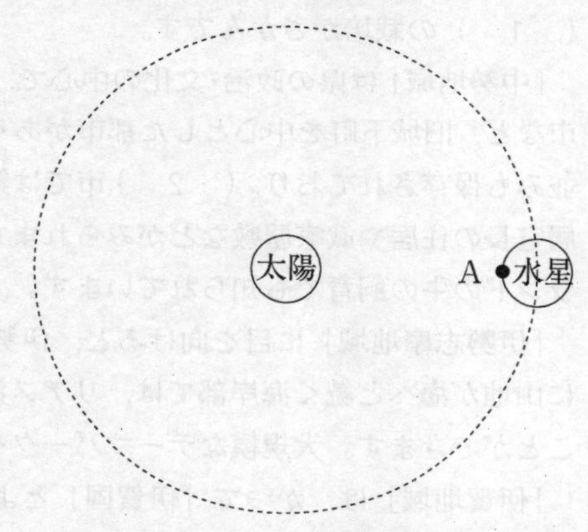

図1　太陽と水星の位置関係

(1)　①60日後の水星の位置およびA点の位置，②90日後の水星の位置およびA点の位置をそれぞれ解答用紙の図に，①・②の記号とともにかきなさい。

(2)　水星の1日は地球の何日になりますか。

(3)　太陽－水星－地球の順に一直線上に並ぶとき，水星が内合（ないごう）の位置にあるといいます。惑星と惑星が同じ位置関係をくり返す周期（ここでは内合から次の内合）を会合周期といいます。水星と地球がそれぞれ1日に何度公転するか考え，水星の会合周期を求めなさい。

(4)　水星が内合の位置にあるとき，地球から水星を観察することはできません。約2週間後には，いつ，どの方角に見えますか。次の**ア**～**カ**のうち，最も適当なものを選び，記号で答えなさい。

ア　夕方，東の空に見える。　　**イ**　夕方，西の空に見える。
ウ　真夜中，南の空に見える。　**エ**　真夜中，北の空に見える。
オ　明け方，東の空に見える。　**カ**　明け方，西の空に見える。

(5)　水星が内合の位置にあるとき，水星は太陽の前を横切る日面通過するはずです。実際2019年11月12日は日面通過しました。しかし，毎回日面通過するわけでなく，前後の回の内合では日面通過しません。それはなぜですか。説明しなさい。

【社　会】（35分）　　＜満点：50点＞

次の文Ａ～Ｃは，三重県および四日市市に関する文です。よく読んで，あとの問いに答えなさい。

Ａ　三重県は，海陽学園のある愛知県の西どなりにあり，面積およそ5,800km²，人口およそ180万人を数え，中規模の都市が各地に分散しています。それでは，三重県を大きく５つの地域にわけて見てみましょう。

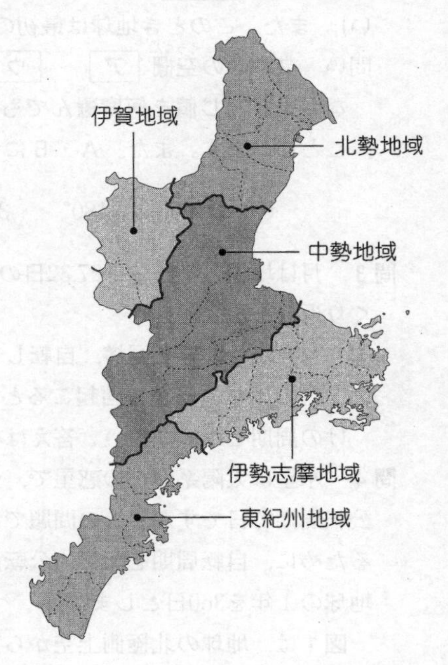

「北勢地域」は，西に鈴鹿山脈，東に伊勢湾があり，沿岸にはコンビナートが立ち並び，中京工業地帯の一翼（いちよく）をになっています。①四日市市の人口は31万人をこえ，県庁所在地の津市より人口が３万人ほど多くなっています。東名阪自動車道や第二名神高速道路が通り，中部地方と近畿地方とを結ぶ交通の要所となっています。平野部ではコメの栽培がおこなわれ，また，静岡・鹿児島についで（　１　）の栽培がさかんです。

「中勢地域」は県の政治･文化の中心で，津市や（　２　）市など，旧城下町を中心とした都市があります。ふるい町並みも保存されており，（　２　）市では鈴屋（すずのや）とよばれる本居宣長の住居や武家屋敷などがみられます。また，高級ブランドの牛の飼育でも知られています。

「伊勢志摩地域」に目を向けると，伊勢神宮をはじめとする歴史・伝統的な建造物が見られ，さらに山地が海へと続く海岸部では，リアス海岸に点在する漁港や②養殖場を，美しい景観とともに見ることができます。大規模なテーマパークやホテルなどが立地し，観光リゾート地になっています。

「伊賀地域」は，かつて「伊賀国」とよばれていました。奈良や京都に近く，現在でも大阪方面への通勤・通学が多いため，経済的にも強く影響（えいきょう）を受けています。

「東紀州地域」は，起伏にとんだ紀伊山地が海にせまり，わずかな平地部に都市が点在しています。尾鷲市は，黒潮が流れる熊野灘に面し，背後を山々に囲まれているため，③特色のある気候となっており，むかしから林業がおこなわれています。とくに尾鷲の（　３　）は木曽のものに並ぶ高級木材として全国に知られています。うっそうとした森林にのびる熊野古道は世界遺産に指定されています。

問１　文Ａ中の空らん（１）～（３）にあてはまる語句をそれぞれ答えなさい。なお，（１）・（２）は**漢字**で答えなさい。

問２　下線部①について，三重県と同じように，県内に県庁所在地よりも人口の多い都市を持つ県が日本にはあと４つあります。次のページの**表**は，その４県の人口，キャベツ・ももの生産量および工業製造品出荷額をまとめたもので，**ア**～**エ**には４県のいずれかがあてはまります。**ア**～**エ**にあてはまる県名を，それぞれ**漢字**で答えなさい。

表

記号	人口(千人)(2018年)	キャベツ(トン)(2017年)	もも(トン)(2017年)	工業製造品出荷額(億円)(2016年)
ア	1,952	261,000	–	87,720
イ	3,659	15,600	–	162,569
ウ	1,864	5,900	28,600	50,188
エ	1,370	8,600	–	56,302

『日本国勢図会2019/20』より

問3　下線部②について，次の図ア～エのうち，この地の養殖地で最も多く養殖されているものを１つ選び，記号で答えなさい。なお，写真の貝の大きさは，すべて同じサイズに編集してあります。

『改訂新版　世界文化生物大図鑑　貝類』より

問4　下線部③について，尾鷲市の気候の特色を，その理由とともに簡単に説明しなさい。

問5　次のページの図ア～ウは，三重県内の29の市や町で，第一次産業・第二次産業・第三次産業の分野で仕事に就いている人が人口のどれだけを占めているのか，その割合のいずれかをあらわしたものです。どの産業をしめしたものかを，それぞれ記号で答えなさい。なお，地図中の■は人口に占める割合が高いことを，■は人口に占める割合がそれなりであることを，□は人口に占める割合が低いことを，それぞれあらわしています。

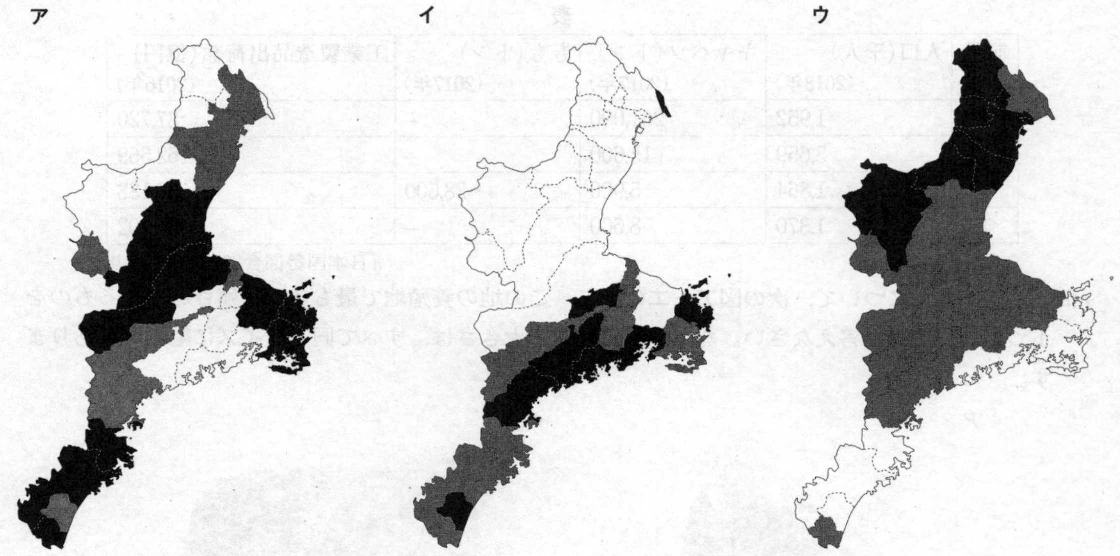

B　「四日市」の名前が歴史上初めて登場するのは，15世紀後半，④関所の廃止を求めた文章にある「四日市庭浦」だといわれています。このころすでに，名前の由来となった定期市「四日市」があったことが知られています。

江戸時代，幕府の天領となった四日市は，東海道の宿場町として栄えました。四日市の港は渡し船で熱田と結ばれ，南にある⑤白子の港とともに，伊勢湾を代表する港へと成長しました。宿場には，大名が参勤交代で宿泊する本陣・脇本陣とともに，一般の旅人が宿泊する（　4　）や木賃宿が軒をつらね，東海道をゆく旅人と⑥伊勢神宮に参拝・参詣する旅人とが行き交いました。

幕末，安政の地震によって津波が押し寄せると，港は大きな被害を受けました。この地で廻船問屋を営んでいた稲葉三右衛門は，私財をなげうって大規模な改修をおこない，⑦ヨハネス=デ=レーケの協力もあって，1884年に工事が無事に終わりました。そして，1899年に伊勢湾で最初の外国貿易の開港地に指定され，大規模な工場の建設が始まりました。大正時代に入ると，せんい工業を中心とする工場が建ち始め，とくに毛織物工業が発達しました。そのため，昭和の初めには，日本で最大の（　5　）の輸入港に成長しました。

昭和に入ると，軽工業に加え，重化学工業が四日市に進出し始めました。とくに1938年に⑧国家総動員法が公布されると，四日市も軍需品を生産する工業地帯へと姿を変えていきました。海軍の燃料・石油関係の施設として第二海軍燃料廠が建設され，1941年に操業を始めました。そのため，太平洋戦争の終わりごろには，アメリカ軍のたび重なる空襲によって，四日市は大きな被害を受けました。

戦後，（　6　）を最高司令官とするGHQが日本を占領統治し，軍需品を多く生産した石油関係の産業をきびしく規制しました。しかし，⑨冷戦が本格化し，アメリカが日本を軍事拠点として重視するようになると，規制が緩和されました。このことは，軽工業にかわって重化学工業を育成し，石油化学工業を日本の産業を支える柱としたかった日本政府にとって，絶好の機会となりました。1955年，徳山・岩国とともに旧海軍燃料廠の跡地に石油化学コンビナートを建設する方針が決まりました。すでに四日市には化学工業が進出していましたが，これに加えて火力発電所と製油所が操業を開始しました。このようにして，1960年までに四日市コンビナートができあがりましたが，それは公害の始まりを告げることにもなりました。

問６　文Ｂ中の空らん（４）～（６）にあてはまる人名または語句をそれぞれ答えなさい。

問７　下線部④の施設は，このころ，何をおこなうためにおかれましたか。簡単に説明しなさい。

問８　下線部⑤について，この地より出航した船の船頭で，ロシアに漂着（ひょうちゃく）し，1792年にラクスマンにともなわれて根室に帰還（きかん）した人物の名前を，**漢字**で答えなさい。

問９　下線部⑥について，1705年・1771年・1830年とおよそ60年周期で，数百万人規模で伊勢神宮に参拝・参詣することが流行しました。この集団参拝・参詣を何というか答えなさい。

問10　下線部⑦の人物は，オランダ人の治水技師で，明治政府に招かれ，各地で治水工事を指導しました。このように，明治時代，日本が欧米の学問・文化・技術などをいち早く取り入れるために，おもに欧米から招かれた外国人のことを何というか答えなさい。

問11　下線部⑧の法律はどのようなことを定めたものですか。簡単に答えなさい。

問12　下線部⑨について，1950年に日本の周辺でおきた戦争が，日本の経済に大きな影響をあたえました。この戦争が，日本の経済になぜ，そしてどのように影響をあたえたのかを答えなさい。解答する際には，戦争の名前を必ずあげなさい。

Ｃ　四日市で石油化学コンビナート操業を始めると，工場排水によって海が汚染され，漁獲量が減少しましたが，問題はそれだけではありませんでした。1960年，東京築地の中央卸売市場で「伊勢湾の魚は油くさいので，厳重に検査する」との通告が出されると，四日市の漁民がとった魚がまったく売れなくなりました。漁民たちは，三重県･四日市市や汚水をたれ流す企業に交渉をもちかけましたが，話し合いに応じてくれませんでした。それどころか，県や市は企業に工場排水の改善を要求せず，漁民たちの交渉や実力行使を食い止めようとまでしました。結局，わずかな額の補償（ほしょう）金が漁民たちに支払われただけでした。当時の市長は「⑩いまどき漁をしている生活なんておかしいんで，他のことを考えるべきだ。敗戦国の日本がこんだけ今日の姿に立ちなおったんは化学の力や，コンビナートのおかげや。人間のある程度の犠牲（ぎせい）はやむをえん」と，漁民たちに言ったそうです。このころの首相池田勇人がたてた（　７　）計画によって高度経済成長にすすむ当時の日本では，経済の発展が優先され，市民の生活が犠牲になったのです。

やがて，コンビナート付近の住民たちの中に，騒音・振動・悪臭・煙などの公害に悩み，1961年のころから，ぜんそくの症状をうったえる患者が増え始めました。被害地域が拡大すると，市の名前から「四日市ぜんそく」とよばれるようになりました。

1967年，公害の発生源である企業の責任を裁判で問おうと，四日市ぜんそくの患者たちは立ち上がりました。⑪ぜんそく患者９名が，コンビナートに立地する企業６社を相手に損害賠償（ばいしょう）を求める訴え（うった）を，津地方裁判所におこしました。1972年に出された判決は，企業６社の工場が排出した煙と四日市ぜんそくとの間に因果関係はあり，コンビナートにある工場群が一体になって住民の健康を害したと認められるので，企業６社に連帯して損害賠償するよう命じるものでした。また，「人の生命，身体に危険があるような汚染物質を出す時，企業は経済性を度外視して世界最高の技術知識を動員して防止すべきである」と，企業に投げかけました。さらに，⑫事前に公害の発生を念頭においた慎重（しんちょう）な調査をすすめず，工場の建設を認めた国や県・市に対しても，公害発生の責任を問いかけました。

四日市ぜんそくの裁判のようすは，連日新聞やテレビ・ラジオで報道されました。全国各地で公害問題がおきたことも重なり，国に本格的な公害対策を求める国民の意見が多くなりました。このころの首相（　8　）は，1967年に公害対策基本法を制定し，1970年には公害関係の法律を集中的に討議するために国会を召集しました。この国会は「公害国会」とよばれ，公害関連の14の法案を可決し，公害対策の基本的な枠組みができあがりました。翌1971年には（　9　）を設置し，豊かな生活環境を守るために国は全力をつくすことを目指しました。

1972年，三重県は「三重県公害防止条例」を全面的に見直しました。四日市全体の硫黄酸化物の排出総量を厳しく制限するとともに，工場ごとの排出量を規定するようにしました。こうして，地域に排出される汚染物質を，地方公共団体が直接規制できることとなり，公害問題の解決への道が開かれました。また，国は四日市ぜんそくの患者の生活を補償するしくみをつくり，その費用は煙を排出する工場や⑬自動車に課した税金でまかなうことにしました。

四日市ぜんそくの被害が報告されて半世紀以上が経ち，現在四日市ぜんそくに苦しむ患者は400人を下回り，人々の記憶もうすれてきています。一方で，原因物質を排出している工場は，古くなってもまだ操業しています。私たちの健康なくらしや人権を守ることが難しくなったとき，私たちにできることは何なのか。四日市ぜんそくの歴史はそれに対する答えのいくつかを，私たちに教えてくれます。

問13　文C中の空らん（7）～（9）にあてはまる語句をそれぞれ**漢字**で答えなさい。

問14　下線部⑩のことばの背景には，公害が表面化しても企業に責任を問うことをさけ，公害を訴えた人を批判する市や住民の存在があります。どうして，市や住民は企業に責任を問うことをさけたのですか。その理由を説明しなさい。

問15　下線部⑪について，この裁判ではぜんそく患者9名が訴える側で，企業6社が訴えられる側です。訴える側および訴えられる側を何というか，それぞれ**漢字2字**で答えなさい。

問16　下線部⑫について，現在では大規模な開発事業が環境にどのような影響をあたえるのかを事前に調査することが一般的です。この調査を何というか，答えなさい。

問17　下線部⑬について，この税は排気ガスが環境基準を満たすと，税率が軽減されたり，免税になったりすることもあります。このような税を課すことが，なぜ環境問題の改善につながると考えられますか。その理由を**3つ**あげなさい。

問18　次の問いに答えなさい。

(1)　文Cを読んで，四日市ぜんそくの裁判が社会に与えた影響をまとめなさい。

(2)　(1)をふまえた上で，三権分立のしくみの中で裁判所がどのような役割を果たしているのかを説明しなさい。

問八 傍線部⑦「アイデンティティとは、過去・現在・未来の中での自己の統合的な感覚であり、それが他者や共同体からも認められるものと定義されます」とありますが、それはどういうことですか。最もふさわしいものを、次の**ア**～**エ**の中から一つ選び、記号で答えなさい。

ア これまでの自分の良くなかったところは、これからの自分の成長によって変えていくことができるのだという自信を持つことで、これからの未来を、希望を持って生活していくのだと社会全体が認めてくれ、支えてくれること。

イ これまでの自分が社会生活の中で受け入れられてこなかったとしても、これからの自分が成長していくことで、他者から認められていくはずだと自らを肯定していくことで、否定的だった自己の感覚を前向きに変えていくこと。

ウ あの時にこうしておけばよかったという過去に対しての後悔や、これから自分はどうなってしまうのだろうという将来への不安を抱えながらも、それを我慢して受け入れることで、友人や社会から自分自身の存在価値を認めてもらおうとすること。

エ これまでの自分があるから成長した今の自分があり、これからもこうして生きていくことができるのだと、自分自身で認めることができるだけでなく、家族や学校、職場の人たちからも、その自分自身の存在価値を認めてもらえること。

問九 傍線部⑧「虚偽記憶に見られるような記憶のあいまいさ――柔軟性といったほうがいいのかもしれません――が重要な役割を果たすと私は考えています」とありますが、もし「高齢期」において「記憶のあいまいさ」がなかった場合、どのようなことが起こると考えられますか。本文の内容から推測して八十字以上、百字以内で答えなさい。

二 ※問題に使用された作品の著作権者が二次使用の許可を出していないため、問題を掲載しておりません。

三 次の傍線部のカタカナを漢字に直して書きなさい。

① 彼は親思いで、最近では珍しいコウコウ息子だ。

② この園内にある建物は全国各地からイチクしてきたものだ。

③ 日本が国際連合にカメイしたのは、一九五六年のことだった。

④ 天文カンソク室は、本校自慢の設備の一つだ。

⑤ 地元社会のハンエイのために力を尽くす所存です。

ア　いつまでも続く円周率を全て覚えることはできないが、声に出したり、紙に書いたりしているうちに、小数点以下の百けたまで覚えられた。

イ　子どもの頃、当時のベストセラー小説を読んだが、その中のある場面とせりふを特に面白いと感じ、今もそれを覚えている。

ウ　歴史の教科書を何回もくり返して読んでいるうちに、教科書に書かれている説明を何も見ないでも、そのまま唱えられるようになった。

エ　好きな歌手の歌を、何度聞いてもどんな歌詞なのか聞き取れなかったので、歌詞カードを見ながら歌ったところ、歌詞を覚えることができた。

問三　空欄**あ**・**い**に当てはまる言葉を本文中からそれぞれ五字以内で抜き出して答えなさい。

問四　傍線部③「同じような実験を行います」とありますが、この実験で起こった、後から与えられた情報による記憶の変化を何と言いますか。本文中から六字で抜き出して答えなさい。

問五　傍線部④「ロフタス博士らが行った別の実験」とありますが、この実験によって示されたことについて、端的に述べている部分を本文中から六十五字以内でさがし、その初めと終わりの七字を書きなさい。

問六　傍線部⑤「虚偽の情報に晒されることで誤った記憶を簡単に作り出すのです」とありますが、「誤った記憶」を作り出す過程の説明として、最もふさわしいものを、次の**ア**～**エ**の中から一つ選び、記号で答えなさい。

ア　本人がまったく経験したことのない情報を与え、その情報と同時に別の関係ない記憶を呼び起こすようにすること。

イ　本人の記憶が間違っていることを繰り返し指摘し、自分の記憶が間違っているのではないかという不安を与え続けること。

ウ　尋問などにより、心身ともに疲れ切った状態に置くことで、記憶力の低下を引き起こし、そこに誤った情報を与えること。

エ　言葉で情報を与えるだけでなく、写真など様々な形で情報を与えることで、具体的なイメージを持たせるようにすること。

問七　傍線部⑥「正確で驚異的な記憶の持ち主の人生は、バラ色の人生と言えるものではなかったのです」とありますが、「正確で驚異的な記憶」を持つことで生み出される不都合として、ふさわしくないものを、次の**ア**～**エ**の中から一つ選び、記号で答えなさい。

ア　目の前で起きた全ての情報を詳細まで覚えてしまっているため、会話の流れとは無関係な細部などに気をとられてしまい、会話が成り立たなくなってしまう。

イ　記憶をもとに頭の中で作られるイメージがあまりに鮮明なため、それが目の前にある現実なのか、自分の頭の中にあるものなのか区別がつかなくなってしまう。

ウ　経験したことを、その詳細まで鮮明に記憶してしまうため、脳にかかる負担があまりにも大きくなりすぎて、記憶することができる容量が制限されてしまう。

エ　取るに足りないことまで記憶してしまうため、いくつかの情報から共通する特徴をまとめることができず覚えるべき大切な情報との区別がつけられなくなってしまう。

期間の成長として捉えられます。

ハーバード大学などで教鞭をとった発達心理学者で精神分析家でもあるE・H・エリクソン教授（一九〇二〜九四）は、人格の発達は生まれてから死ぬまでに八つの段階を経ると述べています。

エリクソン教授の心理社会的発達課題でよく知られているのは思春期のアイデンティティとアイデンティティ拡散です。⑦アイデンティティとは、過去・現在・未来の中での自己の統合的な感覚であり、それが他者や共同体からも認められるものと定義されます。社会生活の中で自分が明確な位置づけを持った存在として成長しているという感覚をうまく持てないアイデンティティ拡散は、非行や自己否定につながるとされています。

高齢期の発達課題はアイデンティティの統合と絶望のバランスをとることです。高齢期には「あの時こうしておけばよかった」という変えられない過去に対する後悔、健康状態が悪くなること、身近な人との別れ、社会的地位といった現在進行系で進む喪失、そして避けることができない死と自分がいつどのように死ぬかわからないという未来に対する恐怖や不安に直面し、程度の差はありますがすべての人が絶望感を抱きます。

変えられない過去とあらかじめ知ることのできない未来を受け入れ、絶望感とのバランスをとるために、これまでの人生を振り返り、アイデンティティとして統合することが高齢期の発達課題だとされています。

高齢期の発達課題である人生の統合と絶望のバランスには、記憶できる量や記憶の正確性ではなく、⑧虚偽記憶に見られるような記憶のあいまいさ――柔軟性といったほうがいいのかもしれません――が重要な役割を果たすと私は考えています。

（増本康平『老いと記憶』中央公論新社による）

（注）注1　認知心理学　心理学（生き物の意識・精神・行動を研究する学問）の一分野。

注2　第1章　本書の第一章ではおとろえやすい記憶とおとろえにくい記憶について述べられている。

注3　プロパガンダ　宣伝。不特定多数の人々に働きかけて、特定の考え方や価値観に操作しようとすること。

注4　抽象化　ものごとを、ある性質・共通する点に着目し、抜き出すこと。

問一　傍線部①「なぜ、そのような現象が生じるのでしょうか」とありますが、その理由として最もふさわしいものを、次の**ア**〜**エ**の中から一つ選び、記号で答えなさい。

ア　修学旅行に参加していないという記憶の方が後から作られた偽の記憶だったから。

イ　後から作られた記憶の方が、本当の記憶よりも印象に残りやすいものだったから。

ウ　人間は虚偽の記憶だと分かっていても、その記憶に固執してしまうことがあるから。

エ　人間の記憶はあいまいで、無意識のうちに虚偽の記憶を作り出すことがあるから。

問二　傍線部②「覚えたい情報のみを取り出し、その情報には何らかの意味づけを行う必要があります」とありますが、その例として最もふさわしいものを、次の**ア**〜**エ**の中から一つ選び、記号で答えなさい。

す。

そして、この虚偽記憶は記憶力が低下していなくてもみられます。パティス博士は、一九八七年一〇月一九日の出来事を尋ねられると、「月曜日で株式市場の暴落の日だった」というように、すぐに何が起こったのかを思い出せるような極端に優れた自伝的記憶の持ち主二〇名と、平均的な記憶力を有する三八名の対照群に対して、虚偽の情報によって記憶の歪みが生じるのかを検討する実験を行いました。その結果、驚異的な記憶の持ち主でも、一般的な記憶力の持ち主である対照群と同じように誤情報によって誤った記憶を想起したのです。

本書では、ここまでどれだけたくさん正確に記憶できるか、記憶の量的な側面に焦点を当てた研究を中心に記憶の仕組みや加齢にともなう記憶の変化、どうすれば記憶の問題を解決できるかについて述べてきました。しかしながら、記憶が経験したことを正確に記録していないという前提に立つと、記憶は一体何のためにあるのか？　という疑問が生じます。私たちが一般的に考えている記録するという役割以外の機能が記憶にあるとすると、その機能はどのようなものなのでしょうか。そして、加齢とともに記憶の役割はどのように変化するのでしょうか。

経験したことをすべて記憶し、正確に思い出せる人と比較することで、記憶が書き換えられることにどのような意味があるのかを知ることができます。

経験したことの詳細まで長時間、記憶できる超記憶力を持つ人は世の中に少なからずいます。神経心理学者であるルリヤ博士が報告したシィーと呼ばれる男性は、これまでに報告されてきた超記憶力の持ち主でも、特に優れた記憶力を持ち、記憶できる量に際限がありませんでした。彼は、七〇以上の単語や数字を一度みただけで正しい順序ですべて記憶できただけでなく、一〇年後、一六年後もその情報を正確に思い出すことができました。

ルリヤ博士はシィーの驚異的な記憶と、その背景にある原因を明らかにするだけでなく、そのような驚異的な記憶が人生にいかなる影響を及ぼすのかについても記録を残しました。シィーは、忘れるために紙に書き出して丸めてゴミ箱に捨てたり燃やしたりするほど、情報を忘れられずに苦しんでいました。

また、私たちは複数の情報の特徴をまとめたり、注[4]抽象化したりすることが容易にできます。しかし、このような抽象化やカテゴリー化は私たちの記憶があいまいだから可能なのです。

シィーはあまりにも情報が鮮明に記憶として保持されるので、複数の情報をまとめたり、共通する情報を取り出したりすることができませんでした。会話でも、事柄の細部や副次的な情報の追憶にとらわれ、その内容は果てしないほど脱線したそうです。さらに、頭の中で形成される記憶のイメージが鮮明すぎて、空想と現実の区別がつかず、頭の中の鮮明な像が現実と一致しないために、必要な行動をとれないこともありました。⑥正確で驚異的な記憶の持ち主の人生は、バラ色の人生と言えるものではなかったのです。

記憶力が維持されている若い世代においても記憶は書き換えられ、正確な記憶の持ち主が普通の生活すらままならないことは、私たちの記憶が正確に情報を記録するためのものではないことを示しています。

心理学において「発達」という言葉は、乳児から成人までの期間が限定された身体的・心理的な成長ではなく、「生まれてから死ぬまで」の

六〇キロメートル、軽傷で済んだという情報を与えた場合は平均時速四〇キロメートルと、同じビデオをみていても二〇キロメートルもスピードの評価が異なります。

このように、後から与えられた情報による記憶の変化は事後情報効果と呼ばれ、記憶は後から与えられた情報とつじつまが合うように変化することを示しています。そして多くの場合、記憶の変化は意識せず生じます。

とはいえ、この実験は実際に車が衝突するビデオをみせ、その事実についての評価が変わったというだけです。心理学者はこのような記憶の変容だけでなく、ちょっとした情報を与えるだけで、まったく経験しなかった記憶が形成されることも明らかにしています。

たとえば、④ロフタス博士らが行った別の実験では、参加者が幼少期に経験した四つの出来事を提示しました。三つは本当にあった出来事ですが、一つはまったく経験していない偽物の出来事で、五歳の時にショッピングモールで長時間迷子になり高齢の女性に助けられた、というものです。参加者は、それらの出来事について覚えている内容を書き出すように、また覚えていなければ「覚えていない」と書くように指示されます。

この段階で、二四人の参加者のうち、七人が経験していない偽物の出来事を覚えていると回答しました。その後、一週間から二週間の間隔をあけ、二度、四つの出来事の詳細とどのくらい覚えているかをインタビューしました。そうすると、偽物の記憶は思い出す回数が増えるほど、記憶の鮮明度の指標が向上したのです。

この研究は、人が経験していない出来事を記憶していることがあり、かつその経験していない記憶を思い出す回数が多いほど虚偽記憶が鮮明になることを意味しています。これまでの実験から、溺れて死にかけたがライフガードに助けられた、ディズニーランドでバッグス・バニーと握手した（バッグス・バニーはワーナー・ブラザーズのキャラクターなので、ありえない話です）といった、さまざまな経験していない記憶が形成されることが示されています。

そして、このような幼児期の記憶だけでなく、後から情報を加えることで、トラウマになるほどの出来事、たとえば、捕虜となり暴力や尋問を受けた相手の顔すらも、確信をもって誤った選択をすることが示されています。

アメリカ海軍の訓練で戦争捕虜となることを経験するものがあります。三〇分の間、尋問者から一人で尋問を受けるのですが、訓練の一環とはいえ、尋問者の質問に答えなかったり、要求に従っているように見えない場合は、顔面を叩かれたり、腹部にパンチを受けたり、無理な体勢を強いられたりと身体的懲罰をも伴います。

尋問の間は尋問者の目をみることが求められ、尋問される側は確実に尋問者の顔を眺めることになります。尋問が終わった後、独房に隔離され、顔写真を渡され写真を見るように指示を受けます。写真をみている間に、「尋問者があなたに食べ物を与えましたか？」など尋問に関する質問を行います。渡された写真は尋問者とは違う人物のものです。

その後、尋問者の写真を選択するよう求められると、九割の人は後で見せられた偽者の写真を選びました。偽の情報や特定の行動へと誘導する注3プロパガンダに対して抵抗できるよう、訓練を受けた兵士でさえも、⑤虚偽の情報に晒されることで誤った記憶を簡単に作り出すので

【国語】（五〇分）〈満点：一〇〇点〉

【注意】 字数を指示している問題は、「、」や「。」なども字数にふくみます。

一 次の文章を読み、あとの問に答えなさい。

以前、同窓会で同級生たちと修学旅行の話で盛り上がったことがあります。私は風邪をひいて、その修学旅行に参加できなかったのですが、ちょっとしたいたずら心で、あの時はこうだった、ああだった、とさもその時に一緒にいたように相槌を適当に打ったりして会話に参加していました。

同級生たちは私の言動も気にならないようで、自然に受け入れていたのですが、その後に私がその修学旅行に参加していないとネタバラシをしても、まったく受け入れてくれません。私は確実に参加していないのですが、実際には起こっていないことを起こったと信じて疑わないのです。①なぜ、そのような現象が生じるのでしょうか。

これまでの記憶に関する注1認知心理学研究は、私たちの記憶は驚くほどあてにならず、あいまいで、時には本人も気がつかないうちに偽の記憶を作り出すことを実証してきました。

あなたが今読んでいるページを写真のように記憶できるのは数ミリ秒（一ミリ秒＝一〇〇〇分の一秒）、聞こえる音をそのままの音として記憶できるのは数秒程度です。物理的に存在する情報をそっくりそのまま記憶できる期間はあまりにも短く、すべての情報を覚えることは驚異的な記憶の持ち主でもない限り不可能です。そのため、②覚えたい情報のみを取り出し、その情報には何らかの意味づけを行う必要があります。

また、注2第1章で述べたように、意味づけられた情報も時間とともに詳細が思い出せなくなり、大まかな粗筋だけが残ります。

偽りの記憶（虚偽記憶）研究の第一人者であるロフタス博士は、私たちがどれほど都合よく記憶を変容させるかを実験によって鮮やかに示しています。

彼女の実験では、参加者に交通事故のビデオをみてもらいました。その後、ひとつのグループには「車がぶつかった（hit）時のスピードはどれくらいでしたか？」と尋ね、別のグループには「車が激突した（smashed）時のスピードはどれくらいでしたか？」と尋ねました。

［あ］という言葉で聞かれたグループは平均で時速一〇・四六マイル＝時速一六・八三キロメートルだったのに対して、［い］という言葉で聞かれたグループは、平均で時速八マイル＝一二・八七キロメートルと回答し、同じビデオをみていたのに聞き方を変えただけでスピードの評価には統計的に有意な差が見られました。

またこの実験の一週間後、参加者に対して、一週間前に見た事故のビデオで「割れたガラスをみたかどうか」を尋ねたところ（実際には割れたガラスは存在しませんでしたが）、激突したという言葉で尋ねられたグループでは、ガラスをみたという回答の割合が高まりました。

毎年、私の講義でも学生に記憶のあいまいさを実感してもらうために、③同じような実験を行います。ロスタフ博士らの実験と異なるのは、半分の学生には「この事故で運転手が亡くなりました」、もう半分の学生には「この事故では運転手は軽傷で済みました」とビデオのあとに表示し、事故を起こした車のスピードを予測させることです。

運転手が亡くなったという情報を与えた場合は、回答の平均時速は約

2020年度

解 答 と 解 説

《2020年度の配点は解答欄に掲載してあります。》

<算数解答>

[1] (1) 11本 (2) (あ) $\frac{1}{42}$m (い) 31個 (う) 40個 (3) ① × ② ○ ③ ○ ④ × ⑤ × ⑥ × (4) 3322111

[2] (1) 5通り (2) (あ) 1, 9 (い) 1, 2 (3) (う) (1→9→)2→10→3→8→4→7→5→6 (え) (1→)3→2→5→4→7→6→9→8→10 (4) (お) 1009と1010 (か) 1009と1010

[3] (1) (AP：PQ＝)2：1 求め方 解説参照 (2) $\frac{2}{27}$倍 (3) (あ) 正四面体 (い) 正八面体 (う) 立方体 (え) 正二十面体 (お) 正十二面体 (4) 解説参照

[4] (1) (3, 3, 3, 3, 3, 3)(4, 4, 4, 4)(6, 6, 6)
(2) (3, 3, 6, 6)(3, 3, 3, 3, 6)(3, 3, 3, 4, 4)(3, 12, 12)(4, 8, 8)(5, 5, 10)
(3) (3, 8, 24)(3, 9, 18)(3, 10, 15)(4, 5, 20)(4, 6, 12)

○推定配点○

[1](3), [4] 各2点×20 他 各3点×20([2](2)～(4), [3](1)各完答) 計100点

<算数解説>

[1] (割合と比, 植木算, 数の性質, 推理, 単位の換算)

基本 (1) 3本先の電柱までは3分20秒－2分30秒＝50秒かかり, 3分20秒すなわち200秒では3×200÷50＝12(本)先まで進む。したがって, 両端の電柱の間の本数は12－1＝11(本)

重要 (2) (あ) 2番目に間隔がせまい6等分の間隔から最も間隔がせまい7等分の間隔を引くと, $\frac{1}{6}-\frac{1}{7}=\frac{1}{42}$(m) (い) 印がつく長さは以下の31個になる。$\frac{1}{10}, \frac{1}{5}, \frac{3}{10}, \frac{2}{5}, \frac{1}{2}, \frac{3}{5}, \frac{7}{10}, \frac{4}{5}, \frac{9}{10}$, 1…10個 $\frac{1}{9}, \frac{2}{9}, \frac{1}{3}, \frac{4}{9}, \frac{5}{9}, \frac{2}{3}, \frac{7}{9}, \frac{8}{9}$…8個 $\frac{1}{8}, \frac{1}{4}, \frac{3}{8}, \frac{5}{8}, \frac{3}{4}$…5個 $\frac{1}{7}, \frac{2}{7}, \frac{3}{7}, \frac{4}{7}, \frac{5}{7}, \frac{6}{7}$…6個 $\frac{1}{6}, \frac{5}{6}$…2個
(う) 100までの整数のうち, 100の約数以外の数に1も含めると以下のように40個になる。奇数50個から, 5, 15, 25, …, 95の(95－5)÷10＋1＝10(個)を引く。

やや難 (3) ① B>A>D>C ×…A＋BはC＋Dより小さい ② C>B>D>A ○…例えば, A＝1, D＝3, B＝1＋3＝4, C＝3×2－1＝5 ③ B>C>D>A ○…例えば, A＝2, D＝3, B＝2＋3＝5, C＝3×2－2＝4 ④ C>D>A>B ×…B＝A＋D ⑤ C>B>A>D ×…A＋Cの平均はD ⑥ B>C>A＝D ×…A＋BはC＋Dより小さい
(4) 36＝3×3×2×2, 13＝(3＋2)×2＋1×3より, 求める整数は3322111

[2] (場合の数, 数の性質)

基本 (1) 以下の5通りがある。 15243 15342 14253 14352 13254

重要 (2) (あ) 奇数個の整数を小大小大小～と並べるとき，最後は小の整数で終わるので1，9はありえない。 (い) 偶数個の整数を小大小大～と並べるとき，最後は大の整数で終わるので1，2はありえない。

基本 (3) (う) 1→9→2→10→3→8→4→7→5→6 (え) 1→3→2→5→4→7→6→9→8→10

やや難 (4) (お) n＝9のとき…1→6→2→7→3→8→4→9→5 したがって，n＝2019のとき，2種類の差は(2019＋1)÷2＝1010と1010－1＝1009 (か) (お)と同じである。

3 (平面図形，立体図形，割合と比，推理)

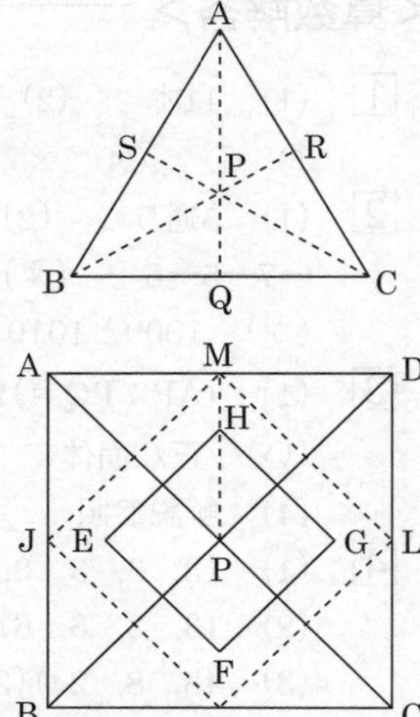

重要 (1) AP：PQ＝2：1 求め方：(例)問題の図において，直角三角形ABQは3つの合同な直角三角形によって構成されており，二等辺三角形ABPの面積は直角三角形PBQの2倍であるからAP：PQ＝2：1

やや難 (2) 右図は正四角錐P－ABCDの平面図であり，MP：HPは(1)より，(2＋1)：2＝3：2であるから，正方形JKLMとEFGHの面積比は(3×3)：(2×2)＝9：4であり，正方形ABCDとEFGHの面積比は(9×2)：4＝9：2である。また，この正四角錐P－ABCDの高さと正方形EFGHを底面とする下向きの正四角錐の高さの比は3：1である。したがって，小さい正四角錐の体積は全体の(2×1)÷(9×3)＝$\frac{2}{27}$(倍)である。

重要 (3) (あ) 正三角形である4面でできた正四面体になる。 (い) 正四角錐を上下に組合わせた正八面体になる。 (う) 正方形である6面でできた立方体になる。 (え) 正三角形である面が5×12÷3＝20(面)ある正二十面体になる。 (お) 正五角形である面が3×20÷5＝12(面)ある正十二面体になる。

(4) 解答例：Kにおいて，隣合う1つの正五角形と2つの正六角形の各面の中心を結んでできる三角形が正三角形にならないから。

4 (平面図形，数の性質，場合の数)

基本 (1) 360度＝60度×6，90度×4，120度×3より，(3，3，3，3，3，3)(4，4，4，4)(6，6，6)

重要 (2) 次の6通りがある。(3，3，6，6)(3，3，3，3，6)(3，3，3，4，4)(3，12，12)(4，8，8)(5，5，10) 1つの内角の大きさ…正三角形60度 正方形90度 正五角形108度 正六角形120度 正八角形135度 正九角形140度 正十角形144度 正十二角形150度 正十五角形156度 正十八角形160度 正二十角形162度 正二十四角形165度 など

やや難 (3) 60度＋135度＋165度→(3，8，24) 60度＋140度＋160度→(3，9，18) 60度＋144度＋156度→(3，10，15) 90度＋108度＋162度→(4，5，20) 90度＋120度＋150度→(4，6，12)

★ワンポイントアドバイス★

比較的，簡単に解けると思われる問題は1(1)・(4)，2(1)・(3)，3(1)・(3)，4(1)・(2)である。問題を選択して，解きやすい問題から解いていかないといけない。問題文を，あわてずに読むことも基本である。

<理科解答>

1 問1 67(℃) 問2 80(カロリー) 問3 64(℃) 問4 23(℃) 問5 エ
問6 ア 問7 アルコール分子が空間に飛び出すとき，体内から熱をうばうから。
問8 打ち水 問9 ウ 問10 ① ア
② イ ③ ア 問11 (1) 91(℃)
(2) 3(本)

2 問1 (1) 97(回) (2) 365.2425(日)
(3) エ 問2 ア 360° イ $\frac{360°}{365}$
ウ $\frac{360°}{365}$ A いない B いる
問3 (1) 27.32(日) (2) 29.60(日)
問4 (1) 右図 (2) 180(日)
(3) 120(日) (4) オ (5) 水星の公転き道は地球の公転き道に対してかたむいており，毎回空間的に一直線に並ぶわけではないから。

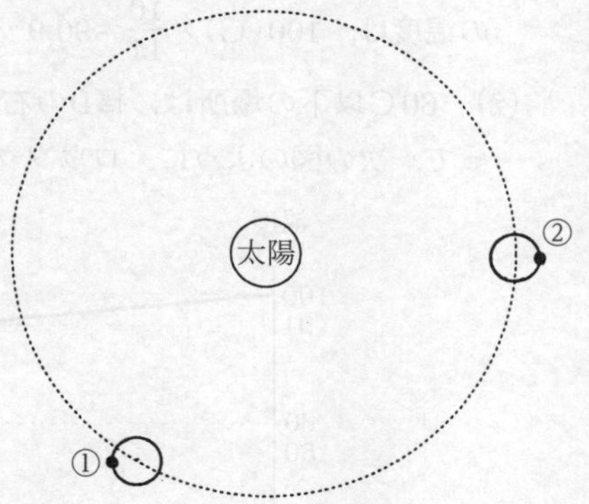

○推定配点○
1 問5・問6・問9・問10 各1点×6 問7 3点 他 各2点×7
2 問1(3)・問2AB・問4(4) 各1点×4 問4(5) 3点 他 各2点×10 計50点

<理科解説>

1 (熱の伝わり方－熱に関する実験)

問1 実験②では，0℃の水と100℃の湯の重さの比が，200：400＝1：2なので，温度変化の比が，2：1となり，平衡温度は，100(℃)×$\frac{2}{3}$＝66.6…(℃)より，67℃である。

問2 実験③で，0℃で100gの氷をとかすのに必要な熱量は，400×20＝8000(カロリー)なので，0℃の氷1gをとかすのに必要な熱量は，8000÷100＝80(カロリー)である。

問3 実験③は，0℃の水100gを容器Aに入れ，80℃の湯400gを容器Bに入れたことになるので，重さの比が，100：400＝1：4となり，温度変化の比が，4：1となる。したがって，平衡温度は，80(℃)×$\frac{4}{5}$＝64(℃)である。

問4 実験③で，氷の重さを3倍の300gにすると，400gの湯の温度は，20×3＝60(℃)下がり，100－60＝40(℃)になる。この場合，0℃の水300gを容器Aに入れ，40℃の湯400gを容器Bに入れたことになるので，重さの比が，300：400＝3：4となり，温度変化の比が，4：3となる。したがって，平衡温度は，40(℃)×$\frac{4}{7}$＝22.8…(℃)より，23℃である。

問5 水温が高くなると，水の分子の動きが激しくなり，分子どうしで引き合っている力をふりきって空間に飛び出す。

問6 水が沸とうしているときは，加えた熱が，水を水蒸気に変えるためだけに使われるので，水温が100℃のまま変わらない。

問7 アルコールに皮ふからの熱が与えられることで，アルコール分子の動きが激しくなり，アルコール分子が空間に飛び出し，蒸発する。

問8 夏の暑い日に，道や庭先に水をまくと，水が蒸発するときにまわりから熱をうばい涼しく感じる。また，汗が蒸発するときに，皮ふから熱を奪い，体温が上がるのをふせぐことができる。

問9　冷凍庫に入れた金属は冷えていて，手から熱をうばい，皮ふの水分をこおらせてしまう。

問10　金属棒を伝わる熱の量は，棒の太さや両端の温度差に比例し，棒の長さに反比例する。

やや難 問11　(1)　同じ時間に，アルミニウム棒Xがステンレス棒Yを伝わる熱量が10倍なので，アルミニウム棒Xとステンレス棒Yの温度変化の比が，①：⑩になる。したがって，つなぎめ(中央)の温度は，100(℃)×$\frac{10}{11}$=90.9…(℃)より，91℃である。

(2)　60℃以下の場所は，棒Dの右端から，$\frac{60}{91}$=0.659…より，約3分の2の位置である。したがって，次の図のように，ロウソクは3本だけとけずに残る。

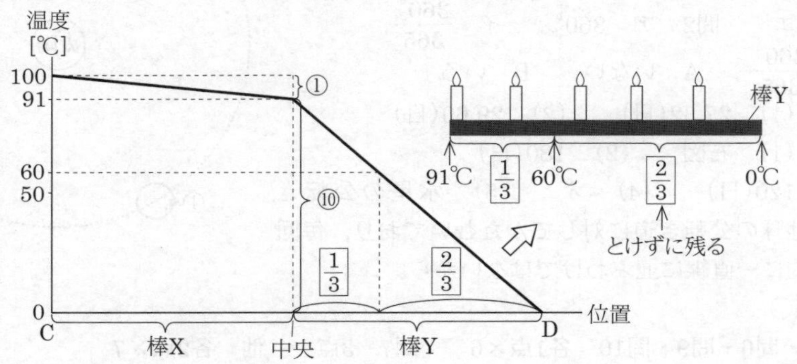

2　(地球と太陽・月－天体の自転と公転)

やや難 問1　(1)　400年間に4で割り切れる年は，400÷4=100(回)あるが，100で割り切れて400では割り切れない年は平年とし，400年間に3回あるので，うるう年は，全部で，100-3=97(回)となる。例えば，西暦2000年から2400年の間の，2100年・2200年・2300年の3回は100で割り切れて400で割り切れない年なので，平年である。(2000年と2400年は100で割り切れるが，400でも割り切れるのでうるう年である。)

(2)　(1)より，うるう年は，400年間で97回なので，1年の日数は，365+$\frac{97}{400}$=365.2425(日)である。

(3)　うるう秒は，地球の自転速度のわずかなずれを調節するために行う。

やや難 問2　太陽が南中してから23時間56分4秒後に，地球は360°自転するが，その間に，地球が太陽のまわりを公転するので，太陽はまだ南中しない。さらに，4分弱進んで24時間たち，1日後になると，太陽は南中する。その間に，地球は，$\frac{360°}{365}$(=約1°)公転するので，同時に，地球は，さらに，$\frac{360°}{365}$自転する。(結局，地球は1日で約361°自転する。)

やや難 問3　(1)　月の自転周期と公転周期は等しい。

(2)　地球が30°公転する間に，月は，地球のまわりを1回転し，さらに，30°余分にまわることで，満ち欠けの周期になる。したがって，月の満ち欠けの周期は，27.32+27.32×$\frac{30}{360}$=29.596…(日)より，29.60日である。

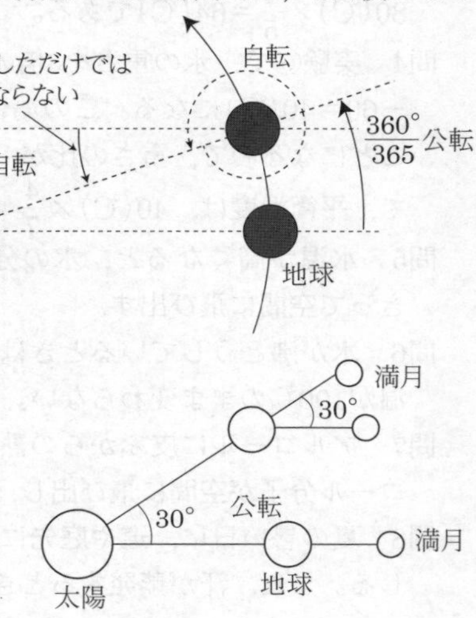

やや難 問4　(1)　①　60日後，水星は，1回自転するので，Aの位置は変わらない。また，公転周期が90日なので，$\frac{60}{90}=\frac{2}{3}$(回転)する。

② 90日後，水星は，$\frac{90}{60}=\frac{3}{2}$(回転)するので，Aの位置は反対側になる。また，1回公転して，もとの位置にもどる。

(2) 右図において，A地点は正午に当たる。また，90日後のA地点は，(1)の②より真夜中にあたるので，水星の1日は，90×2＝180(日)である。

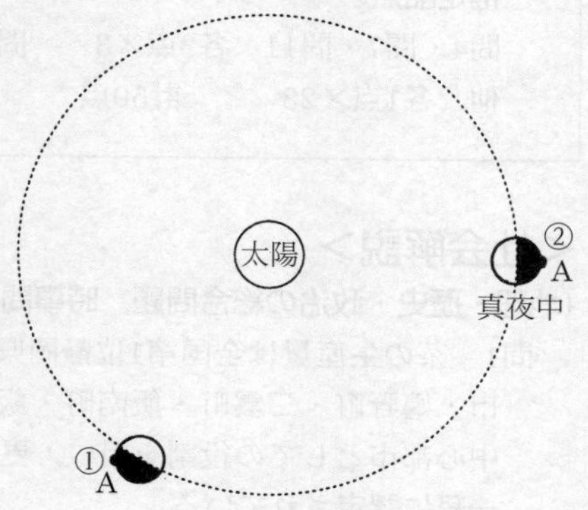

(3) 水星と金星が1日に公転する角度の差が，$\frac{360}{90}-\frac{360}{360}=3(°)$なので，会合周期は，$\frac{360}{3}=120$(日)である。

(4) 水星が内合の位置から2週間後には，水星は地球よりも先に進むので，水星は地球からは，明け方の東の空に見える。

(5) 水星の公転面と地球の公転面が同一平面上にはないので，内合しても，一直線上に並ぶとは限らない。

★ワンポイントアドバイス★

生物・化学・地学・物理の4分野において，難度の高い計算問題や思考力を試す問題に十分に慣れておこう。

＜社会解答＞

問1 1 茶 2 松阪 3 ヒノキ 問2 ア 群馬県 イ 静岡県 ウ 福島県 エ 山口県 問3 イ 問4 暖流の黒潮の影響で冬でも暖かく，夏の季節風が紀伊山地にぶつかり，日本有数の降水量をほこっている。 問5 第一次産業 イ 第二次産業 ウ 第三次産業 ア 問6 4 旅籠[はたご] 5 羊毛 6 マッカーサー 問7 幕府・朝廷・寺社などが，人やものに対して通行税をとるため。 問8 大黒屋光太夫 問9 おかげまいり 問10 おやとい外国人 問11 戦争に必要なすべての人的・物的資源を政府が管理・運用する。 問12 朝鮮戦争で，アメリカ軍が必要とする物資を日本に注文したため，日本の経済が急成長して戦前の水準にまで復興した。 問13 7 所得倍増 8 佐藤栄作 9 環境庁 問14 企業は，市に多額の税金を納めたり，住民を多くやとうなどしたり，市の経済を大きく支えていたから。 問15 訴える側 原告 訴えられる側 被告 問16 環境アセスメント 問17 ・自動車利用者が汚染物質を出している当事者であり，少しでも環境を守らなければいけないという意識が高まるから。 ・税負担の少ない環境基準を満たした自動車に消費者が買いかえることで，環境基準を満たさない自動車を減らすことができるから。 ・消費者に選ばれるような，環境基準を満たした自動車の開発を，企業が積極的にすすめるようになるから。 問18 (1) 裁判を通して，公害の実態を日本全国に知らせ，国民の世論に大きな影響を与えた。判決は，公害被害者の人権を守り，生活をもとに戻すために，国や地方公共団体，そして企業に公害発生の責任を認めた。このため，国や地方公共団体は法律や条例を定め，公害被害者の救済や公害の防止につとめた。また，企業も，判決や法に従って，公害被害者の救済や公害の再発防止につとめた。 (2) 裁判所は，国民の権利を守るために，立法や行政のいきすぎをおさえる役割を持っている。

○推定配点○

問4・問7・問11　各3点×3　　問12・問14　各4点×2　　問17・問18　各5点×2
他　各1点×23　　計50点

＜社会解説＞

(地理・歴史・政治の総合問題，時事問題，その他)

問1　茶の生産量は全国第1位静岡県，2位鹿児島県，3位三重県である。平成17年1月1日に，松阪市・嬉野町・三雲町・飯南町・飯高町の1市4町が合併し，新しく生まれた松阪市は，南三重の中心都市としての役割を担い，更なる発展が期待されている。「尾鷲ヒノキ」は日本農業遺産第一号に認定されている。

やや難　問2　県内に県庁所在地よりも人口の多い都市を持つ県は，三重県以外に福島県(県庁所在地の福島市より，いわき市，郡山市の方が多い)，群馬県(県庁所在地の前橋市より高崎市の方が多い)，静岡県(県庁所在地静岡市より浜松市の方が多い)，山口県(県庁所在地山口市より下関市の方が多い)の4つある。アはキャベツの生産量が多いことから群馬県，イは工業製品出荷額が多いことから静岡県，ウはももの生産量が多いことから福島県，エは4県の中で人口が1番少ないことから山口県となる。

問3　伊勢志摩の英虞湾周辺は、リアス海岸として有名であり真珠の養殖の一大産地でもある。この地の貝の画像はイである。

問4　暖流の黒潮の影響で冬でも温暖で，夏は太平洋からの季節風が紀伊山地にぶつかり，かなりの降水量を記録している。そして，尾鷲市のうしろにひかえる紀伊山地は，木材の産地となっている。

問5　アは中勢地域や東紀伊州地域，伊勢志摩地域の英虞湾周辺が多いことから第三次産業とわかる。イは伊勢志摩地域の海岸沿いが多いことから第一次産業とわかる。ウは北勢地域が多いことから第二次産業とわかる。

やや難　問6　旅籠とは，旅人を宿泊させ，食事を提供することを業とする日本の家のことであり，旅籠屋の略である。主に江戸時代に営業・呼称していた。大正時代から発展した毛織物工業の原料となる羊毛の輸入港として四日市港は栄えた。マッカーサーを最高司令官とする連合国軍最高司令官総指令部(GHQ)が改革の指令を出した。

問7　主に中世に，幕府，朝廷，寺社などによってもうけられた関所は，交通の要所に設置され徴税や検問を行った。街道に設置された関所は「道路関」，海路に設置された関所は「海路関」とも呼ばれる。

基本　問8　1792年，ロシア使節のラクスマンが蝦夷地の根室に来航し，漂流民の大黒屋光太夫を送り届け，通商を求めると，幕府は，長崎で交渉すると回答した。

問9　おかげまいりの特徴は，奉公人などが主人に無断で，または子供が親に無断で参詣したことにある。これが，おかげまいりがぬけまいりとも呼ばれるゆえんである。

問10　幕末から明治にかけて，欧米の先進技術や学問，制度を輸入するために雇用された外国人をおやとい外国人という。それは欧米人を指すことが多い。江戸幕府や諸藩，明治政府や府県によって，官庁や学校に招待され，仕事をした。

基本　問11　1938年，近衛文麿内閣の時，国家総動員法が制定され，政府は議会の承認なしに，労働力や物資を動員できるようになり，戦争に必要な人的・物的資源を管理運営した。

問12　1950年に朝鮮戦争が始まると，日本本土や沖縄のアメリカ軍基地が使用され，大量の軍事物資が日本で調達された。これによって日本経済は好景気となり，復興が早まった。

問13　高度経済成長期に成立した池田勇人内閣が「所得倍増」をスローガンにかかげた。また，高度経済成長は公害問題も引き起こした。そして，それに対応するため，佐藤栄作内閣は，1967年公害対策基本法を制定した。その後，1971年に環境庁(現環境省)が設置された。

問14　当時は，資本主義による高度経済成長が進んでいた時代で，企業の成長は国家の土台となるものであった。そして，成長した企業は，市に多額の税金を納め，地元住民の雇用にも貢献していたため，市や住民は，企業の社会的責任などをなかなか問うことができなかった。

問15　裁判では，訴える側が原告，訴えられる側が被告となって，自分の意見を主張する。

問16　現在では，環境保全のために，国や地方公共団体などの責務を定めた環境基本法が制定されている。その中で，大規模開発事業などに入る前に行う環境の影響を調査する環境アセスメント(環境影響評価)が義務付けられている。

やや難 問17　自動車税や軽自動車税は，用途や総排気量により税額が決まる。排気量が多いほど税額は大きく，少ないほど税額は小さい。2019年10月1日からの消費税10%への増税時に行われた自動車税率の引下げ(恒久減税)においても，引下げ幅は総排気量が小さい小型車ほど大きく減税されている。こういった状況下で，このような税を課することで，利用者自らが汚染物質を出している当事者として，少しでも環境を守ろうとする意識が高まったり，税負担の少ない環境基準を満たした自動車を利用しようとしたり，企業が，環境にやさしい自動車の開発を進めたりすることが期待されるのである。

重要 問18　(1)　裁判は公開が原則なため，裁判を通して，国民は公害の実態を全国に知らせ，世論を動かすことができたのである。その判決は，公害被害者の人権を尊重し，国・地方公共団体・企業の公害発生の責任などの社会的責任を認定した。それに基づいて，国や地方公共団体は，法律や条例を定め，公害被害者の救済や再発防止につとめた。企業も，自らの責任を自覚し，公害被害者の救済や今後の公害対策を真剣に考えるようになった。　(2)　裁判所は，国民の権利を保証し生活を守るために，国会でつくられた法律を違憲審査したり，内閣が出す命令・規則・処分の違憲・違法審査をしたり，行政裁判を行ったりするなど，立法や行政の行き過ぎをおさえる役割を担っている。

★ワンポイントアドバイス★

問6　GHQの指令に従って，日本政府が政策を実施する，間接統治の方法がとられ，その下で戦後改革が行われた。　問12　この朝鮮戦争時の日本経済の好景気を特需景気と呼ぶ。ベトナム戦争時も同じような景気がみられた。

＜国語解答＞

一　問一　エ　　問二　イ　　問三　あ　激突した　　い　ぶつかった　　問四　事後情報効果
問五　人が経験してい ～ 鮮明になること　　問六　ア　　問七　ウ　　問八　エ
問九　(例)　変えられない過去に対する後悔，現在進行系で進む喪失などの絶望感に直面したときに，記憶が鮮明すぎるとそれを強く感じすぎて，アイデンティティの統合と絶望のバランスが取れなくなってしまうこと。

□二 問一 ・いそいそと支度にかかった ・うきうきと，何度も表を窺った 問二 (例) 母の年老いた様子 問三 (例) 母を自慢に思う気持ちから，恥ずかしく思う気持ちへと変わった。 問四 エ 問五 イ 問六 イ 問七 ア 問八 イ 問九 ウ 問十 (例) 人目のある中で周囲に気を配れず，佳代子は癇癪を起こしぐずって，母は小さくなって泣き出しているといった，二人の感情を抑えきれずにいる様子。 問十一 エ

□三 ① 孝行 ② 移築 ③ 加盟 ④ 観測 ⑤ 繁栄

○推定配点○

□一 問三 5点(完答) 問四・問五 各3点×2 問九 10点 他 各4点×5

□二 問三 6点 問七 3点 問十 8点 他 各4点×8(問一完答)

□三 各2点×5 計100点

＜国語解説＞

□一 (論説文－要旨・大意・細部の読み取り，空欄補充，記述力)

問一 ①直後の段落で，①の背景として，私たちの記憶は驚くほどあてにならず，あいまいで，本人も気がつかないうちに偽の記憶を作り出すことが実証されてきたことを述べているので，エがふさわしい。

重要 問二 「ベストセラー小説」の中の「ある場面とせりふを特に面白いと感じ」ることは，「覚えたい情報のみを取り出し，その情報には何らかの意味づけを行う」ことなので，イがふさわしい。すべての情報の中から，覚えたい情報に何らかの意味づけを行った情報のことなので，他の選択肢はふさわしくない。

問三 空欄あ・い直後の段落で，同じ実験の参加者に，事故のビデオで割れたガラスについて尋ねたところ，激突したという言葉で尋ねられたグループでは，実際には存在しなかったガラスをみたという回答の割合が高まったことを述べているので，「激突した」という言葉では，事故の程度を大きくとらえることが読み取れる。[あ]で聞かれたグループは，車のスピードを平均16.83km，[い]で聞かれたグループは，車のスピードを平均12.87km，と回答しているので，[あ]には「激突した」，[い]には「ぶつかった」が当てはまる。

基本 問四 ③後「このように……」で始まる段落で，後から与えられた情報による記憶の変化は「事後情報効果」と呼ばれることを述べている。

問五 ④後「この研究は……」で始まる段落で，④の実験の研究は「人が経験していない出来事を記憶していることがあり，かつその経験していない記憶を思い出す回数が多いほど虚偽記憶が鮮明になること(62字)」を意味していると述べているので，この部分の初めと終わりの七字を答える。

問六 ⑤前で，アメリカ海軍の訓練で，尋問者からの尋問が終わった後，尋問された人は尋問者とは違う人物の写真を渡され，その写真をみている間に尋問に関する質問をされ，その後，尋問者の写真を選択する際，九割の人は偽物の写真を選んだことが述べられている。尋問者とは違う写真を渡されるという，本人が経験したことのない情報を与え，写真を見せながら尋問に関する質問した後は，尋問者の写真として偽物の写真を選ぶという記憶を呼び起こしている，ということなので，アがふさわしい。

重要 問七 「ふさわしくないもの」を選ぶことに注意。⑥にある持ち主であるシィーについて，ア，イ，エは⑥のある段落で述べているが，「経験したこと……」で始まる段落で，記憶できる量に際限がないことを述べているので，ウはふさわしくない。

やや難 問八　⑦の「過去・現在・未来の中での自己の統合的な感覚」とは，「変えられない……」で始まる段落で述べているように，これまでの人生を振り返ることで，変えられない過去と知ることのできない未来を受け入れ，未来に対する絶望感とのバランスをとり，アイデンティティとして統合する，ということである。そのような感覚を持つ自己は，「他者や共同体」すなわち家族や学校，職場の人からも自己の存在価値を認められるもの，ということなので，エがふさわしい。アの「未来を」「社会全体が認めてくれ，支えてくれる」，イの「自分が社会生活の中で受け入れられてこなかった」，ウの「不安を抱えながらも，我慢して」はいずれもふさわしくない。

やや難 問九　「記憶のあいまいさ」がない場合，「シィーは……」で始まる段落で，記憶のイメージが鮮明すぎて，必要な行動がとれないこともある，と述べている。このことを「高齢期」について述べている，⑧一つ前の段落内容にあてはめると，変えられない過去に対する後悔，健康状態や社会的地位といった現在進行系で進む喪失，避けることができない死などの絶望感に直面したときに，記憶が鮮明過ぎるとそれを強く感じすぎて，アイデンティティの統合と絶望のバランスが取れなくなってしまう，ということになる。この段落内容を中心に，記憶が鮮明すぎることで，アイデンティティの統合と絶望のバランスが取れなくなることを説明していく。

二　(小説－心情・情景・細部の読み取り，空欄補充，記述力)

基本 問一　冒頭で，母が上京するという電報を受け取った日から，佳代子は「いそいそと支度にかかった」こと，「佳代子はその間……」で始まる段落で，母を待つ佳代子が「うきうきと，何度も表を窺った」様子が描かれている。

問二　老いていくとともに，髪は薄くなったり，白髪になったりするので，②からは「母の年老いた様子」がわかる。

やや難 問三　③の「そういう気持ち」は，母の声が周囲のテーブルに届いてしまうことを恐れて，恥ずかしい気持ちになっているということである。「結婚前は……」で始まる段落で描かれているように，それまでは母は自慢だったので，③前の気持ちと③の「気持ち」の変化を説明する。

問四　④は，佳代子に話しかける母に，平気でぶつかっていく人々に対するもので，直後で，東京という街の味気なさを憎らしく思ったという心情が描かれているので，エがふさわしい。

重要 問五　冒頭の「結婚前は……」で始まる段落で描かれているように，母は生来のきれい好きで，いつも身ぎれいにしており，⑤直前でも，佳代子の家にいるときは部屋をきれいに掃き清めている。しかし，銀座の高級レストランでは，佳代子は母を恥ずかしく思い，人混みに無頓着な母に過ぎゆく人々が迷惑顔を向けていることが描かれていることから，イがふさわしい。「気品のある姿を保っていられる」ことだけを説明しているア，イの「礼儀を守っていられる」，エの「自分を変えようとはしない」「他人を無視する」はふさわしくない。

問六　⑥後「努めて明るく……」で始まる段落で，⑥の「風呂敷」を「佳代子の顔の前に差し出し，得意顔で包みを解いた」ことが描かれていることから，佳代子を後で驚かせようとして，この時は⑥のようにしているので，イがふさわしい。

問七　［あ］は，母に腿をぶたれてみみず腫れになった部分を触っても，「不思議と」あるので，「悲しい」があてはまる。［い］は，指で触った感触なので，「心地よい」があてはまる。

問八　「ふさわしくないもの」を選ぶことに注意。⑦は，足を心配する佳代子に対するもので，前半で「足は丈夫だよ」と話し，佳代子が新しい履き物を買うことを勧めていることから，ア，ウはふさわしい。また，⑦直後で，母が甘えてくれないことに佳代子が苛立っていることから，余計な心配をかけたくないという母の気持ちが読み取れるので，エもふさわしい。佳代子は母が年老いたことを感じているが，母自身が自分の老いを認めたくないことは描かれていないので，イはふさわしくない。

重要 問九 ⑧前で，ちびた下駄を履き，おにぎりを持ってきた母を，佳代子は責めているが，責める相手は母でも東京でもない，と思っている。まだ履けるのに，ちびた下駄は恥ずかしいから新しい履き物を買おうとし，せっかく母が持ってきたおにぎりをみっともないと言ってしまい，東京で暮らすうちに，いつしか身についてしまった，見栄やぜいたくを⑧のように思っているので，ウがふさわしい。

やや難 問十 ⑨は，道の真ん中で立ち止まり，癇癪を起こして駄々をこね，ぐずっている佳代子と，小さくうつむき，泣き出している母が，二人とも感情を抑えきれずに泣いている様子である。「幼女」という表現に込められた，子どものように道の真ん中で周囲に気を配れず，癇癪を起こしぐずっている佳代子，小さくなって泣き出している母の様子を読み取り，その二人が感情を抑えきれずいる様子で「哭いていた」ことを説明する。

重要 問十一 ⑩後で，汽車の窓から顔を出した母は，遠ざかりながらも何度も頭を下げていることから，佳代子が東京でもてなしてくれたことには，心から感謝をしていることが読み取れるので，エがふさわしい。アの「形だけでも」，イの「忘れてしまい」，「つらい気持ちは心にしまって」は，描かれていないのでふさわしくない。

三 (漢字の書き取り)

①の「孝」を「考」などと間違えないこと。②は他の所に移して，再び建てること。③は団体や組織などに加わること。④の「測」を「則」などと間違えないこと。⑤はさかえて発展すること。

★ワンポイントアドバイス★

小説では，それぞれの登場人物の心情とともに，登場人物同士に対する心情も，どのように変化しているかを読み取ることが重要だ。

2019年度

★★★★★★★★★★★★★★★★★★★★★★★★

入　試　問　題

2019年度
海陽中等教育学校入試問題（特別給費生入試）

【算　数】（60分）　＜満点：100点＞

1　(1)　20，21，24，25，28，30，32，35，37，40 の10個の数から異なるものをいくつか選んで和が100となるようにしたい。

(あ)　２個選ぶときや，５個以上選ぶときでは和が100にできないことを説明しなさい。

以下の問いには　20＋30＋40　のように答えること。

(い)　３個選んで和が100になる組合せをすべて求めなさい。

(う)　４個選んで和が100になる組合せをすべて求めなさい。

(2)　赤球100個と青球30個と白球何個かを１列に並べます。

(え)　どの２つの赤球も隣(とな)り合わないようにするには白球は最少で何個必要ですか。

(お)　両端以外のどの球についても両隣りの球の色が異なるようにするには，白球は何個以上何個以下でないといけませんか。

2　点線で辺がかかれた正方形について，正方形の中に書かれた数字の本数だけ辺を線でなぞります。

たとえば

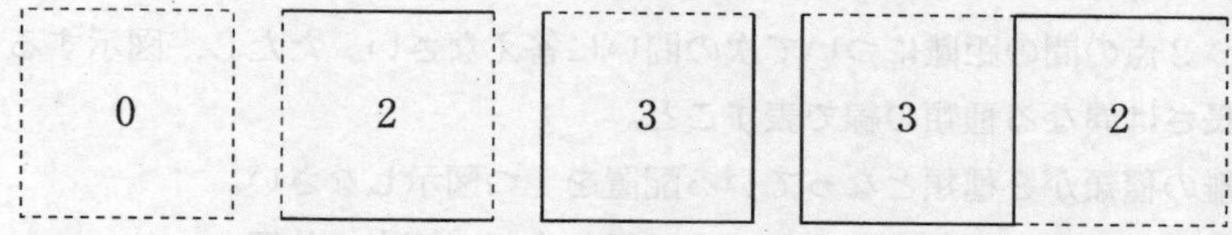

などのようになります。

(1)
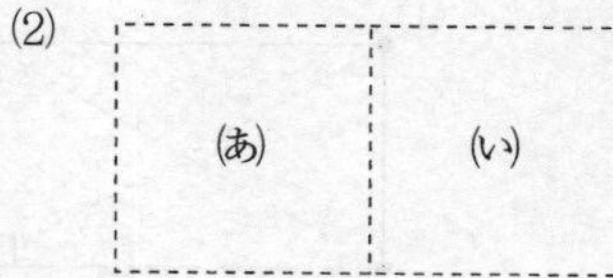

となっているとき，辺のなぞり方は６通りあります。６通りすべて答えなさい。

(2)
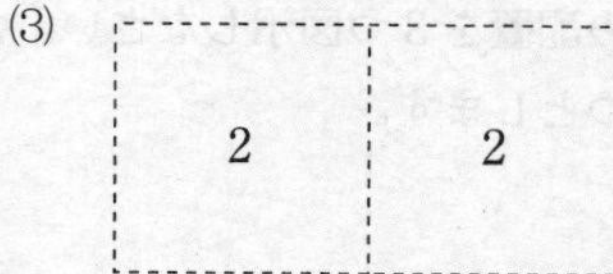

左の図において，辺のなぞり方がちょうど１通りとなるような(あ)と(い)の組合せをすべて答えなさい。たとえば(あ)が３で(い)が２のときは，（３，２）のように答えること。

(3)

となっているとき，辺のなぞり方は何通りあるか答えなさい。

⑷

1	2
3	4

となっているとき，辺のなぞり方は何通りあるか答えなさい。

⑸

㈠	㈡	㈢

左の図において，㈠と㈡と㈢になぞることのできる数の組を入れる。

このような数の組をすべて考えると，辺のなぞり方は全部で何通りあるか答えなさい。

3 いくつかの点を平面上に配置することを考えます。

３つの点であれば，図１のように正三角形の頂点上に配置することで，どの２点の距離も等しくできます。

４つの点であれば，図２のように正方形の頂点上に配置することで，２点の距離は各辺の長さ（--------）と対角線の長さ（—— –）の２種類にできます。

図１

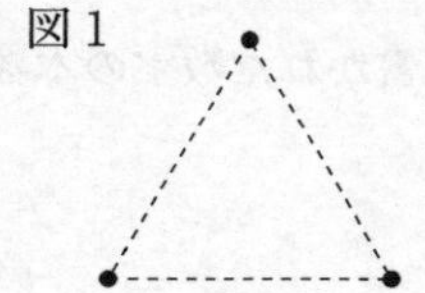

図２

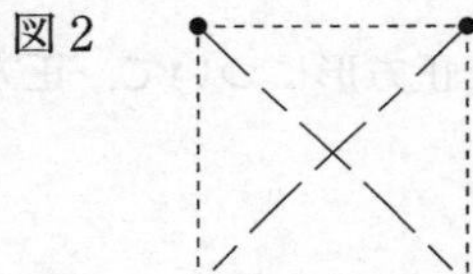

点の配置と，２点の間の距離について次の問いに答えなさい。ただし，図示するときには図２のように異なる長さは異なる種類の線で表すこと。

⑴　５点で距離の種類が２種類となっている配置を１つ図示しなさい。

⑵　図３のように直角二等辺三角形でない方の三角定規の頂点の位置に，３つの点を配置しました。これに４点目を追加しても，距離の種類が増えないようにすることができます。たとえば図４の①の点です。４点目として他に考えられる点を２つ②，③として図示しなさい。

図３

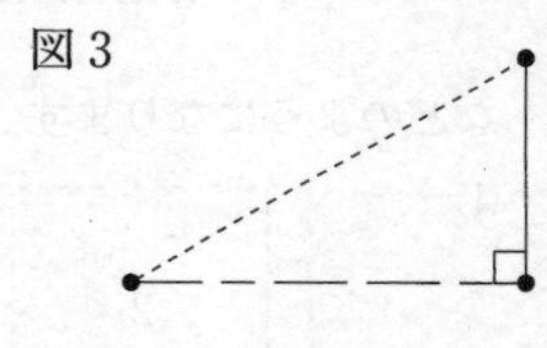

図４

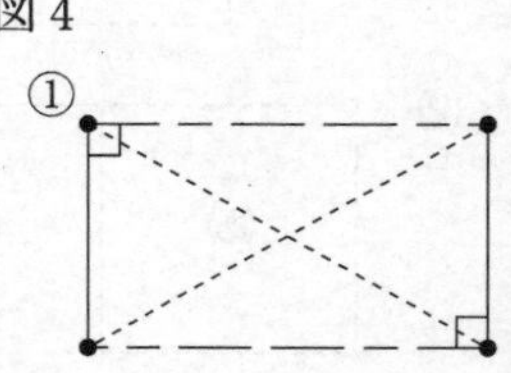

⑶　４点が距離の種類が２種類になるように配置したい。図２以外の配置を３つ図示しなさい。ただし回転したり，裏返したり拡大縮小して同じ形になるものは１つとします。

4 図１のように右側と下側に向かって，どこまでも限りなく続くマス目を考えます。それぞれのマス目を，左から数えた数と上から数えた数の組で表します。

たとえば，「あ」のマス目は左から４番目，上から２番目のマス目なので（４，２）と表します。

それぞれのマス目は，１秒ごとに次の規則で明かりがついたり消えたりします。

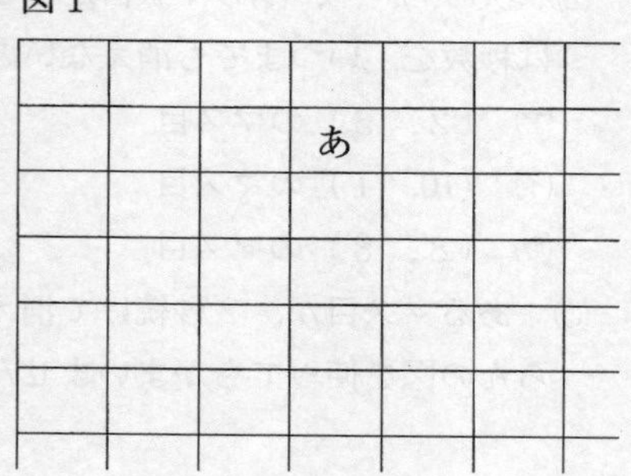

規則１　最初は（１，１）のマス目だけ消えていて他はすべてついています。

規則２　あるマス目の上下左右（ななめは考えない）のマス目のうち，消えているマス目の数が奇数個ならば，次の１秒は明かりが消え，消えているマス目が偶数個（消えているマス目がない場合も含(ふく)む）ならば次の１秒は明かりがつきます。

図２の場合

「い」のマス目の上下左右の消えているマス目は３個です。３は奇数なので，「い」のマス目は，1秒後には明かりが消えます。

「う」のマス目の上下左右の消えているマス目は２個です。２は偶数なので，「う」のマス目は，1秒後も明かりがついたままです。

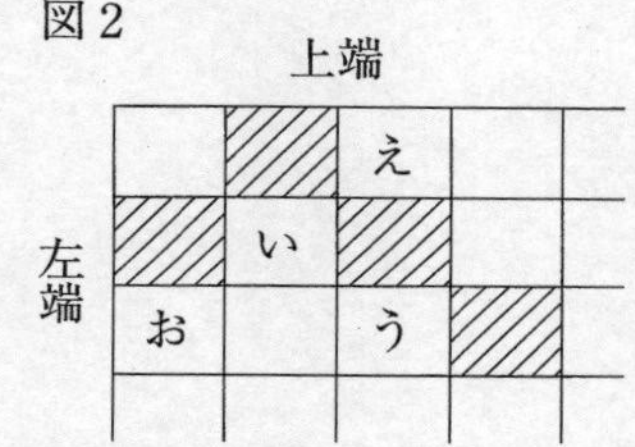

「え」や「お」のマス目のように，上または左のマス目がない場合は，あるマス目だけで考えます。例えば「え」では，下と左右のマス目を考えて消えているマス目は２個，「お」では，上下と右のマス目だけ考えて消えているマス目は１個と考えます。

最初から３秒後までの明かりの変化は次のようになります。

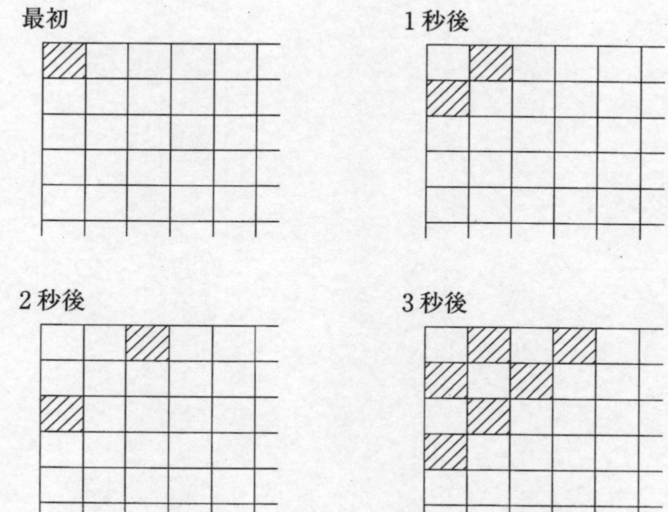

(1)　４秒後に明かりが消えているマス目はどれですか。解答らんのマス目のうち明かりが消えているものを黒く塗(ぬ)りつぶしなさい。

⑵　次の㋐，㋑，㋒のマス目がはじめて消えるのは何秒後ですか。それぞれについて，消える場合は秒数を，いつまでも消えない場合は × と答えなさい。

㋐　（２，５）のマス目

㋑　（10，１）のマス目

㋒　（８，８）のマス目

⑶　あるマス目が，２秒続けて消えることはありますか。理由をつけて答えなさい。説明には解答らんの図を使ってもかまいません。

【理　科】（35分）　＜満点：50点＞

1　雲についての文章を読み，あとの問いに答えなさい。

よく晴れた夏の日のことです。ひろし君が空を見上げると雲が浮かんでいました。ひろし君は２分ごとに写真を撮って雲が生まれて消えていく様子を観察しました。写真は図１の５枚です。

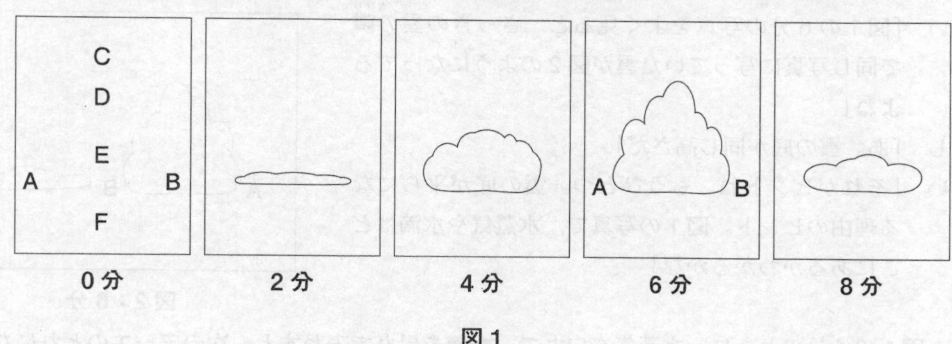

図１

０分はまだ雲がない状態。２分で雲ができ始めて，４分では大きくなり，６分が最大で，その後８分のように小さくなってその後雲は消えました。A～Fは空中の場所を表しています。

ひろし君が中学生のお姉さんのまいさんに話しました。

ひろし「雲ってどこかから水平に流れてくるものだと思ってた。雲って何もない場所から生まれるんだよ，お姉ちゃん」

ま　い「雲がどうやってできるか知ってる？」

ひろし「水蒸気をふくんだ空気が地面の近くで温められて上昇するでしょ。上に行くと温度が下がって，そうすると空気中の水蒸気が水滴になる。それが雲だ」

ま　い「だいたいいいけど，途中の説明が抜けてるよ。空気のかたまりが上昇すると，上空では空気のかたまりが膨張するの」

ひろし「何で膨張するの？」

ま　い「お祭りやイベントでもらう風船も手を放すと上がっていくけど，上空に行くと体積が大きくなるんだよ」

問１　ヘリウムの入った風船が上空に上がると体積が大きくなるのはなぜでしょう。その理由を次のア～オから１つ選び，記号で答えなさい。

ア　上空では気温が低いため
イ　上空では水平に風が吹いているため
ウ　上空では気圧が低いため
エ　上空では空気中にふくまれる水蒸気が少ないため
オ　上空では風船にはたらく浮力が小さくなるため

ま　い「で，空気は膨張すると温度が下がるの」

ひろし「なんで？」

ま　い「そこはむずかしいんだけど，スプレー缶をプシューっと吹き出すと缶が冷たくなるでしょ。あれと同じなんだって。空気のかたまりが膨張すると温度が下がって，あとはひろしの説明のとおり。空気中の水蒸気が水滴になる。それが雲ね」

ひろし「わかったよ。僕(ぼく)が撮った写真だと０分から６分まで空気が上昇しているんだね。そこで上昇は行き止まりで，そこからは雲が消えていってる」

ひろし「お姉ちゃん，図１の５枚の写真を見ると，雲の上の方はもこもこしてるのに，雲の底は平らなんだよ。どうして？」

まい「図１の６分の写真をよく見ると，さっきの雲の隣(となり)で同じ写真に写っていた雲が図２のようになってるよね」

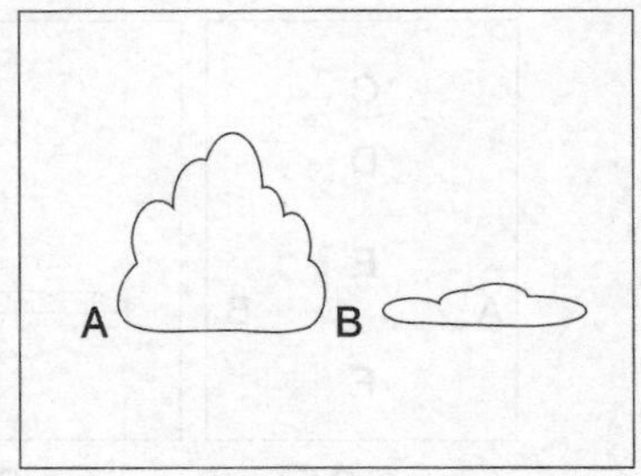

図２：６分

ひろし「あ。雲の底が同じ高さだ」

まい「それがヒントね。もうひとつ，雲の底が平らになる理由のヒント。図１の写真で，水蒸気や水滴はどこにあるかわかるかな」

問２　図１の４分のときに，水蒸気を白丸で，水滴を黒丸で表わすと，次のア～エのどれになりますか。１つ選んで記号で答えなさい。また，それが正しいと言える理由を書きなさい。「ＡとＢを結ぶ線」という言葉を用いること。場所を表すとき，Ａ～Ｆの記号を使ってもよい。

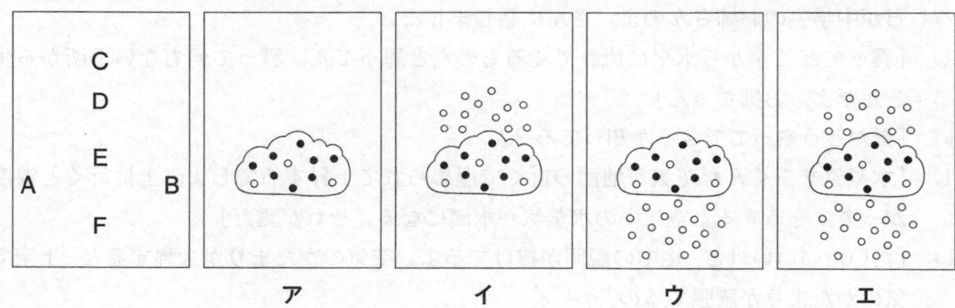

まい「これで，雲の底が平らになる理由もわかるよね」

ひろし「わかったよ。お姉ちゃん，もうひとつ。雲はなぜ白いの？」

まい「ひろしはなぜだと思う？」

ひろし「雲はもともと白いのかな。いや黒い雲も見たことあるぞ。それとも太陽の光を反射するからかな。でも，黒い雲は反射しないのか。だいたい雲って水の粒(つぶ)でしょ。透明(とうめい)じゃないの」

まい「雲は水の粒の集まりで，水の粒自体は透明というのは正しいよ。じゃあ，ちょっと考えてみようか」

まい「図３のように，複雑な形をしたガラスの立体を考えるね。これが水滴のつもり。この立体の下の面から強さ１のレーザー光を入れると，上下左右に　1／4＝0.25　ずつ進むとします。空気中やガラス中で光が吸収されることはないとするね」

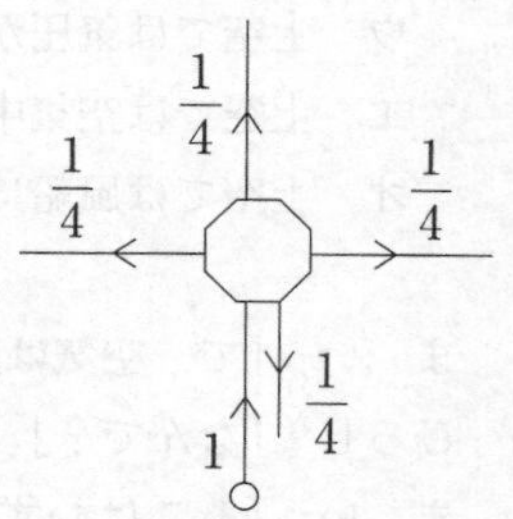

図３

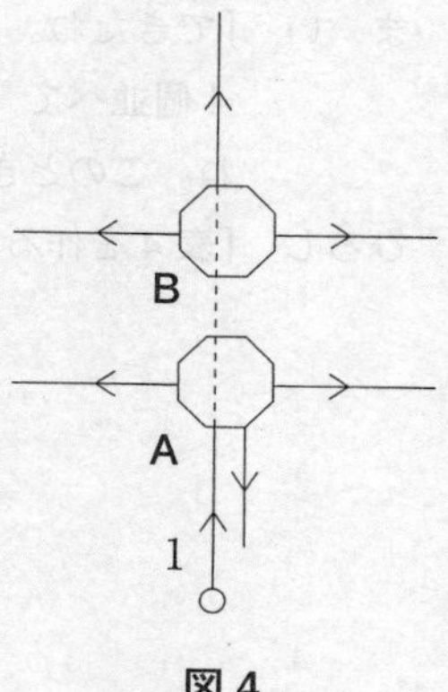

図４

ま　い「次に，図４のようにこの立体を２つ（A，B）並べて下から強さ１のレーザー光を入れるよ。上・下・左・右に進む光の強さを考えて。ただし，立体を４回通る（あるいは反射する）と，光の強さは

$$\frac{1}{4}\times\frac{1}{4}\times\frac{1}{4}\times\frac{1}{4}=\frac{1}{256}=0.0039\cdots$$

になってとっても弱い（0.01未満）から，４回通る光は考えないことにするね。はじめは左に進む光の強さを計算して」

ひろし「Aから左に進む光とBから左に進む光があるから，表１を作って……」

表１［左］

経路	通るまたは反射する回数	光の強さ
A→左	1	1/4
A→B→左	2	1/16
A→B→A→左	3	1/64
合計（小数第２位まで）		21/64 = 0.33

ま　い「できたね。右に進む光の強さもこれと同じで0.33ね。じゃあ，上と下は？」

ひろし「表２と表３を作って，と」

表２［上］

経路	通るまたは反射する回数	光の強さ
合計（小数第２位まで）		①

表３［下］

経路	通るまたは反射する回数	光の強さ
合計（小数第２位まで）		②

問３　図４で上と下に進む光の強さ（表２，３の①と②）はそれぞれいくらですか。小数第２位まで求めなさい。

ま　い「できたね。じゃあ，次は立体４つ。図５のように立体を４個並べて，Ａの立体の下から１のレーザー光を入れるね。このとき，左に進む光の強さはいくら？」

ひろし「表４を作るぞ」

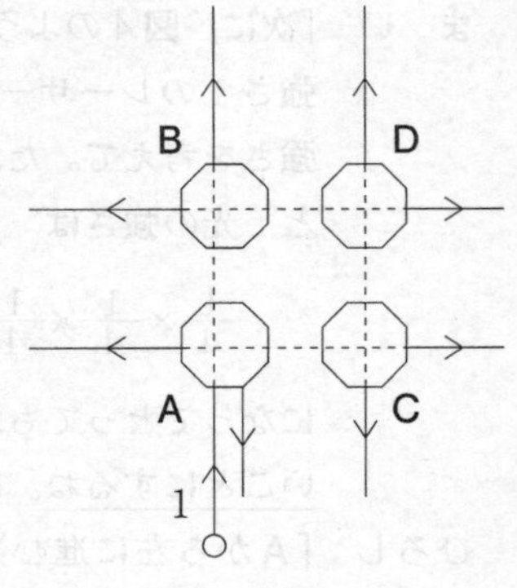

図５

問４　図５で左に進む光の強さは合わせて（表４の③）いくらですか。小数第２位まで求めなさい。

表４［左］

経路	通るまたは 反射する回数	光の強さ
合計（小数第２位まで）		③

問５　ここまででわかることを次のア～エから１つ選んで記号で答えなさい。

ア　立体の数が多いほど（上方に）通り抜ける光が多く，横に出る光も多くなる。
イ　立体の数が多いほど通り抜ける光が少なく，横に出る光も少なくなる。
ウ　立体の数が多いほど通り抜ける光が多く，横に出る光は少なくなる。
エ　立体の数が多いほど通り抜ける光が少なく，横に出る光が多くなる。

ま　い「雲が白い理由がわかった？」

ひろし「うん。でも黒い雲もあるし……」

ま　い「入道雲が白く見えるのは，ひろしが遠くから，しかも入道雲を横から見ているから（図６のＡ）だよ。入道雲の真下に行って雲を見上げてみて（Ｂ）。きっと黒い雲が見えるよ」

問６　①ひろし君には入道雲が白く見えるしくみと②下から見上げると黒く見えるしくみを説明しなさい。ガラスの立体で考えたことを用いること。

図６

2 湖や海について，次の文章を読み，あとの問いに答えなさい。

植物プランクトンは主に窒素やリンなどの栄養塩類をえさとして増殖します。栄養塩類が不足する湖は貧栄養湖と呼ばれ，そこに生息する生物の種類も多くありません。反対に，栄養塩類が多い湖は富栄養湖と呼ばれます。しかし，栄養塩類が多いからといって生物の種数が多いとは限りません。

栄養塩類のほとんどは，河川からもたらされます。流れこんできた栄養塩類は，水面付近にのみ供給されるわけではなく，むしろ水底へ流れこんでいきます。

栄養塩類の濃度が高くなると，a水面の色が変わるほどプランクトンや藻類が大増殖することがあります。また，水中でできた物質が何らかの原因でわき上がって色が付いて見えることもあります。プランクトンなどの生物が増えると，それにともなって死骸も増え，それらは水底に沈んでいきます。これらの死骸を分解してくれるのが，菌類や細菌類です。このような環境では，水中の溶存酸素量（水中にわずかに溶けている酸素の量）が大きく変化します。

日本のような温帯域においては，夏ほど日射量が多く，植物はさかんに光合成をします。しかし，b植物プランクトンの量は日射量の多い真夏ほど多いわけではなく，春や秋に多くなることが知られています。冬になると気温が下がるため，水面付近の水温は低下します。しかし，水底の水温の季節による変化は，水面付近ほど大きくはありません。

問1　次のア～エの湖のうち，富栄養湖をすべて選び，記号で答えなさい。

ア　摩周湖　　河川の出入りがない閉鎖湖である。
イ　十和田湖　唯一，奥入瀬川が流れ出ている。
ウ　諏訪湖　　多数の河川が流れこんでいる。
エ　霞ヶ浦　　平均水深４mの浅い湖である。

このページでは（問２～問４），水面付近とは水深が１mに満たない深さとし，水底とは水深20mとします。また，気候については日本のような温帯域で考えます。

問２　植物プランクトンはおもに水中のどこに生息していますか。次のア～ウから１つ選び，記号で答えなさい。

ア　水面付近　　　イ　水底付近
ウ　小さい種は水面付近，大きい種は水底というようにすみわけている

問３　下線部aについて，次の⑴～⑶に答えなさい。

⑴　このような現象とは**あまり関係ないもの**を次のア～エから１つ選び，記号で答えなさい。

ア　赤潮　　イ　青潮　　ウ　黒潮　　エ　白潮

⑵　このような現象が起こるとき，水中にすむ魚介類はどのようになりますか。**最も考えにくいもの**を次のア～エから１つ選び，記号で答えなさい。

ア　水中の溶存酸素量が不足するため，魚介類が減少する。
イ　増殖したプランクトンがえらにつまり，魚介類が窒息する。
ウ　藻類などがつくる毒によって，魚介類が死ぬことがある。
エ　えさが豊富になるため，魚介類が繁栄する。

⑶　このとき，溶存酸素量の変化は①水面付近と②水底で大きく異なります。それぞれ溶存酸素は増加するか，減少するか，理由とともに答えなさい。

問４　下線部ｂについて，真夏に植物プランクトンの量が最大にならない理由を，上下方向の水温分布に注目して考え，説明しなさい。

それでは，海に目を向けてみましょう。

日本一の干満差（干潮と満潮の潮位の差）をほこり，日本最大の干潟(ひがた)面積をもつ有明海は，多数の河川が流れこみ，豊かな生態系を育んでいます。潮汐潮流(ちょうせきちょうりゅう)といって，潮の満ち引きにともなって湾(わん)内の流れができますが，それが頻繁(ひんぱん)に変わることで，よくかき回されているのです。

問５　有明海では近年，干潟が減少したり，奇形(きけい)魚が生まれるなどの環境問題が深刻化しています。漁獲(ぎょかく)量が減少したり，海苔(のり)の不作が続いていることの原因として，明らかに**誤っているもの**を，次の**ア**～**オ**から１つ選び，記号で答えなさい。

ア　有明海の海底下まで伸びた三井三池(みついみいけ)炭鉱が閉山し，坑道(こうどう)が崩落(ほうらく)するなどして海底が沈降(ちんこう)したから。

イ　諫早湾干拓(いさはやわんかんたく)事業における堤防(ていぼう)の閉め切りで，有明海全体の潮汐潮流が変化したから。

ウ　下水道が発達し，また下水処理の技術も進んで，特にリンの除去が高い精度でできるようになったため，海に流れこむ水がきれいになったから。

エ　筑後(ちくご)川をはじめとする多数の河川で取水が広く行われるようになり，河川の流量が減少しているから。

オ　西日本は梅雨時期を中心に豪雨(ごうう)に襲(おそ)われることが多く，そのたびに多量の土砂(どしゃ)が有明海に流れこむから。

海洋深層水をうたった商品が多数売られています。海洋深層水とは，水深200mよりも深部にある海水をさす言葉で，多くは水深500m～1000mぐらいの水深から採取しています。海水のままではしょっぱくて飲めませんので，脱塩(だつえん)処理といって食塩の成分を取り除いてから販売(はんばい)します。

海洋深層水の特徴(とくちょう)として，陸や大気からの細菌や化学物質による汚染(おせん)にさらされる機会がほとんどないため，大変きれいであることがあげられます。また，$_c$<u>栄養塩類を多量に含(ふく)んでいます。</u>

問６　海洋における深層水は，海水の何％を占めますか。最も近い値を次の**ア**～**エ**から選び，記号で答えなさい。

ア　35％　　**イ**　55％　　**ウ**　75％　　**エ**　95％

問７　下線部ｃについて，なぜ海洋深層水は栄養塩類を多く含むのか，説明しなさい。

次に太平洋について考えてみましょう。

太平洋は赤道をまたぐ世界一大きな大洋です。北太平洋は右回り，南太平洋は左回りの海流が大きく循環(じゅんかん)するように流れており，それぞれの中央部には強い海流は流れていません。

赤道太平洋（太平洋の熱帯地域）では，西部（インドネシア沖(おき)）の方が東部（ペルー沖）と比べて水温が高くなっています。赤道付近では貿易風という東風が強く吹いていますが，西部ではこの貿易風によって東部の暖かい海水が西部に吹(ふ)き寄(よ)せられて水温が上昇し，東部では海洋の下層から冷たい海水が湧(わ)き上がって（湧昇流(ゆうしょうりゅう)），水温が低くなります。この$_d$<u>湧昇流によってペルー沖は豊かな漁場になっています。</u>

魚類は変温動物であり，水温が高いほど活発に活動するため，生息しやすいと考えられます。しかし，水温が低いところでも，その水温に合った魚類が生息しています。ペルー沖では，ふだんアンチョビー（カタクチイワシ）がたくさん採れます。

数年に一度，何らかの原因で貿易風が弱まることがあります。すると赤道太平洋東部の海面水温は平年より高くなります。これを［①］（現象）と言います。［①］が起きると，世界中の天候に影響（えいきょう）を与（あた）えます。遠く離（はな）れた日本にも影響はおよび，一般に［②］になります。

問８　北太平洋の中央部と北太平洋北部では，どちらがよりよい漁場となっているでしょうか。理由とともに答えなさい。

問９　下線部ｄについて，低温の湧昇流が湧き上がることで豊かな漁場となる理由を説明しなさい。

問10　文章中の［①］に入る語を答えなさい。また，［②］に入る語として，次のア～エから１つ選び，記号で答えなさい。

ア　猛暑・暖冬　　イ　猛暑・厳冬　　ウ　冷夏・暖冬　　エ　冷夏・厳冬

【社　会】（35分）　＜満点：50点＞

☆　海(かい)くん，陽(よう)くん，学(まなぶ)くんは，夏休みに旅行に行った九州の県についていろいろ調べ，レポートにまとめました。これらのレポートを読んで，あとの問いにそれぞれ答えなさい。

海くん

ぼくは，福岡県に行きました。①福岡県は福岡市と北九州市の２つの政令指定都市があり，いちごの栽培がさかんなことで有名です。1901年に操業をはじめた（　１　）製鉄所は日本の産業革命を支え，ここを中心に北九州工業地帯が発展しました。②伝統的な工芸品でも有名なものが多く，博多祇園山笠(ぎおんやまがさ)や博多どんたくなど，地域に根付いた伝統的な祭りもおこなわれています。

福岡市に到着してまっさきにぼくが向かったのは，福岡城です。この城は江戸時代に黒田氏が建てた城です。城門を入ってしばらく歩くと，「鴻臚館跡(こうろかんあと)展示館」がありました。ここは，奈良時代から平安時代にかけて，唐・新羅などから来た外交使節をむかえたり，貿易をおこなったりする大事な建物があったところでした。でも，調べてみると，③当時の外交と現在の外交は大きくちがうことがわかりました。

つぎに，ぼくは，博多湾沿岸に築かれた石の防塁(るい)を見に行きました。これは元の皇帝（　２　）による攻撃をうけた鎌倉幕府が，ふたたび元軍が襲来(しゅうらい)するのに備えてつくらせたもので，（　３　）の役では元軍が上陸できなかったそうです。

ところで，福岡市にあるＪＲの大きな駅は福岡駅ではなく博多駅といいます。博多は，平安時代後半から中国や朝鮮半島との貿易で栄えたまちの名前で，室町時代には堺とともに商人が自治していたことで有名でした。江戸時代に城下町に吸収された博多は福岡市の一部になりましたが，今でも福岡市を支える一地区として名を残しています。

問１　文中の空らん（１）～（３）にあてはまる語句を，それぞれ答えなさい。なお（１）（３）は**漢字**で答えなさい。

問２　下線部①について，次の表は，都道府県内に複数の政令指定都市がある都道府県に関するデータをまとめた表で，**ア**～**エ**はそのいずれかの都道府県があてはまります。**ア**～**エ**にあてはまる都道府県名を，それぞれ**漢字**で答えなさい。

	人口（千人）	農業産出額（億円）	海面漁業漁獲量（百トン）	工業製造品出荷額（億円）
ア	8,823	353	183	169,695
イ	9,159	846	345	175,686
ウ	5,107	2,196	261	92,748
エ	3,675	2,266	1,834	164,797

問３　下線部②について，次の**ア**～**エ**のうち，福岡県の伝統的工芸品を一つ選び，記号で答えなさい。

ア　大島つむぎ　　**イ**　久留米かすり　　**ウ**　十日町ちぢみ　　**エ**　西陣織

問４　下線部③について，遣隋使や遣唐使，足利義満らが日明貿易をおこなったころまでの外交とくらべて，今の外交はどのような特色がありますか。解答らんにあうように，**三つ**あげなさい。
（解答らん：当時の外交は～～）

陽くん

ぼくは，熊本県に行ってきました。ぼくが知っている熊本県のことは，世界最大級のカルデラをもつ（　4　）山があることと，四大公害病の１つである（　5　）病が発生したこと，そして鉄道ファンなので日本三大急流の１つ（　6　）川沿いを走るSL人吉(ひとよし)号などでした。ですから，お父さんと一緒に熊本県をまわって，新しいことを知ろうと頑張りました。

まず，熊本城に行きました。熊本城は，江戸時代の初めにこの地域を支配した加藤清正(きよまさ)が築城したもので，明治時代に西南戦争をおこした（　7　）が攻めても落とすことができなかったほどの，守りの堅い城でした。でも，２年前に起きた熊本地震で城は大きな被害を受けたため，天守閣に入ることはできませんでした。熊本城の説明を読むと，④加藤清正の子孫が熊本を支配したのではなく，細川氏が支配したとありました。細川氏が長く支配したにもかかわらず，加藤清正の方が今でも人気があるようでした。

次に，熊本駅から新幹線でとなり駅の新玉名(しんたまな)駅まで移動し，玉名市をまわりました。玉名市には，かつて伊倉(いくら)と高瀬(たかせ)の２つの貿易港があり，宋や明との貿易で栄えたそうです。加藤清正が熊本を支配するころには，（　8　）貿易がさかんにおこなわれ，貿易に従事する中国人が居住して唐人町(とうじんまち)を形成し，お墓も残っていました。そういえば，熊本市内を観光しているときに通った「中唐人町」「西唐人町」も，もしかしたら関係あるのかもしれません。中国や東南アジアの国々との間でおこなわれた（8）貿易は，江戸幕府が鎖国をおこなうころにはおとろえましたが，その名残を見つけることができました。さらに海の方に向かうと，⑤下の写真のような水田の広がる風景が一面に広がっていました。もともと海だった地域が一面の水田になっており，人々のなみなみならぬ努力を感じることができました。

（玉名市資料より）

問５　文中の空らん（４）～（８）にあてはまる語句を，それぞれ答えなさい。

問６　下線部④について，加藤清正の子孫が熊本の領地を幕府から取り上げられたころを調べると，多くの大名が幕府によって領地を取り上げられていました。その大半が，あとつぎがいなかったことを理由としていましたが，それ以外のさまざまな理由でも数人の大名が広大な領地を取り上げられていました。そして取り上げた広大な領地を，幕府は新しい大名に与えました。そこには，幕府のあるねらいを読みとることができます。

次の図１～２は，1619年に広島を支配していた福島氏が，次のページの図３～４は1622年に山形を支配していた最上氏が，次のページの図５～６は1632年に熊本を支配していた加藤氏が，それぞれ幕府に領地を取り上げられた前後のようすをあらわしています。

これらの図からよみとれる，幕府のねらいを答えなさい。なお，図中に示した（斜線の円）は外様大名，（黒い円）は譜代大名をあらわしています。また，10万石以上の大名は図中に名前が書かれています。

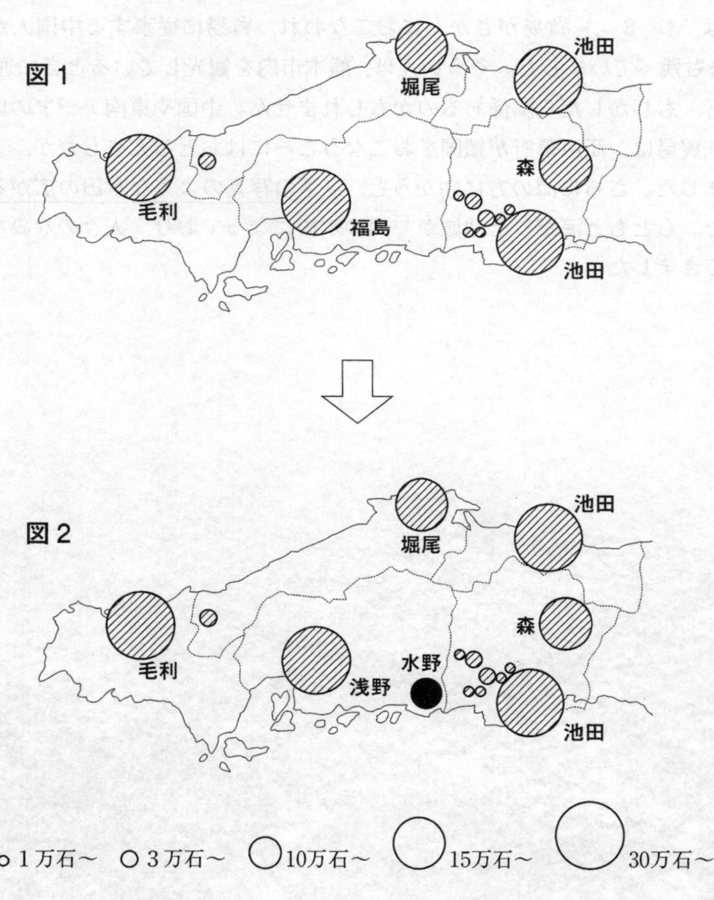

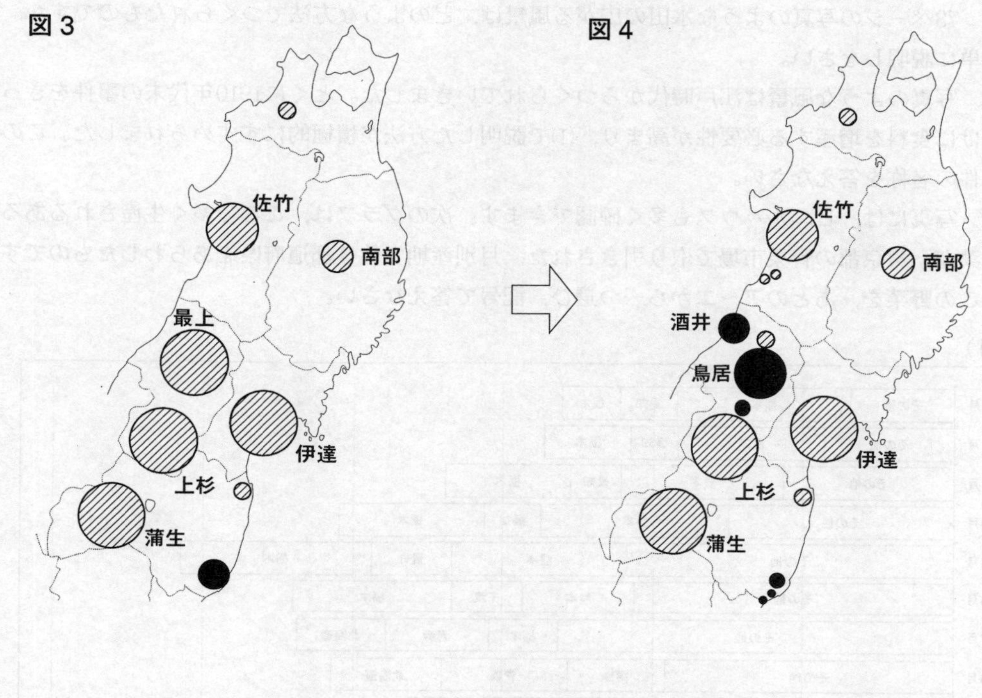

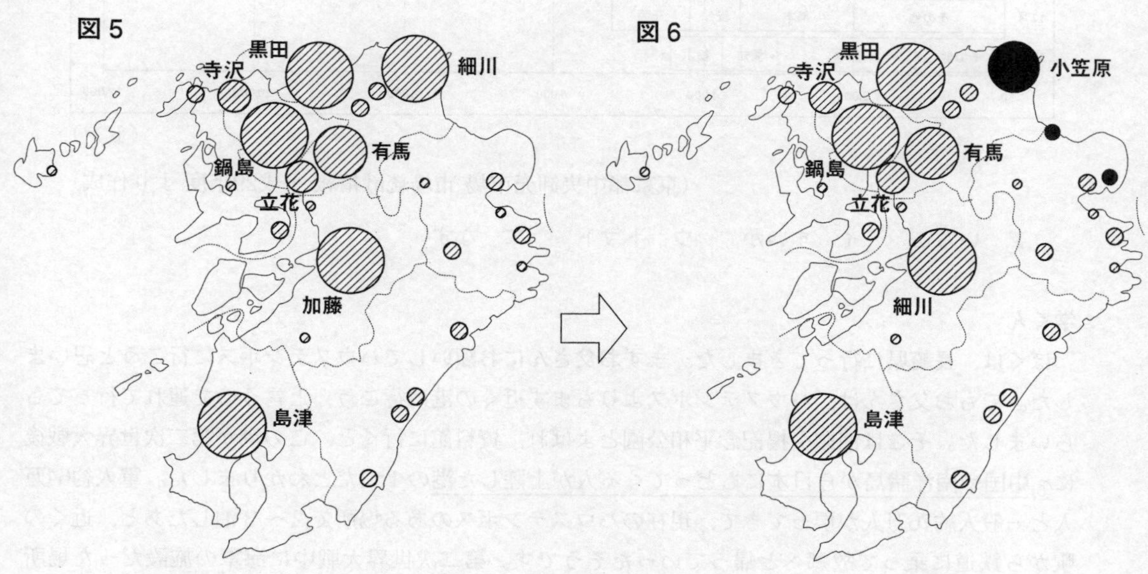

○１万石～　○３万石～　○10万石～　○15万石～　○30万石～

問７　下線部⑤について，次の問いに答えなさい。

⑴　73ページの写真のような水田の広がる風景は，どのような方法でつくられたものですか，簡単に説明しなさい。

⑵　写真のような風景は江戸時代からつくられていきました。とくに1910年代末の事件をきっかけに食料を増産する必要性が高まり，⑴で説明した方法が積極的にすすめられました。この事件の名称を答えなさい。

⑶　写真には，ビニルハウスも多く確認できます。次のグラフは，ここで多く生産されるある野菜が，東京都の青果市場で取り引きされた，月別産地上位３都道府県をあらわしたものです。この野菜を，あとの**ア**～**エ**から一つ選び，記号で答えなさい。

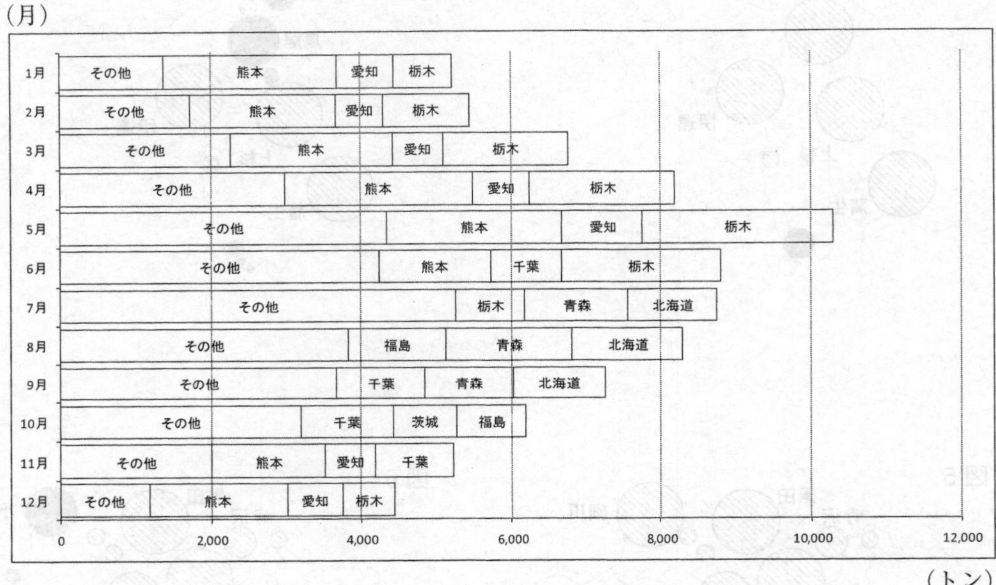

（東京都中央卸売市場 市場統計情報 平成29年度 より作成）

ア　いちご　　**イ**　すいか　　**ウ**　トマト　　**エ**　なす

学くん

ぼくは，長崎県に行ってきました。まずお父さんにお願いしてハウステンボスに行こうと思いました。でもお父さんは，ハウステンボスよりもまず近くの港に行こう，と言うので連れて行ってもらいました。そこは浦頭引揚記念平和公園（うらがしらひきあげ）とよばれ，資料館に行くと，この港が第二次世界大戦後に⑥中国や南洋諸島から日本にもどってくる人が上陸した港の１つだとわかりました。軍人約64万人と一般人約76万人が戻ってきて，現在のハウステンボスのある場所で２～３泊したあと，近くの駅から鉄道に乗って故郷へと帰っていったそうです。第二次世界大戦中に海軍の施設だった場所は，戦後アメリカ軍が管理し，日本にもどってきた人を収容する施設となりました。その後，1950年に⑦警察予備隊が駐屯（ちゅうとん）する場所となり，国有地そして工業団地の利用を経て，1992年に現在のハウステンボスがオープンしました。ハウステンボスで遊ぶつもりだったぼくは，複雑な気分になりました。

そういえば，今年，「長崎と天草地方の潜伏キリシタン関連遺産」が世界遺産に登録されました。1549年，イエズス会宣教師（　9　）によってキリスト教が日本に伝えられ，その後，来日した宣教師の布教活動や，南蛮貿易の利益を求めて改宗したキリシタン大名の保護によってキリスト教は全国に広まりました。しかし，豊臣秀吉や江戸幕府はキリスト教を厳しく取りしまり，宣教師は国外へ追放されました。さらに1637年，キリシタンが蜂起して（　10　）城跡に立てこもった島原の乱（島原・天草一揆）をきっかけに幕府は，「鎖国」を確立しました。宣教師がいなくなり，残されたキリシタンは，キリスト教が禁じられている中で，日本の伝統的宗教や一般社会と共生しながら信仰を続けた「潜伏キリシタン」となりました。1854年の開国ののち，フランスの宣教師による大浦天主堂が完成すると，大浦天主堂を訪れて信仰を公にする潜伏キリシタンが次々と出てきました。このため，江戸幕府は潜伏キリシタンを捕らえましたが，⑧明治政府も引き続きキリシタンを厳しく取りしまりました。欧米諸国はこれに強く抗議し，1873年，とうとう明治政府は厳しい取りしまりをやめました。

旅行からもどってきてからぼくはお父さんに，「今度は長崎と天草地方の潜伏キリシタン関連遺産にも行きたい」とお願いしました。お父さんは，「世界遺産になると有名になって世界中から観光客が訪れるようになれば，観光による仕事が増えたり，町が整備されたりするかもしれないね。⑨でも本当にそれでいいのかな？もしかすると大きな課題がかくれているかもしれないよ。」と言いました。ぼくは，ここに暮らす人々の気持ちをよく考えてみようと思いました。

問８　文中の空らん（９）・（10）にあてはまる語句を，それぞれ答えなさい。

問９　下線部⑥の港では，入港した船や上陸者には厳しく検疫がおこなわれました。現在でも，海外から帰国すると，健康に関する質問票が配布され，必要事項を記入して検疫カウンターへ提出します。出発国や地域によっては旅行中に体調のすぐれなかった場合や，肉類，果物，動物，植物等を日本国内に持ち込む場合にも検疫をうける必要があります。なぜ検疫をおこなう必要があるのですか，その理由を答えなさい。

問10　下線部⑦について，次の問いに答えなさい。

⑴　設置されるきっかけとなった，1950年から1953年にかけておこなわれた戦争の名称を答えなさい。

⑵　⑴の戦争で戦った国の首脳が，今年６月にシンガポールで史上初の会談をおこないました。この会談をおこなった首脳の名前を二人答えなさい。

問11　下線部⑧について，この取りしまりは1868年に明治政府が民衆に向けて出した５つの命令の一つである。この命令の名前を答えなさい。

問12　下線部⑨について，「長崎と天草地方の潜伏キリシタン関連遺産」にはどのような課題がありますか。次の資料を参考にして，答えなさい。また，その課題に対しあなたはどのようにすれば解決できると考えますか，もっとも大事だと思う方法を一つあげなさい。

資料１

カトリック信者が住民の６割を占める「外海の出津集落」（長崎市）。世界遺産登録決定から一夜明けた１日，集落内の出津教会堂には，日曜朝のミサが終わった頃から徐々に観光客がやって来た。

帽子をかぶったまま聖堂内に入ろうとする女性がいた。「恐れ入ります。脱帽でお願いします」。教会守の尾下シゲノさん（69）が優しく声を掛ける。女性は気付いて帽子を取った。

今後，夏休みや秋の観光シーズンには観光客が押し寄せるかもしれない。尾下さんは「教会に来てもらうのはうれしい。だけど，どっと来られると余裕がなくなり，笑顔で迎えられなくなるのでは」と不安を口にする。

出津教会堂は明治時代の1882年，フランス人宣教師のド・ロ神父の指導で建てられた。130年以上，信者が毎朝のように祈りをささげる生きた祈りの場だ。

同教会堂の山口竜太郎神父（41）は「神様が一緒にいてくださることを意識するのが祈りのとき」と話す。朝晩，食事の前後など日常的に祈りがある。信者にとって祈りは生きることと直結している。その中心が日曜日のミサで，教会を自分の家以上に大切と思う信者もいる。

長崎市の70代の男性信徒は「教会は信者にとって，いつでも開かれている祈りの場。そこに大勢の人がわいわい言いながら入ってくると集中できない」と心配する。

（中略）

離島に住む60代の男性信徒は「世界遺産になれば信徒には大変なことばかり。何のメリットがあるのか。でも，地元の活性化のために協力したい」と複雑な心境をのぞかせる。遺産を訪れる来訪者一人一人に，信者の生活に配慮する意識が求められている。（長崎新聞2018年７月４日１面）

資料２

黒島天主堂は1975年ごろに大規模な改修をした。当時を知る信徒によると改修費は約５千万円で，一世帯当たり20万円ほど出し合った。だが，当時とは島の状況が大きく異なる。75年には約1500人が暮らしていたが，過疎化で現在は約430人に減った。人口の８割が信徒とされるが，島内では「前回の改修よりも各世帯の負担がもっと重くなるのではないか」と不安の声が強い。

県が資産保全のために積み立てている基金は2015年に創設。主に企業・団体の寄付で8400万円が集まっている。これまでに改修工事の補助金として江上天主堂（五島市）に160万円，大浦天主堂（長崎市）に350万円を支出した。

今後，基金は約１億５千万円まで確保するめどが立っているが，目標額の３億円には遠い。県は登録を機に寄付の呼び掛けを強化する意向だ。４月からは県庁や関係市町の庁舎などに募金箱を置き，少額の寄付も募っている。県は「県民全体で遺産を支えてほしい」と呼び掛けている。

（長崎新聞2018年７月６日24面）

資料３

世界遺産に関する地元住民としての意識

世界遺産は、私たち地元住民自身が大切に守っていくべき

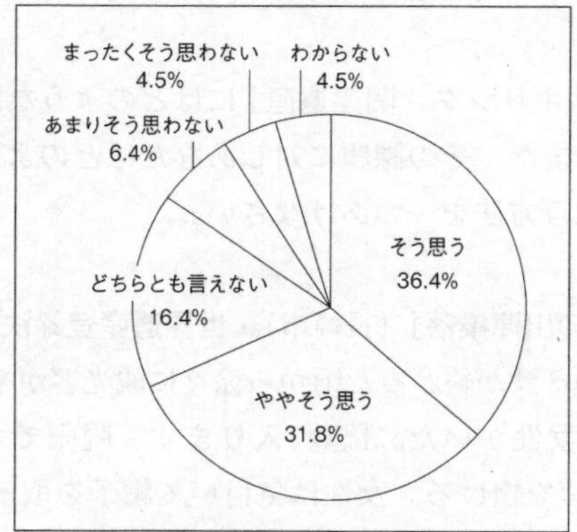

地元住民の生活に支障を来すようであれば世界遺産はいらない

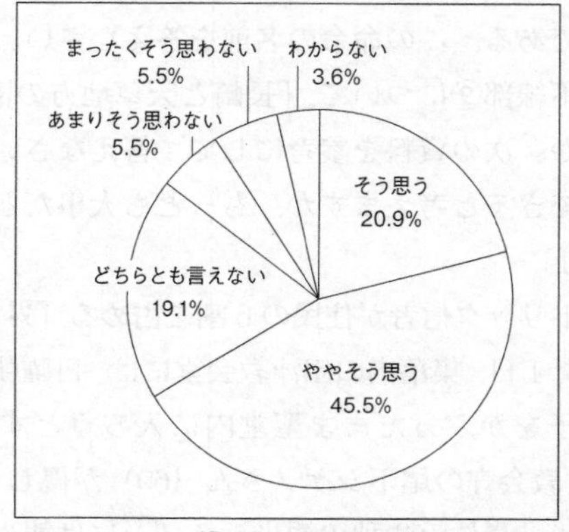

（『ながさき経済2018.8』より）

資料４　世界文化遺産への訪問者数の推移（登録前後の指数）

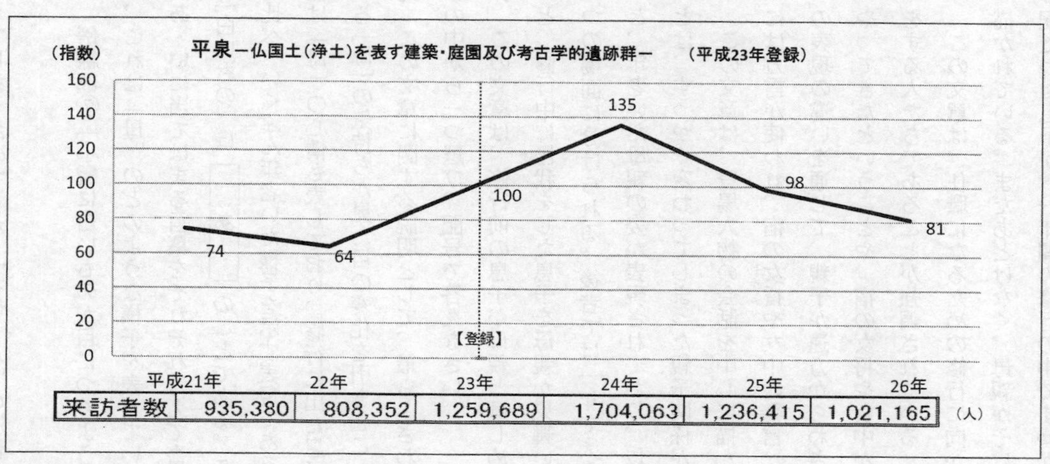

来訪者数	935,380	808,352	1,259,689	1,704,063	1,236,415	1,021,165	（人）

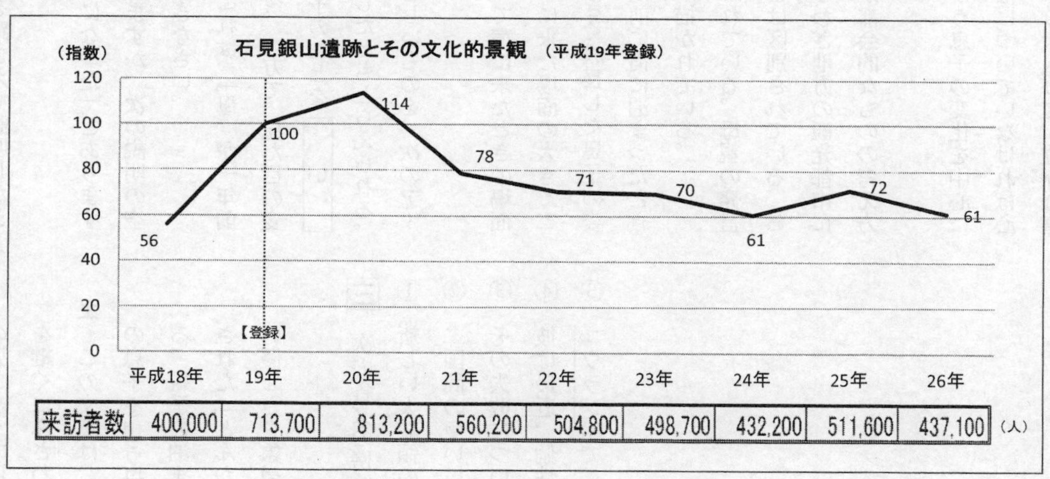

来訪者数	400,000	713,700	813,200	560,200	504,800	498,700	432,200	511,600	437,100	（人）

総務省『世界文化遺産の保存・管理等に関する実態調査－結果報告書』より

なってしまったのですか。「お母さん」の心情を踏まえて説明しなさい。

問八 傍線部⑦「小鬢に白いものが目につくようになった」とありますが、これは「母」のどのような様子を表していますか。次の説明の空欄**あ**・**い**に当てはまる言葉をそれぞれ考えて書きなさい。

「白いもの」は［　あ　］のことである。これは、「母」が一年前に比べ、いくぶん年老いた様子を示す表現である。一方で、見た目の変化は「母」の心情も表しており、修行に出た息子のことを［　い　］する「母」の気持ちが見た目の変化を引き起こしたともとらえられる。

問九 この文章に関する説明として、最もふさわしいものを、次の**ア**～**エ**の中から一つ選び、記号で答えなさい。

ア この文章は、修行前の息子が母親とはじめて宿に来たときの場面と、修行中に怪我をした息子を母親が見舞いに来た場面の大きく二つの場面に分けられる。後者では一年で大きく成長した息子の姿と、年老いた母親の姿が表現されており、以前に宿に泊まったときとは、すっかり変わってしまった親子関係が描かれている。

イ この文章は、登場人物の会話を中心に描かれている。母親の発言には方言が使われ、宿の女将や女中の発言とは区別されている。この表現の違いを通じて、親子が遠方からわざわざ地方の観光都市にやってきたということや、宿の女将や女中が都会的なものの考え方をする人たちであることが強調されている。

ウ この文章は、住職になるための修行に向かう息子の変化を中心に描かれている。まだあどけなく、母親がそばについていなければ心配だった息子が、一年間の修行の中ですっかり大人びて、立派な僧の姿となっている。この変化を描くことで、息子が修行によって寺を継ぐにふさわしい人格を身に付けていったことを示している。

エ この文章は、家の寺を継ぐための修行に向かっていく息子と、その息子を想う母親との関係を宿の女将の視点から描いたものである。親子の泊まった宿で、ひと時の別れのときと、再会のときに出された「とんかつ」は、母の変わらぬ愛情と、宿の人々のさりげない優しさを象徴的に表している。

三 次の各文の傍線部のカタカナを漢字に直しなさい。

① 新しい大統領のシュウニン演説を聴く。
② 二国間の争いに対して、国連がチョウテイに入った。
③ その失敗について、ゼンゴサクを講じる必要がある。
④ 彼は最近、個性派ハイユウとして注目されている。
⑤ ユウラン船で、三河の島々をめぐる。

注5　古刹　古く由緒のある寺。
注6　得度　出家して僧になること。
注7　峻烈　非常にきびしいこと。
注8　檀家　一定の寺に属し、その寺を援助する家。また、その家の人。

問一　傍線部A「はにかみ笑い」、B「問わず語り」の意味として最もふさわしいものを、次のア～エの中から一つずつ選び、それぞれ記号で答えなさい。

A　はにかみ笑い

ア　困ったような笑い　イ　思いがけない笑い
ウ　ひっそりとした笑い　エ　恥ずかしそうな笑い

B　問わず語り

ア　質問に答えること　イ　自分から語りだすこと
ウ　愚痴をこぼすこと　エ　得意になって話すこと

問二　傍線部①「もう三月も下旬だというのに、まだ重そうな冬外套のまま」とありますが、それはなぜですか。三十字以内で説明しなさい。

問三　傍線部②「まさか、厄介なお客じゃないでしょうね」とありますが、女中がこのように言ったのはなぜですか。その理由となる部分を会話文中から五十字以内でさがし、その初めの五字を書きなさい。

問四　傍線部③「尋ねないではいられなかった」とありますが、それはなぜですか。その説明として最もふさわしいものを、次のア～エの中から一つ選び、記号で答えなさい。

ア　あまりに不思議な親子であったので、いったいどこに出かけていくのだろうかと興味を持ったから。

イ　穏やかな良い天気であったので、せっかく遠方から来た母子に名所を紹介してあげたいと思ったから。

ウ　得体の知れない親子の様子を見て、このまま宿代を払わずに消えてしまうのではないかと心配したから。

エ　女中の口にしたように親子心中をしにきたのではないか、という不安をぬぐいきれなかったから。

問五　傍線部④「この親子にまつわる謎がいちどに解けた」とありますが、ここで解けた「この親子にまつわる謎」として、ふさわしいものを次のア～オの中からすべて選び、記号で答えなさい。

ア　なぜ、遠方からの母子が、あえて裏通りにある目立たない宿に泊まりに来たのか。

イ　なぜ、入学試験とも思えない時期に、わざわざ遠方からやってきたのか。

ウ　なぜ、宿泊カードの職業欄に、主婦とか、今春中学卒業などと書き入れたのか。

エ　なぜ、二日目の朝に観光には不似合いなほど、少ない荷物で外出していったのか。

オ　なぜ、少年が中学卒業にあわせて大本山での修行をしなければならなくなったのか。

問六　傍線部⑤「本物の雲水になるための剃髪だとは思いも及ばなかった」とありますが、それはなぜですか。文中の言葉を使って四十字以内で説明しなさい。

問七　傍線部⑥「お母さんの皿はもう空っぽで、お子さんの方はまだ食べてます」とありますが、なぜ「お母さんの皿」の方が先に空っぽに

てくるのを待つつもりでいる……。

「それじゃ、息子さんは今夜で娑婆とは当分のお別れですね。お夕食はうんと御馳走しましょう。なにがお好きかしら。」

そう訊くと、母親は即座に、

「んだら、とんかつにして頂きゃんす。」

といった。

「とんかつ……そんなものでよろしいんですか？」

「へえ。あの子は、寺育ちのくせに、どういうものかとんかつが大好物でやんして……。」

母親は、はにかむように笑いながらそういった。

だから、夕食には、これまでいちばん厚いとんかつをじっくりと揚げて出した。しばらくすると、給仕の女中が降りてきて、

「お二人は、しんみり食べてますよ。いま覗いてみたら、⑥お母さんの皿はもう空っぽで、お子さんの方はまだ食べてます。お母さんは箸を置いて、お子さんがせっせと食べるのを黙って見てるんです。」

といった。

それから一年近く経った翌年の二月、母親だけが一人でひょっこり訪ねてきた。面会などしないと強気でいても、やはり、いちど顔を見ずにはいられなくなったのだろうと思ったが、そうではなかった。修行中の息子が、雪作務のとき僧房の屋根から雪と一緒に転落し、右脚を骨折して、いまは市内の病院に入院しているのだという。

「もう歩けるふうでやんすが、どういうことになっているやらと思いましてなあ。」

相変らず地味な和装の、⑦小鬢に白いものが目につくようになった母親は、決して面会ではなく、ただちょっと見舞いにきただけだといった。

息子の手紙には、病院にきてはいけない、夕方六時に去年の宿で待っているようにとあったというから、

「じゃ、お夕食は御一緒ですね。でも、去年とは違いますから、なにをお出しすればいいのかしら。」

「さあ……修行中の身ですからになあ。したが、やっぱし……。」

「わかりました。お任せください。」

と引き下がって、女中にとんかつの用意をいいつけた。

夕方六時きっかりに、衣姿の雲水が玄関に立った。びっくりした。わずか一年足らずの間に、顔からも軀つきからも可憐さがすっかり消えて、見違えるような凜とした僧になっている。去年、人前では口を噤んだままだった彼は、思いがけなく錬れた太い声で、

「おひさしぶりです。その節はお世話になりました。」

といった。それから、調理場から漂ってくる好物の匂いに気づいたらしく、ふと目を和ませて、こちらを見た。

「……よろしかったでしょうか。」

彼は無言で合掌の礼をすると、右脚をすこし引きずるようにしながら、母親の待つ二階へゆっくり階段を昇っていった。

（三浦哲郎「とんかつ」『みちづれ』新潮文庫による）

（注）注1　外套　防寒のために衣服の上に着る衣類。オーバー。コート。

注2　ひっつめ髪　無造作に後ろに引き詰めて結ぶ女性の髪型。

注3　物見遊山　気晴らしに見物して遊びまわること。

注4　雲水　禅僧のこと。

て、嚔を、はや三度もしました。」

母親は、仕方なさそうに笑って息子をかえりみた。息子の方はにこりともせずにうつむいて、これまた仕方がないというふうに青い頭をゆるく左右に振っている。どうやら、どちらも納得ずくの剃髪らしく、

「なんとまあ、涼しげな頭におなりで。」

とようやく声を上げてから、ふと、宿泊カードに光林寺内とあったのを思い出した。

「それじゃ、こちらがお坊さんに……？」

「へえ、雲水になりますんで。明日から、ここの大本山に入門するんでやんす。」

母親が目をしばたたきながらそういった。

それで、④この親子にまつわる謎がいちどに解けた。大本山、というのは、ここからバスで半時間ほどの山中にある曹洞宗の名高い注5古刹で、毎年春先になると、そこへ入門を志す若い雲水たちが墨染めの衣姿で集まってくる。この少年もそのひとりで、北のはずれから母親に付き添われてはるばる修行にきたのである。

それにしても、頭を丸めた少年は、前にも増してなにか痛々しいほど可憐に見えた。さっき青々とした頭に気づいたとき、まるで雲水のような、とは思ったものの、⑤本物の雲水になるための剃髪だとは思いも及ばなかったのは、そのせいだが、母親によると、注6得度さえ済ませていれば中学卒で入門が許されるという。

けれども、ここの大本山での修行は注7峻烈を極めると聞いている。果してこの幼い少年に耐えられるだろうかと、他人事ながらはらはらして、

「でも……お母さんとしてはなにかと御心配でしょうねえ。」

というと、

「なに、こう見えても芯の強い子ですからに、なんとか堪えてくれましょう。父親も見守ってくれてます。」

母親は珍しく力んだ口調で、息子にも、自分にもいい聞かせるようにそういった。

——息子が湯を使っている間、帳場で母親に茶を出すと、B問わず語りにこんなことを話してくれた。自分は寺の梵妻だが、おととしの暮近くに、夫の住職が交通事故で亡くなった。夫は、四、五年前から、遠い注8檀家の法事に出かけるときは自転車を使っていたが、町のセールスマンの口車に乗せられてスクーターに乗り換えたのがまずかった。凍てついた峠道で、スリップしたところを大型トラックに撥ねられてしまった。

跡継ぎの息子はすでに得度を済ませていたが、まだ中学二年生である。仕方なく、町にあるおなじ宗派の寺に応援を仰いでなんとか急場を凌いできたが、出費も嵩むし、いつまでも住職のいない寺では困るという檀家の声も高まって、一刻も早く息子を住職に仕立てないわけにはいかなくなった。住職になるには、大本山で三年以上、ほかに本科一年間の修行を積まねばならない。ゆくゆくは高校からしかるべき大学へ進学させるつもりだったが、もはやそんな悠長なことはいっていられない。十五で修行に出すのは可哀相だが、仕方がなかった。

自分は明日、息子が入門するのを見届けたら、すぐ帰郷する。入門後は百日面会はできないというが、里心がつくといけないから面会などせずに、郷里で寺を守りながら、息子がおよそ五年間の修行を終えて帰っ

が、書いて貰った宿泊カードを見ると、なんと北のはずれからきた人たちである。

　これは、ただの注3物見遊山の旅ではあるまい。宿泊カードの職業欄に、主婦、とか、今春中学卒業、などと書き入れるところを見ると、あまり旅馴れている人とも思えないが、どうしたのだろう。

「②まさか、厄介なお客じゃないでしょうね。」

と女中が声をひそめていった。

「厄介な、というと？」

「たとえば、親子心中しにきたなんて……。」

「阿呆らしい。」

「だけど、あの二人、なんだか陰気で、湿っぽいじゃありませんか。めったに笑顔を見せないし、口数も妙にすくないし……。」

「それは田舎の人たちで、こんなところに泊るのに馴れてないから。第一、心中なんかするつもりなら、なんでわざわざこんなとこまで遠出してくるのよ。」

「ここなら、近くに東尋坊もあるし、越前岬も……。」

「景色のいい死に場所なら、東北にだっていくらもあるわ。それに、心中する人たちが二晩も道草食う？」

「案外、道草じゃないかも、奥さん。まず明日は一日、死に場所を探して、明後日はいよいよ……。」

「よしてよ、薄気味悪い。」

　勿論、冗談のつもりだったが、翌朝、親子が、食事を済ませると間もなく外出の支度をして降りてきたときは、ぎくりとした。母親は手ぶらで、息子の方が凋んだボストンバッグを一つだけ手に提げている。

「お出かけですか。」

「はい……。」

　この親子は、なにを話すときでも、きまってはにかむような笑いを浮かべる。客のことで余計な穿鑿はしないのがならわしなのだが、つい、さりげなく、

「今日は朝から穏やかな日和で……どちらまで？」

と③尋ねないではいられなかった。

「え……あちこち、いろいろと……。」

　母親はそう答えただけであった。あやうく、東尋坊、と口に出かかったが、

「もし、郊外の方へお出かけでしたら、私鉄やバスの時間を調べてさし上げますが。」

といって顔色を窺うと、

「いえ、結構で……交通の便は発つ前に大体聞いてきましたすけに。日暮までには戻ります。」

　母親は、別段動じたふうもなくそういうと、んだら、いって参ります、と丁寧に頭を下げた。

　親子は、約束通り日暮前に帰ってきたが、それを玄関に出迎えて、思わず、あ、と驚きの声を洩らしてしまった。母親は出かけたときのままだったが、息子の方は、髪を短く伸ばしていた頭がすっかり丸められて、注4雲水のように青々としていたからである。

　あまりの思いがけなさに、ただ目を瞠っていると、

「まんず、こういうことになりゃんして……やっぱし風が滲みると見え

エ　テイヤール・ド・シャルダン

問五　傍線部⑤「結局、ピルトダウン人のねつ造は、バレることになる」とありますが、なぜそれまでねつ造はばれなかったのですか。「〜から。」という言葉につながるように二十五字以内でさがし、その初めと終わりの五字を書きなさい。

問六　傍線部⑥「この答案を見て、先生はカンニングを疑った」とありますが、二人が「多摩川」と書いてもおかしくないと先生が考えられる状況として適切なものを、次の**ア**〜**オ**の中から二つ選び、記号で答えなさい。

ア　二人の通う学校が多摩川流域に建っている。
イ　Bさんは昨日多摩川でバーベキューをした。
ウ　Aさんは多摩小学校に通っていた。
エ　昨日、多摩川を舞台にしたテレビドラマが放映された。
オ　国語の時間で多摩川が舞台である話を読んだ。

問七　本文中にあるアウストラロピテクス・アフリカヌスの派生形質を三つ、抜き出して答えなさい。

二　次の文章を読み、あとの問に答えなさい。

須貝はるよ。三十八歳。主婦。
同　直太郎。十五歳（今春中学卒業）。

宿泊カードには痩せた女文字でそう書いてあった。住所は、青森県三戸郡下の村。番地の下に、光林寺内とある。

近くに景勝地を控えた北陸の城下町でも、裏通りにある目立たない和風の宿だから、こういう遠来の客は珍しい。

日が暮れて間もなく、女中が二人連れの客だというので、どうせ素泊りの若い男女だろうと思いながら出てみると、案に相違して地味な和装の四十年配の女が一人、戸口にひっそり立っている。連れの姿は見えない。

女は、空きがあれば二泊したいのだが、といった。言葉に、日頃聞き馴れない訛りがあった。

「お一人様で？」

「いえ、二人ですけんど。」

女は振り返って、半分開けたままの戸の外へ鋭く声をかけた。ちゃんづけで名を呼んだのが、なおちゃ、ときこえた。青白い顔の、ひょろりとした、ひよわそうな少年が戸の蔭からあらわれて、Aはにかみ笑いを浮かべながらぺこりと頭を下げた。両手に膨らんだボストンバッグを提げている。①もう三月も下旬だというのに、まだ重そうな冬注1外套のままで、襟元から黒い学生服が覗いている。そういえば、女の方も厚ぼったい防寒コートで、首にスカーフまで巻いていた。

「これ、息子でやんして……。」

女もはにかむように笑いながら、注2ひっつめ髪のほつれ毛を耳のうしろへ掻き上げた。

初めは、近在から市内の高校へ受験に出てきた親子かと思ったが、女中によれば、高校の入学試験は半月も前に済んだという。そんなら、進学準備の買物だろうか。下宿探しだろうか。それとも、卒業記念の観光旅行だろうか——いずれにしても、二泊三日とは豪勢な、と思っていた

であった可能性が高い。その場合、「小さな脳」は原始形質になるので、チンパンジーとアウストラロピテクス・アフリカヌスが共有していても、両者を系統的に近縁だとする根拠にはならない。一方、「頭蓋骨の下側の大後頭孔」は派生形質になるので、ヒトとアウストラロピテクス・アフリカヌスが共有していれば、両者が系統的に近縁な根拠となる。こうして原始形質は無視して、派生形質だけを使って、系統を考えていけばよいのである。

この場合は、アウストラロピテクス・アフリカヌスは、チンパンジーよりもヒトに近縁になる。つまり、アウストラロピテクス・アフリカヌスは、人類だと結論されることになる。

（更科功『絶滅の人類史』NHK出版新書による）

（注）注１　アウストラロピテクス　「南の猿」を意味する言葉で、約四百万年から百万年前にかけて生息していた初期の人類。

注２　類人猿　ヒトに近いサルの仲間。ゴリラやチンパンジーなど。

注３　大後頭孔　頭蓋骨にある大きな開口部。

注４　眼窩上隆起　目のくぼみの上方に見られるひさしのように張り出した部分。

注５　『種の起源』　一八五九年に出版されたイギリスの博物学者チャールズ・ダーウィンの著書。進化論の最も重要な古典。

問一　傍線部①「ダートはこの化石を、類人猿ではなく人類であると結論した」とありますが、ダートがこのように結論付けたのはなぜですか。これより後の文中の言葉を使って六十字以内で答えなさい。

問二　傍線部②「この結論は、多くの人類学者には認められなかった」とありますが、この結論が認められなかった三つ目の理由を「〜から。」という言葉につながるように四十字以内でさがし、その初めと終わりの五字を書きなさい。

問三　傍線部③「２つ目の理由は、ピルトダウン人の化石だ」とありますが、ピルトダウン人の化石の存在が、なぜダートの結論を否定する根拠になるのですか。その理由として最もふさわしいものを次の**ア**〜**エ**の中から一つ選び、記号で答えなさい。

ア　ピルトダウン人は脳が増大しており、直立二足歩行より先にそれが起こることになるから。

イ　ピルトダウン人はヨーロッパ産出なので、ダートの発見した化石より新しい時代のものとなってしまうから。

ウ　ダートの発見した化石は、ピルトダウン人より顎が短くなっており人類的な特徴があったから。

エ　ピルトダウン人は非常に魅力的な特徴があったため、多くの人類学者がそれ以外の化石を無視したから。

問四　傍線部④「ねつ造した犯人」とありますが、ねつ造した犯人として、筆者が最有力と考えているのは次の誰ですか。**ア**〜**エ**の中から一つ選び記号で答えなさい。また、その根拠を三十字以内で答えなさい。

ア　レイモンド・ダート

イ　アーサー・スミス・ウッドワード

ウ　チャールズ・ドーソン

ス・アフリカヌスが人類なのか、類人猿なのか、決められない気がする。

でも、そんなことはない。ちゃんと決まるのだ。

ここで仮に、ある学校を考えてみよう。そこには生徒が2人いて、先生が授業をしている。先生が生徒に教えたことは次の2つだ。

（1）日本一高い山は富士山である。
（2）日本一長い川は信濃川である。

それから先生は、テストをした。テストの問題は、

（1）日本で一番高い山は何か。
（2）日本で一番長い川は何か。

の2問である。テストが終わって答案を見ると、2人の答えは次の通りだった。

Aさん（1）富士山（2）多摩川
Bさん（1）富士山（2）多摩川

⑥この答案を見て、先生はカンニングを疑った。

先生がおかしいと思ったのは、（2）の答えだ。授業中に黒板に書いたのは「信濃川」である。黒板に書いてもいない「多摩川」という単語がAさんとBさんで一致しているのは不自然である。きっと2人は悪友で、答えを見せ合ったに違いない。先生はそう思ったのである。

ところでAさんとBさんの答案を見ると、（1）の答えも一致している。しかし、これは先生が黒板に書いた通りなので、カンニングの証拠にはならない。AさんとBさんの間で答えを見せ合ったと考えなくても、AさんもBさんも授業を聞いていたと考えればよいからだ。AさんもBさんも、半分ぐらいは授業を聞いていたのだろうと、先生は考えたのだ。まとめると、こういうことになる。

Aの答え＝Bの答え≠黒板
→AとBを悪友としてまとめる根拠になる。
Aの答え＝Bの答え＝黒板
→AとBを悪友としてまとめる根拠にならない。

つまりAとBが同じ答えでも、オリジナル（黒板）とも同じならば、AとBを悪友としてまとめる根拠にはならない。一方、AとBが同じ答えで、オリジナル（黒板）とは異なる場合は、AとBを悪友としてまとめる根拠になる。これをアウストラロピテクス・アフリカヌスに当てはめて考えれば、オリジナル（共通祖先）と同じ形質（原始形質という）は、系統をまとめる根拠にならず、オリジナル（共通祖先）と異なる形質（派生形質という）のみが系統をまとめる根拠になる、ということだ。

ヒトとチンパンジーとアウストラロピテクス・アフリカヌス3種の共通祖先の形質は、中新世の化石から判断すると、

（1）小さな脳
（2）頭蓋骨の後側の大後頭孔

しかし、ダートの結論が認められなかったのには、それ以外の偏見も影響していた。アウストラロピテクス・アフリカヌスはアフリカから産出したが、ピルトダウン人はイギリスから産出したのだ。ヨーロッパの人類学者にとっては、やはり人類の進化の先頭に立っていたのは、ヨーロッパの化石人類であって欲しかったのだろう。ヨーロッパの人類は進んでいて、アフリカの人類は遅れている、と思いたかったのだ。

別の偏見としては、脳の大きさがある。アウストラロピテクス・アフリカヌスは、脳が小さかった。したがって、アウストラロピテクス・アフリカヌスが人類だとすれば、直立二足歩行が先に進化して、脳の増大は後から起きたことになる。ところがピルトダウン人の場合は、顎は類人猿的なのに（オランウータンの顎をくっつけたのだから当然だ）脳は大きかった。つまり人類では、脳の増大が真っ先に起きたことになる。

私たちヒトの脳は大きいので、つい脳が大きいことが人類最大の特徴だと思いがちだ。チンパンジー類と分かれたら、すぐに脳が大きくなったと考えがちだ。しかし、そうでないことは、今まで見てきたとおりである。

⑤結局、ピルトダウン人のねつ造は、バレることになる。１９４９年にピルトダウン人の化石中のフッ素が測定されたのだ。堆積物に埋まっていた骨は、周囲からフッ素を取り込む性質がある。したがって古い骨にはフッ素がたくさん含まれているはずなのだが、ピルトダウン人の化石にはほとんどフッ素が含まれていなかった。したがってピルトダウン人の化石は、長いあいだ地中に埋まっていたものではなかったことがバレてしまった。そうなると色々と調べられて、ピルトダウン人のねつ造が明らかになったのである。

もっとも、ねつ造がバレる前から、ピルトダウン人の信用は落ち始めていた。アウストラロピテクスの化石が次々と発見されて、レイモンド・ダートの考えが確からしくなっていたのだ。一方のピルトダウン人の化石は、１９１６年にドーソンが死ぬと、その後まったく発見されなくなった。

アウストラロピテクス・アフリカヌスよりも前に発見されていた化石人類は、ネアンデルタール人（１８５６年）とジャワ原人（ホモ・エレクトゥス、１８９１年）とハイデルベルク人（ホモ・ハイデルベルゲンシス、１９０７年）だけである。それらはすべて、私たちヒトと同じホモ属に分類されている。しかしアウストラロピテクス・アフリカヌスは、それらよりずっと古い時代に生きていた。人類的な特徴もあるが、類人猿的な特徴も数多く残していた。では、アウストラロピテクス・アフリカヌスは、どのようにして人類と判断されたのだろうか。

ヒト（人類）とチンパンジー（類人猿）とアウストラロピテクス・アフリカヌスの形質を、次のように簡単にまとめて考えよう。

ヒト	（１）大きな脳	（２）頭蓋骨の下側の大後頭孔
アウストラロピテクス・アフリカヌス	（１）小さな脳	（２）頭蓋骨の下側の大後頭孔
チンパンジー	（１）小さな脳	（２）頭蓋骨の後側の大後頭孔

アウストラロピテクス・アフリカヌスの２つの形質のうち、ヒトと共有している形質が１つ、チンパンジーと共有している形質も１つなので、これだけではどちらに近縁なのかわからない。アウストラロピテク

【国　語】（五〇分）〈満点：一〇〇点〉

【注意】 字数を指示している問題では、「、」や「。」なども字数にふくみます。

一 次の文章を読み、あとの問に答えなさい。

アルディピテクス・ラミダスの化石が産出する約440万年前の地層からは、注1アウストラロピテクスの化石はまったく見つかっていない。逆に、最古のアウストラロピテクスであるアウストラロピテクス・アナメンシスの化石が産出する約420万年前〜約390万年前の地層からは、アルディピテクスがまったく見つかっていない。おそらく約440万年前〜約420万年前のあいだに、アルディピテクスが絶滅し、アウストラロピテクスが出現したのだ。それはなぜだろうか。それについて考えるために、まずはアウストラロピテクスがどんな人類だったのかを見てみよう。

およそ100年前のことである。まだ、これまでに述べた4種の初期人類の化石が見つかっていなかった時代だ。オーストラリア生まれで南アフリカに住んでいた解剖学者レイモンド・ダート（1893〜1988）は、南アフリカのタウングにある石灰岩の採石場から発見された化石を、アウストラロピテクス・アフリカヌスと命名して、1925年に発表した。採石場で見つかったため正確な年代はわからないが、おそらく250万年ぐらい前の化石だろうと言われている。

それは幼児の頭蓋骨の化石で、タウング・チャイルドと呼ばれている。小さい脳や突き出した顎など注2類人猿的な特徴も持っていたが、小さい犬歯、頭蓋骨の下側にある注3大後頭孔、小さい注4眼窩上隆起といった、ヒトに似た特徴も持っていた。そこで①ダートはこの化石を、類人猿ではなく人類であると結論した。

しかし②この結論は、多くの人類学者には認められなかった。アフリカ生まれの古人類学者であるリチャード・リーキー（1944〜）によれば、認められなかった理由の1つは、類人猿のような化石を人類の祖先とすることに不快感があったからだという。ダーウィンの注5『種の起源』が出版されてから60年以上が経っても、ヒトがサルの仲間から進化したことに不快感を持つ人は少なくなかったようだ。

③2つ目の理由は、ピルトダウン人の化石だ。この化石は、イギリスのピルトダウンの採石場から発見された。ピルトダウン人は下顎が非常に類人猿的なので、人類が類人猿と分岐してすぐの、かなり初期の人類だと考えられていた。だが、実はこの化石はインチキで、ヒトの頭蓋骨にオランウータンの下顎をはめて、着色したり歯を削ったりしたものだった。ピルトダウン人の化石の発見には、弁護士のチャールズ・ドーソンと大英博物館のアーサー・スミス・ウッドワードと神学者のテイヤール・ド・シャルダンが関与していたが、化石を④ねつ造した犯人がこの中の誰なのか、今となってはわからない。いずれにしても、1912年にピルトダウン人が学会に報告されると、多くの科学者はそれを信じてしまったのである。

信じてしまった主な理由は、多くの研究者が化石そのものを研究できなかったことだ。実際に研究に使われたのは、たいてい石膏で作った複製だったのである。もちろん複製でも化石の形態の研究はできるので、通常はそれほど問題にならない。しかし、元の化石を見なければ、加工されているかどうかはわからないのだ。

MEMO

大切なことはメモしておこうネ！

T.G

特別給費生入試

2019年度

解答と解説

《2019年度の配点は解答欄に掲載してあります。》

＜算数解答＞

1 (1) (あ) 解説参照 (い) 25＋35＋40, 28＋32＋40, 28＋35＋37 (う) 20＋21＋24＋35, 21＋24＋25＋30 (2) (え) 69個 (お) 68個以上132個以下

2 (1) 解説参照 (2) (0, 0)(0, 3)(3, 0)(1, 4)(4, 1)(4, 4) (3) 18通り (4) 9通り (5) 1024通り

3 (1) 解説参照 (2) 解説参照 (3) 解説参照

4 (1) 解説参照 (2) (ア) 5 (イ) 9 (ウ) × (3) 解説参照

○推定配点○

4 各4点×5 他 各5点×16(1(あ)・(2)(お), 2(1)・(2), 3, 4(1)・(3)各完答) 計100点

＜算数解説＞

1 (論理, 数の性質, 場合の数, 植木算)

重要 (1) (あ) (例)10個の数のうち, 最大の数40が100÷2＝50より小さいので2個の数の和が100になることはなく, 最小の数20の5倍が100になるので5個の数の和が100になることもない。

(い) 100＝40＋60＝40＋35＋25＝40＋32＋28 100＝37＋63＝37＋35＋28

(う) 100＝55＋45＝35＋20＋24＋21＝30＋25＋24＋21

やや難 (2) (え) 赤球を1列に並べるとき, 球と球の間は100－1＝99あるので白球は99－30＝69(個)以上, 必要である。 (お) 赤・赤・青・白を30組並べると, 赤球は100－2×30＝40(個)残り, さらに, 赤・赤・白・白を19組並べて最後に赤・赤を並べる。このとき, 白球は30＋19×2＝68(個)ある。白・白・赤・青を30組並べると, 赤球は100－30＝70(個)残り, さらに, 白・白・赤・赤を70÷2＝35(組)並べて最後に白・白を並べる。このとき, 白球は2×(30＋35＋1)＝132(個)ある。したがって, 白球は68個以上, 132個以下である。

図ア

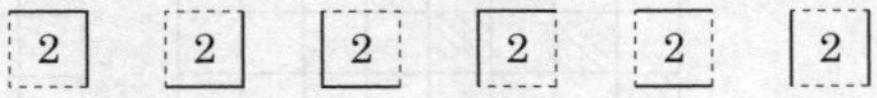

図イ

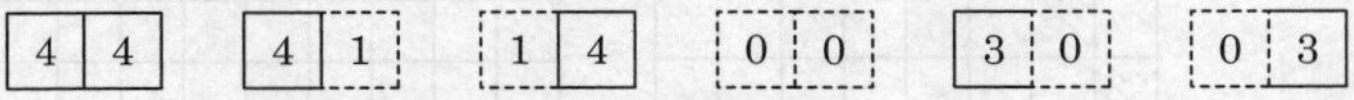

図ウ

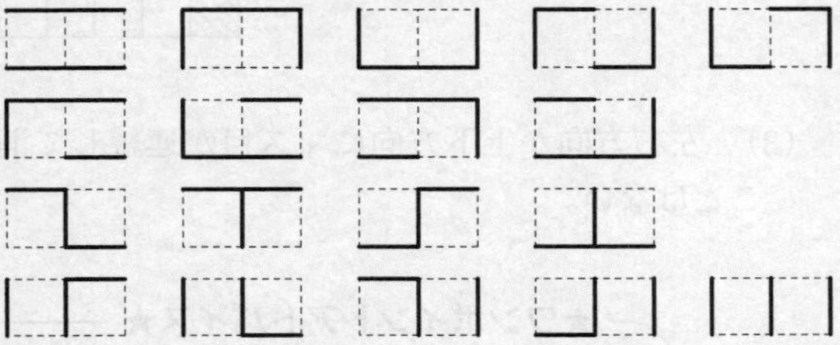

図エ

2 (平面図形, 場合の数)

基本 (1) 図アの6通りがある。

重要 (2) 図イはそれぞれ, (4, 4), (4, 1), (1, 4), (0, 0), (3, 0), (0, 3)に対応する。

やや難 (3) 図ウの18通りがある。

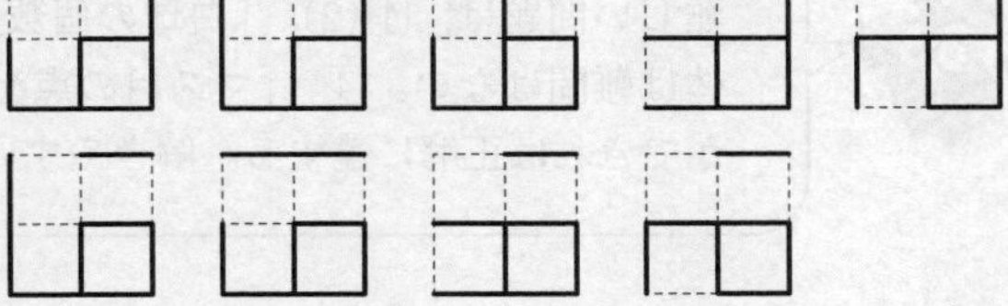

(4)　前ページ図エの9通りがある。

(5)　$4+3\times2=10$(本)の各辺について「なぞる」・「なぞらない」の2通りがあるので，なぞり方は$2\times2\times2\times2\times2\times2\times2\times2\times2\times2=8\times8\times8\times2=128\times8=1024$(通り)ある。

図1

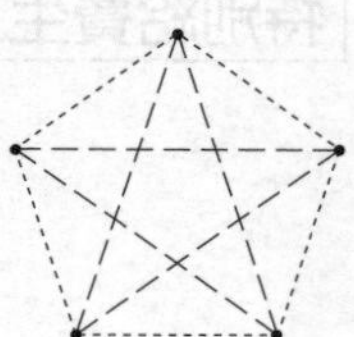

3 **(平面図形)**

基本 (1)　図1のように，正五角形を描く。

重要 (2)　図2のうち，どれか2つを描く。

(3)　図3のような例を3つ描く。

図2

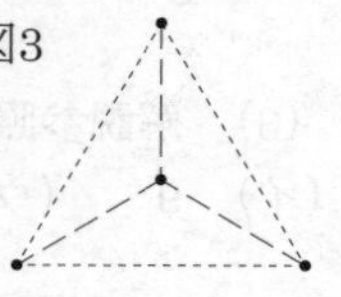

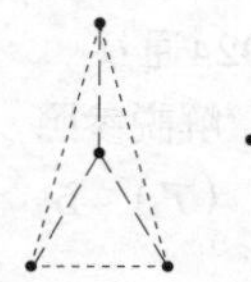

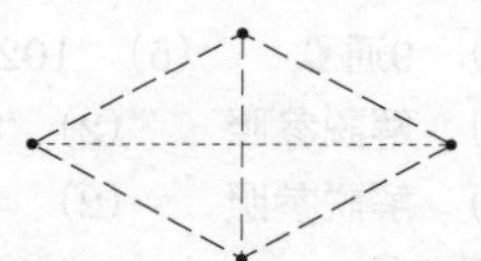

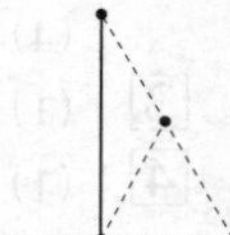

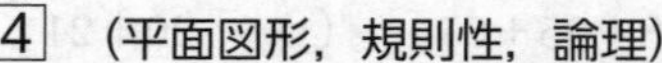
4 **(平面図形，規則性，論理)**

基本 (1)　3秒後の次，4秒後は下図のようになる。

重要 (2)　(ア)　下図より，5秒後である。　(イ)　下図より，9秒後である。　(ウ)　(2, 2), (3, 3), …, (8, 8)はいつまでも消えない。

図3

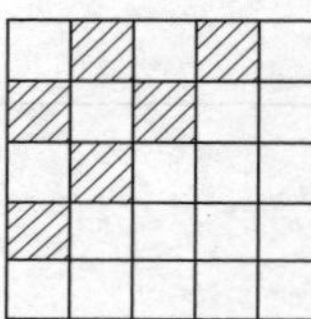

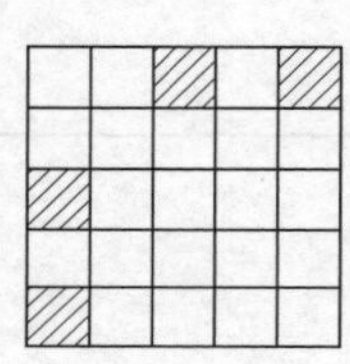

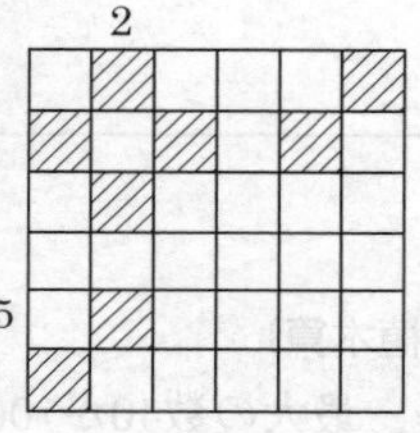

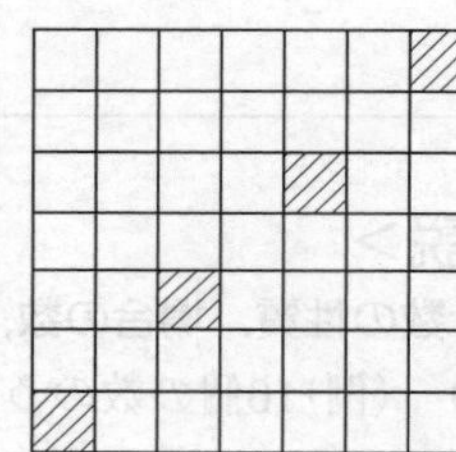

3秒後　4秒後　5秒後　6秒後

2

5

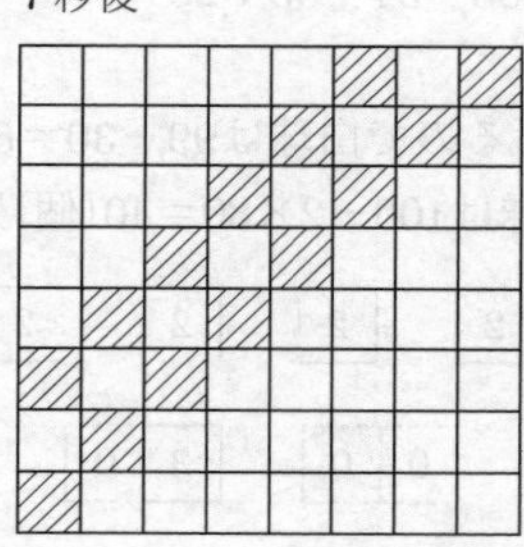

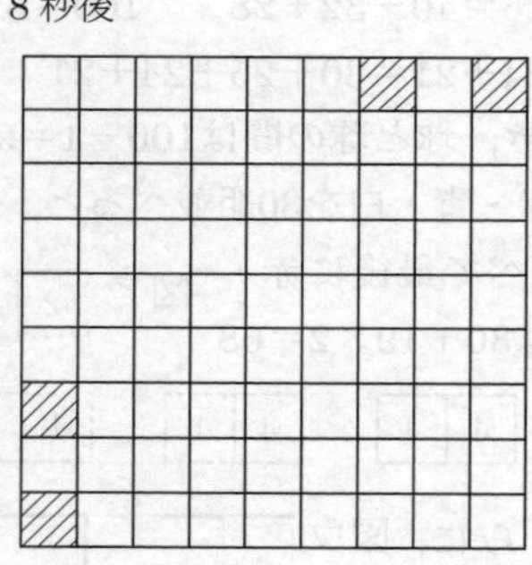

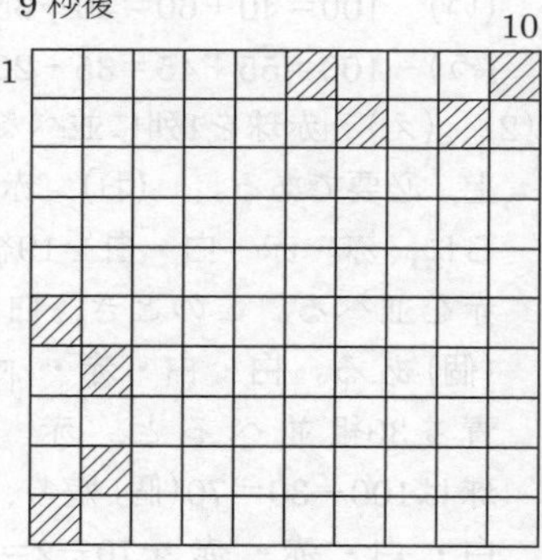

7秒後　8秒後　9秒後

1

10

(3)　左右方向か上下方向にマス目が連続して消えることがないので，マス目が2秒続けて消えることはない。

★ワンポイントアドバイス★

難しい問題は，1(2)「白球の個数」，2(3)「辺のなぞり方」であるが，問題自体は難問はない。4「マス目の点滅」は，問題をよく読んで正確に作業することができれば正解に達する。解きやすい問題を優先して解くことがポイント。

＜理科解答＞

1 問1 ウ　問2 (記号) ウ　(理由) 水蒸気をふくんだ空気は下からEまで上昇しており，AとBを結ぶ線より上は水蒸気が水滴になる条件になっていて水蒸気の一部が水滴になるが，それより下は水蒸気のままで水滴にはならないから。　問3 ① 0.06　② 0.27
問4 ③ 0.34　問5 エ　問6 ① 入道雲は厚いので太陽から入道雲に入った光のうち，まっすぐ通り抜けるものは少なく，横に出る光が多い。ひろし君は入道雲を横から見ているので光が多く，白く見える。　② 入道雲は厚く下へ通り抜ける光は少ないため，下から見ると入道雲は黒く見える。

2 問1 ウ，エ　問2 ア　問3 (1) ウ　(2) エ　(3) ① 植物プランクトンが光合成をするため，増加する。　② 分解者が死がいなどを分解するときに酸素を使うため，減少する。　問4 水面付近が高温となって対流が起きにくくなるため，栄養塩類が供給されず，植物プランクトンが増殖しにくい。　問5 ウ　問6 エ　問7 生物の死がいが沈殿し，栄養塩類が供給される一方，消費する植物プランクトンが少ないから。
問8 海流により海水がよく混ざる北太平洋北部の方が，栄養分が豊富なよい漁場となっている。　問9 栄養塩類が湧昇流によって水面付近に供給されるから。
問10 ① エルニーニョ　② ウ

○推定配点○
1 問1・問3・問5 各2点×4　他 各3点×4(問2完答)
2 問1～問3(1),(2)・問5・問6 各2点×6(問1完答)　他 各3点×6(問3(3)・問10各完答)
計50点

＜理科解説＞

1 (気象－雲の発生)

問1 上空では空気がうすくなり，風船をまわりから押す力である気圧が弱まり，風船がふくらむ。

問2 AとBを結ぶ線よりも下では水蒸気のままで水滴にはなっていないが，AとBを結ぶ線よりも上では，水蒸気が冷やされて水滴になり，雲が発生している。

問3 ① A→B→上の経路では，光は立体を2回通るので，光の強さは，$\frac{1}{16}=0.0625$より，約0.06となる。　② A→下の経路では，光は立体を1回通るので，光の強さは，$\frac{1}{4}=0.25$となる。
A→B→A→下の経路では，光は立体を3回通るので，光の強さは，$\frac{1}{64}=0.015625$より，約0.02となる。したがって，光の強さを合計すると，0.25＋0.02＝0.27となる。

やや難 問4 A→左の経路では，光は立体を1回通るので，光の強さは0.25となる。　A→B→左の経路では，光は立体を2回通るので，光の強さは0.0625となる。　A→B→A→左の経路では，光は立体を3回通るので，光の強さは0.015625となる。　A→C→A→左の経路では，光は立体を3回通るので，光の強さは0.015625となる。したがって，光の強さを合計すると，0.25＋0.0625＋0.015625＋0.015625＝0.34375より，0.34となる。

やや難 問5 問3と問4の結果より，立体の数が多くなると，通り抜ける光よりも横に出る光の方が多くなる。

やや難 問6 入道雲を横から見ると，光の量が多くて白く見えるが，下から見ると，光の量が少ないので黒く見える。

2 (植物－湖・海と植物プランクトン)

問1　栄養塩類の多くは，河川からもたらされるので，河川とのつながりがない摩周湖や河川とのつながりが少ない十和田湖は貧栄養湖である。一方，河川とのつながりが多い諏訪湖や霞ヶ浦は富栄養湖である。

問2　植物プランクトンは，水面付近に生息することで，日光を利用して光合成を行い，養分をつくり出している。

問3　(1)　赤潮・青潮・白潮は，いずれも植物プランクトンの大増殖と関係している。また，黒潮は，日本近海を流れる暖流のことである。　(2)　生活排水の流出などによって，栄養分が増加すると，それを養分として吸収する植物プランクトンが大増殖することで，魚介類が死滅する。　(3)　①水面付近では，増殖した植物プランクトンが光合成を行い，溶存酸素量は増加する。　②　水底では，魚介類の死がいがバクテリアなどによって分解される。このとき，水中の酸素が使われるので，溶存酸素量は減少する。

問4　真夏になると，水面付近の水温が高くなるので，対流が起こりにくく，水底にたまった栄養塩類が供給されにくくなり，植物プランクトンも増殖しにくい。

やや難　問5　下水道が発達すれば，海に流れこむ水がきれいになり，環境にも良い影響を与える。

やや難　問6　海の平均の深さは3800mなので，200m以上の，3800－200＝3600(m)を海洋深層水とするならば，$\frac{3600}{3800}\times100=94.7\cdots$(%)より，海水の約95%が海洋深層水である。

やや難　問7　海洋深層水には，生物の死がいなどを含めて栄養塩類が豊富にある。また，光がほとんど届かないので，植物プランクトンも繁殖しない上に，水がきれいで，細菌類も少なく，栄養塩類が分解されずにそのまま残っている。

やや難　問8　北太平洋では，右回りの海流が大きく循環するように流れているので，中央部には強い海流は流れていない。したがって，北太平洋の北部の方では海水が混ざり，栄養分が豊富な漁場となる。

問9　栄養塩類を豊富に含んだ湧昇流が湧き上がることで，良い漁場になる。

重要　問10　東風である貿易風が弱まり，ペルー沖の海水温が高くなることで，世界中で異常気象が起こるようになることをエルニーニョ現象という。このとき，日本では，冷夏・暖冬になる。

★ワンポイントアドバイス★

生物・化学・地学・物理の4分野において，難度の高い計算問題や思考力を試す問題に十分に慣れておこう。

<社会解答>

問1　1　八幡　　2　フビライ(＝ハン)　　3　弘安　　問2　ア　大阪(府)　　イ　神奈川(県)　ウ　福岡(県)　　エ　静岡(県)　　問3　イ　　問4　・(当時の外交は)必要な時だけ外交使節を送るのに対し，今の外交は常時相手国においている。　・(当時の外交は)中国を上に，自国を下の立場においているのに対し，今の外交はお互い対等な立場で外交を行っている。　・(当時の外交は)僧侶や商人などが外交官の役割を担っていたが，今の外交は専門の役所をおいて専門

の役人が行っている。　問5　4　阿蘇　5　水俣　6　球磨　7　西郷隆盛　8　朱印船
問6　外様大名が多い中国，九州，東北地方に，徳川氏の昔からの家臣である譜代大名をおくことで，外様大名を監視し，幕府の支配力を高めようとするねらい。
問7　(1)　遠浅の海や干潟，水深の浅い湖沼などを堤防で仕切り，水を抜き取ったり，干上がらせたりして陸地にした。　(2)　米騒動　(3)　ウ　問8　9　フランシスコ＝ザビエル　10　原　問9　海外で流行する感染症が国内に広がるのを防ぐため。　問10　(1)　朝鮮戦争　(2)　トランプ，金正恩　問11　五榜の掲示　問12　(課題)　現在でも地元住民が信仰の場とする場所に多くの観光客が押し寄せることで，地元住民の信仰や生活に支障をきたす可能性が高い。また，過疎化が進んでいるので観光客を受け入れるだけの体制がとれず，信者が消滅することで潜伏キリシタンの文化そのものが消えるかもしれない。さらに，たとえ観光客を受け入れる体制が整ったとして，他の文化遺産のように，一時的なブームで終わってしまうかもしれない。　(解決方法)　ホームページを作成して世界遺産に関する注意を広く発信したり，見学を事前予約制にして観光客数を制限したりする。

○推定配点○

問4・問6・問7(1)・問9　各4点×6　問12　5点　他　各1点×21　計50点

<社会解説>

(地理・歴史・政治の総合問題，時事問題，その他)

問1　八幡製鉄所は，日清戦争で得た賠償金をもとに建設され，1901年に操業を開始した。元のフビライは日本を従えようとして2度大軍を送ってきた。2度目の弘安の役では，あらかじめ，築いておいた防塁のため，元軍は上陸できなかった。

やや難　問2　アは農業産出額や海面漁業漁獲量が少ないことから大阪府，イは人口が1番多いことから神奈川県，ウは工業製造品出荷額が1番少ないことから福岡県，エは農業産出額が1番多いことから静岡県と，それぞれ判断できる。

問3　選択肢の中で，福岡県の伝統的工芸品は，イの久留米かすりである。

重要　問4　当時の外交と現在の外交の違う点は，以下の3点である。　①　当時は必要な時だけ使節を送ったが，現在は，国交のある国に対しては大使館を設置して，外交官を常時勤務させている。②　当時は朝貢体制で，中国に対して周辺国は貢物等を差し出していたが，現在では対等外交が基本である。　③　当時は，現在のような専門である外交官は存在せず，僧侶や商人などが外交を行っていた。

問5　熊本県には，世界最大級のカルデラをもつ阿蘇山がある。四大公害の一つである水俣病もある。また，日本三大急流の一つである球磨川がある。さらに，朱印船貿易に従事する中国人が唐人町を形成した跡も残っている。西南戦争の首謀者は西郷隆盛である。

問6　図1～図6を考察すると，中国，九州，東北地方において，主に外様大名がつぶされているのがわかる。そして，徳川氏の昔からの家臣である譜代大名をおいている。このことから，新たな譜代大名に外様大名を監視させ，幕府の支配力を高めようとするねらいが読み取れる。

問7　(1)　海の方に向かうと見えてくる水田地域がある。この地域は，遠浅の海や干潟，水深の浅い湖沼などを堤防で仕切り，水を抜き取ったり，干上がらせたりして陸地にして，水田として利用できるようにしたところである。　(2)　1918年に，シベリア出兵をきっかけとした米の買いしめから，米の値段が大幅に上がったため，米の安売りを求める米騒動が全国に広がった。この事件をきっかけに食糧を増産する必要がでてきたため，(1)の方法で多くの水田がつくられた。

(3)　熊本は，昔から，有数のトマトの産地である。

基本　問8　1549年，アジアで布教していたイエズス会の宣教師ザビエルがキリスト教を伝えるために日本へ来た。島原・天草一揆軍は原城に立てこもった。

重要　問9　入国の際の検疫の目的は，海外で流行する感染症が国内に持ちこまれ，広がる危険性をなくすためである。

問10　在日アメリカ軍が朝鮮戦争に出兵すると，GHQの指令で警察予備隊がつくられた。それはしだいに強化され1954年には自衛隊となった。初めての米朝首脳会談は，トランプと金正恩の間で行われた。

基本　問11　五榜の掲示では，キリスト教の禁止が明記されていた。

やや難　問12　課題として3つ考えられる。①　資料1から，地元住民が信仰の場に多数の観光客がくることにより，地元住民の信仰や生活に支障をきたすことが懸念される。　②　資料2から，過疎化が深刻で，観光客の受け入れ体制がとれず，信者の消滅がもたらす潜伏キリシタンの文化の消滅が懸念される。　③　たとえ観光客の受け入れ体制が整っても，他の文化遺産のように，一時的なブームで終わってしまうことが懸念される。解決方法としては，以下のことなどが考えられる。①ホームページを作成して世界遺産に関する注意を広く発信する。②見学を事前予約制にしたりして，観光客数を制限したりする。

★ワンポイントアドバイス★

問6　武家諸法度を守らないという理由で，大名の改易・減封・転封などの処分がくだされ，多くの大名が排除された。問11　五榜の掲示は，五ヵ条の御誓文公布の翌日に人民の心得として出された。

＜国語解答＞

□一　問一　(例)　アウストラロピテクス・アフリカヌスの化石はヒトと同じ派生形質を共有しており，ヒト近縁であると考えられたから。　問二　ヨーロッパ ～ いたかった(から。)
問三　ア　問四　ウ　(理由)　(例)　ドーソンの死後，ピルトダウン人の化石は発見されていないから。　問五　多くの研究 ～ きなかった(から。)　問六　ア・オ
問七　1　小さい犬歯　2　小さい眼窩上隆起　3　頭蓋骨の下側の大後頭孔

□二　問一　A　エ　B　イ　問二　(例)　まだ寒さが厳しく，防寒着の必要な地域から出てきたから。　問三　あの二人，　問四　エ　問五　ウ・エ　問六　(例)　ひよわそうな少年の様子が，峻烈な大本山の修行に似つかわしくなかったから。
問七　(例)　当分家には帰ってこられない息子に対して，厳しい修行の前にせめておなかいっぱい好物を食べてもらおうと思った母が，自分の分のとんかつも息子に食べさせたから。
問八　(例)　あ　白髪　い　心配　問九　エ

□三　①　就任　②　調停　③　善後策　④　俳優　⑤　遊覧

○推定配点○

□一　問一　10点　問四　7点(完答)　問七　各3点×3　他　各4点×4(問六完答)
□二　問一　各2点×2　問二・問六　各6点×2　問七　10点　問八　各3点×2
他　各4点×4(問五完答)　□三　各2点×5　計100点

＜国語解説＞

一 (論説文－要旨・大意・細部の読み取り，記述力)

やや難 問一　本文後半でテストの答案を例に挙げながら，ヒトとチンパンジーとアウストラロピテクス・アフリカヌスという3種について，この3種の共通祖先の形質のうち「頭蓋骨の後側の大後頭孔」は派生形質になるので，ヒトとアウストラロピテクス・アフリカヌスが共有していれば，両者が系統的に近縁な根拠となることを述べている。①の「この化石」＝アウストラロピテクス・アフリカヌスの化石は「大後頭孔」などヒトに似た特徴をもっているということは，ヒトと同じ派生形質を共有していることになるので，後半の内容を踏まえて，「アウストラロピテクス・アフリカヌスの化石はヒトと同じ派生形質を共有しており，ヒト近縁であると考えられたから。(54字)」というような内容で①のようにダートが結論付けたことを説明していく。

基本 問二　一つ目と二つ目の理由は②のある段落と次段落で述べており，三つ目の理由は「しかし，ダートの」で始まる段落で，偏見も影響して「ヨーロッパの人類は進んでいて，アフリカの人類は遅れている，と思いたかった(36字)」と述べているので，この部分の初めと終わりの五字を書き抜く。

問三「別の偏見」から続く2段落で，脳が小さかったアウストラロピテクス・アフリカヌスが人類だとすれば直立歩行が先に進化して脳の増大は後から起きたことになるが，ピルトダウン人は脳が大きかったので人類では脳の増大が真っ先に起きたことになること，私たちは脳が大きいことが人類最大の特徴だという偏見があることを述べている。脳が大きかったピルトダウン人は直立二足歩行より先に脳の増大が起こったことになり，このことがダートの結論を否定する根拠になるのでアがふさわしい。脳の大きさについて説明していない他の選択肢はふさわしくない。

問四　④後「もっとも」で始まる段落で，ピルトダウン人の化石は「ドーソンが死ぬと，その後まったく発見されなくなった」と述べているので，このことを理由に筆者はウが④の最有力と考えている。

重要 問五　⑤前で，ピルトダウン人の化石を信じてしまった主な理由として「多くの研究者が化石そのものを研究できなかった(22字)」ことを述べているので，この部分の初めと終わりの五字を書き抜く。

問六「カンニングを疑った」理由ではなく，AさんとBさんが「『多摩川』と書いてもおかしくないと先生が考えられる状況」であることに注意。AさんとBさん二人ともが「多摩川」のことを知っていれば同じ答えになるので，二人が共通して関係の在るア，オが適切。どちらか一人だけの説明になっているイ，ウは不適切。「テレビドラマ」を二人とも見ていたかわからないので，エも不適切。

重要 問七　最後の2段落で，「派生形質」だけを使って系統を考えていけばよく，アウストラロピテクス・アフリカヌスは派生形質である「頭蓋骨の下側の大後頭孔」をヒトと共有しているので，人類だと結論されることになると述べていることをおさえる。「それは幼児の」で始まる段落で，「頭蓋骨の下側にある大後頭孔」のほかにアウストラロピテクス・アフリカヌスの化石の「小さい犬歯」「小さい眼窩隆起」といったヒトに似た特徴を挙げ，この特徴で人類であると結論していることから，この三つの特徴＝派生形質ということなので，これら三つを抜き出す。

二 (小説－心情・要旨・細部の読み取り，空欄補充，ことばの意味，記述力)

基本 問一　Aの「はにかみ」は恥ずかしそうな様子という意味なのでエ，Bは人から問われないのに自分から語りだすという意味なのでイ，がそれぞれふさわしい。

問二　①は宿に来た女の様子で宿泊カードに「青森県」とあることから，まだ寒さが厳しい地域から来ていることが読み取れるので「まだ寒さが厳しく，防寒着の必要な地域から出てきたから。

(27字)」というような内容で説明していく。

問三　②後で「あの二人，なんだか陰気で，湿っぽいじゃありませんか。めったに笑顔を見せないし，口数も妙にすくないし(49字)」と具体的に話しているので，この部分の初めの五字を書き抜く。

問四　③前で描かれているように，親子連れの客は親子心中しにきたのではないかと女中が言うのを女将は否定していたが，翌朝の親子の様子から女中が言っていたことを不安に思い，つい穿鑿(細かいことまで探ろうとすること)して③のようになっているので，エがふさわしい。親子心中をするのではないかと不安になっているので，他の選択肢はふさわしくない。

重要　問五　宿泊カードの職業欄に主婦とか今春中学卒業と書き入れていることから，旅馴れていない親子が裏通りにあるこの宿に来たのはどうしたのだろうということ，外出するのに母親は手ぶらで息子はボストンバッグ一つだけであることから，親子心中ではないかと思わず行き先を尋ねたことが④前までで描かれている。宿に帰ってきた息子は剃髪しており，息子が雲水になることを母親が話したことで，④前までの「謎が解けた」ので，ウ，エがふさわしい。④までで描かれている「旅馴れている人とも思えないが，どうしたのだろう」「ぎくりとした。母親は手ぶらで，息子の方が凋んだボストンバッグ一つだけを手に提げている」という「謎」を説明していない他の選択肢はふさわしくない。

重要　問六　⑤後で，大本山の修行は峻烈を極めると聞いており，この幼い少年に耐えられるだろうかとはらはらしている女将の心情が描かれているので，この部分を参考に「ひよわそうな少年の様子が，峻烈な大本山の修行に似つかわしくなかったから。(36字)」というような内容でまとめていく。

やや難　問七　⑥前で，息子が入門したら郷里で寺を守りながら息子が修行を終えて帰ってくるのを待つつもりでいるという母親の心情と，当分のお別れになる夕食には息子の大好物のとんかつを母親が頼んでいることが描かれている。これらの描写から⑥のようになっているのは，当分家には帰ってこられない息子に，厳しい修行の前に大好物を食べてもらおうと自分の分のとんかつも息子に食べさせたためであることが読み取れる。母親の息子に対する愛情と，⑥のようになっている状況を具体的に説明していく。

問八　⑦の「小鬢」はこめかみのあたりの髪のことで，年老いた様子を示す表現なのであには「白髪」などが入る。いは「『母』の気持ちが見た目の変化を引き起こした」ものであり，「白髪」は心配事や苦労が多いと増えると言われるので「心配」などが入る。

重要　問九　本文は，寺を継ぐために宿の近くの大本山に入門する息子と，その息子を見送る母親という親子が宿泊する宿の女将の視点で，親子の関係を中心に描かれている。入門してから一年後に同じ宿で再会した親子の夕食はやはり息子の好物のとんかつで，息子への母の想いや成長した息子を優しく見守る女将たちが描かれているので，エがふさわしい。アの「すっかり変わってしまった」はふさわしくない。会話だけでなく女将の心情も描かれており，「都会的なものの考え方」も強調されていないのでイもふさわしくない。修行に向かう息子とそれを見守る母親の関係を女将の視点で描いているので，ウもふさわしくない。

三　(漢字の書き取り)

①はある任務や職務につくこと。②は対立している両者の間に入って争いをやめさせること。③は後始末をうまくつけるための方法。「善後」を「前後」と間違えないこと。④の「俳」を「排」などと間違えないこと。⑤の「覧」を「賢」などと間違えないこと。

★ワンポイントアドバイス★

専門用語が多く用いられている論説文では，それぞれの語句の意味を正確にとらえて読み進めていこう。

大切なことはメモしておこうネ！

T.G

平成30年度

★★★★★★★★★★★★★★★★★★★★★★★★★★★★

入　試　問　題

平成30年度

海陽中等教育学校入試問題（特別給費生入試）

【算　数】（60分）　＜満点：100点＞

1　(1)　すべての位の数字が１である数を，$A(1)=1$，$A(2)=11$，$A(3)=111$，……のように，1の個数を使って表すことにします。これらの数の中で

(あ)　９の倍数となるものを１つ求め，記号Aを使って表しなさい。

(い)　33の倍数となるものを１つ求め，記号Aを使って表しなさい。

(う)　13の倍数となるものを１つ求め，記号Aを使って表しなさい。

(2)　次の図は１辺５cmの正方形をつなぎ合わせた図形です。これを，どの正方形も重なることなくうまく組み立てると，体積の異なる２種類の直方体が作れます。それぞれの直方体の体積を求めなさい。ただし，点線以外で折ってはいけないこととします。

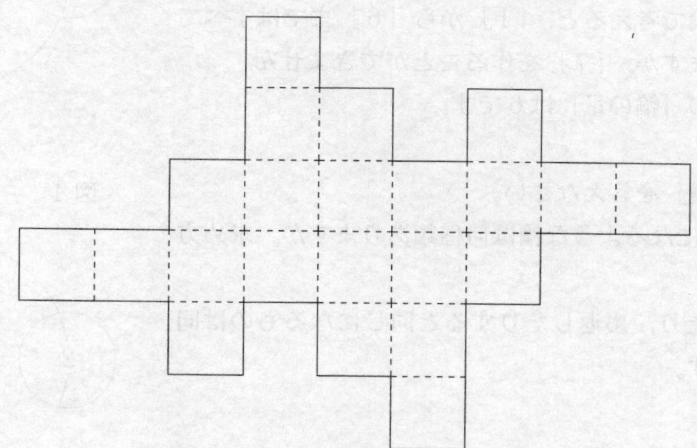

(3)　図のような直角三角形があります。○の角と，×の角について，それぞれいくつずつ集めると合わせて180度になりますか。

次の □ に当てはまる整数を答えなさい。

「○の角 (え) 個，×の角 (お) 個を集めると，合わせて180度になる。」

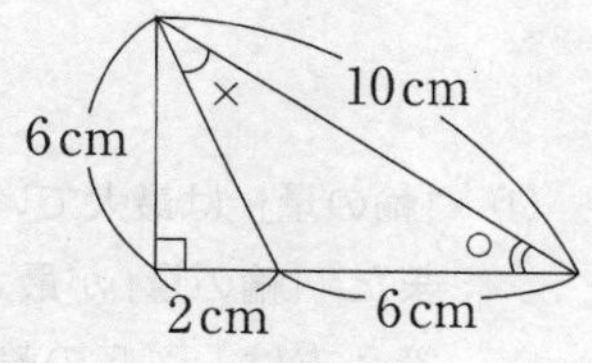

2　糸を通す穴があいた９個の玉に，１から９までの数字がそれぞれ１個ずつ書かれています。この玉から４個選び，糸を通して輪を作ります。その一部を切り取って，つながっている玉の数字の和を考えます。切り取った玉が一つのときはその数字を和とし，一つも切り取らない場合は全部の和を考えることにします。

例えば，右の図１の輪では

２の玉を切り取ると「２」を作ることができます。

２と３の玉を切り取ると「５」を作ることができます。

図１

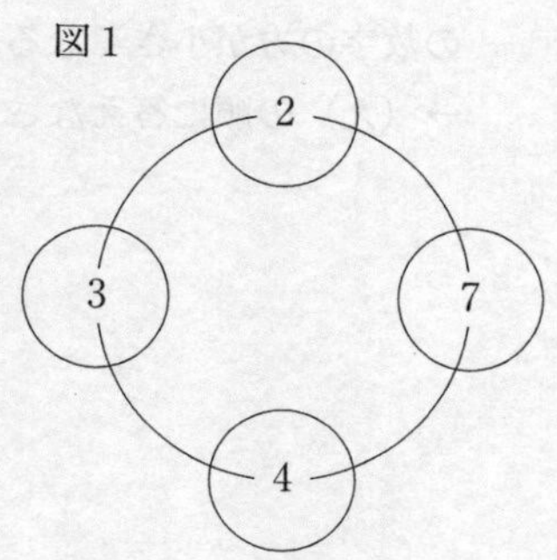

２と３と４の玉を切り取ると「９」を作ることができます。

一つも切り取らないと「16」を作ることができます。

ただし，２と４はつながっていないので，２と４を組み合わせて「６」を作ることはできません。

図２

⑴　１から16までの整数の中で，図２の輪では作ることができない整数をすべて答えなさい。

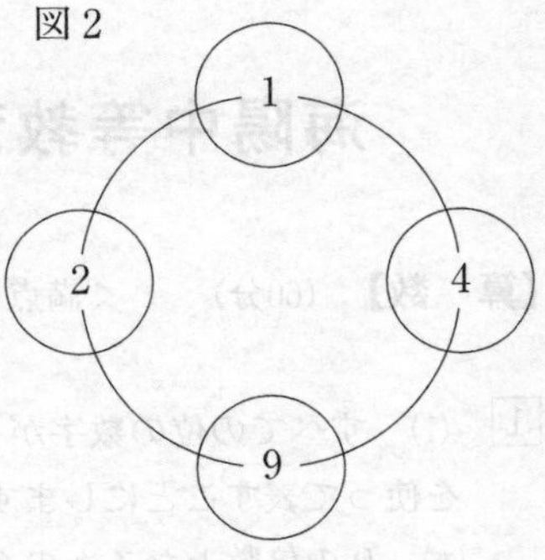

次のようにして決められる数を「輪の量」と呼ぶことにします。

(i)「１」を作ることができないとき，「輪の量」は０です。

(ii)「１」から順番に整数を作り，次の整数が作ることができなくなるまで続けます。

できた最大の数を「輪の量」とします。

例えば図３の輪で考えると，「１」から「６」まではすべて作ることができますが，「７」を作ることができません。

つまり，図３の「輪の量」は６です。

図３

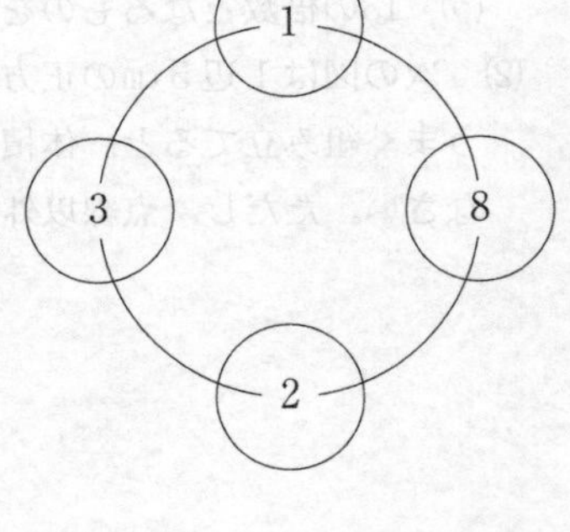

⑵　図４の「輪の量」を答えなさい。

⑶　「輪の量」が３になるような輪は何種類ありますか。求め方も答えなさい。

ただし，回したり，裏返したりすると同じになるものは同じ種類と考えます。

図４

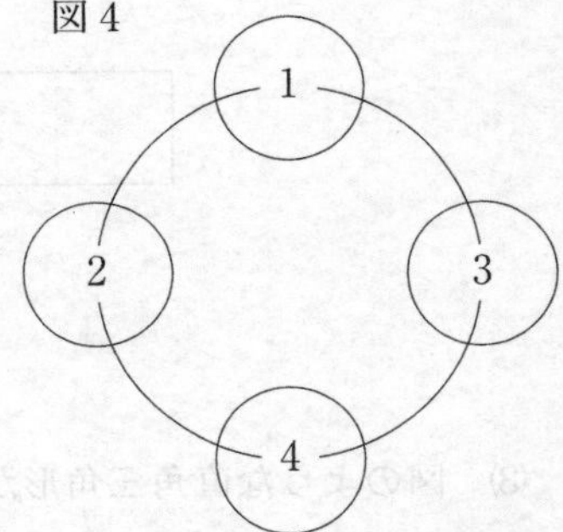

⑷　「輪の量」は最大でいくつになりますか。

また，「輪の量」が最大になるような輪を２種類答えなさい。

答え方は，図５の輪のように玉の場所に名前をつけて，（あ）の場所には一番小さな数字を，（い）と（え）では（い）の数字の方が小さくなるようにして，（あ）→（い）→（う）→（え）の順に答えなさい。

図５

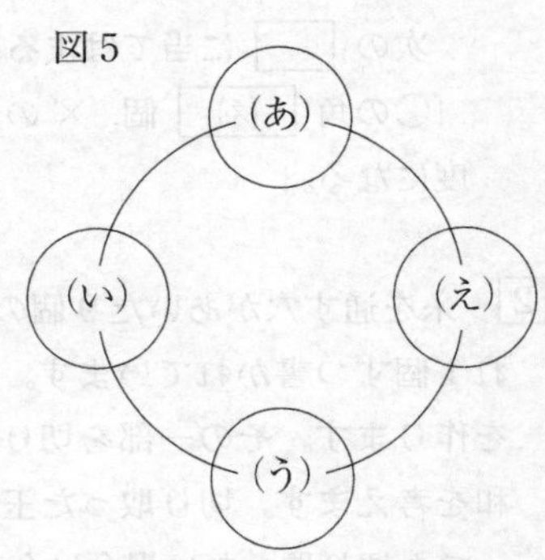

3　１辺が１㎝の正方形を縦（たて）と横に規則正しく長方形になるように並べ，この長方形の左下の角（かど）と右上の角を直線で結びます。

⑴　縦に30個，横に40個並べたとき，直線が内部を通るような正方形は全部で何個ありますか。ただし，正方形の頂点だけを通る場合は内部を通らないものとします。

⑵　縦に30個並べ，横の個数を１個，2個，…と順に増やしていきます。直線が内部を通る正方形の個数が，はじめて50個を超（こ）えるのは，横に何個並べたときですか。

１辺が１㎝の透明（とうめい）な立方体を図のように縦８個，横６個，高さ４個となるように規則正しく直方体となるように積み上げました。

図

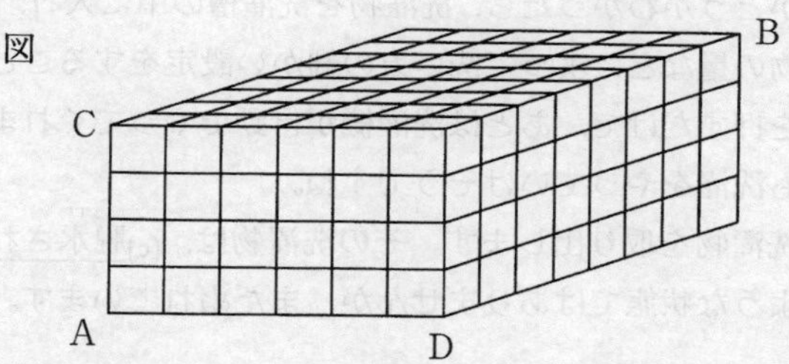

⑶　２つの頂点ＡとＢを通るようにレーザー光線で直線を引いたとき，直線が内部を通る立方体は何個ありますか。ただし，頂点や辺のみを通る場合は内部を通らないものとします。

⑷　３つの頂点Ｂ，Ｃ，Ｄを通る平面で切ったとき，2つの立体に分けられる立方体は何個ありますか。

4　クラスで委員を決めることになりました。Ａさん，Ｂさん，Ｃさんの３人が候補者で，クラスの10人が候補者３人に１位から３位までの順位を決めて投票しました。

結果は

１位Ａさん，２位Ｂさん，３位Ｃさん　の票が５票

１位Ｂさん，２位Ｃさん，３位Ａさん　の票が３票

１位Ｃさん，２位Ａさん，３位Ｂさん　の票が２票

となりました。

それぞれの順位ごとに点数を決めて，合計点の一番多い人が委員になることにしました。点数はすべて異なる整数で，１位が一番大きく，３位が一番小さくなるように決めます。

⑴　１位には5点，2位には３点，3位には１点と点数を決めたとき，3人の合計点をそれぞれ答えなさい。

⑵　Ａさんの合計点が37点，Ｂさんの合計点が30点，Ｃさんの合計点が23点でした。１位から３位の点数はそれぞれ何点でしたか。

⑶　Ｂさんの合計点がＡさんの合計点を超えることがありますか。

超えることがあれば１位から３位の点数の例をあげ，超えることがなければ理由を答えなさい。

⑷　Ｃさんの合計点がＡさんの合計点を超えることがありますか。

超えることがあれば１位から３位の点数の例をあげ，超えることがなければ理由を答えなさい。

【理　科】（35分）＜満点：50点＞

1 洗濯について，次の文章を読み，あとの問いに答えなさい。

海陽学園では，自分で洗濯を行わなければなりません。洗濯なんて家でやったこともないし，不安な人もたくさんいるでしょう。今回は洗濯物について考えてみましょう。

学園では，ほとんどの場合，洗濯機を使って洗濯をします。しかしすべての衣服を洗濯機で洗うことはできません。使われている素材や，加工のしかたなどによっては洗濯機で洗えないものも多くあります。それでは，洗濯機で洗えるものかどうかをどうやって調べるのでしょうか。それは，(a)衣服についている洗濯表示の記号を見ればわかります。

洗濯機で洗えるものかどうかわかったら，洗濯物を洗濯槽の中に入れ，(b)適量の洗剤を入れます。よごれの状態や，洗濯物の量などによって洗い方の細かい設定をすることもありますが，ふつうはここでスタートボタンを押すだけで，あとは洗濯機が自動でやってくれます。どうですか。簡単ですね。これなら毎日でも洗濯をやっていけそうですね。

洗濯機が止まったら洗濯物を取り出します。その洗濯物は，(c)脱水されています。びしょびしょでしずくがたれているような状態ではありませんが，まだぬれています。最後にこの洗濯物を乾かさないといけません。

洗濯物が乾く過程を少し考えていきましょう。洗濯物が乾くということは，洗濯物をぬらしている水が水蒸気となって空気中に出ていく現象です。

実験室でビーカーに水を入れてアルコールランプで温めると，100℃で水は沸騰をし始めます。沸騰している間，水の温度は［　(d)　］。このとき，水は水蒸気に変わり空気中に出て行きます。

しかし，洗濯物を乾かすときは，気温は100℃になっておらず，沸騰も見られません。それでも洗濯物が乾くのは，水は100℃にならなくても少しずつ蒸発し，水蒸気になっているからです。

空気中にふくむことのできる最大の水蒸気の量は気温によって決まっており，これを飽和水蒸気量と呼んでいます。飽和水蒸気量は1 m^3 の空気の中にふくむことのできる水蒸気の重さで表します。飽和水蒸気量と気温の関係を表したものが次のページの**表1**です。

例えば，気温10℃で考えると飽和水蒸気量は9.4ｇです。いま，気温10℃で1 m^3 あたりに5.64ｇの水蒸気をふくんでいる空気は，まだ3.76ｇの水蒸気をふくむことができます。この状態を湿度60％と言います。(5.64ｇ÷9.4ｇ×100＝60％)

それでは，空気中にふくまれている水蒸気の量はどうやって調べればよいでしょうか。１つの例として以下の(e)手順で調べることができます。

① コップに水を入れます。
② コップの中に氷を加えて，水の温度が均一になるようによくかき混ぜながら温度計で水の温度を計っていきます。
③ コップの表面に最初に水滴がついたときの温度を読み取ります。
④ **表1**を用いて，その温度の飽和水蒸気量を調べると，空気中にふくまれている水蒸気の量がわかります。

表１

気温［℃］	空気 1 m^3 あたりにふくむことのできる水蒸気の重さ［g］
6	7.3
8	8.3
10	9.4
12	10.7
14	12.1
16	13.7
18	15.4
20	17.3
22	19.4
24	21.8
26	24.4

問１　文章中の下線部(a)について，洗濯表示の記号は2016年12月より，新しい記号に変わりました。「洗濯機で洗うことができる」を表す記号はどれですか。**ア**～**エ**から１つ選び，記号で答えなさい。

問２　文章中の下線部(b)について，洗剤は通常，中性洗剤を使用します。セッケンを使用しない理由を答えなさい。

問３　文章中の下線部(c)について，洗濯物を入れた槽を高速回転させることによって脱水します。洗濯物を脱水するために使われている力の名前を**漢字**で答えなさい。

問４　[(d)] に当てはまる適当なものを**ア**～**ウ**から１つ選び，記号で答えなさい。

ア　上昇(じょうしょう)し続けます　　**イ**　一定のままです　　**ウ**　上昇下降をくり返します

問５　飽和水蒸気と気温の関係を表したグラフとして正しいものを**ア**～**カ**から１つ選び，記号で答えなさい。

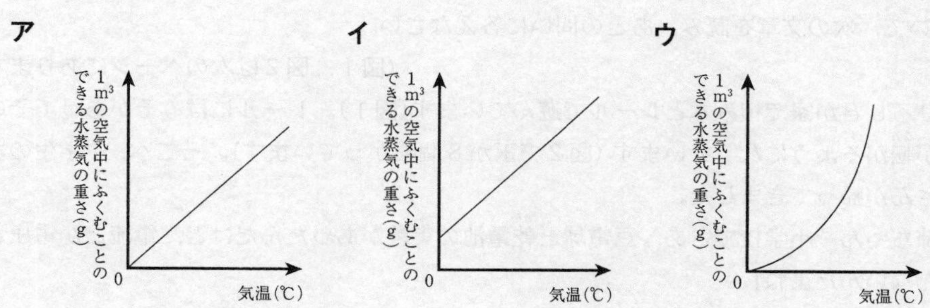

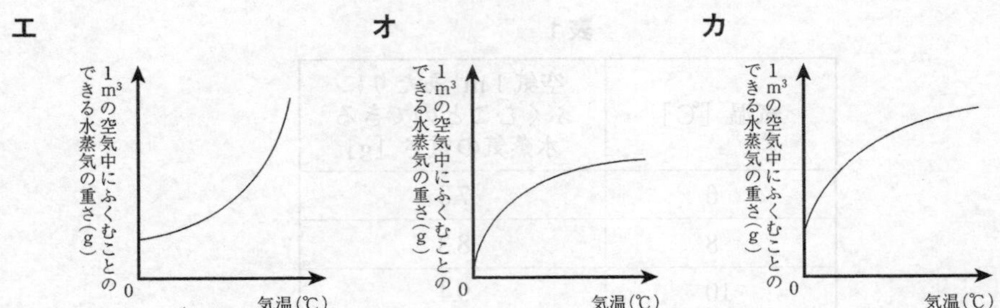

問6　下線部(e)の手順で空気中にふくまれている水蒸気量を調べます。そのときに使用するコップとして適当なものを**ア**～**エ**から１つ選び，記号で答えなさい。また，その理由を答えなさい。

ア　陶器（とうき）製のコップ

イ　銅製のコップ

ウ　黒いプラスチック製のコップ

エ　白いプラスチック製のコップ

問7　下線部(e)の手順で気温22℃の時の空気中の水蒸気量を調べました。その結果，コップの表面が８℃になったときにはじめて水滴がつきました。このときの湿度を求めなさい。答えは小数点以下を四捨五入して，整数で答えなさい。

問8　閉め切った部屋でまったく同じ種類のシャツをハンガーにかけて２枚干しました。そのうち１枚は扇風機（せんぷうき）で弱風が当たるようにしました。風を当てないシャツの方が乾きにくい理由を答えなさい。

問9　縦３m，横４m，高さ２mの密閉された部屋が気温26℃で湿度60％の空気で満たされています。その中に洗濯前の重さが150gで，脱水後は390gになったシャツを１枚干しました。この条件で十分な時間干した場合，この洗濯物は乾くでしょうか。**表1**の数値を使って考え，乾くか乾かないか正しい方に○をつけなさい。

洗濯物が乾くという状態は，洗濯前の重さになることとします。洗濯物の水分はしずくとして落ちたりせず，水蒸気にならない限り洗濯物にとどまっていると考えます。また，部屋の空気の出入り，乾かしている間の気温の変化もありません。

洗濯物が乾く場合は，乾いたあとの部屋の湿度を答えなさい。また，洗濯物が乾かない場合は洗濯物に残っている水の重さを答えなさい。答えは小数点以下を四捨五入して整数で答えなさい。

2　電流について，次の文章を読み，あとの問いに答えなさい。

（**図1**，**図2**は次のページにあります。）

小学生のひろし君が家で積み木とレールで遊んでいます（**図1**）。レールにはみぞがあってその中を小さな玉が転（ころ）がるようになっています（**図2**で玉が８個転がっています）。そこへ，中学生のお姉さんのまいさんが帰ってきました。

ひろし「お姉ちゃん，小学校でさあ，豆電球と乾（かん）電池の実験があったんだけど，電流とか電圧とかよくわかんないんだよね」

まい「電流と電圧なら中学校でも習ったわよ。電流は水の流れみたいなものなのよ。ひろしの積み木で説明してあげる。水はないから，玉が流れるのが電流ってことね」

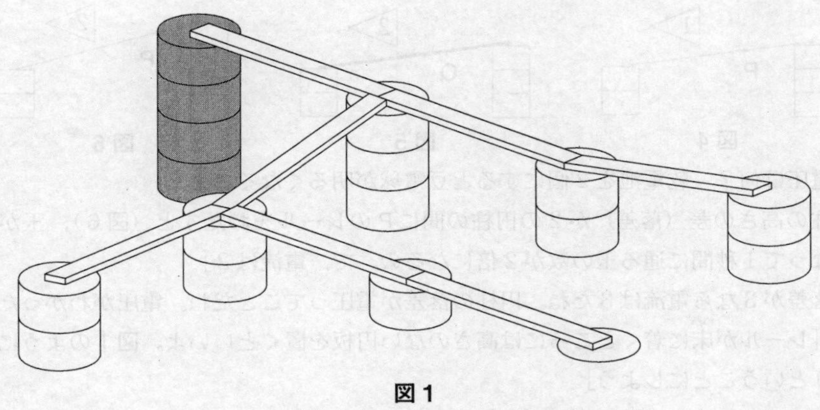

図１

ひろし「電流が強いとか弱いとかあるけど」

まい「１秒間に何個玉が流れるかが流れの強さね。レールのはしで数えて１秒間に１個玉が通ったら流れの強さは１ということにしましょう」

そこへ，お父さんが帰ってきました。

お父さん「遊んでるのかと思ったら電流の勉強だって？ 電流は水の流れにたとえたりするけど，たとえ話は話をわかりやすくするためのものだから，あまりそれにとらわれすぎてはいけないよ」

ひろし「どういうこと？」

お父さん「電流を説明するのが目的ならこういうふうに決めておくといい。①斜(しゃ)面を転がっても玉がだんだん速くなることはない。１本のレール上では玉の速さはどこでも同じ。②１本のレール上では玉の密度（高速道路を走る車で言うと車間きょり）はどこでも同じ。③レールのつなぎ目で玉がたまったり，なくなったりすることはない」

ひろし「いいよ。玉の運動を知りたいわけじゃなくて電流を知りたいんだからね。で，お姉ちゃん，学校の豆電球は明るいのと暗いのと２種類あるんだけど」

まい「ひろしの持ってるレールでＰはみぞが１本でしょ（図２）。Ｑのレールはみぞが２本（図３）。高速道路なら１車線と２車線のちがいみたいなもの。これが豆電球の種類のちがい。

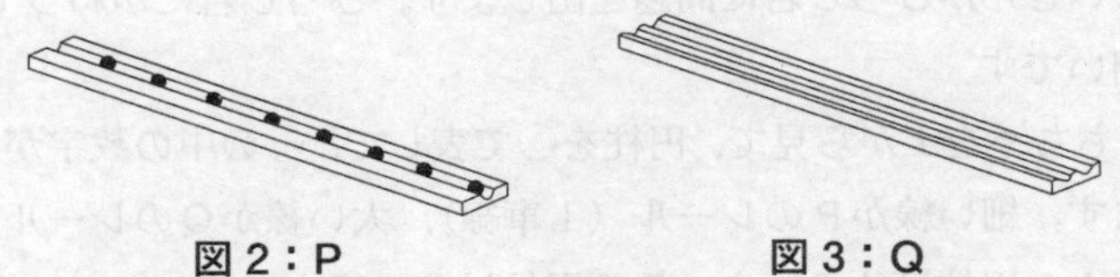

図２：Ｐ　　**図３：Ｑ**

それで，円柱１個の高さを１ということにして，高さの差が１の２本の円柱の間にＰのレールをわたすと流れの強さが１になるとしましょう（次のページの図４。おもちゃを横から見た図）。レールのとなりに書いた▷の向きが流れの向きで，流れの強さは▷の中の数字で表すわね。さあ，Ｐのかわりに Ｑのレールをわたすと？」

ひろし「同じように玉が転がって，でも２車線だから１秒間に通る玉の数は２倍になるね。ということは流れの強さは２だ（次のページの図５）」

まい「そう。電流の強さって車の交通量みたいなものなのよ」

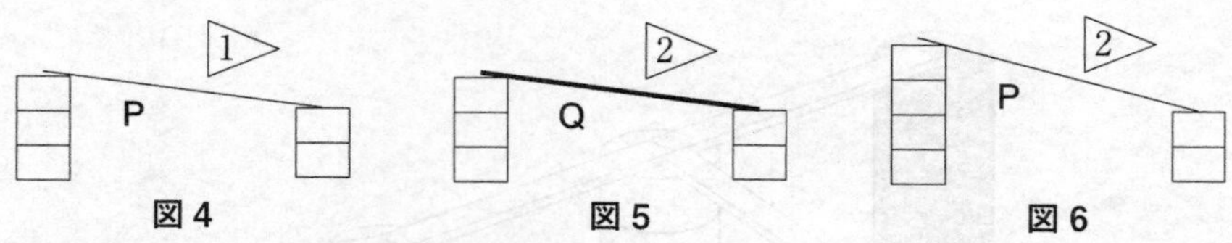

図４　図５　図６

ひろし「電圧は何？　乾電池を２個にすると豆電球が明るくなるのは？」

まい「円柱の高さの差（落差）が２の円柱の間にＰのレールをわたすと（図６），玉が流れる速さが速くなって１秒間に通る玉の数が２倍になるの。で，電流は２」

ひろし「落差が３なら電流は３だね。円柱の落差が電圧ってことだね。電圧がわかった気がする」

お父さん「レールが床（ゆか）に着くところには高さのない円板を置くといいよ。図１のように。この場所は高さ０ということにしよう」

ひろし「玉をスタートの高さに持ち上げるのがめんどうだなあ。自動的に持ち上げてくれるエレベーターがほしいなあ」

まい「ぜいたく言わないの。今は手で持ち上げて。電流の場合は，下から上まで玉を持ち上げるのが電池の仕事ね。図７のように，灰色の円柱は中がエレベーターになっていて玉を持ち上げてくれることにしましょう。どの高さまで持ち上げられるかを表すのが電池の電圧。図７では電池の電圧は１，図１では電池の電圧は４よ」

ひろし「玉がコースを一周するためには，図７のように同じ高さのところをつなぐレールも必要になるね」

まい「電気の回路の場合は，どう線のことね。同じ高さのところをつなぐレールはＺ（ゼット）と書くことにしましょう。車線がたくさんあってたくさんの玉が通れるようなレール」

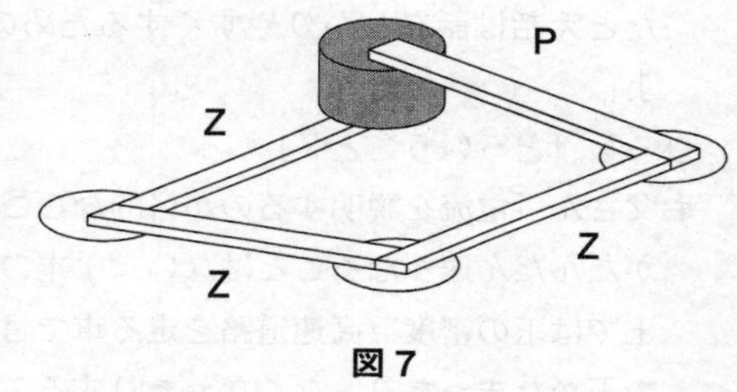

図７

ひろし「たくさんっていくらでも通れるの？」

まい「お父さんが言ったことに注意してね。図７の場合は，Ｐのレールの流れの強さが１だから，Ｚのレールの流れの強さも１だよ」

さあ，これからまいさんがひろし君に問題を出します。ひろし君にかわってみなさんが答えてください。下線部が問いです。

図８のように，おもちゃを上から見て，円柱を○で表して，○の中の数字が高さを表すとします。レールは線で表します。細い線がＰのレール（１車線），太い線がＱのレール（２車線）です。

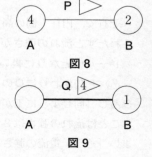

問１　まい「図８でＡの円柱は４の高さ。Ｂの円柱は２の高さです。AB間にＰのレールをわたすと，<u>Ｐの流れの強さはいくら？</u>」

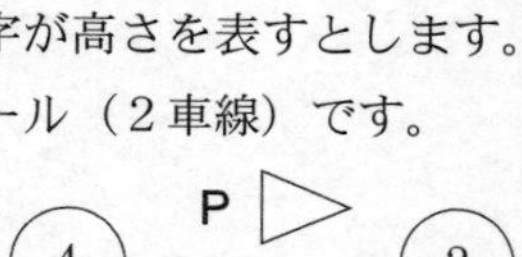

P　4　2　A　B

図８

問２　まい「図９でＢの円柱は１の高さで，AB間にＱのレールをわたしたら，Ｑの流れの強さは４になりました。<u>Ａの円柱の高さはいくら？</u>」

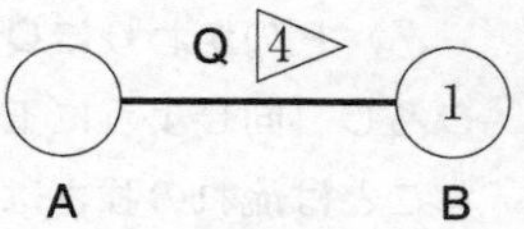

Q　4　1　A　B

図９

問３　まい「図10でＡの円柱は６の高さ，Ｂの円柱は４の高さです。AB間にＰ，BC間にＱのレールをわたしました。Ｃの円柱の高さはいくら？」

お父さんからヒント「Ｐの流れの強さはわかるね。Ｑの流れの強さもそれと同じなんだよ。Ｂのところで玉がたまったり，なくなったりしないように考えてね」

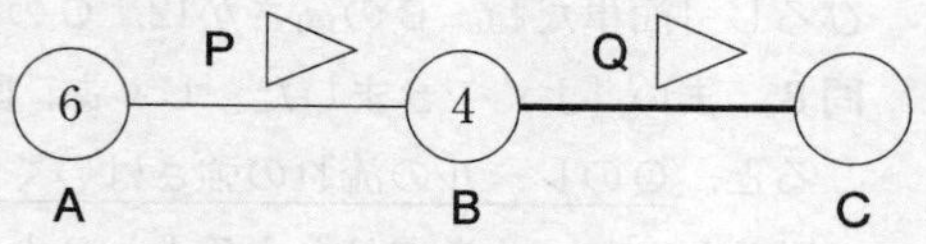

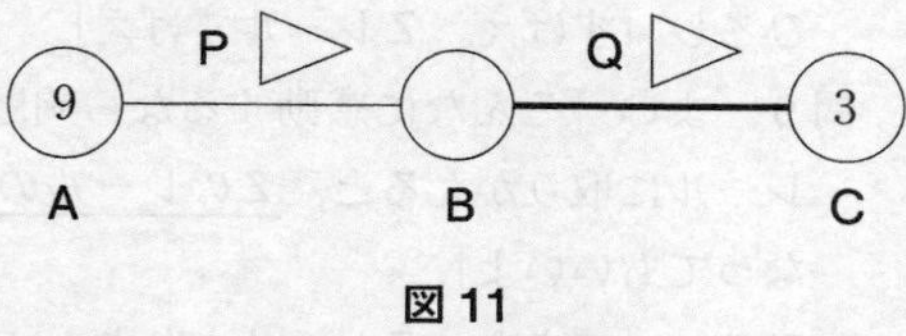

図10

まい「図11でＢの円柱の高さはいくら？」

ひろし「う～ん。Ｂの高さは７かな」

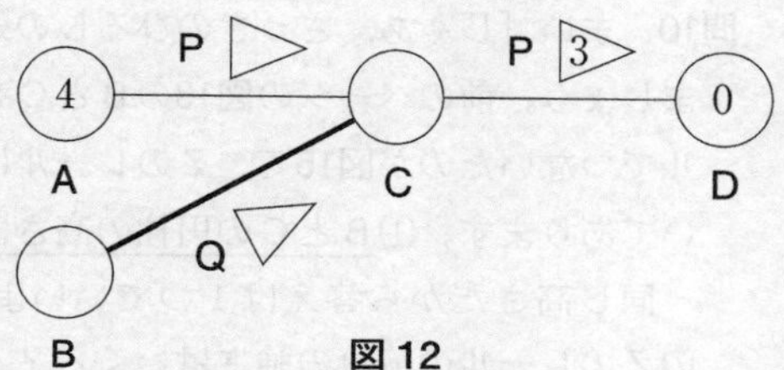

図11

問４　このひろし君の答えはまちがっています。まいさんになったつもりで，⑴なぜ７ではだめかをひろし君に教え，⑵正しい答えを出してください。

問５　まい「次は枝分かれがあるわよ。図12でＢの円柱の高さはいくら？」

ひろし「小学校で並列つなぎとかやったけどなあ。関係あるかなあ」

お父さんからヒント「Ｃで合流したときに，玉がＣでたまったり，なくなったりしないようにね」

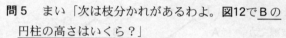

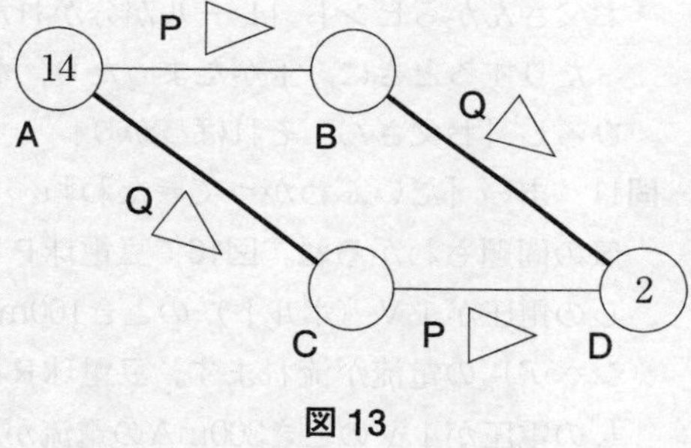

図12

問６　まい「図13でＢとＣの円柱の高さはそれぞれいくら？」

ひろし「**問６**はできたぞ。それで，もしＢとＣをレールでつなぐとBC間は流れるのかなあ」

まい「円柱の高い方から低い方に流れるのよ」

問７　まい「図13でＢとＣをレールでつなぐと，BCをつなぐレールの流れはどちら向き？　流れないときは流れないって答えてね。レールはＰでもＱでもＺでもいいよ」

図13

ひろし「**問７**はできたけど，BC間をつなぐのがどのレールでもいいなんておかしくない？　Ｚのレールは同じ高さのところをつなぐのに使うって言ったじゃん」

まい「ＰでもＱでもＺでも流れる向きは同じってこと。流れの強さはＰかＱかＺかでちがうよ。Ｐのレールをつなぐと，それに合うようにＢやＣの円柱の高さが変わるし，Ｑのレールをつなぐと，それに合うようにＢやＣの円柱の高さが変わる」

ひろし「おもちゃだとぼくが積み木の高さを変えないといけないけど，電気だと自動的に高さが変わるんだね」

まい「そう。じゃあ，また簡単な問題から考えていくわよ。図14でBC間のＰのレールの流れの強さはいくら？」

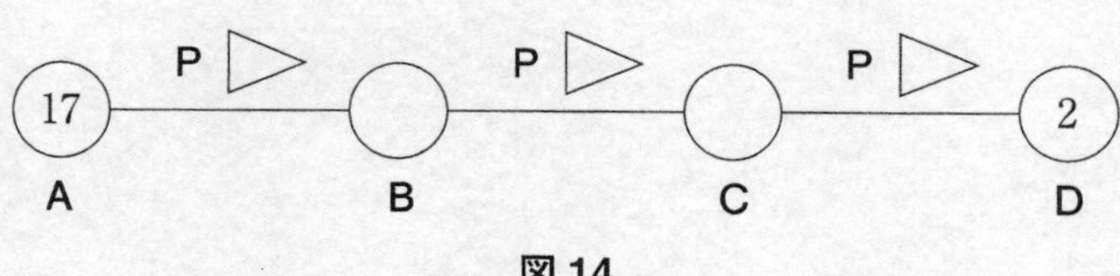

図14

ひろし「簡単だね。Bの高さが12，Cの高さが７，BC間のPの流れの強さは５だ」

問８　まい「よくできました。じゃあ，**図14**にもどってBC間のPのレールをQのレールに取りかえると，Qのレールの流れの強さはいくら？」

ひろし「レールを取りかえると，BとCの高さも変わるんだね。難しいけどできたよ」

まい「次はZのレール。Zのレールは同じ高さの円柱をつなぐって言ったけど，ほんとはZをつなぐとその両はしの円柱の高さが同じになるの」

ひろし「すげえ。Zレールすげえ」

問９　まい「そんなに感動するなら問題もできるわね。**図14**にもどってBC間のPのレールをZのレールに取りかえると，Zのレールの流れの強さはいくら？　円柱の高さも流れの強さも小数になってもいいよ」

ひろし「できた。Zレールもわかってきたぞ」

問10　まい「じゃあ，さっきのひろしの疑問を考えましょう。前のページの**図13**のBとCをZのレールでつないだのが**図15**で，Zのレールは破線でかいてあります。⑴BとCの円柱の高さはいくら？　同じ高さだから答えは１つでいいよ。⑵BC間のZのレールの流れの強さはいくら？　流れないときは流れないって答えてね」

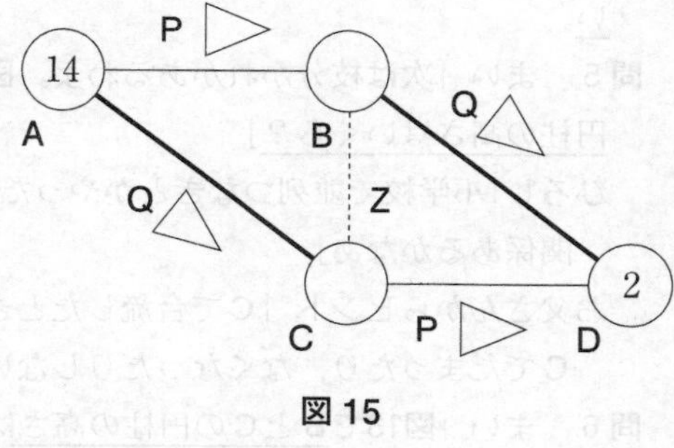

図15

お父さんからヒント「レールが分かれたり合流したりするときに，玉がたまったり，なくなったりしないようにね」

ひろし「お父さん，そればっかり」

問11　まい「だいぶわかってきたわね。これなら電気の問題もわかるね。**図16**で豆電球Pはその両はしの電圧が１V（ボルト）のとき100mA（ミリアンペア）の電流が流れます。豆電球Rはその両はしの電圧が１Vのとき300mAの電流が流れます」

ひろし「Rは３車線のレールと同じだ」

まい「そう。それを**図16**のようにつなぎます。電池の電圧は２Vです。⑴スイッチSを切っているとき，Cを流れる電流は何mA？　⑵スイッチSを入れると，BC間に流れる電流はどちら向きに何mA？　流れないときは流れないって答えてね」

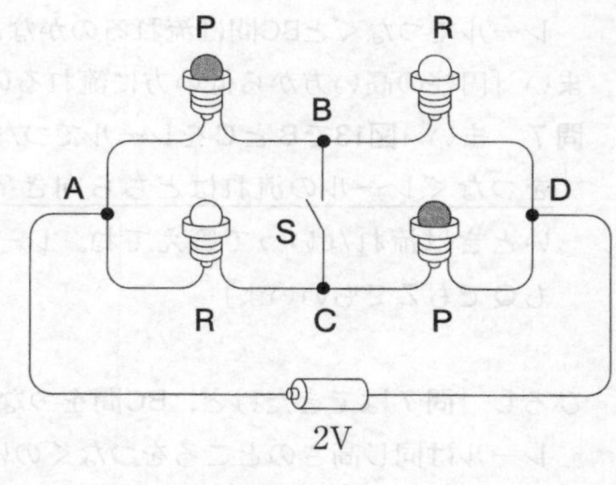

図16

ひろし「スイッチを入れるとBC間をZレールでつないだのと同じだね」

まい「電流の答えが小数になるときは小数点以下を四捨五入して整数で答えてね」

の不在ゆえに模型よりも軽やかな電車が移動していくときの、一瞬の空気の弛緩にかぎりない愛着を覚えずにいられない者にとっては、回送電車こそ、永遠に見つからない逃避への道を探っている寂しい漂泊者の似姿なのかもしれない。

（堀江敏幸『回送電車』中央公論新社による）

（注）1　居候　他人の家にただでおいてもらい、食事などの世話になっている人。
2　遵守　規則にしたがい、それを守ること。

問一　空欄に入る漢字一字を自分で考えて書きなさい。

問二　傍線部①「追う」の主語を自分で考えて書きなさい。

問三　傍線部②「怨念」とありますが、それはどういう気持ちですか。最もふさわしいものを、次の**ア**～**エ**の中から一つ選び、記号で答えなさい。

ア　仕事が忙しくて少しの時間も欲しいのに、という踏切を非難したくなる通行人の気持ち。
イ　日頃なら目にも留めない他の通勤者の様子に、なぜかいら立ってしまっている通行人の気持ち。
ウ　信号待ちにはない、鳴りやまない警報機の音に不愉快な気持ちが募ってしまっている通行人の気持ち。
エ　遊びに行くわけでもないのに行く道をふさがれることに、言いようもなく不機嫌になる通行人の気持ち。

問四　傍線部③「回送電車」とありますが、これを「たとえ」で記した十八字の言葉を本文より探し、抜き出して答えなさい。

問五　傍線部④「案山子」について、次の各問に答えなさい。

1　読みを「ひらがな」で書きなさい。

2　ここで用いられている表現技法を次の**ア**～**エ**の中から一つ選び、記号で答えなさい。

ア　直喩　**イ**　隠喩　**ウ**　体言止め　**エ**　擬人法

3　これと同じ表現技法の用いられた言葉を、この段落から一つ抜き出して答えなさい。

問六　傍線部⑤「私は以前からこの回送電車にそこはかとない憧憬を、もっと言えば、ある同胞意識に似た感情を抱きつづけてきた」とありますが、このときの心情を的確に示した三字の言葉を文中よりさがし、その言葉を抜き出して答えなさい。

問七　傍線部⑥「私の奇妙な同胞意識の由来がそれで解明されたわけではなかった」とありますが、それはなぜですか。百字以内で説明しなさい。

問八　傍線部⑦「私にとって、ひとつのジャンルを遵守した書法の選択は、回送電車に人を乗せて走れと要求するようなものなのだ」とありますが、「居候」に対して当てはめるとすると、どのように「要求する」ことになりますか。最もふさわしいものを、次の**ア**～**エ**の中から一つ選び、記号で答えなさい。

ア　居候に仕事を早く見つけて家を出て行きなさいと要求すること。
イ　居候に早くこの家から出て別の家に行きなさいと要求すること。
ウ　居候にもう少し遠慮がちにこの家で過しなさいと要求すること。
エ　居候にもっと積極的に家の仕事を手伝いなさいと要求すること。

みたいに目の端を泳いでいくこの電車だけが身にまとっている不思議な空気を、理由がよくわからないまま好意的に受けとめてきたのである。ついいましがたこの踏切にも、直立不動の人形を押し立てた真昼の亡霊がことのほかゆるやかに通り過ぎて、群集心理に呑み込まれた私の胸の内を複雑にえぐっていったのだが、そもそもこの回送電車とはいかなる存在なのか。周知のように、書店で売られている時刻表には、整備のため車庫に向かう列車のダイヤなど記載されていない。といって貨物専用路線を走るわけでもないから、時刻表は沈黙の電車を計算に入れなければ編むことができないはずで、つまり回送電車とは、私たちの眼前にまぎれもなく存在しつつ、同時に現実と非現実のはざまをすり抜けてしまう不可視の列車なのである。

いつだったかこの踏切の管轄者である某私鉄のサービス課に、限られた区間でかまわないから回送電車のダイヤが入手できないものかと問い合わせてみたところ、意外にも、というか妙に得心のいく応えが返ってきた。運輸部が編成する回送電車のダイヤは部外秘文書だと言うのだ。しかし私が例に挙げた有限の線分上を平日に走る回送の本数は親切にも教えてくれて、驚くなかれその数は、上下線合わせて七十本近くにのぼっていた。下りの主体は特急回送で、全体では六、七割を鈍行の回送が占めている。純粋に数だけ見ればこれはかなりの密度ではなかろうか。少なくともこちらの予想をはるかに上まわる数値ではあって、役割の重要性を理解するにじゅうぶんな情報だったのだが、回送電車を前にした⑥私の奇妙な同胞意識の由来がそれで解明されたわけではなかった。

ところが目の前を横切っていく空っぽの車両を惚けたように眺めているうち、ふと気づいたのだ。回送電車の魅力は、部外秘のダイヤグラムに沿った隠密行動の気高さとは裏腹に、急ぎの客にはなんの役にも立たず、しかも役立たずだと思われることじたいに仕事の意義があるという、考えてみれば至極当然の逆説に依拠しているのではないか。誰にも関心をもってもらえぬまま決められた時間に敷かれたレールのうえを滑っていく、いわば義務づけられた余裕とでも呼ぶべき甘美な倒錯がここにはあるのだ。こうした倒錯をもたらす要因のひとつは、前も後ろもなく、ときにはまったく異種の身体をあいだに挟むことも可能な、つまりタクシーやバスには望むべくもない肯定的な規制である、一見不自由そうな鉄路だけに許された双方向性にあるだろう。

特急でも準急でも各駅でもない幻の電車。そんな回送電車の位置取りは、じつは私が漠然と夢見ている文学の理想としての、（注1）《居候》的な身分にほど近い。評論や小説やエッセイ等の諸領域を横断する散文の呼吸。複数のジャンルのなかを単独で生き抜くなどという傲慢な態度からははるかに遠く、それぞれに定められた役割のあいだを縫って、なんとなく余裕のありそうなそぶりを見せるこの間の抜けたダンディズムこそ《居候》の本質であり、回送電車の特質なのだ。実際、私がこれまでに上梓したささやかな本たちは、いずれも書店では置き場のない中途半端な内容で、海外文学評論の棚にあるかと思えば紀行文の棚に投げ入れられていたり、エッセイや詩集の棚の隅に寄せられているかと思えば都市計画の棚に隠されていることもあるといったぐあいで、書店という特定の路線上にあってなお分類不能な、まさしく回送電車的存在だったではないか。⑦私にとって、ひとつのジャンルを（注2）遵守した書法の選択は、回送電車に人を乗せて走れと要求するようなものなのだ。乗客

ることばを、次のア～エの中から選び、記号で答えなさい。

> 「人の身になってみる」の「身」ということばは、辞書の意味としては「[1]」のことだが、ここで筆者は「[2]」という、もともとの意味を重ねて考えている。

ア からだ　**イ** 立場　**ウ** 自分自身　**エ** 身分

問九 傍線部⑧「こうしてはじめて茶わんが、その人にとって存在する」とありますが、それはどういうことですか。八十字以内で説明しなさい。

二 次の文章を読み、あとの問に答えなさい。

もう五分ほども、車二台分の幅しかない踏切で足止めを[ ]っている。新宿を起点とするこの私鉄沿線にはいまだ多くの踏切が残されていて、ラッシュ時などのぼりくだりが同時に何本も重なって遮断機が下りっぱなしになり、通行人はいつまでたっても鳴りやまない電気の警鐘を堪え忍ばなければならないのだが、そうこうするうち歩行者だけでなく前ハンドルのかごにスーパーの袋をいっぱいつめた自転車や配送用の小型ワゴン車やらが一挙に押し寄せて人と人のあいだの距離がむやみと縮まり、戸外でも強い匂いを放つ香水をつけた女性のうなじやクリーニング店の札がついたまま折れ返っているおじさんのコートの襟首が目にはいってなんとなく気分が鬱屈してくるうえに、ふだん公衆の面前でそんな勇気など出したことのない人々がひとりふたりと遮断機を持ち上げて無法地帯に侵入し、前のめりに砂利道を駆け抜けるというメキシコ国境さながらの緊迫した劇を①追うことになる。

踏切には、たとえば都心のスクランブル交差点などとは明らかに異質な②怨念が渦巻いている。遊びに出かけるのではない真面目な勤め人の行く手をなぜこうも無慈悲にさえぎるのか。その怨念を増幅させているのはおそらく競走馬のゲートに相当する縞模様のバーの存在だろうが、線路の両側で身動きがとれなくなっている私をふくめた数百の人間の神経をさかなでするのは、時々、こちらをあざ笑うかのようにひときわゆっくりと滑っていく乗客のない車両、すなわち③回送電車である。

車庫に送り返す空の車という一般的な定義に基づくなら、路線バスやタクシーにも当然「回送車」はある。けれども機関士、いや運転士というのだろうか、彼らが職務遂行に際して、客を乗せているときと変わらぬ注意を払い、効率的な運行と安全確保を目的とする地味な仕事を黙々とこなしている印象をもたらすのに対して、信号だの交通渋滞だの、外的な要因が進行を妨げるぶんだけ憂さがたまるのか、車庫行きの無人バスを操る運転手は通常の乗合よりもずっと攻撃的な走りをしているし、タクシーとなればなおさらで、手を挙げている④案山子の黙殺に歓びを見出しているとしか思えない険悪な雰囲気を漂わせている。もっとも客の目には、回送電車もまた、特急にすら与えられていない全駅通過の権限を振りかざして哀れな通勤客を無視するもののけとしか映らないだろう。

にもかかわらず、⑤私は以前からこの回送電車にそこはかとない憧憬を、もっと言えば、ある同胞意識に似た感情を抱きつづけてきた。白昼、蟻のごとく群がる人間どもを睥睨しつつ、国王を乗せるリムジンのように威風堂々と流れていくかと思えば、夜間、車内灯をつけたままのガラス窓に、ホームに蝟集する疲弊しきった連中の顔を反射させながら幽霊

エ　鳥のことばは、外敵襲来の信号というだけではないということ。

問三　傍線部②「いわゆる言語」とありますが、それは何を指していますか。その説明として最もふさわしいものを次のア～エの中から一つ選び、記号で答えなさい。

ア　同じリズムや呼吸を共有する、子ども同士の会話。
イ　自分の外側にあるもの＝対象物として受け入れられ、理解されたことば。
ウ　からだの動作や表情なども含めた、広い意味での「言語」。
エ　会話したり文字で読み書きしたりする、一般的な意味での「言語」。

問四　傍線部③を含めて、この段落では「チャッポ、チャッポ」「パチャパチャ」といったことば（擬態語・擬声語＝オノマトペ）が多く使われています。筆者はこれらのことばを使って、どんなことを表現しようとしたと考えられますか。その説明として最も適切なものを次のア～エの中から一つ選び、記号で答えなさい。

ア　子どもの会話は、言葉を一つの対象物として受け入れ、それを理解するということなので、実際の音をまねて言葉にしたオノマトペを使って、子どもたちの感覚的な楽しさを表現しようとした。
イ　子どもたちが共通して感じているのは、水の感覚や歩くリズムの感覚など、意味のある言葉では表現できない感覚的な楽しさなので、音やリズムはあるが意味を持たないオノマトペを多用して表現している。
ウ　子どもたちの行為がすぐに伝染していくのは、鳥の言葉とおなじく、体の状態がそのまま他に移ってしまうということなので、ギャギャーッという鳥の鳴き声と同じようにオノマトペで表現している。
エ　子どもたちの行動が伝染するのは「共感」のはじまりであり、「共感」は想像力の基礎になるものだから、音以外のものを音のように表す手法であるオノマトペを使って、子どもたちの想像力を表現しようとした。

問五　傍線部④「あべこべ」とありますが、大人はなぜ「あべこべ」に考えてしまうのでしょうか。その説明としてふさわしくないものを次のア～エの中から一つ選び、記号で答えなさい。

ア　大人になると、子どものころより細かい記憶力が衰えるから。
イ　大人は、からだ全体の反応で「まね」できなくなっているから。
ウ　子どもは、細部を覚えてまねをするわけではないから。
エ　子どもはからだ全体の反応として「まね」しているから。

問六　傍線部⑤「子どもが絶えず行なっていること」とありますが、それはどんなことですか。最もふさわしいものを次のア～エの中から一つ選び、記号で答えなさい。

ア　テレビで見る踊りや歌を見事にまねすること。
イ　激しく躍りつつ叫び歌い、楽器を叩くこと。
ウ　わらべうたのような共通の「うた」を作り出すこと。
エ　昔と同じメロディを年長から年少へ伝えること。

問七　傍線部⑥「子どもの場合にはたしてそうであるかどうか」とありますが、筆者は結局、子どもにとって「まね」とはどんな行為だと言っていますか。四十字以内でまとめなさい。

問八　次の文章は傍線部⑦を説明したものです。空欄１・２にあてはま

章が自伝にあります。その黒人たちは他人の感情を理解することに非常に敏感であると書いてある。かれらはみごとに相手のまねをする。まねをしたとたんに、その人の気持ちや言いたいことがわかってしまう。そういう理解の仕方であるらしい。これを読んだ時、やっぱりこういう人たちがいたのだな、とひどく嬉しかったのです。私にとって、これはまことに身近な、理解の方法だったからです。私がレッスンをしている時、相手の人たちのからだの中に起こってくる動きが自分のからだに伝わってくる。それでもなおかつ明確に感じ取り切れない場合には、そのからだのまねをするのです。すると、そのとたんに、その人のからだの感じが、たとえばどういう目で世界を見、向かいあっているか、ちぢまっていたり、あったかい感じを持っていたり、そういうようなことがすっとわかってくる。

たぶんこれはユングの書いた黒人たちと同じ方法なのだろうと思います。つまり身ぶり・身動きをまねするということは、同じ動きをからだの中に感じるということ。同じ動きは、肉体の動きだけではなく、その動きを生みだしてくる生理状態、心理状態全体を、自分の中に感じとるということで、つまり相手を理解するひとつの明確な行為であるわけです。⑦「人の身になってみる」という日本流は、みごとにこの働きをあらわしている。

幼児が、自分のからだにしきりに触ってみている。幼い子はそうしながら、自分のからだ全体のイメージをつくり出す作業をしているのではないかと私などは感じているのです。芝居の基礎的な訓練のひとつに無対象行為がある。マッチでもコップでも、Cジョウキ機関車のおもちゃでも、その実物なしにそれを扱ってみる練習です。たとえば茶わんをヒョイッと手にもつ恰好をしてみても、そこにはなんのリアリティも感じない。つまり行動する（演じる）主体に茶わんのイメージが具体的に生れてこないのです。想像した茶わんを手に持ち、まわりをなでてみ、重さを手のひらで感じてみ、うつしかえ、中に湯を入れた時の重さを、熱さを感じてみ、ということを何べんも何べんもくり返してみているうちに、実際にはない茶わんのイメージがはっきりしてきて、ずしりと手のひらに重く感じられるという具合になってくる。⑧こうしてはじめて茶わんが、その人にとって存在する。赤ん坊が自分のからだをいじり、色々と自分のからだを動かしてみているのもある面で言えばその行為によって、自分のからだの全体を自分に対して存在させ、そのイメージを自分のものにしていくDカテイではないか、という仮説を私は持っているわけです。

（竹内敏晴『子どものからだとことば』晶文社 による）

（注）1 カリカチュアライズ　戯画化。人やものの特徴（主に欠点）を誇張して笑えるものにすること。

2 異化　日常で見慣れたものを、（芸術などにより）非日常的に変化させ、新鮮に見せたり再認識させたりするような働き。

問一　傍線部A～Dのカタカナを漢字に、漢字をひらがなに直しなさい。

問二　傍線部①「そうではない」とありますが、それはどういうことですか。その説明として最もふさわしいものを次の**ア**～**エ**の中から一つ選び、記号で答えなさい。

ア　鳥のことばは、人間のあくびに似ていないということ。

イ　鳥のことばは、リーダーが指令する信号ではないということ。

ウ　鳥のことばは、ひとつの生理状態の現われではないということ。

ない。だとすれば、子ども同士の歌や踊りが感染してゆくのはあたりまえでしょう。

ひとりの子どもがうたえばたちまちみな口をそろえる。足並がそろう。からだが一しょにゆれる。およそ、踊ると歌うとは、もともとひとつのものの別の側面を名付けたにすぎないものだろうと私などは思っています。それぞれが分化して芸術として独立してしまった現代では、直立不動で歌ったり、こえも立てずに踊ることが当然のことのように受けとられているが、表現する主体のからだにとってみれば、本来こんなA苦行はないはずで、ロックの連中が激しく躍りつつ叫び歌い、楽器を叩くのは、あれが本来の姿であり、逆に、ディスコの耳を聾する轟音の中で、黙って狂気のように踊り廻る青年は、自らのからだを痛め、閉してゆく姿にほかならない。それを越えるには、ことば、つまり歌が、たぶん要るので、うた＝ことばは、個のからだの閉鎖性、孤立性を越えて他者へ突破してゆき、ひとつの共生態を回復すること、つまりはひとつの共同体への呼びかけとしての機能を持つのだろう。より発生的に素朴に言えば、ひとつの共同体が、共通のある感情、生理、つまりはからだ全体が共通のある状態に入ったときに、共通のリズム、共通のメロディでからだが動き、声が発せられるということが始まったのだろう、と思うのです。これは⑤子どもが絶えず行なっていることだ。小泉文夫氏のグループなどが採集している、現代のわらべうたなどがその一部を示すものでしょう。

と同時に、発生したうた＝躍り（踊り）は周囲に、また年長から年少の子どもへと、感染し、伝えられてゆく。「〇〇ちゃーん、遊びましょ」とB門口で呼んでいるのを聞くと、そのメロディが、私自身の子どもの頃と全く同じなのに驚きます。「言ってやろ言ってやろ、センセに言ってやろ」なども同じように、大人の介入せぬ子どもだけの世界の中で次々に伝えられてきているひとつの文化と言えるだろうと思うのです。

このような伝染のしかたは、日高氏の言っている鳥のことばの伝わり方と同値の、つまり「共生態」としてのからだ、個々の子どもをひとりひとり切り離して見るのでなく、共同に生きるからだということを土台として考えてみることができるのではないか。

（中略）

子どもはことばやみぶりをまねする、まねすることでおぼえてゆく、と言われています。「学ぶ」ということばは「まねぶ」と同じ語源から出たと言われますけれども、「まねる」とはどういうことだろうか。普通は対象の外形をなぞるとか、その振りを写しとって、同じかっこうをするというように極めて知的な作業とされているけれども、それは客観的に見た場合であって、まねする主体にとっての「まね」の意味とは何であるか。子どもたちはすぐ教師のことばの癖や、歩き方などをまねする。また、おばあさんなどが腰を曲げてヨタヨタ歩いていると後をついて歩いて、そのまねをする。これらには意識的にその対象の行為の特徴を拡大して、（注1）カリカチュアライズする、（注2）異化するという作業が入っている。大人がまねる場合にはこちらの機能の方が大きいと思いますけれども、⑥子どもの場合にはたしてそうであるかどうかは少し考えてみた方がいいように思うのです。

心理学者のユングが、アフリカに行った時に、黒人たちを観察した文

【国　語】（五〇分）〈満点：一〇〇点〉

【注意】字数を指示している問題は、「、」や「。」なども字数にふくみます。

一　次の文章を読み、あとの問に答えなさい。

日高敏隆氏に、鳥のことばは、人間のあくびに似ているという短い文章があります。外敵が近づくと、見はりに立っていた鳥がギャギャーッと叫ぶ。するとそれを聞いた他の鳥が、そら外敵襲来の信号だ、それじゃ次に伝えようとまたギャギャーッと叫ぶ。こうして信号が伝わっていって、リーダーが指令してワッと逃げるという具合に、人間の眼からみると見える。ところが日高氏によると、①そうではない。外敵が来たのに気づいた一羽が「こわい」というのでギャギャーッと叫んで飛び上がる。そのギャギャーッは信号ではなく、ひとつの生理状態の現われだというのです。私たちヒトがいささか長いこと話し合ってくたびれてきたといったような状態、その時に、だれかがウーッとあくびをすると、こっちもとたんにウーッとあくびがしたくなる、つまり同じ生理状態になってしまう。同じからだの状態が伝播していく。鳥のことばのあり方はこれと同じだそうで、一羽がギャーッと叫んで動くと、そのからだの状態が、そのまま他の鳥に移る。一せいにバタバタバタバタと飛び立って行ってしまうということです。

子どものからだには、この鳥のことばのように、からだの共生性というか、同じリズムで生き、同じ呼吸で弾むという可能性を、大きく持っているのではないか。だから子どもの会話は、ことばを一つの対象物として受け入れ、それを理解するというよりはるか以前の、同じリズムでからだが一緒に動いてしまうということなので、②いわゆる言語はそのわずかな一部の表出にすぎない、そういう了解の仕方だろうと思うのです。

じっさい、子どもの行為はよく伝染する。幼い子どもが何人か集まっていて、だれか一人が泣き出すと他の子どもがわけもわからずにワァワァワァ泣き出して、一せいに泣きに泣くという情景は私たちがよく見るところで、その他、かゆさ、おかしさ、はてはおなかが痛いのまでさまざまです。

少し生理的な状態から離れたことで言うと、たとえば子どもが水たまりに入っていって、③パチャパチャパチャやっている。ところが水が少ないので、なかなか満足できない。そのうち自分のはいている、ちっちゃな長靴を脱いでしまって、その中に水を入れて、それをはいて、チャッポ、チャッポ歩いている。それをみたほかの子どもがワァッと喜んで、たちまちみんな同じことをして、一緒にチャッポン、チャッポン歩いている。水が自分の脚にぶつかる感じとか、水の重さをパチャパチャはね上げながら歩くリズムの感覚とか、みんな共通におもしろく感じているわけです。これは多分「共感」ということの最も源初的な形じゃないかと思いますし、また共感は想像力の基底をなす働きではなかろうかとも思うのです。

三つ四つの小さな子どもがテレビで見る踊りや歌を実に見事に「まね」してやってみせます。大人は、子どもなのにあんな細かいとこまでよく覚えるものだと感心するけれど、これは④あべこべで、子どもだからこそよく「写す」のに違いないのです。動き全体がまるごとこっちのからだに移って来るので、身ぶり手ぶり節廻しを一々記憶してゆくわけでは

MEMO

大切なことはメモしておこうネ！

T.G

特別給費生入試

平成30年度

解答と解説

《平成30年度の配点は解答用紙に掲載してあります。》

＜算数解答＞

1 (1) (あ) 解答例 A(9) (い) 解答例 A(6) (う) 解答例 A(6)
(2) 625cm^{3}と750cm^3 (3) (え) 3個 (お) 2個

2 (1) 6・8・10 (2) 4 (3) 25通り (求め方) 解説参照
(4) 輪の量 13 (あ) 1 (い) 2 (う) 6 (え) 4 (あ) 1 (い) 3
(う) 2 (え) 7

3 (1) 60個 (2) 23個 (3) 12個 (4) 48個

4 (1) Aさん 34点 Bさん 32点 Cさん 24点 (2) 1位 6点 2位 2点
3位 1点 (3) 超えることはある (例) 解説参照
(4) 超えることはない (理由) 解説参照

＜算数解説＞

1 (数の性質, 平面図形, 相似, 立体図形)

重要 (1) (あ) A(9), A(18), など…各位の数の和が9の倍数になれば, その数は9の倍数になる。
(い) A(6), A(12), など…111111÷(11×3)＝10101÷3＝3367 (う) A(6), A(12), など
…111111÷13＝8547

やや難 (2) 問題の展開図の小さい正方形の総数は4×3＋3×2＋2×2＝11×2(個)である。

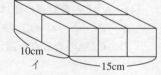

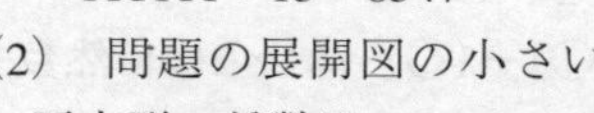

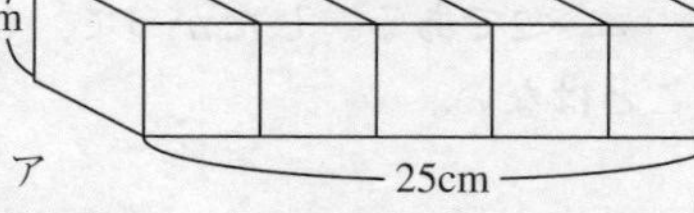

11＝5＋5＋1の場合→直方体アの体積は5×5×25＝625(cm^3)
11＝6＋3＋2の場合→直方体イの体積は5×10×15＝750(cm^3)

やや難 (3) 右図において, 二等辺三角形ADBとCADは角Dが共通で相似である。したがって, 角ア＋○＋○＋×＝○＋○＋○＋×＋×＝180(度)である。

2 (推理, 場合の数)

基本 (1) 1, 2, 3＝1＋2, 4, 5＝1＋4, 6×, 7＝2＋1＋4, 8×, 9,
10×, 11＝2＋9, 12＝1＋2＋9, 13＝9＋4, 14＝9＋4＋1, 15＝2＋9＋4, 16＝1＋2＋9＋4

基本 (2) 5ができないので, 輪の量は4である。

重要 (3) 1の隣に2を配置し, 残りの2つの位置に5～9の2個を配置する…5×4＝20(通り) 1－2－3と順に配置し, 1と3の間に5～9のどれかを配置する…5通り

重要 (4) 右図の場合に, 輪の量が最大の13になる。

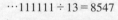

3 (立体図形, 数の性質)

重要 (1) 次ページ図1において, 縦3個・横4個の場合に直線が通る正方形は6個あるので, 縦30個・横40個の場合に直線が通る正方形は6×(30÷3)＝60(個)ある。

(2)　図1において，縦横の個数は1以外に共通の約数がなく直線が通る正方形は4＋3－1＝6(個)ある。したがって，横が51－30＝21(個)以上で縦の30個に対して1以外に共通の約数がない横の最少の個数は23個であり，この場合に直線が通る正方形は23＋30－1＝52(個)ある。…縦横の個数について1以外に共通の約数がある場合，直線が通る正方形の個数は少なくなる。

図1

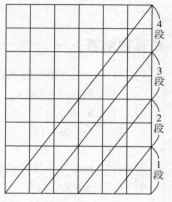

図2

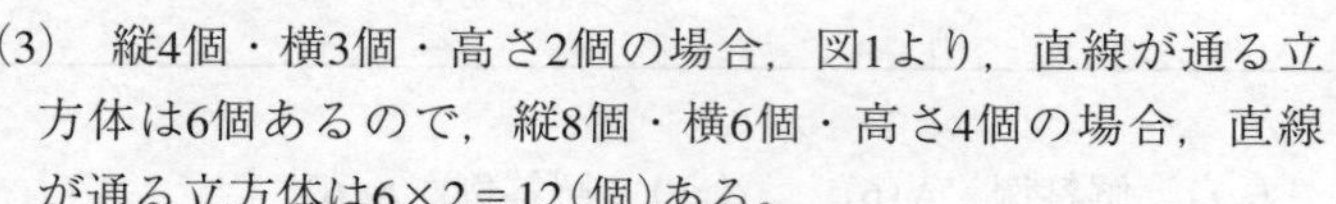

(3)　縦4個・横3個・高さ2個の場合，図1より，直線が通る立方体は6個あるので，縦8個・横6個・高さ4個の場合，直線が通る立方体は6×2＝12(個)ある。

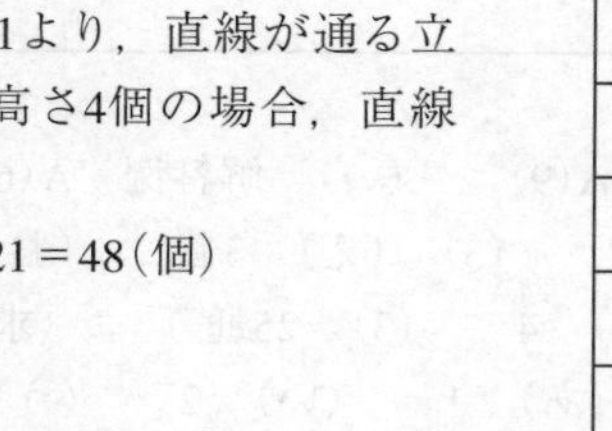

やや難　(4)　図2より，求める個数は3＋9＋15＋21＝48(個)

【別解】　3×4×4＝48(個)

4　**(統計，消去算，数の性質，推理)**

基本　(1)

1位	2位	3位	
A	B	C	5票
B	C	A	3票
C	A	B	2票

A　5×5＋3×2＋1×3＝34(点)
B　3×5＋5×3＋1×2＝32(点)
C　1×5＋3×3＋5×2＝24(点)

重要　(2)　1位・2位・3位の点数をそれぞれ◎○△で表す。AとCの合計点の和は◎×7＋○×5＋△×8＝37＋23＝60であり，これからBの合計点◎×3＋○×5＋△×2＝30を引くと◎×4＋△×6＝30，◎×2＋△×3＝15であり，◎＝6のとき，△＝1である(15は奇数，◎×2は偶数であるから，△×3は奇数である)。したがって，○は30－(6×3＋1×2)÷5＝2(点)である。

(3)　AとBの合計点の差は◎＋◎＋◎＋◎＋◎－◎－◎－◎＋○＋○－○－○－○－○－○＋△＋△＋△－△－△＝◎×2－○×3＋△である。したがって，◎＝5，○＝4，△＝1などの例の場合AよりBの合計点が大きくなる。

(4)　AとCの合計点の差は◎＋◎＋◎＋◎＋◎－◎－◎＋○＋○－○－○－○＋△＋△＋△－△－△－△－△－△＝◎×3－○－△×2である。したがって，(◎－○)＋(◎－△)×2は自然数であり，CがAの合計点を超えることはない。

★ワンポイントアドバイス★

やや難しい問題は，1(2)「展開図」，(3)「角度」，3(2)～(4)「立体図形」，4(4)「消去算」であるが，難問はない。時間内で得点を確保するには，解きやすい問題を選択して，これらで確実に得点することが重要である。

＜理科解答＞

1　問1　イ　　問2　セッケンを水に溶かすとアルカリ性を示すので，せんいをいためてしまうから。　問3　遠心力　　問4　イ　　問5　エ　　問6　記号　イ　　理由　銅は熱を伝えやすいので，コップの水の温度とコップのまわりの空気の温度がすぐに同じになるから。
問7　43(%)　　問8　風が当たらないと，シャツのまわりの空気の湿度は高いまま入れかわらないから。　問9　○乾かない，水の重さ　6(g)

2　問1　2　　問2　3　　問3　3　　問4　(1)　PとQの流れの強さは同じでなくてはいけない

のに，Bの高さが7だと，Pの流れの強さが2，Qが8になって同じじゃないから，だめなのよ。
(2) 5　問5 4　問6 B 6 C 10　問7 C→B　問8 6　問9 7.5
問10 (1) 8　(2) 6　問11 (1) 150(mA)　(2) C→B，200mA

＜理科解説＞

1 (総合問題－洗濯，湿度)

問1 アは「乾燥」，ウは「漂白」，エは「アイロン」に関する記号である。

問2 セッケンを水に溶かすとアルカリ性を示すので，せんいを痛めてしまう。

問3 洗濯機は，遠心力を利用している。

重要 問4 100℃で沸騰している間は，加えた熱は，水を水蒸気に変えるために使われる。

問5 飽和水蒸気量は0℃のときも0ではなく，温度が高くなると，飽和水蒸気量が増える。

問6 金属は熱を伝えやすいので，すぐにコップのまわりの空気が冷やされて，水滴がつく。

問7 22℃のときの飽和水蒸気量は19.4gである。また，コップの表面が8℃になったときに水滴がついたので，空気中に含まれている水蒸気量は，8℃の飽和水蒸気量と同じ8.3gであることがわかる。したがって，湿度は，$\frac{8.3}{19.4} \times 100 = 42.7\cdots$(%)より，43%である。

問8 風が当たると，シャツのまわりの空気が入れかわり，シャツが早くかわく。

やや難 問9 洗濯前の重さが150gで，脱水後の重さは390gなので，シャツに含まれている水分は，390－150＝240(g)である。一方，縦3m，横4m，高さ2mの部屋が気温26℃で湿度が60%の空気で満たされている。また，26℃の飽和水蒸気量が24.4gであり，部屋全体で蒸発することができる水蒸気量は，100－60＝40(%)なので，24.4×0.4×3×4×2＝234.24(g)である。したがって，240－234.24＝5.76(g)より，約6gの水がシャツに残る。

2 (回路と電流－電流と電圧)

問1 Aの円柱とBの円柱の高さの差が，4－2＝2なので，みぞが1本のPのレールの流れの強さも2である。

問2 みぞが2本のQのレールの流れの強さが4なので，1本のみぞの流れの強さが，4÷2＝2である。したがって，Aの円柱の高さは，1＋2＝3である。

問3 Aの円柱とBの円柱の高さの差が，6－4＝2なので，Pのレールの流れの強さも2である。また，Qのレール1本の流れの強さが，2÷2＝1なので，Bの円柱とCの円柱の高さの差が1となり，Cの円柱の高さは，4－1＝3である。<u>このように，PのレールとQのレールを直列につなぐと，Pのレールの流れの強さ：Qのレールの1本の流れの強さ＝2：1となるので，円柱の高さの差の比も2：1になる。</u>

問4 (1) Bの高さを7とすると，Pのレールの流れの強さが，9－7＝2，Qのレール1本の流れの強さが，7－3＝4，Qのレール全体の流れの強さが，4×2＝8となり，PとQの流れの強さが同じにならない。　(2) Aの円柱とCの円柱の高さの差が，9－3＝6である。一方，PのレールとQのレールの高さの差の比が2：1になるので，Pのレールの高さの差が，$6 \times \frac{2}{3} = 4$となり，Bの円柱の高さが，9－4＝5となる。

やや難 問5 CD間のPのレールの流れが3なので，Cの円柱の高さが3である。また，AC間のPのレールとBC間のQのレールの3本のレール全体での流れの強さも3となる。一方，AC間のPの流れの強さは，4－3＝1となるので，BC間のQのレール1本の流れの強さが，$\frac{3-1}{2} = 1$なので，Bの円柱の高さは，3＋1＝4である。

やや難 問6　Aの円柱とDの円柱の高さの差が，14－2＝12である。一方，ABD間において，PのレールとQのレールの高さの差の比が2：1になるので，Pのレールの高さの差が，$12\times\frac{2}{3}=8$となり，Bの円柱の高さが14－8＝6となる。また，ACD間において，QのレールとPのレールの高さの差の比が1：2になるので，Qのレールの高さの差が，$12\times\frac{1}{3}=4$となり，Cの円柱の高さが14－4＝10となる。

やや難 問7　高さが10のCの円柱から高さが6のBの円柱に向かって電流が流れる。

やや難 問8　高さが17のAの円柱と高さが2のDの円柱の高さの差が，17－2＝15である。一方，BC間をQのレールに変えると，レールの高さの差が，AB間：BC間：CD間＝2：1：2となるので，BC間のQのレールの高さの差が，$15\times\frac{1}{5}=3$となり，Qのレール1本の流れの強さが3であり，全体でお流れの強さは，3×2＝6である。なお，直列つなぎなので，Pのレールの流れの強さも同じ大きさの6である。

やや難 問9　BC間をZのレールに変えると，BC間の高さの差はなくなる。したがって，AB間とCD間のレールの高さの差の比が1：1となるので，Pのレールの高さの差は，$15\times\frac{1}{2}=7.5$となるので，流れの強さも7.5である。

やや難 問10　(1)　BとCをZのレールでつなぐと，BとCの円柱の高さが同じになるので，AB間のPのレールとAC間のQのレールが並列につながり，同時に，BD間のQのレールとCD間のPのレールも並列につながり，同じ回路が2つでき，これらが直列につながることになる。したがって，Bの円柱とCの円柱の高さは，Aの円柱とDの円柱の中間となり，(14＋2)÷2＝8である。　(2)　AB間のPのレールの流れの強さは，14－8＝6であり，AC間のQのレールの流れの強さは，6×2＝12である。したがって，Zのレールの流れの強さは，CからBに，12－6＝6である。

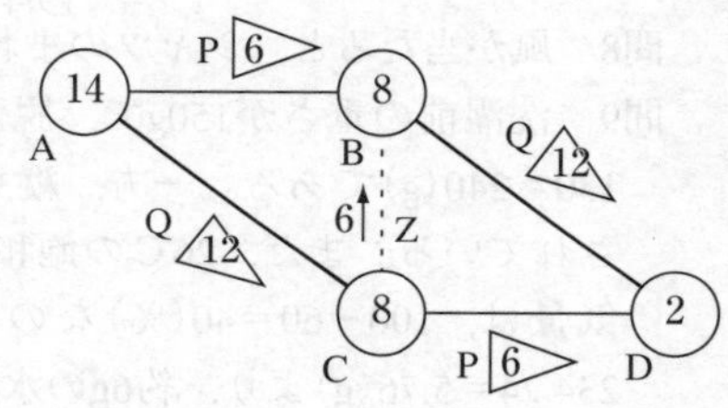

やや難 問11　(1)　1Vで300mAの電流が流れる豆電球Rと100mAの電流が流れる豆電球Pを直列につなぐと，豆電球Rと豆電球Pにかかる電圧の比は，$\frac{1}{3}$：1＝1：3となる。したがって，豆電球Rに流れる電流は，2Vのとき，$300\times\frac{1}{4}\times2=150$(mA)である。なお，1車線の豆電球Pは3車線の豆電球Rと比べて，3倍電流を通しにくく，豆電球Pと豆電球Rを直列につなぐと，1＋3＝4(倍)電流を通しにくくなる。(2)　BC間を導線でつなぐと，豆電球Pと豆電球Rが並列につながった回路が2つ直列につながったことになる。また，それぞれの並列回路には1Vの電圧がかかるので，豆電球Pには100mAの電流が流れ，豆電球Rには300mAの電流が流れる。したがって，CからBに，300－100＝200(mA)の電流が流れる。

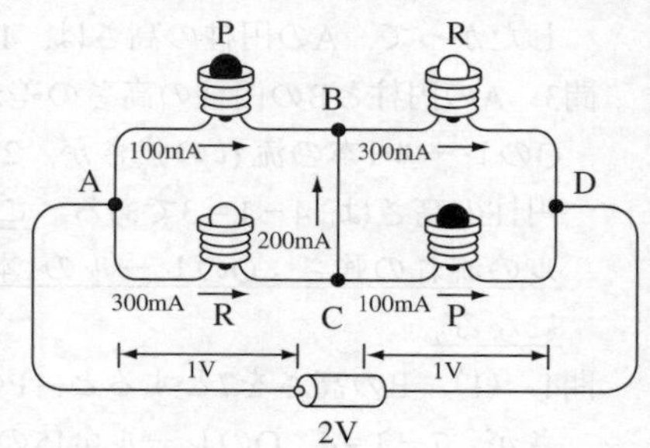

★ワンポイントアドバイス★

生物・化学・地学・物理の4分野において、難度の高い計算問題や思考力を試す問題に十分に慣れておこう。

<国語解答>

一 問一 A くぎょう B かどぐち C 蒸気 D 過程 問二 イ
問三 エ 問四 イ 問五 ア 問六 ウ 問七 (例) 相手の動きにより，生理・心理の状態全体を自分の中に感じとり，理解するための行為。
問八 1 イ 2 ア 問九 (例) 実際には存在しない茶わんを持ち，なで，重さを手のひらで感じるなどの行為を具体的にイメージする練習を繰り返すことで，実際に存在するかのように感じるということ。

二 問一 食 問二 (私の)目が 問三 エ 問四 直立不動の人形を押し立てた真昼の亡霊 問五 1 かかし 2 イ 3 もののけ 問六 好意的
問七 (例) 電車の運行編成に重要な役割を果たしているのが回送電車であると知ったが，その魅力は乗客を乗せるという電車本来の役割とは異なり，乗客からは役立たずであると思われること自体に由来するものであるから。 問八 ア

<国語解説>

一 (論説文－要旨・大意・細部の読み取り，指示語，空欄補充，漢字の読み書き，記述力)

基本 問一 Aのここでの意味は，苦しくつらい行いのこと。Bは家や門の入り口のこと。Cの「蒸」を「上」などと間違えないこと。Dは物事が進行していく道筋のこと。同音異義語の「仮定」と間違えないこと。

問二 ①は直前の内容を指しており，鳥のことば＝鳥の叫ぶ声は鳥のリーダーが指令してワッと逃げるのではない，ということなので，イがふさわしい。

問三 ②と同段落内で，子どものからだは鳥のことばのように同じリズムや呼吸で弾む可能性を持つので，子どもの会話は同じリズムでからだが一緒に動いてしまうことであることが述べられている。同じリズムでからだが動くことが子どもの会話であり，②はその一部の表出にすぎないということが述べられていることから，同じリズムでからだが動く子どもの会話に対する②ということなので，エがふさわしい。アは子どもの会話なのでふさわしくない。イも子どもがことばを理解することの説明なのでふさわしくない。ウも「からだの動作や表情」が含まれているのでふさわしくない。

重要 問四 ③後で，水が自分の脚にぶつかる感じや水の重さを「チャッポン，チャッポン」「パチャパチャ」と水をはね上げながら歩くリズムの感覚として，みんなで共通におもしろく感じていることが述べられている。子どもが感覚的に水を楽しんでいることをオノマトペとして表現しているので，イが適切。子どもが感覚的に楽しんでいることに触れていない他の選択肢は適切でない。

重要 問五 「ふさわしくないもの」を選ぶことに注意。④は，テレビで見る踊りや歌の「まね」を子どもなのに細かいとこまでよく覚えるものだと大人が感心することに対するもので，動き全体がまるごとからだに移って来る子どもだからこそよく「写す」に違いないということが述べられている。子どもだからこそ，動きの一つ一つを記憶するのではなく，動き全体がまるごと子どもに移って来るということなので，イ，ウ，エは本文にふさわしい。記憶力は子どもの動きには関係ないので，アはふさわしくない。

問六 ⑤前後で，からだ全体が共通のある状態に入ったときに，共通のリズム，共通のメロディでからだが動き，声が発せられることが始まり，現代のわらべうたなどがその一部を示すものであることが述べられていることから，ウがふさわしい。共通のリズムや共通のメロディについて触

れていない他の選択肢はふさわしくない。

やや難 問七　⑥直後から続く2段落で⑥について説明しており，ユングの自伝にある黒人たちや筆者のレッスンでの様子を引用し，身ぶりや身動きをまねして同じ動きをからだの中に感じることは，その動きを生み出す生理状態，心理状態全体を自分の中に感じとり，相手を理解する明確な行為であるということを述べている。⑥のように述べているのは子どもの「まね」も黒人たちと同じ方法であると筆者は考えているからなので，この部分を端的にまとめていこう。

問八　⑦のある段落では身ぶりや身動きをまねすることは相手を理解する明確な行為であることを述べているので，「人の身になってみる」の「身」は辞書では「立場」(＝1)だが，筆者はもともとの意味である「からだ」(＝2)として考えている，ということである。

やや難 問九　⑧直前で，⑧のように「茶わん」を感じる具体的な方法が述べられている。実物なしで想像した茶わんを持ち，なでて，重さや熱さを感じるという行為をくり返すうちにイメージがはっきりし，実際に存在するかのように感じられる，ということが述べられているので，実際に存在しない茶わんをどのようにイメージするか，これらの内容の要旨を具体的におさえて説明していこう。

二　(随筆文－心情・要旨・細部の読み取り，空欄補充，文と文節，表現技法，記述力)

問一　空欄は，迷惑などよくないことを身に受けるという意味の「食(く)らう」の「食」が入る。

問二　①のある文は，遮断機が下がりっぱなしの踏切に堪え忍んでいる通行人の一人である「私」が周りの状況を説明している様子である。「追う」は「目で追う」という意味で，「追う」ことをしているのは「(私の)目」であるので，「目が」あるいは「私の目が」が主語になる。

問三　「怨念」はうらみに思う気持ちのことで，ここでは②直後にあるように，遊びに出かけるのではない真面目な勤め人の行く手をさえぎる踏切に対するものなので，エがふさわしい。「仕事が忙しくて少しの時間も欲しいのに」とは述べていないので，アはふさわしくない。踏切に対する「怨念」ではないイとウもふさわしくない。

問四　③後「にもかかわらず」で始まる段落で，「この踏切にも『直立不動の人形を押し立てた真昼の亡霊(18字)』がことのほかゆるやかに通り過ぎて」と「回送電車」をたとえて表現しているので，この部分を抜き出す。

基本 問五　1　④は熟字訓で，鳥やけものなどが作物を荒らすのを防ぐために，わらや竹などで作った人形。　2　「隠喩」は他のものにたとえて表現する技法。ア「直喩」は「～のような，ように」「ごとし，ごとく」を用いてたとえる技法。「隠喩」との違いをおさえておこう。ウ「体言止め」は文末を体言(名詞)で終わらせる技法。エ「擬人法」は人間でないものを人間に見立てて表現する技法。　3　④直後で「回送電車」のことを「もののけ」にたとえている。

重要 問六　⑤の「憧憬」は心がひかれてあこがれること，「同胞意識に似た感情」は家族のように親しみを抱く感情という意味。⑤直後で，「回送電車」に対して「好意的」(＝親しみや好ましい気持ちを抱くさま)に受けとめていることが述べられているので，この言葉を抜き出す。

やや難 問七　⑥前で述べられているように，回送電車がダイヤの上で重要な役割を果たしていることは理解できたが，回送電車への「同胞意識の由来」が「解明されなかった」ことを直後の段落で考察しており，回送電車の魅力は急ぎの客にはなんの役にも立たず，役立たずと思われること自体に意義があるという逆説(本来の意義とは反するところに意義があること)に依拠(＝由来)している，ということを述べている。回送電車が運行編成に重要な役割を果たしている一方で，その魅力は乗客を乗せるという電車本来の役割ではなく，役立たずと思われること自体に由来するものである，ということなので，これらの要旨を指定字数以内でまとめていこう。

重要 問八　⑦前で，乗客を乗せずに走る幻の電車である回送電車は，筆者が文学の理想としている《居候》的な身分に近く，複数のジャンルのあいだを縫って余裕のありそうなそぶりを見せる間の抜けたダンディズムこそ《居候》の本質であり，回送電車の特質であることが述べられている。⑦は，ジャンルのない筆者の本のジャンルを決めてしまうように，本来の役割がない回送電車に役割を決めてしまうことを述べており，「居候」に当てはめると，決まった仕事や家を持たない居候に決まった仕事を見つけて家を出て行きなさいと要求することになるので，アがふさわしい。「家」だけのイ，決まった仕事に触れていないウ，エはふさわしくない。

★ワンポイントアドバイス★

随筆文では，具体的な出来事や事がらを通して，筆者が何を述べようとしているのかをしっかり読み取っていこう。

大切なことはメモしておこうネ！

解答用紙集

◆ご利用のみなさまへ

＊解答用紙の公表を行っていない学校につきましては、弊社の責任において、解答用紙を制作いたしました。

＊編集上の理由により一部縮小掲載した解答用紙がございます。

＊編集上の理由により一部実物と異なる形式の解答用紙がございます。

人間の最も偉大な力とは、その一番の弱点を克服したところから生まれてくるものである。 ──カール・ヒルティ──

※データのダウンロードは 2024 年 3 月末日まで。

東京学参株式会社

海陽中等教育学校(特別給費生入試)　2023年度

◇算数◇

※ 133%に拡大していただくと，解答欄は実物大になります。

1

(1)	(あ)	(い)	(2)	:
(3)	(う)	(え)	(お)	(か)
	(う)	(え)	(お)	(か)

2

(1)	体積 cm^3	表面積 cm^2	
(2)	cm	(3)	cm^3
(4)	cm^2		

3

(1)	段	(2)	通り	(3)	通り
(4)	段				

4

(1)	(あ)
	(い)
(2)	

海陽中等教育学校（特別給費生入試）　2023年度　◇理科◇

※ 133％に拡大していただくと，解答欄は実物大になります。

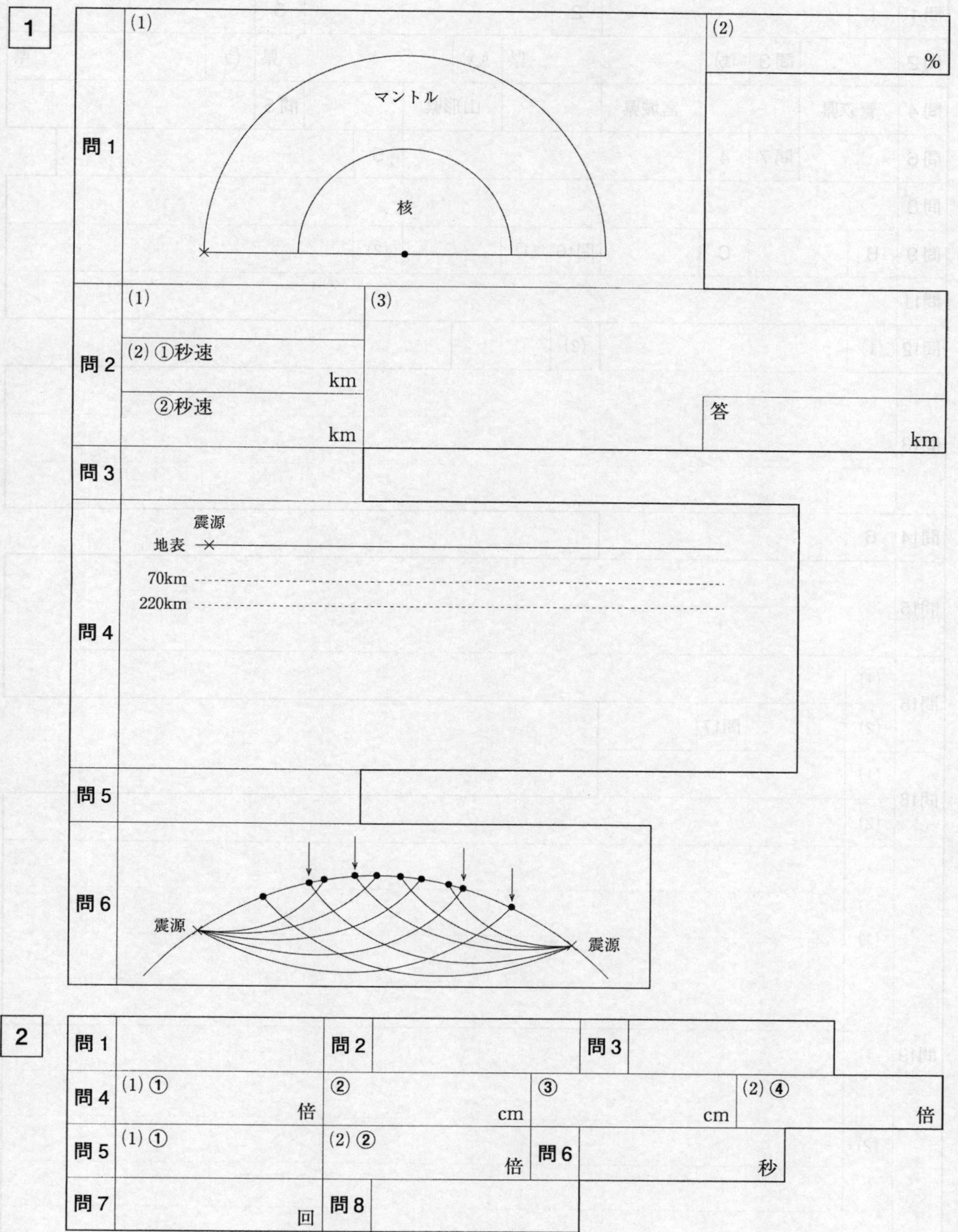

海陽中等教育学校（特別給費生入試）　2023年度

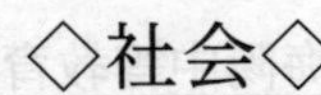

※ 133％に拡大していただくと，解答欄は実物大になります。

問１	1		2		3		
問２		問３	(あ)	県 (い)	県 (う)	県	
問４	青森県		宮城県		山形県		問５
問６		問７	4		5		
問８							
問９	B		C		問10	(1)	(2)
問11							
問12	(1)		(2)				
問13							
問14	6						
問15							
問16	(1)						
	(2)		問17				
問18	(1)						
	(2)						
問19	(1)						
	(2)						

2023年度

海陽中等教育学校（特別給費生入試）

※145%に拡大していただくと、解答欄は実物大になります。

◇国語◇

一

問一 （ ）から。

問二

問三

問四

問五

問六 1 2

問七

問八

問九

二

問一 A B C

問二

問三

問四

問五

問六

問七

問八

問九

問十

三

① ② ③ ④ ⑤

海陽中等教育学校（特別給費生入試）　2022年度

◇算数◇

※ 137%に拡大していただくと，解答欄は実物大になります。

1

(1)	(あ) cm	(い) cm	
(2)	(う) 通り	(え) 組	(お) 組

2

(あ) 回	(い) 回	(う) 回	(え) 回
(お) km			

3

(1)	倍	(2)	倍
(3)	位数 2		
	位数 3		
	位数 4		
(4)			

4

(1)	①	②	③			
(2)	①	②	③	①	②	③
(3)	①	②	③	D		
	①	②	③	D		
	①	②	③	D		

海陽中等教育学校（特別給費生入試）　2022年度　◇理科◇

※ 137％に拡大していただくと，解答欄は実物大になります。

1

問１	
問２	
問３	
問４	A　B　C
問５	記号
	理由
問６	
問７	
問８	(1)　人　(2)　人　(3)　人　(4)　％

2

問１	
問２	
問３	(1)　g　(2)　mm
問４	個
問５	g
問６	g
問７	(1)　(2)　へ　cm 移動させる
問８	
問９	(1)　(2)　(3)

海陽中等教育学校(特別給費生入試)　2022年度

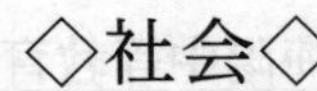

※ 139%に拡大していただくと，解答欄は実物大になります。

問1	1		2		3	
問2						
問3						
問4						
問5	・ ・					
問6	4		5		6	
	7		8		9	
問7						
問8	・		・			
問9						
問10	10		11		12	
問11						
問12	(企業) (消費者)					
問13	ア		イ		ウ		エ		オ	
問14						

2022年度 海陽中等教育学校(特別給費生入試)

※147%に拡大していただくと、解答欄は実物大になります。

◇国語◇

一

問一 初め

終わり

問二

問三

問四

問五 1 2 3

問六

問七

問八

問九 1 2 3 4 5 6

二

問一

問二

問三

問四

問五

問六

問七 な顔

問八

問九

問十 1 2 3 4

三

① ② ③ ④ ⑤

海陽中等教育学校（特別給費生入試）　2021年度

◇算数◇

※ 135％に拡大していただくと，解答欄は実物大になります。

1

(1)	が　　だけ大きい	(2)	けた
(3)	(あ) 2020＝	(い)	$2020=23^2+29^2+\square^2+\square^2$
(4)			

2

(1)	(あ)	(い)	(う)
(2)			
(3)	(え)		
	(お)		

3

(1)		(2)	ア	イ	ウ	エ	オ
(3)	(i)	カ	キ	ク	ケ	(ii)	

4

(1)	cm²	
(2)	点　から　に　cm	点　から　に　cm
	点　から　に　cm	点　から　に　cm
(3)	点　から　に　cm	点　から　に　cm
	点　から　に　cm	点　から　に　cm
(4)	B　O　A	

海陽中等教育学校(特別給費生入試) 2021年度 ◇理科◇

※ 137%に拡大していただくと，解答欄は実物大になります。

1

問1	PET / キャップ ラベル	問2
問3	(1)	
	(2) 個以上	
問4	(1)B / C / E	(2)
	(3)ちがうもの	共通点
問5	1	2
問6		
問7	(1)	(2)
問8	(1)	
	(2)	
問9	3	4
問10		

2

問1		問2		問3	
問4	(1)	(2)	(3)	(4)あ	い
問5		問6	豆電球1	豆電球2	
問7		問8	豆電球1	豆電球3	

海陽中等教育学校(特別給費生入試)　2021年度

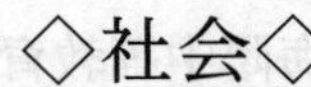

※ 137%に拡大していただくと，解答欄は実物大になります。

問1		問2					問3	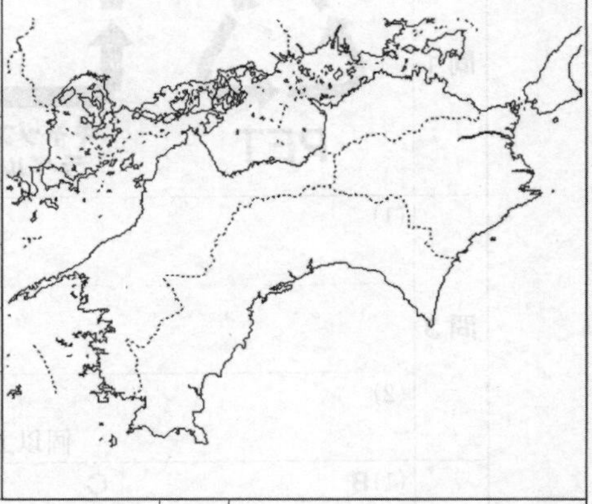
問4								
問5	→	→	→					
問6	(1)	1		2		3		
	(2)							
問7	・							
	・							
問8		問9	名前		宗派			
問10		問11						
問12	1		2		3		4	
問13	(1)	・						
		・						
	(2)							
問14	1		2		3			
	4		5					
問15	目標	・						
	提案内容							

2021年度 海陽中等教育学校(特別給費生入試)

※146%に拡大していただくと、解答欄は実物大になります。

◇国語◇

一

問一 A　B　C　D　れ　E

問二

問三

問四

問五

問六

問七 Ⅰ　Ⅱ

問八

問九

問十

二

問一 A　B　C

問二

問三

問四

問五 ア　イ

問六

問七

問八

問九

問十

海陽中等教育学校(特別給費生入試)　2020年度

◇算数◇

※136%に拡大していただくと，解答欄は実物大になります。

1

(1)	本	(2)	(あ) m	(い) 個	(う) 個
(3)	①	②	③	④	⑤ ⑥
(4)					

2

(1)	通り	(2)	(あ)	(い)
(3)	(う) 1 → 9 → → → → → → → →			
	(え) 1 → → → → → → → → →			
(4)	(お) と	(か) と		

3

(1) AP：PQ＝　：

A, S, P, R, B, Q, C

(2) 倍

(3)	(あ)	(い)	(う)
	(え)	(お)	

(4)

4

(1)

(2)

(3)

海陽中等教育学校（特別給費生入試）　2020年度　◇理科◇

※136％に拡大していただくと，解答欄は実物大になります。

1

問1	℃	問2	カロリー	問3	℃
問4	℃	問5		問6	
問7					
問8				問9	
問10	①	②	③		
問11	(1) ℃	(2) 本			

2

問1	(1) 回	(2) 日	(3)		
問2	ア	イ	ウ	A	B
問3	(1) 日	(2) 日			
問4	(1) 太陽				
	(2) 日	(3) 日	(4)		
	(5)				

海陽中等教育学校（特別給費生入試）　2020年度　◇社会◇

※140%に拡大していただくと，解答欄は実物大になります。

問1	1		2		3			
問2	ア		イ		ウ		エ		問3	
問4								
問5	第一次産業		第二次産業		第三次産業			
問6	4		5		6			
問7								
問8		問9		問10				
問11								
問12								
問13	7		8		9			
問14								
問15	訴える側		訴えられる側		問16			
問17	・ ・ ・							
問18	(1)							
	(2)							

2020年度 海陽中等教育学校（特別給費生入試）

※146%に拡大していただくと、解答欄は実物大になります。

◇国語◇

一

問一

問二

問三 あ い

問四

問五 ～

問六

問七

問八

問九

二

問一

問二

問三

問四

問五

問六

問七

問八

問九

問十

問十一

三

① ② ③ ④ ⑤

海陽中等教育学校（特別給費生入試）　2019年度

◇算数◇

※この解答用紙は135%に拡大していただくと，実物大になります。

1

(1) (あ)
(い)
(う)

(2) (え) 個　(お) 個以上 個以下

2

(1) 2 2 2 2 2 2

(2)

(3) 通り　(4) 通り　(5) 通り

3

(1)

(2)

(3)

4

(1)

(2) (ア) (イ) (ウ)

(3)

海陽中等教育学校（特別給費生入試）　2019年度　◇理科◇

※この解答用紙は135％に拡大していただくと，実物大になります。

1

問1	
問2	記号 / 理由
問3	① / ②
問4	③
問5	
問6	① / ②

2

問1	
問2	
問3	(1) / (2) / (3)① / ②
問4	
問5	
問6	
問7	
問8	
問9	
問10	① / ②

海陽中等教育学校(特別給費生入試)　2019年度　◇社会◇

※この解答用紙は135％に拡大していただくと，実物大になります。

問1	1		2		3	
問2	ア		イ		ウ	
	エ					
問3						
問4	当時の外交は					
	当時の外交は					
	当時の外交は					
問5	4		5		6	
	7		8			
問6						
問7	(1)					
	(2)		(3)			
問8	9		10			
問9						
問10	(1)		(2)			
問11						
問12	(課題)					
	(解決方法)					

海陽中等教育学校（特別給費生入試）　２０１９年度

※この解答用紙は147％に拡大していただくと、実物大になります。

◇国語◇

一

問一

問二　〜　から。

問三

問四　記号　理由

問五　〜　から。

問六

問七　1　2　3

二

問一　A　B

問二

問三

問四

問五

問六

問七

問八　あ　い

問九

三

①　②　③　④　⑤

海陽中等教育学校（特別給費生入試）　平成30年度　　◇算数◇

※この解答用紙は122％に拡大していただくと，実物大になります。

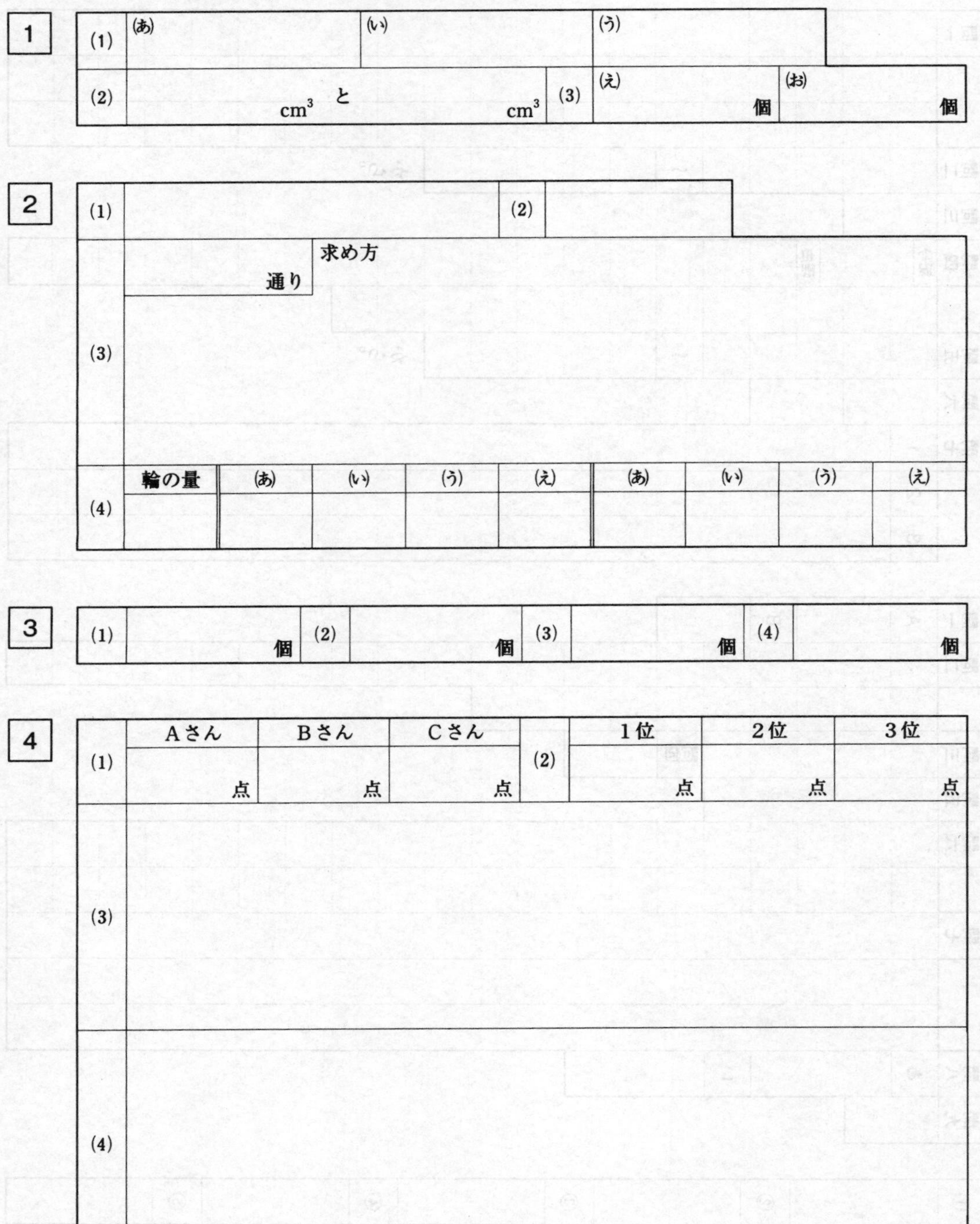

1
(1) (あ)　(い)　(う)
(2) cm³ と cm³　(3) (え) 個　(お) 個

2
(1)　(2)
(3) 通り　求め方
(4) 輪の量　(あ)　(い)　(う)　(え)　(あ)　(い)　(う)　(え)

3
(1) 個　(2) 個　(3) 個　(4) 個

4
(1) Aさん 点　Bさん 点　Cさん 点
(2) 1位 点　2位 点　3位 点
(3)
(4)

○推定配点○　各5点×20（1(2)，2(1)・(3)・(4)（あ）～（え）の組み合わせ，4(1)～(3)各完答）
計100点

／100

海陽中等教育学校（特別給費生入試）　平成30年度　　◇理科◇

※この解答用紙は111％に拡大していただくと，実物大になります。

1

問1	
問2	
問3	問4　　問5
問6	記号 理由
問7	%
問8	
問9	どちらか選んで○をつけ，選んだ方のみ計算して解答する （　　）乾く　→ 湿度　% （　　）乾かない → 水の重さ　g

2

問1	問2　　問3
問4	(1) (2)
問5	問6　B　C　問7
問8	問9　　問10　(1)　(2)
問11	(1)　mA　(2)

○推定配点○　1　各2点×10　2　各2点×15（問11(2)完答）　計50点

/50

平成30年度

海陽中等教育学校（特別給費生入試）

※この解答用紙は121%に拡大していただくと、実物大になります。

◇国語◇

一

問一 A　B　C　D

問二

問三

問四

問五

問六

問七

問八 1　2

問九

二

問一

問二

問三

問四

問五 1　2　3

問六

問七

問八

◎推定配点◎

一 問一・問八 各3点×6　問七 7点　問九 10点　他 各4点×5

二 問五 各3点×3　問七 12点　他 各4点×6

計100点

100

MEMO

MEMO

大切なことはメモしておこうネ！

T.G

MEMO
大切なことはメモしておこうネ！
T.G

MEMO

大切なことはメモしておこうネ！

T.G

MEMO
大切なことはメモしておこう
T.G

MEMO
大切なことはメモしておこうネ！
T・G

東京学参の

中学校別入試過去問題シリーズ

＊出版校は一部変更することがあります。一覧にない学校はお問い合わせください。

東京ラインナップ

あ　青山学院中等部(L04)
麻布中学(K01)
桜蔭中学(K02)
お茶の水女子大附属中学(K07)
か　海城中学(K09)
開成中学(M01)
学習院中等科(M03)
慶應義塾中等部(K04)
晃華学園中学(N13)
攻玉社中学(L11)
国学院大久我山中学
（一般・CC）(N22)
（ＳＴ）(N23)
駒場東邦中学(L01)
さ　芝中学(K16)
芝浦工業大附属中学(M06)
城北中学(M05)
女子学院中学(K03)
巣鴨中学(M02)
成蹊中学(N06)
成城中学(K28)
成城学園中学(L05)
青稜中学(K23)
創価中学(N14)★
た　玉川学園中学部(N17)
中央大附属中学(N08)
筑波大附属中学(K06)
筑波大附属駒場中学(L02)
帝京大中学(N16)
東海大菅生高中等部(N27)
東京学芸大附属竹早中学(K08)
東京都市大付属中学(L13)
桐朋中学(N03)
東洋英和女学院中学部(K15)
豊島岡女子学園中学(M12)
な　日本大第一中学(M14)
日本大第三中学(N19)
日本大第二中学(N10)
は　雙葉中学(K05)
法政大学中学(N11)
本郷中学(M08)
ま　武蔵中学(N01)
明治大付属中野中学(N05)
明治大付属中野八王子中学(N07)
明治大付属明治中学(K13)
ら　立教池袋中学(M04)
わ　和光中学(N21)
早稲田中学(K10)
早稲田実業学校中等部(K11)
早稲田大高等学院中等部(N12)

神奈川ラインナップ

あ　浅野中学(O04)
栄光学園中学(O06)
か　神奈川大附属中学(O08)
鎌倉女学院中学(O27)
関東学院六浦中学(O31)
慶應義塾湘南藤沢中等部(O07)
慶應義塾普通部(O01)
さ　相模女子大中学部(O32)
サレジオ学院中学(O17)
逗子開成中学(O22)
聖光学院中学(O11)
清泉女学院中学(O20)
洗足学園中学(O18)
捜真女学校中学部(O29)
た　桐蔭学園中等教育学校(O02)
東海大付属相模高中等部(O24)
桐光学園中学(O16)
な　日本大中学(O09)
は　フェリス女学院中学(O03)
法政大第二中学(O19)
や　山手学院中学(O15)
横浜隼人中学(O26)

千・埼・茨・他ラインナップ

あ　市川中学(P01)
浦和明の星女子中学(Q06)
か　海陽中等教育学校
（入試Ⅰ・Ⅱ）(T01)
（特別給費生選抜）(T02)
久留米大附設中学(Y04)
さ　栄東中学（東大・難関大）(Q09)
栄東中学（東大特待）(Q10)
狭山ヶ丘高校付属中学(Q01)
芝浦工業大柏中学(P14)
渋谷教育学園幕張中学(P09)
城北埼玉中学(Q07)
昭和学院秀英中学(P05)
清真学園中学(S01)
西南学院中学(Y02)
西武学園文理中学(Q03)
西武台新座中学(Q02)
専修大松戸中学(P13)
た　筑紫女学園中学(Y03)
千葉日本大第一中学(P07)
千葉明徳中学(P12)
東海大付属浦安高中等部(P06)
東邦大付属東邦中学(P08)
東洋大附属牛久中学(S02)
獨協埼玉中学(Q08)
な　長崎日本大中学(Y01)
成田高校付属中学(P15)
は　函館ラ・サール中学(X01)
日出学園中学(P03)
福岡大附属大濠中学(Y05)
北嶺中学(X03)
細田学園中学(Q04)
や　八千代松陰中学(P10)
ら　ラ・サール中学(Y07)
立命館慶祥中学(X02)
立教新座中学(Q05)
わ　早稲田佐賀中学(Y06)

公立中高一貫校ラインナップ

北海道　市立札幌開成中等教育学校(J22)
宮　城　宮城県仙台二華・古川黎明中学校(J17)
市立仙台青陵中等教育学校(J33)
山　形　県立東桜学館中学校(J27)
茨　城　茨城県立中学・中等教育学校(J09)
栃　木　県立宇都宮東・佐野・矢板東高校附属中学校(J11)
群　馬　県立中央・市立四ツ葉学園中等教育学校・
市立太田中学校(J10)
埼　玉　市立浦和中学校(J06)
県立伊奈学園中学校(J31)
さいたま市立大宮国際中等教育学校(J32)
川口市立高等学校附属中学校(J35)
千　葉　県立千葉・東葛飾中学校(J07)
市立稲毛国際中等教育学校(J25)
東　京　区立九段中等教育学校(J21)
都立大泉高等学校附属中学校(J28)
都立両国高等学校附属中学校(J01)
都立白鷗高等学校附属中学校(J02)
都立富士高等学校附属中学校(J03)
都立三鷹中等教育学校(J29)
都立南多摩中等教育学校(J30)
都立武蔵高等学校附属中学校(J04)
都立立川国際中等教育学校(J05)
都立小石川中等教育学校(J23)
都立桜修館中等教育学校(J24)
神奈川　川崎市立川崎高等学校附属中学校(J26)
県立平塚・相模原中等教育学校(J08)
横浜市立南高等学校附属中学校(J20)
横浜サイエンスフロンティア高校附属中学校(J34)
広　島　県立広島中学校(J16)
県立三次中学校(J37)
徳　島　県立城ノ内中等教育学校・富岡東・川島中学校(J18)
愛　媛　県立今治東・松山西・宇和島南中等教育学校(J19)
福　岡　福岡県立中学校・中等教育学校(J12)
佐　賀　県立香楠・致遠館・唐津東・武雄青陵中学校(J13)
宮　崎　県立五ヶ瀬中等教育学校(J15)
県立宮崎西・都城泉ヶ丘高校附属中学校(J36)
長　崎　県立長崎東・佐世保北・諫早高校附属中学校(J14)

公立中高一貫校「適性検査対策」問題集シリーズ

生活と科学編　実力確認テスト編

私立中・高スクールガイド
THE（ザ）私立
私立中学＆高校の学校生活がわかる！

東京学参の

高校別入試過去問題シリーズ

＊出版校は一部変更することがあります。一覧にない学校はお問い合わせください。

東京ラインナップ

あ 愛国高校(A59)
青山学院高等部(A16)★
桜美林高校(A37)
お茶の水女子大附属高校(A04)
か 開成高校(A05)★
共立女子第二高校(A40)
慶應義塾女子高校(A13)
国学院高校(A30)
国学院大久我山高校(A31)
国際基督教大高校(A06)
小平錦城高校(A61)★
駒澤大高校(A32)
さ 芝浦工業大附属高校(A35)
修徳高校(A52)
城北高校(A21)
専修大附属高校(A28)
創価高校(A66)★
た 拓殖大第一高校(A53)
立川女子高校(A41)
玉川学園高等部(A56)
中央大高校(A19)
中央大杉並高校(A18)★
中央大附属高校(A17)
筑波大附属高校(A01)
筑波大附属駒場高校(A02)
帝京大高校(A60)
東海大菅生高校(A42)
東京学芸大附属高校(A03)
東京実業高校(A62)
東京農業大第一高校(A39)
桐朋高校(A15)
都立青山高校(A73)★
都立国立高校(A76)★
都立国際高校(A80)★
都立国分寺高校(A78)★
都立新宿高校(A77)★
都立墨田川高校(A81)★
都立立川高校(A75)★
都立戸山高校(A72)★
都立西高校(A71)★
都立八王子東高校(A74)★
都立日比谷高校(A70)★
な 日本大櫻丘高校(A25)
日本大第一高校(A50)
日本大第三高校(A48)
日本大第二高校(A27)
日本大鶴ヶ丘高校(A26)
日本大豊山高校(A23)
は 八王子学園八王子高校(A64)
法政大高校(A29)
ま 明治学院高校(A38)
明治学院東村山高校(A49)
明治大付属中野高校(A33)
明治大付属中野八王子高校(A67)
明治大付属明治高校(A34)★
明法高校(A63)
わ 早稲田実業学校高等部(A09)
早稲田大高等学院(A07)

神奈川ラインナップ

あ 麻布大附属高校(B04)
アレセイア湘南高校(B24)
か 慶應義塾高校(A11)
神奈川県公立高校特色検査(B00)
さ 相洋高校(B18)
た 立花学園高校(B23)
桐蔭学園高校(B01)
東海大付属相模高校(B03)★
桐光学園高校(B11)
な 日本大高校(B06)
日本大藤沢高校(B07)
は 平塚学園高校(B22)
藤沢翔陵高校(B08)
法政大国際高校(B17)
法政大第二高校(B02)★
や 山手学院高校(B09)
横須賀学院高校(B20)
横浜商科大高校(B05)
横浜翠陵高校(B14)
横浜清風高校(B10)
横浜創英高校(B21)
横浜隼人高校(B16)
横浜富士見丘学園高校(B25)

千葉ラインナップ

あ 愛国学園大附属四街道高校(C26)
我孫子二階堂高校(C17)
市川高校(C01)★
か 敬愛学園高校(C15)
さ 芝浦工業大柏高校(C09)
渋谷教育学園幕張高校(C16)★
翔凜高校(C34)
昭和学院秀英高校(C23)
専修大松戸高校(C02)
た 千葉英和高校(C18)
千葉敬愛高校(C05)
千葉経済大附属高校(C27)
千葉日本大第一高校(C06)★
千葉明徳高校(C20)
千葉黎明高校(C24)
東海大付属浦安高校(C03)
東京学館高校(C14)
東京学館浦安高校(C31)
な 日本体育大柏高校(C30)
日本大習志野高校(C07)
は 日出学園高校(C08)
や 八千代松陰高校(C12)
ら 流通経済大付属柏高校(C19)★

埼玉ラインナップ

あ 浦和学院高校(D21)
大妻嵐山高校(D04)★
か 開智高校(D08)
開智未来高校(D13)★
春日部共栄高校(D07)
川越東高校(D12)
慶應義塾志木高校(A12)
さ 埼玉栄高校(D09)
栄東高校(D14)
狭山ヶ丘高校(D24)
昌平高校(D23)
西武学園文理高校(D10)
西武台高校(D06)
た 東京農業大第三高校(D18)
は 武南高校(D05)
本庄東高校(D20)
や 山村国際高校(D19)
ら 立教新座高校(A14)
わ 早稲田大本庄高等学院(A10)

北関東・甲信越ラインナップ

あ 愛国学園大附属龍ヶ崎高校(E07)
宇都宮短大附属高校(E24)
か 鹿島学園高校(E08)
霞ヶ浦高校(E03)
共愛学園高校(E31)
甲陵高校(E43)
国立高等専門学校(A00)
さ 作新学院高校
(トップ英進・英進部)(E21)
(情報科学・総合進学部)(E22)
常総学院高校(E04)
た 中越高校(R03)＊
土浦日本大高校(E01)
東洋大附属牛久高校(E02)
な 新潟青陵高校(R02)＊
新潟明訓高校(R04)＊
日本文理高校(R01)＊
は 白鷗大足利高校(E25)
ま 前橋育英高校(E32)
や 山梨学院高校(E41)

中京圏ラインナップ

あ 愛知高校(F02)
愛知啓成高校(F09)
愛知工業大名電高校(F06)
愛知産業大工業高校(F21)
愛知みずほ大瑞穂高校(F25)
暁高校(3年制)(F50)
鶯谷高校(F60)
栄徳高校(F29)
桜花学園高校(F14)
岡崎城西高校(F34)
か 岐阜聖徳学園高校(F62)
岐阜東高校(F61)
享栄高校(F18)
さ 桜丘高校(F36)
至学館高校(F19)
椙山女学園高校(F10)
鈴鹿高校(F53)
星城高校(F27)★
誠信高校(F33)
清林館高校(F16)★
た 大成高校(F28)
大同大大同高校(F30)
高田高校(F51)
滝高校(F03)★
中京高校(F63)
中京大附属中京高校(F11)★
中部大春日丘高校(F26)★
中部大第一高校(F32)
津田学園高校(F54)
東海高校(F04)★
東海学園高校(F20)
東邦高校(F12)
同朋高校(F22)
豊田大谷高校(F35)
な 名古屋高校(F13)
名古屋大谷高校(F23)
名古屋経済大市邨高校(F08)
名古屋経済大高蔵高校(F05)
名古屋女子大高校(F24)
日本福祉大付属高校(F17)
人間環境大附属岡崎高校(F37)
は 光ヶ丘女子高校(F38)
誉高校(F31)
ま 三重高校(F52)
名城大附属高校(F15)

宮城ラインナップ

さ 尚絅学院高校(G02)
聖ウルスラ学院英智高校(G01)★
聖和学園高校(G05)
仙台育英学園高校(G04)
仙台城南高校(G06)
仙台白百合学園高校(G12)
た 東北学院高校(G03)★
東北学院榴ヶ岡高校(G08)
東北高校(G11)
東北生活文化大高校(G10)
常盤木学園高校(G07)
は 古川学園高校(G13)
ま 宮城学院高校(G09)★

北海道ラインナップ

さ 札幌光星高校(H06)
札幌静修高校(H09)
札幌第一高校(H01)
札幌北斗高校(H04)
札幌龍谷学園高校(H08)
は 北海高校(H03)
北海学園札幌高校(H07)
北海道科学大高校(H05)
ら 立命館慶祥高校(H02)

★はリスニング音声データのダウンロード付き。

都道府県別 公立高校入試過去問 シリーズ

- 全国47都道府県別に出版
- 最近数年間の検査問題収録
- リスニングテスト音声対応

公立高校入試対策 問題集シリーズ

- 目標得点別・公立入試の数学
- 実戦問題演習・公立入試の英語 (実力錬成編・基礎編)
- 形式別演習・公立入試の国語
- 実戦問題演習・公立入試の理科
- 実戦問題演習・公立入試の社会

高校入試特訓問題集 シリーズ

- 英語長文難関攻略30選
- 英語長文テーマ別難関攻略30選
- 英文法難関攻略20選
- 英語難関徹底攻略33選
- 古文完全攻略63選
- 国語融合問題完全攻略30選
- 国語長文難関徹底攻略30選
- 国語知識問題完全攻略13選
- 数学の図形と関数・グラフの融合問題完全攻略272選
- 数学難関徹底攻略700選
- 数学の難問80選
- 数学　思考力―規則性とデータの分析と活用―

中学別入試過去問題シリーズ
海陽中等教育学校（特別給費生）　2024年度
ISBN978-4-8141-2832-7

発行所　東京学参株式会社
〒153-0043　東京都目黒区東山2-6-4
URL　https://www.gakusan.co.jp

編集部　E-mail　hensyu@gakusan.co.jp
※本書の編集責任はすべて弊社にあります。内容に関するお問い合わせ等は、編集部まで、メールにてお願い致します。なお、回答にはしばらくお時間をいただく場合がございます。何卒ご了承くださいませ。

営業部　TEL　03（3794）3154
FAX　03（3794）3164
E-mail　shoten@gakusan.co.jp
※ご注文・出版予定のお問い合わせ等は営業部までお願い致します。

2023年7月21日　初版